문화예술과 국가의 관계 연구

"God help the Minister that meddles with art!"

‑ Lord Melbourne (1779‑1848)

문화예술과 국가의 관계 연구

강 은 경 지음

경인문화사

서문

이 책은 필자가 2018년 2월 서울대학교 법학전문대학원에서 법학전문박사학위를 받은 논문인 "문화예술과 국가의 관계 – 공공지원의 중립성 원칙을 중심으로 –"를 바탕으로, 논문 발표 이후에 나온 판례와 논문, 입법 동향 등을 보완하고 구조와 편집, 표현을 전반적으로 가다듬어 나오게 된 결과물이다.

필자는 문화예술적 측면에서 법에 대한 탐색에 천착해 오고 있는 한편 문화예술 현장에서 문화예술 기획자, 교육자 및 행정가로서의 삶을 경험해 오고 있는데, 이 책은 법정책학이라는 개념 아래 법과 문화예술의 만남에서 빚어지는 복합적 측면에 대한 필자 고유의 통찰을, 학제적이고 통섭적인 형식을 통해 풀어낸 것이다.

오래 전부터 문화예술이 인류에게, 동시에 우리 법체계 내에서 어떠한 위상인지에 대해 답을 구해왔던 스스로를 돌아보면, 이번 연구를 통해 어느 정도 필자의 생각을 정리할 기회가 주어진 것을 다행스럽게 생각한다. 어찌 보면, 지금까지 법과 문화예술, 이론과 현장을 교차하며 달려왔던 그간의 치열한 시간들은 해답을 얻기 위한 일련의 과정이었는지도 모르겠다. 필자의 내부에서 자리를 다퉜던 아니마와 아니무스가 연구를 통해서 상호 균형과 조화를 이루는 방법을 찾으려 했던 것도 같다.

이 책의 주제는 그와 같은 개인적인 의미를 갖는 동시에, 한편 문화예술과 공법의 분야에 보편적인 화두를 담고 있다. 현대 예술행정의 역사는 한 세기 전 국가와 문화예술 간의 거리를 정립하려 한 케인즈에서부터 시작되었다고 보면, 관련 문제의식의 태동은 어제 오늘의 일이 아닐 것이다. 20세기 전반 복지국가적 의제의 하나로서 문화예술에 대한 공공지원이 시작된 이래 전 세계적으로 문화예술에 대한 국가의 개입은

보편적 현상이 되었고, 관련 내용에 대한 관심과 우려도 높아져 왔다고
할 수 있다. 이는 문화예술의 자율성을 보호하면서 동시에 문화예술을
진흥해야 하는 공공지원 행위의 이중적 본질에서 기인하는 것이다.

문화예술 현장인으로서 행정과 법의 영역이 교차하는 지점에 대한
필자의 지속적인 관심은, 문화예술과 국가의 관계에 있어서 헌법 정신에
기반한 법원칙의 정립과 이에 따른 제도설계에 대한 의욕으로 이어졌다.
나아가 최근 문화예술과 국가에 관한 해묵은 갈등이 최고조에 이르면서
관련 문제는 '문화예술계 지원배제 사태'라는 이름으로 사법부의 영역으
로 넘어가게 되었고, 이는 연구 동기를 더욱 자극하는 계기가 되었다.

이러한 관점에서, 본 연구는 헌법상 반영되어 있는 문화예술에 대한
공공지원의 기본 원칙을 구명하고, 이를 기초로 하여 문화예술과 국가의
관계를 법정책적으로 정립하는 것을 목적으로 하였다. 필자의 논문 발표
이후 선고된 최근 대법원 판결과 헌법재판소 결정은 문화행정에 관한
견고한 법원칙을 제시함으로써 필자의 연구에 힘을 실어주었고, 관련 내
용을 반영하여 이 책이 진정한 법정책 연구로서 진화하게 된 것을 기쁘
게 생각한다.

본문에서는 먼저 국가의 문화예술 지원에 관한 기본 개념과 관련 이
론을 검토한 후, 우리나라를 포함한 주요 국가의 문화예술 지원에 관한
헌법적 원칙을 고찰해 봄으로써 연구의 주제인 '공공지원의 중립성 원
칙'을 개념적으로 정의하였다. 독일에서 시작되어 국내 공법 연구에서
문화에 대한 매개 개념으로 발전되어 온 '문화국가 원리', 영국에서 공공
지원의 중립성 원칙이 제도보장의 형태로 나타난 문화예술 지원의 '팔길
이 원칙'과 함께, 미국에서 공공지원의 중립성 원칙이 기본권 영역, 특히
수정헌법 제1조 '표현의 자유' 법리의 부문영역으로서 역동적으로 전개
되어 온 모습을 살피고자 하였다.

나아가 이를 토대로 문화예술 지원의 중립성 원칙에 입각한 바람직
한 법정책적 혜안을 모색하고자, 향후 우리나라 문화예술 지원체계 재정

립을 위한 법제도설계의 필요성과 방향성, 단계적 방안을 제시하였다. 향후 문화예술 지원체계 재정립을 위한 법제도설계는 "지원하되 간섭하지 않는" 중립성 원칙을 보장할 수 있도록 문화예술의 자율성과 시장의 잠재력을 존중하면서 이루어져야 하며, 본 연구에서는 이를 '중립적 후원주의'라 명명하였다.

나름대로 의욕은 넘쳤으나, 학제적·통섭적 성격의 연구로서 학문적으로 녹록치 않은 과정이었는데, 논문이 결실을 맺을 수 있었던 것은 전적으로 지도교수이신 조홍식 교수님의 관심과 격려 덕분이었다. 문화예술 현장인인 법학도로서의 필자의 문제의식에 대해 주목해 주시고 고유한 학문적 결과물로 이어질 수 있게 해 주셨기에, 감사와 영광을 돌리고 싶다. 그 외에도 논문 심사위원장이셨던 정상조 교수님께서는 문화예술과 법의 사이에서 통섭적 고찰이 가능하도록 귀한 조언을 주셨으며, 임지봉 교수님은 헌법학자의 관점으로 논문의 깊이를 더할 수 있게 해 주셨다. 허성욱 교수님과 이재협 교수님은 새로운 법정책 분야의 논문이 탄생할 수 있도록 용기를 주셨다. 더불어, 책 속에 학부 시절부터 법과대학을 중심으로 수학했던 여러 교수님들의 아우라를 담아, 선학의 가르침에 감사를 표하고자 했다.

필자의 삶이 늘 그러했듯, 이번 연구는 긴 과정 중 결실의 하나이며, 끝이 아니라 시작에 불과하다. 함께 논의하고 풀어나가야 할 일들이 산적해 있는 만큼, 앞으로 문화예술계와 법학계에 필자의 고민을 함께 이어나갈 후학과 동료 전문가들이 많아지기를 바란다. 책의 내용처럼, 흑백논리를 넘어선 공적 담론과 집단지성의 힘을 통해 우리 사회가 바뀌어나갈 수 있으며, 그러한 움직임들이 이미 시작됐다고 믿는다. 삼가 우리 문화예술 법정책의 미래에 졸저를 바친다.

2021년 새로운 봄을 맞이하며
강 은 경

목차

서문

제1장
서론

Ⅰ. 연구의 배경 및 필요성

1. 연구의 배경

20세기 전반 문화예술이 복지국가적 의제의 하나로서 현대 국가의 활동영역 안으로 진입한 이래, 국가의 문화예술 지원 내용에 대한 관심도 점차 증가해 왔다. 전통적으로 국가주의 또는 시장주의 가운데 어떠한 입장을 취해 왔는지에 무관하게, 오늘날 대부분의 국가에서 문화예술에 대한 공공지원(public support)은 보편적 현상이 되었다. 전문 예술가를 대상으로 시작된 문화정책의 범위는 점차 확장되어, 작금에는 전문 예술가들에 의한 창조적 예술활동은 물론 일상생활 영역에서 국민 일반이 주체가 되는 다양한 문화활동이 적극적으로 정책 범주로 편입되고 있다. 이와 같이 문화예술에 대한 공공지원이 시작된 이래 문화예술 분야에 대한 국가의 개입 범위는 지속적으로 확장되어 왔다고 할 수 있다.

한편, 문화예술을 국가적 차원에서 지원하는 문제에 대한 관심이 높아진 만큼, 국가의 개입에 수반되는 부작용에 관한 우려 또한 증가해 왔다. 문화예술 지원을 위해서 국가가 어떠한 역할을 해야 하는가의 문제는 각국이 처한 역사적 맥락, 국민적 가치에 대한 합의, 사회경제적 환경 등에 따라 차이를 나타내는데, 대부분의 국가는 문화예술을 진흥하고 육성하면서 동시에 예술가들의 표현의 자유와 창조적 다양성을 침해하지 않도록 하기 위하여 적합한 정책 수단을 찾는데 고심해 왔다. 특히, 문화와 국가 간 관계의 출발을 자율테제에서 찾는 영미법계 국가들은 예술가들의 표현의 자유를 침해하지 않도록 하는 지원의 원칙을 모색하는 과정에서 국가의 문화예술 지원에 관한 다양한 법정책 담론을 발전시켜 왔으며, 이는 제도 보장과 기본권 보장의 측면으로 각국의 실제에 맞게 구현되어 왔다고 할 수 있다.

특히 문화예술은 자원의 투입 결과나 관련 가치를 구체적으로 계량화하기 어려운 특성으로 인해, 정책 과정에 있어서 공공지원의 필요성과 그 정도에 관한 질문이 끊임없이 제기되는 영역이다. 특유의 시장실패적 측면으로 민간부문에서 활발하게 사업을 추진하기 어려워 국가의 지원이 지속적으로 필요할 수밖에 없는데, 그 과정에서 지원의 정당성, 사업의 효과성과 지원 기준의 공정성 등에 관한 논쟁이 격렬해지기도 한다. 이와 같은 논쟁은 순조롭게 마무리되기도 하지만, 공론화되는 과정에서 사회적으로 심각한 갈등을 유발하기도 한다. 단순한 경제적 논리로 풀어나가기 어려운 문화예술 분야 정책 결정의 문제는 종종 현대 국가의 최대 난제 가운데 하나로 명명될 만큼, 다양한 정책 참여자 간 갈등과 충돌이 끊이지 않고 있다.

더욱이 우리나라의 경우 문화예술과 국가의 관계는 연혁적으로 밀착된 양상을 보여 왔다고 할 수 있는데, 대체로 권위주의적 정책집행의 대상이 되어왔으며 때때로 통치권자에 의해 그 자율성이 위협을 받기도 하였다. 특히 20세기 후반 독일 법학계에서 도입되어 문화에 관한 공법 원칙으로 자연스럽게 자리매김한 이른바 '문화국가 원리'의 해석을 통해, 표현의 자유의 보호자로서의 국가의 역할보다 시장경쟁력이 떨어지는 문화예술의 진흥자로서의 국가의 역할에 더 많은 기대가 있었던 것이 사실이다. 생각해보면, 중앙정부 중심의 강력한 국가주의적 전통을 가지고 있는 우리나라에서, 정책 대상으로서 문화예술 분야에서의 표현의 자유를 보호하기 위해 어떠한 안전망이 필요한 지에 대한 진지한 고민이 거의 이루어지지 않았다는 것은 믿기 어려운 일이다.

그러한 맥락에서, 정부가 과도하게 개입하면서 문화예술 부문의 시장 논리를 혼란시키는 것은 아닌지, 또는 '지원'이라는 형식을 빌려 자칫 표현의 자유를 침해하고 문화예술의 본질적 가치를 훼손하는 것은 아닌지,

또는 '문화국가'라는 기치 하에 문화예술활동에 대한 국가의 지원을 우
선적인 국가의 의무로 자리매김시킴으로써 문화예술 분야의 자생력과
시장 활성화의 기반 자체가 뿌리내리기 어려운 토양이 고착되는 것은
아닌지 등과 같은 다양한 우려들이 끊임없이 제기될 수밖에 없는 현실
이다.

이러한 문제 제기의 근저에는 문화예술과 국가의 관계에 대한 뿌리
깊은 거대담론(巨大談論; Metadiskurs)이 자리하고 있다. 근본적 문제는,
현대국가가 적극적으로 문화예술을 보호·진흥할 의무가 있으면서도, 다
른 한편 문화의 자율성을 해치지 않도록 중립성을 유지해야 하는 이중
적 상황에 놓여 있다는데 있다. 따라서 문화예술에 대한 공공지원의 내
용과 방법에 대해서는 국가와 사회에 고유한 갈등과 해결책이 논의되는
것이 필연적이다. 대표적인 예로, 제2차 세계대전 이후 영국에서는 문화
예술인들에 대한 재정적 지원은 하되 그들의 문화예술적 표현에는 간섭
하지 않는다는 정책 원칙을 천명하고 이를 문화예술 지원의 기본 원칙
으로 삼아왔는데, 이는 현재까지 우리나라를 포함한 주요 국가의 문화정
책 기조로서 자리매김해 왔다.[1]

그러나 문화예술 지원의 공정성과 자율적 구조를 정착시키려는 의도
하에 국가와 민간 사이의 이상적 매개기관으로서 설립되었던 한국문화
예술위원회는 설립 초기부터 지원과 관련된 다양한 문제들을 제기하여
왔으며, 설립 정신인 지원의 중립성을 몰각하고 정부의 정치적 편향에
따른 '문화예술인 지원배제 명단'[2]의 주된 실행기관으로서 밝혀지는 불
명예까지 얻게 된 바 있다. 중추적 예술지원기관이 사실상 재출범해야

---

1) 우리나라에서도 참여정부 시절 기존의 문화예술진흥원을 영국식 '예술위원회'
   로 전환하면서 문화예술 지원의 정치적 중립성을 골자로 하는 '팔길이 원칙'을
   본격적으로 표방한 바 있다.
2) 언론 등을 통해 '문화예술계 블랙리스트 사건'으로 알려진 바 있으나, 본 연구
   에서는 관련 판례에 따라 '문화예술계 지원배제 사건' 등으로 표기하기로 한다.

하는 현실에 처하면서, 국내 문화예술 지원체계에 대한 근본적 반성과 함께 새로운 법정책의 운영을 모색해야 할 시점에 이르게 된 것이다.

2. 연구의 필요성

법원과 헌법재판소를 통해 문화예술 지원 편향성의 위헌·위법성이 확인됨에 따라,[3] 기존의 형식적·기술적 법제 연구를 통해서는 국내 문화예술계의 당면 현안을 치유할 수 없는 상황에 이르렀음이 드러나게 되었다. 이와 같이 사회 전반에 문화예술 지원의 전반적 구조에 관한 관심이 증폭되었음에도 기존 문화예술 법정책 분야에 대한 담론의 형성이 미흡하여 아직까지 문제의 본질적인 탐색에 이르지 못한 현실은, 우리 문화예술계의 근본적인 정책 결정, 즉 메타 결정의 문제에서부터 살펴보아야 할 연구의 필요성을 제공한다.

현대국가가 전문화되고 다층화되면서, 과거 입법자들이 경험하지 못한 새로운 사회적 현상과 관계에 대한 대처 필요성과 함께 법현실의 다원화에 따른 다양한 입법 수요가 대두하게 되었으며, 이러한 법현상의 변화로 인하여 현실에 바탕을 두고 있는 법학의 외연 및 기능 확장은 필연적인 것이 되었다. 개별적·구체적 법률의 제정이 아닌, 다수의 이해와 관계되는 공공적 문제를 식별하고 해결을 위한 대안을 선택하며 법기술적 표현을 부여하여 기존 법령을 수정하거나 새로이 만들어내는 입법과정은 고도의 이론적 관점을 요구하는데, 상하관계를 전제한 행정체계의 일부로서의 전문적 행정관이 이를 파악하는 데는 한계가 있을 수밖에 없다. 이에, 일반적·이론적 관점에서 입법의 필요성을 파악하고 입법 담당자에게 조언하고자 의도하는 법정책학의 필요성이 대두된 것이다.

문화예술 분야의 경우 국가나 법의 관심 대상이 된 것은 오래되지 않

---

3) 대법원 2020. 1. 30. 선고 2018도2236 판결 ; 헌법재판소 2020. 12. 23. 선고 2017 헌마416 결정 등 참조.

았으나, 현대사회의 고도화에 따른 환경 변화로 법정책적 연구의 필요성
은 더욱 크다고 하겠다. 문화예술 영역이 가진 창조적 역량과 가치는 증
가되어가는 한편, 이를 뒷받침할 법제도의 전문화와 관련 연구는 지체되
어 온 결과, 국가와 문화예술은 상호 관계 설정에 있어 아직까지 설득력
있는 모델을 찾지 못하고, 급기야 문화예술을 과거처럼 국가가 좌우하려
는 위헌적 사태까지 초래하게 된 것이다. 문화예술 관련 입법을 일반적·
이론적으로 취급하기 위한 기본 개념과 논리 체계의 구축이 미흡하여
관련 비판이나 대안을 제안할 동기 자체가 발생하지 않는 현실에서, 문
화예술 분야에서 법정책의 개념을 정립하고 이에 관한 일반적·이론적
지식체계를 수립함으로써 오늘날 국내 현실에 적합한 지원 방향을 제시
하는 것은 현 시점에서 매우 절실한 과제라 하겠다.

문화예술계에서는 기존의 문화예술 관련 법체계를 정비함에 있어 문
화예술 개별 분야의 효율성 및 공공성 제고를 위한 법률 제정 방향을 검
토해야 한다는 의견이 지속적으로 제기되어 왔으며, 관련 검토는 단순히
법령 정비와 관련된 기술적인 차원의 문제에 머무르는 것이 아니라 문
화법정책의 이념과 문화행정의 구조나 범위 등에 대한 심도 높은 논의
를 중심으로 이루어져야 한다는 점에 광범위한 공감대가 형성된 상황이
다. 이에 앞서, 기존에 당연히 받아들여져 왔던 국가 지원의 정당성 및
관련 기준과 원칙에 대한 학문적 차원에서의 진지한 검토가 필요함은
물론이다. 문화예술 지원의 중립적 가치에 관한 모색의 필요성은 아무리
강조해도 지나치지 않기 때문이다.

아울러, 국가와 문화예술 간 관계 정립에 적합한 법정책 유형을 찾아
가는 과정에서, 주요 국가에서 예술 지원에 관한 헌법적 원리 또는 정책
담론으로서 자리매김 해 온 '팔길이 원칙'과 함께, 이에 상응하는 국내
학계에서의 논의를 검토할 필요성이 있다. 즉, 기존 공법학에서 큰 비판
없이 받아들여 왔던 '문화국가'의 개념과 관련, 개념의 발원지인 독일에
서 도입된 일련의 논리체계가 국내 정책환경에 여전히 유용한 개념으로

서 적용 가능한지를 실천적 견지에서 살펴볼 것이다. 또한, 문화예술에 관한 대표적인 헌법적 가치로서의 표현의 자유가 공공지원의 영역에서 나타나는 경우에 관한 특수한 법리, 즉 철학적으로는 자유주의와 후견주의가, 기본권적으로는 자유권적 기본권과 사회적 기본권이 교차하는 '지원되는 예술표현'의 영역에 대해 고찰해 봄으로써, 향후 국내 문화예술 정책현실을 구제할 공공지원의 원칙과 방향성을 정립하는 데 참고로 삼고자 한다.

II. 연구의 목적 및 기대효과

1. 연구의 목적

본 연구의 궁극적인 목적은 문화예술 지원의 정치적 독립성과 공공자원의 공정한 분배체계 확립을 위한 법정책 방향의 제시에 있다. 중립적 가치와 원칙에 입각한 문화예술 지원체계를 제안함으로써, 정권 교체 등 정치적 이해관계에 따라 변동되는 것이 아닌, 일관된 정책 추진의 기반을 마련하고자 하는 것이다. 이를 위해서 문화예술과 국가의 관계, 특히 각국에서 공공지원에 있어 기본 원칙으로 여겨져 온 주요 법개념과 정책담론 등을 검토하여 한국의 사회문화적 맥락에 적합한 대안을 탐색하고, 궁극적으로는 이를 통해 문화예술 창작과 향유 체계의 선순환 구조 확립에 기여하고자 한다.

본 연구의 목적을 구체적으로 다음과 같이 구분하여 살펴볼 수 있다.

첫째, 문화예술 지원의 정당성을 논의함에 있어, 정치적·경제적·사회적 함의들을 중립적 입장에서 일별해 보되, 기본적으로 국민은 누구라도 문화예술의 수동적 향유자를 넘어서 다양한 문화활동에 적극적으로 참여할 권리를 보장받는다는 문화적 기본권의 문제로 접근하고자 한다. 특히, 정책 대상으로서의 예술가 역시 국민의 일원으로서 기본적 권리를 존중받아야 하나 그간 지원의 수동적 대상으로서 생존권적 배려에서 벗어나 있었다는 점에 주목하여, 직업인으로서 예술가가 가지는 기본권의 문제로서 관련 법리적 조망을 시도하고자 한다.

둘째, 한국을 비롯한 대부분의 국가들은 다양한 접근을 활용한 공적 개입을 통해서 문화예술의 발전을 도모하고 있으며, 문화예술에 대한 정부 차원에서의 공적 개입은 국가별로 역사와 정치·경제·사회적 환경이 다른 만큼 다양한 양태로 나타나고 있다. 중앙정부 차원의 부처가 전반적인 문화예술 지원 업무를 담당하는 경우도 있으며, 독립된 위원회가 이를 담당하는 경우도 있고, 중앙부처 관리와 위원회라는 이중적 행정시스템에 기반을 둔 직·간접 지원의 혼합 형태도 있다. 본 연구에서는 관련 선행연구의 성과를 정리하고 유형별 분석을 시도함으로써, 중립성 제고의 차원에서 국내에 적실성(適實性) 있는 법정책 모델을 발견하고자 한다.

셋째, 공적지원에 있어 문화예술의 자율성을 강조하는 접근 가운데, 영국에서 비롯되어 우리나라를 포함한 다수 국가의 문화법정책 분야에 '팔길이 원칙'이라는 이름으로 확산되어 온 정부의 지원 방식이 한국적 상황에서 그 본래적 의미에 따라 구현되고 있는지 여부를 파악하고, 시행착오가 있었다면 어떻게 개선될 수 있는지를 살펴보고자 한다. 이는 이른바 정치적 이념에 따른 문화예술인 지원배제 등을 극복하고 공정한 지원 체계를 추진하는데 있어 적합한 방향성을 제시할 수 있을 것이다.

마지막으로, 이상과 같은 문화예술과 국가에 관한 다각적인 검토와 이론적 모색을 바탕으로, 국가의 문화예술에 대한 중립성을 제고하는 새로운 문화법정책 방향을 제시하고자 한다. 궁극적으로 국민의 삶의 질을 제고하는데 기여하는 구체적인 법정책적 대안을 마련하는 것이 본 연구의 목적이기 때문이다. 예술활동이 지닌 공공적 가치와 편익이 상당함에도 예술과 사회와의 접점에서 갈등이 빈번하게 발생하는 이유는, 어떠한 중립성 원칙이라도 특정 사회에 적용할 때 고유의 맥락에서 재해석이 필요하다는 점을 방증하는 것이다. 특히, 법 이론과 실천적 정책 분야가 교차하면서 문화예술시장을 통합할 새로운 개념, 즉 지속가능한 문화예술 생태계 구축을 위하여 국내 현실에 적용할 수 있는 구체적이고 실천적인 법정책 방향을 제시하고자 한다.

종합적으로, 본 연구는 정치적 목적과 문화예술 지원 간의 오랜 상충 문제를 해소하고 원칙에 입각한 합리적인 지원방식과 지원체계를 정착시킬 수 있는 법제도설계 방안을 제안하는 것을 목적으로 삼는다. 이에 바탕하여 향후 문화예술 행정 과정에서 예술적 수월성과 개인의 창조성, 문화적 다양성과 공공성 등을 고려하여 문화민주주의와 국민의 참여, 분권과 협치 등을 지향하는 균형 잡힌 지원체계를 정립할 수 있을 것이다.

2. 연구의 기대효과

문화예술활동과 그에 대한 국가적 차원의 지원은 정치적인 성향이나 정부의 이념적 특성과 상관없이 지속적으로 유지되어야 하는 것이지만, 정부의 성격에 따라 지원의 기준과 방식이 급격한 변화를 맞이하게 되고 문화예술인들은 그러한 정치적 변동 상황에 민감하게 반응할 수밖에 없었던 것이 현실이다. 본 연구는, 문화예술이 정치적 환경과 관료주의적 관행에 종속되지 않으면서 문화예술 그 자체로서 발전할 수 있는 여건을 마련하는데 기여할 수 있는 법적 토대를 구축하려는 것이다. 그러한 관점에서 연구의 기대효과는 다음과 같다.

첫째, 문화예술과 국가의 관계에 대한 적절한 법정책 모델의 도출은 예술가는 물론 국민 일반의 문화적 기본권에 대한 인식 강화에 기여할 것이다. 국민의 문화에 대한 권리가 중요한 것은 헌법은 물론 각종 국제 규범이 선언해 왔듯이 그것이 인권의 문제이기 때문이다. 이는 시장적 가치나 정치사회적 통합의 기능 등을 뛰어넘는, 포기할 수 없는 엄중한 가치이며, 문화예술이 자율성을 넘어 개방과 참여의 문화민주주의 정책 패러다임을 지향하는 것과 같은 맥락이다. 즉, 본 연구는 헌법의 핵심가치인 국민의 권리 보호에 대한 인식 제고에 기여할 수 있다.

둘째, 본 연구는 문화 분야와 관련하여 산발적으로 논의되어 오던 공법적 개념들, 즉 문화국가 원리와 표현의 자유를 중심으로 하는 문화적 기본권을 비롯하여, 법치주의와 민주주의, 효율성과 공공성, 자율성과 공정성 등에 대한 선행연구를 토대로 현 시점에서 우리나라 현실에 필요한 법정책적 개념들을 제시함으로써, 관련 분야의 이론적 토대 구축에 기여하고 후속 연구와 정책적 논의에 있어 하나의 지표로 기능할 수 있을 것이다. 특히 문화예술의 속성으로 인해 기존에 병행해서 논의되지 못했던 법적 개념들이 하나의 연구에서 다루어짐으로써 향후 통섭적인 학문 분야로서의 문화법정책학 분야의 전개에 기여할 수 있을 것이다.

셋째, 본 연구는 문화예술과 국가에 관한 다양한 법정책 담론들이 활성화될 수 있는 계기이자 기초자료로서 기능할 수 있을 것이다. 즉, 기존 문화예술계를 둘러싼 다양한 갈등과 논쟁에 대한 흑백논리식의 해답을 제시하기보다는, 그동안 모호하게 취급되어 오거나 간과되어 왔던 기본적 개념들을 하나의 연구에 소환하여 확인하고 논쟁을 불러일으킴으로써, 이를 향후 문화예술에 관한 진지한 논쟁과 관련 담론 형성의 계기로 삼을 수 있기를 기대한다. 이처럼 문화법정책에 관한 건강한 담론을 유발하는 것은 공법 연구 분야에 문화 관련 후속연구의 필요성을 적극적으로 불러일으킬 수 있을 것이다.

넷째, 본 연구에서는 아울러 법정책 결정자로서의 법률가의 역할에 대해 고찰해 보는 기회를 가질 수 있을 것이다. 국민의 대의기관이 아닌 사법부의 결정이 정책에 영향을 미치는 현상에 대하여는 '정치의 사법화'라는 이름으로 비판적으로 바라보는 시각이 있지만, 오늘날 판례의 법형성 기능을 간과하기 어렵다. 특히 헌법재판의 경우 국민의 직접적 참여를 대체하는 주권적 결정인 헌법을 통해 주권자의 의사를 확인하고

이를 실제 정치적 사안에 적용하는 것인 만큼 대의제의 보완방법으로
의미가 있다. 본 연구에서는 '문화예술 지원에 관한 중립성'을 법원칙으
로 선언한 판례에 대한 분석을 통해, 해당 판결이 지닌 문화법정책적 함
의와 사법부의 법형성기능에 대한 통찰을 시도해 본다.

III. 연구의 범위 및 방법

1. 연구의 범위

본 연구는 사항적으로 문화예술과 국가를 그 대상으로 한다. 연구를
진행하기 위해 연구체계에 포섭할 대상적 범위를 획정(劃定)할 필요가
있는데, '국가'의 개념은 상대적으로 확정되어 있고 기존의 공법학에서
많은 논의가 있어 온 만큼, 본 연구에서는 정책대상으로서의 문화예술을
논의의 핵심 대상으로 삼고, 우선적으로 연구의 대상으로서의 '문화예술'
의 외연에 대하여 검토하고자 한다.

문화예술 분야의 법과 정책은 문화예술의 범주를 어떻게 규정하는지
에 따라 그 포섭 범위가 상당히 달라진다고 할 수 있다. 본 연구에서는
그 취지에 따라 '공공재(public goods)' 내지 '가치재(merit goods)'로서의
성격[4]으로 인해 공공지원의 필요성이 크다고 간주되어 온 예술의 부문
영역을 '문화예술' 분야로 규정한다. 즉, 고전경제학에서의 이른바 '보이
지 않는 손'이라는 시장기능에 의해서 자원의 배분이 효율적으로 이루어
지며 그에 따라 용이하게 산업화의 대상이 되는 상업예술 분야가 아닌,

---

4) 정책 결정자 입장에서 어떤 재화나 서비스의 소비가 수요와 공급에 의해 시장
에서 결정되는 수준보다 높아야 한다고 보는 경우, 그러한 재화나 서비스를
'가치재'라고 한다. Bruno S. Frey, *Arts & Economics: Analysis & Cultural Policy*, 2nd
ed. (Heidelberg: Springer-Verlag, 2003), p. 113.

전통적으로 '시장실패'가 발생하는 영역이었던 음악, 연극, 무용, 문학, 시각예술 등의 영역을 중심으로 논의를 전개한다.

이를 현행 행정체계에 따라 언급한다면, 문화체육관광부 소관 분야 가운데 체육과 관광, 언론 분야를 제외한 '문화' 분야, 즉 문화예술, 문화산업, 문화유산 중에서도 특히 '문화예술' 분야를 지칭한다고 할 수 있다. 문화체육관광부와 관련 공공기관에서의 정책 실제에서 협의의 문화예술 분야란 '기초예술' 분야 내지는 '순수예술' 분야로 통칭되는 영역을 의미하며,5) 이는 문화산업 분야나 문화유산 분야와 구별되는 것으로 다루어지고 있다.6)

공간적 범위에 있어서는 기본적으로 국내 문화법 체계를 대상으로 하되, 비교법적으로 문화예술 지원의 역사가 누적되어 있는 주요 국가들의 법이론 및 정책 사례를 살펴봄으로써 국내 환경에 적합한 법정책 도출을 위한 개별적 전형으로 삼고자 하였다. 특히 각국이 문화예술을 지원함에 있어서 예술의 자율성을 확보하기 위하여 어떠한 법적 논리들을 발전시켜왔는지, 또한 이들이 정책 실제에서 어떻게 작용하였는지를 검토함으로써 지원의 중립적 가치를 담보하는 실천적 법정책의 모색을 시도하였다.

시간적 범위에 있어서는 문화예술과 국가 간 관계의 전개 과정에서 특히 현대 복지국가의 탄생과 함께 국가의 개입이 본격화 된 제2차 세계대전 이후부터 최근까지의 추이를 연구 대상으로 삼았다. 우리나라의 경우 「문화예술진흥법」 제정 이후 문화체육관광부가 설치되고 '팔길이 기관'으로서의 한국문화예술위원회를 통해 본격적인 문화예술 지원과 갈

---

5) 공공재적 문화예술 분야에 대해 국내 관련 정책 및 문헌에서는 '기초예술'이라는 표현을 선호해 왔으나, 서구에서는 '순수예술(fine arts)'로 지칭해 온 경향이다.
6) 이러한 행정실무상 정의는 「문화예술진흥법」 제2조 제1항 제1호에 따른 '문화예술'의 정의보다도 협의로 이해된다. '공공지원의 필요성' 내지 '공공재로서의 성격'을 기준으로 삼은 본 연구에서의 '문화예술' 개념도 같은 맥락에 있다고 하겠다.

등이 드러났던 최근까지의 성과가 주된 논의 대상일 것이다.

2. 연구의 방법

본 연구는 국가와 문화예술의 관계를 해석하는 체계를 재정비하는 것이 목적이므로 체계중심적 방법론에 따를 것이다. 그러나 법학은 실천적 기원을 가진 것이며 더욱이 정책이란 처방적 측면에 의미가 있으므로 필요할 경우 문제중심적 방법론을 병행하여 논의를 전개한다.[7] 문헌에 기초한 이론적 방법을 주로 하되, 각국의 법이론 및 정책 실제를 분석하기 위하여 비교법적 방법을 적용하고, 이에 더해 문화예술과 국가의 관계에 관한 연혁적 전개를 살펴볼 때에는 역사학적 방법도 부분적으로 활용한다.

구체적으로, 본 연구는 국내외 문화예술 법이론 및 정책 관련 문헌연구를 그 방법론적 기초로 삼고 있다. 문헌연구를 함에 있어서는 20세기 후반부터 현재에 이르기까지 국내외 선행연구를 검토하여 문화예술 법정책 연구의 현황을 파악하고자 하였다. 문화예술 법정책에 관하여 직접적으로 다루지 않은 문헌이라도 문화예술 현황이나 정책적 쟁점 등을 담아낸 국내외 문헌자료가 있다면 본 연구에 유의미한 자료로 활용하였다. 아울러, 국내는 물론 주요 국가의 문화예술 관련 법제도와 분쟁 사례, 유의미한 정책 사례도 검토하고자 하였다.

본 연구의 방법론적 특징이라면, 연구의 효과적 추진을 위하여 연구과제의 특징에 따라 다양한 방법론을 병합적으로 사용하여 연구를 진행하였다는 점이다. 따라서 본 연구에서는 다학제적 접근과 통섭적 연구방법을 사용하여 법학, 행정학, 경제학, 사회학, 예술경영학 등 기존에 학문 단위로 분리되어 진행되어 왔던 문화예술과 국가의 관계에 관한 선

---

7) 체계중심적 방법론과 문제중심적 방법론에 대한 상세는 오세혁, 『법철학사』(서울: 세창, 2004), 378쪽 이하.

행연구들을 연구의 목적을 달성하는데 필요한 한도에서 광범위하게 반영하고자 하였다.

구체적으로는 공법학과 공공정책 분야를 교차하는 논증을 진행하되, 기본적으로 법학적 모색으로서의 성격을 잃지 않도록 하였다. 법적 고찰에 있어서는 기존 법체계에 대한 법해석학적 접근 이외에도, 본 연구의 중심이 되는 문화예술 지원의 중립성 개념의 본질에 관하여 논증해 보기 위해 법이론적, 법철학적, 법사회학적 접근을 병행하였다. 나아가 문화법의 특징으로서 기존에 불문법이나 정책 원리로서 논의되어 오던 쟁점에 관해 살펴보기 위해 문화예술 경제 및 경영 분야에서의 연구 성과를 부분적으로 차용하였다.

제2장
문화예술과 국가의 관계에 관한 이론적 기초

제1절 국가의 문화예술 지원에 관한 기본 개념

Ⅰ. 법정책의 대상영역으로서의 문화예술

1. 법정책의 분과로서의 문화법정책

1) 문화법정책의 개념

법학과 정책학이라는 기존 학문영역 사이의 '경계과학'으로서의 성격을 지니는 법정책학은, 법을 연구대상으로 한다는 점에서 법학의 한 분야로 볼 수 있는 한편, 법의 규범적 측면이 아닌 정책으로서의 제도적 측면에 초점을 두고 정책과정으로서 파악한다는 점에서 정책학의 한 분야로도 볼 수 있다.[1] 다시 말하면, 법정책학(Rechtspolitik; law and public policy)은 법현상의 해결에 있어서 정책과정을 동태적으로 파악하고 인식하는데 특색이 있으므로 법이라는 규범적이고 정태적인 요소와 정책이라는 사실적이고 동태적인 요소를 모두 고려하여 분석할 것이 요청되는데,[2] 법현상이라는 측면과 정책의 결정과정이라는 측면 중 어느 쪽을 중시할 것인가에 따라서 법정책에 대한 접근방향을 구분할 수 있다.[3]

이와 같은 법정책학에 대한 두 가지 관점에 따라 기존의 선행연구는 법의 정책적 측면에 관한 학문으로 이해하는 견해와, 법제도설계 이론 및 기법으로 이해하는 견해로 크게 나눌 수 있다.[4] 전자의 견해는 법정

---

1) 강동욱, "법정책학의 의의와 과제,"『법과정책연구』(아산: 한국법정책학회, 2014), 제14집 제2호, 262쪽.
2) 노기호, "법정책학의 개념정립을 위한 시론적 고찰,"『법과정책연구』(아산: 한국법정책학회, 2001), 제1집, 47쪽.
3) 김성필, "법정책학의 개념정립을 위한 시론적 고찰,"『법과정책연구』(아산: 한국법정책학회, 2001), 제1집, 11쪽.
4) 강동욱(2014), 267-269쪽.

책학을 법의 정책적 측면에 관한 학문으로서 1차적으로 입법권자에 대한 학문으로 보아 기존 법규정을 어떠한 방향으로 유지 또는 변화시키는 것이 적절한 지에 관한 질문으로서 파악하는데,[5] 이에 대해서는 20세기 초 독일에서의 정의에 기초를 두고 있어 정책 전반을 대상으로 하고 있다고 이해하는 오늘날의 관점과 맞지 않는다는 비판이 가능하다. 후자의 견해는 의사결정이론을 법적으로 재구성하여 이를 실정법 체계와 연계시켜 법제도 또는 규칙의 체계를 설계함으로써, 현재의 사회가 직면하는 공공적 문제를 통제 또는 해결하기 위한 모든 대책에 관하여 법적 의사 결정자에게 조언하거나 또는 그것을 제공하는 일반적인 이론체계 및 기법을 법정책학으로 정의하는데,[6] 이는 법정책학을 법률가를 대상으로 구상된 '법' 특유의 사고방식에 입각한 독자적 학문 영역으로 파악함으로써 법정책학의 학문적 영역을 제한한다는 한계를 지닌다.[7]

결국, 법정책학은 '법정책'이라는 고유한 연구대상을 기반으로, 경험

---

5) Rüdiger Vogit, "Rechtspolitik als Gegenstand der Rechtspolitologie," in A. Görlitz/R. Voigt (Hrsg.), *Rechtspolitologie und Rechtspolitik*, Centaurus-Verlagsgesellschaft, Pfaffenweiler, 1989, S. 19. (홍준형, "법정책학의 의의와 과제 - 법정책학의 구축을 위한 시론," 『행정법연구』(서울: 행정법이론실무학회, 2000), 제6호, 121쪽에서 재인용).

6) 국회사무처 예산정책국 역(平井宜雄), 『법정책학: 법제도설계의 이론과 기법(法政策學 - 法制度設計の理論と技法(第2版)』(서울: 대한민국 국회, 2003), 제2판, 5쪽.

7) 유의주의(有意主義) 입장에서는 '결단으로서의 규범'을 강조하므로 '법은 정책의 표현'이라는 측면이 강조되는 한편, 주지주의(主知主義) 입장에서는 규범은 지성적 주체에 의해 만들어지는 것이 아니라 주어진 당위적 소여(所與)를 해석하고 연구함으로써 발현된다는 측면을 강조한다. 다만 전자를 고집하면 규범 세계의 안정성이 저해될 것이고 후자를 고집하면 정치적 공동체의 합목적적 활동이 저해될 것이므로, 규범의 세계에는 주어진 것으로 받아들여야 할 것과 결단에 의해 새롭게 해 나가야 할 것이 공존한다는 사실을 인정하는 것이 실제적 관점에서 중요하다. 최송화, "법과 정책에 관한 연구 - 시론적 고찰," 『법학』(서울: 서울대학교 법학연구소, 1985), 제26권 제4호, 84쪽.

과학적 연구방법을 통해 독자적 학문으로서의 법해석학의 문제점을 극복하기 위하여, 법적 측면에서 법정책을 연구하고 고찰하는 사회과학의 독립 분야이면서 동시에 정책실현을 위한 수단으로서의 법의 역할에 대한 부분을 포함하는 종합적이고 독자적인 학문으로서 인정될 필요가 있다. 이러한 관점에 입각하여 독자적 학문으로서 법정책학을 정립함에 있어서는 개별 분야의 법정책에서 제기되는 제반 문제에 대하여 법학적 측면과 정책학적 측면의 양 방향에서의 분석이 포함되어야 할 것이며, 여기에는 구체적으로 법제도설계, 법의 시행, 문제점 발견 및 모순의 제거, 사후 대책 수립, 관련 영향의 평가 및 판단에 관한 내용 등이 모두 포함되는 것으로 볼 수 있다.[8]

따라서 오늘날 법정책학은 법과 정책의 단순한 합성이 아닌, '법정책'에 대한 과학적 탐구를 목적으로 하는 독자적 학문영역으로 이해할 필요가 있다.[9] 특히, 법정책학은 법정책에 관한 문제 해결을 위한 처방적 학문으로서, 넓은 의미에서의 법학의 여타 분야와 구분되는 문제중심적 사고, 방법론적 다원주의, 법에 대한 통합과학적·제도론적 접근 등의 특징을 갖는다.[10] 또한, 정책학의 한 분과로서의 속성을 가지면서도, 법을 주로 정책 실현의 수단이나 정책 결정의 산물로만 고려하는 일반적인 정책학에 있어서와 달리, 법정책학에서는 법을 사회과학적 인식의 대상으로서 정책의 제도적 연구, 정책 결정의 과정이자 정책과정의 산물로서 파악한다는 차이점이 있다.[11]

이와 같은 법정책학에 대한 독자적이고 종합적인 접근은 문화 분야에 있어서도 예외가 아니어야 함은 물론이나, 국내에서 문화법정책에 관

---

8) 강동욱(2014), 270쪽.
9) 김성필(2001), 9쪽.
10) 홍준형(2000), 132-133쪽.
11) 변무웅 역(Dieter Strempel), "'법정책'의 개념에 관하여. 그 연혁, 의미 및 정의,"
『법과 정책연구』(아산: 한국법정책학회, 2001), 제1집, 362-364쪽.

한 접근은 주로 정책학적 측면에서 접근하거나 또는 입법정책학의 측면에서 연구대상으로 삼아 온 것으로 파악된다. 이는 근본적으로 국내 학계에서 법과 정책뿐 아니라, 문화와 법에 관한 연구 성과가 상대적으로 일천하였던 점에 기인하는 것으로 볼 수 있다.[12] 이러한 관점에서, 기존의 선행연구에서는 정책과정 전체를 포괄하는 관점의 정책 개념[13]에 기초하여, 법정책을 "희소자원의 권위적 배분을 위하여 법을 수단으로 정책목표를 설정하고, 이를 실현해 가는 정책과정"으로 정의하고,[14] 문화법정책을 "문화에 관한 법의 제정, 개정, 폐지 및 관련 제도의 개선을 대상으로 하는 공공정책, 즉 국가·공공단체 등의 행정주체가 바람직한 사회상태를 이룩하려는 문화영역에 관한 법정책목적을 설정하고, 그 달성에 필요한 법정책수단의 조정과 종합화의 과정을 거친 후 공식적으로 결정된 시책의 총체"로 정의한다.[15] 이는 법정책학의 시작을 정책학에서 취하는 입장으로, 일련의 흐름(flow)으로서의 문화정책의 속성을 강조한 정의로 볼 수 있다. 이에 따르면 문화법정책의 연구대상으로서의 정책과정은 정책의제설정, 정책분석, 정책결정, 정책집행, 정책평가 등의 5가지

---

12) 독일의 문화행정법은 오페르만(Thomas Oppermann)에 의해 이루어진 연구 성과로, 국가의 활동에 교육, 학술, 예술을 포함하는 문화영역을 상정하는 데서 시작한다. 문화행정법은 특수행정법의 다양한 장소에 분산되어 있던 문화 관련 규정의 존재를 명확히 하고, 현실적인 문화행정의 실태에 관해 언급하면서, 문화행정에 관한 법의 체계화를 시도하는 법학이다. 문화행정의 근거가 되는 법원칙은 예술적 자유의 '보호자'로서의 국가이자 예술적 활동에 대한 '진흥자'로서의 국가이다. 김세훈 외,『문화분야 법제 정비 방향 연구』(서울: 한국문화관광연구원, 2007), 14쪽.

13) 이러한 정책 개념은 "바람직한 사회상태를 이룩하려는 정책목표와 이를 달성하기 위해 필요한 정책수단에 대하여 권위 있는 정부기관이 공식적으로 결정할 기본방침"으로 정의된다. 정정길 외,『정책학원론』(서울: 대명출판사, 2010), 35쪽.

14) 노기호(2001), 38-39쪽; 강동욱(2014), 266쪽.

15) 김창규, "문화법정책의 이론과 실제,"『법과정책연구』(아산: 한국법정책학회, 2014), 제14집 제3호, 751쪽.

과정으로 구분된다.[16]

　현대 복지국가의 출현과 함께 급부행정이 행정활동의 중요한 부분을 차지하게 됨으로써, 기존의 권리의무규범 이외에 정책 달성을 위해 필요한 자원의 조달 배분에 관한 계획이나 절차를 규정하는 이른바 '자원배분규범'이 등장하게 되었고, 이는 법과 정책의 기능적 관계를 재조명해 왔는데, 이러한 현상은 특히 문화 분야에 있어 두드러져, 문화법정책의 수요와 함께 문화법정책학의 연구 필요성을 불러냈다고 할 수 있다.

2) 문화법정책에서의 문화 개념

　기존의 '문화' 개념이 "가장 난해한 단어 중 하나"로서[17] 인류 역사를 통해 형성된 개념 중에서도 다의적으로 사용되어 온 만큼, 일상적 용어로서나 학문적 전문 용어로서 문화의 개념을 구체적으로 확정하는 것은 쉽지 않은 일이다. 문화의 개념에 대한 이론적 탐구는 본 연구의 범위를 벗어나는 것이므로,[18] 여기에서는 현대 문화정책 분야에서 대표적으로 회자되어 온 '문화 3분법'을 기초로 하여 문화법정책에서의 문화 개념에 관한 논의를 진행하기로 한다.

　영국의 문화비평가 레이먼드 윌리엄스(Raymond Williams)는 문화를 정신, 생활양식, 예술활동의 세 가지 차원으로 설명한 바 있다. 첫째는 문화를 인간의 사고양식으로서의 정신, 특히 인간의 의식·규범·가치로서 정의하며, 문화를 인간의 경험과 사고를 담은 지적이고 역사적인 활동으로 보는 관점이다. 둘째는 특정 시대 및 특정 집단이 공통적으로 갖는 특정한 생활양식을 문화로 보아, 특정한 '삶의 방식으로서의 문화'라

---

16) 위의 논문, 751-752쪽; 정책분석 단계를 정책결정 단계에 포함시켜 분류하기도 한다.
17) Raymond Williams, *Keywords: A Vocabulary of Culture and Society*, revised ed. (New York: Oxford University Press, 1983), p. 87.
18) 문화의 개념에 대하여는 김광억 외, 『문화의 다학문적 접근』(서울: 서울대학교 출판부, 1998) 참조.

는 문화의 사회적 기능을 강조하는 정의이다. 셋째는 문화를 지적인 작품이나 실천행위, 즉 문화적 텍스트에서의 예술적 활동으로 정의하여, 인간의 사고양식이 표현되고 생산되는 행위로서 보는 것이다.[19]

문화의 개념을 위와 같은 세 가지 핵심적 측면을 중심으로 정의하는 방법을 취할 경우 문화 자체가 본래적으로 지닌 복잡성과 다의성에서 비롯되는 개념상의 혼란과 모호함을 어느 정도 극복할 수 있게 되는데, 이러한 접근 방법을 법정책의 대상으로서의 문화 개념에도 적용할 수 있을 것이다.[20] 즉, 문화법정책에서 문화의 개념을 위와 같은 세 가지로 나누어 보는 것은 정책 대상으로서의 문화가 구현되는데 필요한 문화의 개념 규정 과정에 있어서의 범위 설정에 유용하다. 문화 개념의 각 측면별로 그 의미를 달리 규정하는 것은, 문화법정책에서 문화의 개념적 범위 설정의 적절성 문제를 해결하면서 동시에 정책 실제에서 문화의 의미를 체계적이고 가시적으로 인식할 수 있게 해 주기 때문이다.

첫째, '개인적이고 집단적인 지적·정신적 발달과정'을 의미하는 문화는 '문화법정책의 궁극적 결과로서의 문화'를 의미한다고 볼 수 있다. 문화법정책을 통해 궁극적으로 사회 전반의 지적이고 정신적인 발달을 이룰 수 있을 것인데, 이는 문화정책에서 최종적으로 이루고자 하는 상태, 즉 문화의 발전이 되는 것이다. 둘째, '다양한 범위와 형태에 속한 사람들의 삶의 방식'을 의미하는 문화는 '문화법정책 대상의 원천으로서의 문화'를 의미한다고 할 것이다. 예술창작활동이나 문화산업활동 등의 주요 원천이 되는 것은 사람들의 삶의 양식에서 비롯된 문화 현장이므로, 그러한 맥락에서의 문화에 대한 정책적 관심은 당연한 것이다. 국가와 민족의 정체성이나 공유된 신념 등에 관한 정책에서 의미하는 문화 개

---

19) 정철현, 『문화정책』(서울: 서울경제경영, 2015), 8-9쪽.
20) 김민주, 윤성식, 『문화정책과 경영』(서울: 박영사, 2016), 11-14쪽에서는 세 가지 문화 개념을 문화정책의 대상으로서의 문화 개념에 적용시키고 있는데, 이러한 접근을 문화법정책의 대상에 관한 논의에도 적용할 수 있을 것이다.

념이 이에 해당한다. 셋째, '예술활동이나 정신적·지적 작업을 표현하는 과정 또는 그 결과물을 창출하여 공유하는 것'으로서의 문화는 '문화법 정책의 구체적 대상으로서의 문화'를 의미한다고 할 수 있다.[21] 이는 문화를 '예술'과 동일한 개념으로 인식, 그것을 정책적 대상으로 삼는 것이다. 오늘날 문화법정책의 대상으로서의 문화는 우선적으로 예술 분야를 의미하는데, 이때의 문화는 관련 법제나 계획 등을 통해 상대적으로 명확하게 표현된다.[22]

문화를 예술활동이나 작품과 동일시하는 협의의 개념에 따르면, 문화의 영역은 장르적 의미로 국한되고 문화와 관련된 집단은 직업적 범주로서의 '예술가'에 한정된다. 이 때 문화법정책은 곧 '예술법정책'을 의미하며, 예술진흥, 예술교육, 박물관·미술관·공연장 등의 문화기반시설, 전통문화와 문화재, 예술교류 등이 그 범주에 속하게 된다. 예술을 대상으로 하는 문화법정책은 세계 각국의 문화법정책 수행에 있어서 공통적 특징이며, 예술법정책에 속하는 예술의 영역은 점차 확대되어 가면서 예술생산에 적용되는 기술이 발전함에 따라 기능이나 영역면에서 많은 변화를 보이고 있다. 실제로 1990년대 이후로는 다수 국가들이 문화법정책의 대상을 대중문화를 포함한 문화산업으로까지 확대해 온 추세이며, 이는 우리나라의 경우에도 예외가 아니다. 나아가 문화를 생활방식 전체를 의미하는 것으로 보는 광의의 개념에 따르면, 문화법정책은 인간의 삶에 있어서의 모든 영역이 포함된다. 따라서 예술, 언어 등 삶의 방식은 물론, 가치체계, 전통, 믿음 등의 생활문화와 정신문화까지 문화법정책의 범위에 속하게 된다.

---

21) 윌리엄스 역시 문화 개념을 구분하면서 '문화부'는 음악·문학·미술·조각·연극· 영화 등의 예술활동 및 작품과, 철학·학문·역사를 포함하는 대상들에 대한 구체적인 활동을 하는 곳이라고 보았다. R. Williams(1983), p. 90.
22) 김민주, 윤성식(2016), 14-15쪽.

2. 문화법정책 대상으로서의 문화예술

1) 문화법정책에서 '문화'와 '문화예술'의 구분

문화법정책의 대상을 포괄적으로 지칭하는 경우 그것을 '문화(culture)'로 표현하는 경우가 있는가 하면, '문화예술'이나 '문화와 예술(arts and culture)'로 표현하는 경우도 있다. 실제로 문화법이나 문화정책을 논의하는 다양한 저작물에서도 '문화'와 '문화예술'이라는 용어는 혼용되고 있어, 개념적 혼동을 초래할 우려가 있다. 이러한 현상은 '문화'와 '예술'의 관계를 어떻게 선택적으로 정의하고 인식하는지에 따라 나타나는 것으로, 서구에서는 실무적으로 또는 학문적으로 문화에 예술이 포함되는 것으로 전제하여 정책 대상으로서 양자를 동일하게 보는 경우도 흔히 볼 수 있다.

국내에서도 일부 학자는 특별한 목적이 없는 한 '문화'와 구분하여 '문화예술' 또는 '문화와 예술'이라고 표현할 필요가 없다고 주장하기도 하지만,[23] 학자들은 대체로 국내에서의 법률적·행정적·역사적·현실적 특수성으로 인하여 '문화'라는 용어와 '문화예술'이라는 용어를 구분지어 함께 사용할 실익이 있다는 입장이다.[24] 문화라는 단어에 예술을 부가함으로써 문화 개념이 갖는 외연의 광범위함과 유연함에서 오는 문제를 완화하고 학문적 대상으로서의 정체성을 갖출 수 있다는 주장도 같은 입장으로 볼 수 있다.[25] 이러한 견해는, 연구 대상으로서의 문화예술을 구체화하는 방법으로, 문화와 예술을 관장하는 정부기관인 문화체육관광부 소관 법률을 살펴봄으로써 문화예술과 관련된 법제에 대한 개략적 윤곽을 파악할 수 있고, 또한 문화나 예술과 관련된 법제적 연구에 대한 국내외적 성과를 살펴봄으로써 연구대상에 대한 보다 구체적인 접근이

23) 구광모, 『문화정책과 예술진흥』(서울: 중앙대학교 출판부, 1999), 37-40쪽.
24) 김민주, 윤성식(2016), 15쪽.
25) 송호영, "문화예술법 서설," 한국문화예술법학회 편저 『문화예술법의 현주소』 (서울: 준커뮤니케이션즈, 2014), 4쪽.

가능하다고 한다.[26] 문화와 문화예술을 구분하는 주요 이유는 다음과
같다.

첫째, 법률적·행정적 대상성에서 비롯되는 논리적 측면의 이유이다.
앞서 살펴본 바와 같이 문화법정책에서의 '문화'의 의미를 세 가지로 구
분해 볼 때 문화와 문화예술, 양자의 용어를 혼용하는 이유를 설명할 수
있다. 문화법정책이 예술에 초점을 맞춘 세 번째 문화 개념뿐 아니라 정
신적 발달이나 생활방식을 강조하는 첫 번째 및 두 번째 개념과 같은 보
다 포괄적 의미의 문화를 포함한다는 것을 표현하기 위한 의도에서 '문
화예술'이라는 용어의 사용 이유를 찾을 수도 있다. 예컨대, 전통적인 문
화법정책은 주로 예술에 초점을 두고 이루어지지만, 민족성 고양이나 국
가 정체성 확립, 인간 계발 및 국민정신문화 육성 관련 정책들도 문화
관련 부서가 관여하고 있다.[27]

둘째, 문화 개념의 외연 확장에 대비한 실질적 측면의 이유이다. 새
로운 예술 장르가 실험을 거쳐 계속 탄생함에 따라 문화의 개념이 확대
되고 있음은 누구도 부정할 수 없다. 따라서 이러한 현상을 반영하기 위
한 한 방편으로 개념의 확장 차원에서 문화예술이라는 용어를 사용하는
것으로도 볼 수 있다. 즉, '문화'로서 표현할 때보다 구체적인 작품으로
서 '문화예술'이라는 용어로서 표현할 때 새로운 장르로서 등장하는 예
술을 포괄할 수 있다는 실용적 관점이다. 실례로, 일본에서도 '문화예술'
이라는 용어가 사용되어 왔는데, 그 이유는 '문화' 속에 '예술'이 포함되
기는 하지만 오늘날 새롭게 등장하여 기존 '예술'에 수렴되지 못했던 '준
예술(準藝術)'까지 포함시키기 위한 외연 확장 의도에서 비롯된 것이라
고 한다.[28]

셋째, 우리나라의 역사적 배경에 관련된 이유이다. 과거 우리나라의

---

26) 위의 논문, 5쪽.
27) 김민주, 윤성식(2016), 16쪽.
28) 이흥재 역(伊藤裕夫 외), 『예술경영과 문화정책』(서울: 역사넷, 2002), 35-37쪽.

문화법정책은 일제 침략기부터 해방 후 군사정권에 이르기까지 침략 세력 또는 집권 세력의 정치적 목적 달성을 위하여 가치관과 정신적 유형에 편향되어 있었던 역사적 산물로서,[29] 정치적 이해관계 등을 반영하는 것을 우선으로 하는 경우가 많았다. 그러나 문화의 정수로서의 예술 영역들을 우선적 지원 대상으로 삼는 국제적 동향에 부응하여 점차 양자를 동시에 고려하게 된 것이다. 같은 맥락에서, 문화재나 정신문화 등에 중점을 두어왔던 문화정책에서 탈피하여 작품으로서의 예술에 보다 중점을 두고 순수예술의 진흥을 강조하기 위하여 '문화예술'이라는 용어를 사용하게 된 것으로 보기도 한다.[30]

생각건대, 이러한 이유로 인해 문화법과 관련정책에서 '문화'라는 용어와 '문화예술'이라는 용어가 혼용되고 있는 것이 현실이다. 이러한 배경을 이해하고 문화법정책을 논의함에 있어 문화의 의미를 구분하여 진행한다면, '문화'와 별도로 '문화예술'이라는 개념을 사용하는 것에 문제가 없으며, 도리어 장기적인 정책 설계 및 운용에 있어서도 양자를 함께 사용할 실익이 있음을 알 수 있을 것이다. 나아가, 제1장에서 제시한 바와 같이, 본 연구는 공공지원의 필요성이 절실한 공공재적 문화예술 영역을 그 주요 대상으로 하기에, 이러한 용어상의 구분 필요성이 있다고 하겠다. 다만, 본 연구에서도 협의의 문화 개념에서 광의의 문화 개념으로, 고급예술 중심에서 생활예술 등으로 그 대상성이 확장되는 문화정책의 추이를 부정하는 것은 아니며, 기초예술 분야를 중심으로 한 연구 범위의 한정은 유연하게 해석되어야 할 것임을 밝히고자 한다.

2) 문화법정책의 대상으로서의 문화예술의 외연

서구사회를 중심으로 문화예술은 대체로 문학, 공연예술, 시각예술의 분야를 포함하는 개념으로 정립되어 왔으며, 최근에는 대안예술이나 멀

---

29) 구광모(1999), 38-40쪽.
30) 김민주, 윤성식(2016), 15쪽.

티미디어 등이 추가되면서 그 외연이 점차 확장되는 경향이다. 이들은 집합적으로 인간 행동의 차별화된 영역을 형성하여 왔고, 현대 예술은 건축, 공예, 패션, 문화유산, 다문화주의 및 언어 등을 포함하는 광의의 문화영역의 일부를 형성하고 있다.31) 이러한 광의의 문화영역의 일부로서의 예술은 일터와 가정, 여가생활 등에 있어서 모든 시민의 삶에 스며들고 퍼진다. 즉, 현대 국가에서 예술은 고립된 것이 아니라 시민의 삶에 있어서의 관계성을 중심으로 차별화된 세 가지 부문영역으로 나타나는데, 순수예술(fine arts), 상업예술(commercial arts), 생활예술(amateur arts)이 그것이다.32)

첫째, 순수예술은 '지식을 위한 지식(knowledge for knowledge's sake)이 학문의 영역에서 '순수한 연구'에 대한 근거(rationale)를 형성하는 것과 마찬가지로 '예술을 위한 예술(art for art's sake)이라는 신조에 기여하는 전문적 활동을 일컫는다.33) 각각의 순수예술 분야에 있어서는 일반적으로 식별되는 전문적 수월성(秀越性, excellence)의 기준이 존재한다. 순수예술 영역에서 지배적 생산조직의 형태는 전문 예술가(professional artist)과 비영리법인(nonprofit corporation)이며, 이는 후술하는 전통적인 문화법정책의 구체적 대상으로 나타난다.

둘째, 상업예술은 수월성보다 수익성을 우선하는 수익 창출 활동으로 정의될 수 있다. 하지만 수월성과 수익성이라는 두 가지 동기가 상호 배타적일 필요는 없다. 실제로, 순수예술은 종종 그 결과물을 확산시키기

---

31) Harry Hillman Chartrand & Claire McCaughey, "The Arm's Length Principle and the Arts: An International Perspective-Past, Present and Future," Compiler Press (originally in M.C. Cummings Jr & J. Mark Davidson Schuster, (eds.). *Who's to Pay? for the Arts: The International Search for Models of Support* (New York: American Council for the Arts, 1989)), p. 1.

32) *Ibid.*

33) H. H. Chartrand, *Social Sciences and Humanities Research Impact Indicators*, Compiler Press (Commissioned Report for The Social Sciences & Humanities Research Council of Canada, Ottawa, 1980).

위하여 상업예술의 채널을 활용하는데, 음반, 서적, 영화 등이 그러한 결과물의 대표적인 예이다. 순수예술이 상업적 채널을 통해서 배포될 경우 그러한 결과물이 더 이상 '순수예술'이 아닌 것은 아니다. 상업예술 영역에서 지배적 생산조직의 형태는 영리법인(for-profit corporation)이다.

셋째, 생활예술은 노동자가 그의 생업을 수행할 능력을 재생산하는데 기여하는 '재창조(recreational) 활동' 또는 시민의 창조적 잠재력을 실현함으로써 보다 충만한 삶을 향유하도록 하는데 기여하는 '여가 활동'을 의미한다. 생활예술 영역에서 지배적 생산조직의 형태는 자원봉사자(unpaid individual) 및 임의단체(voluntary association)이다.

이와 같은 현대예술의 세 가지 부문영역은 각각 상호 긴밀하게 관련되어 있다. 특히 이들 세 영역은 모든 예술작품의 원천이 되는 개별 창작자를 통해서 연관된다. 즉, 예술적 생산의 근원인 개별 예술가는 창조(creation)를 통해 특정 예술작품에 연결되고, 예술작품은 소통(communication)을 통해 관객과 연결되며, 관객은 상업화(commercialization)를 통해서 예술가에 연결된다.[34] 우선 예술가와 예술작품의 관계에 있어, 예술가가 그의 창조적 잠재력을 실현하였으나 그 결과물을 향유할 청중이 없다면, 이는 개인적 자아실현이나 생활예술로 정의될 수 있을 것이다. 둘째로, 예술작품과 청중의 관계에 있어, 예술작품은 초자연적 또는 원형적 방법으로 청중과 소통하게 되며, 그럼으로써 청중은 예술을 만나게 된다. 마지막으로, 청중과 예술가의 관계에 있어, 청중은 심지어 실제 작품과의 소통이 없는 경우라도 예술가의 '이름'을 구입하며, 이 지점에서 소비자인 관객은 상업적 예술과 만나게 된다. 수만 장의 백지가 살바도르 달리(Salvador Dali)의 서명 행위에 의해 예술로 전화된 경우가 바로 이러한 경우에 해당된다.

이와 같은 현대예술의 세 가지 부문영역은 경제적 기능에 의해 상호 연결되어 있다. 생활예술은 개별 시민의 재능과 잠재력을 실현시킴으로

---

34) H. H. Chartrand & C. McCaughey(1989), p. 2.

써, 순수예술과 상업예술 분야의 기반이 되는 청중에 대한 교육과 기초훈련을 제공한다. 순수예술은 그 자체로서 종국적 목적이 되는 예술의 수월성을 추구함으로써, 상업예술을 위한 연구와 개발을 제공한다. 상업예술은 수익을 추구함에 있어서 시장에 수단을 제공하고, 청중에게 생활예술의 최선의 형태를 배분하며, 순수예술을 이익 추구에 적합한 형태로 광범위한 청중에게 배분하는데, 음반이 그 대표적인 예이다. 샤트란과 맥커히는 이러한 세 가지 부문영역이 이른바 '예술산업(Arts Industry)'을 구성한다고 규정하였다.35) 이와 같은 문화예술의 개념적 분류는 문화정책에 있어서 유의미하게 적용되어 왔으며, 각국의 연혁은 문화정책의 대상에 있어 순수예술에서 상업예술로, 나아가 생활예술까지 포용하는 형태로 점차 그 외연을 확장해 왔음을 알 수 있다.

II. 문화예술 지원 정책의 구체적 대상

1. 지원의 구체적 대상으로서의 예술가

1) 문화예술의 근원으로서의 예술가 개념

문화예술의 부문영역에 관한 이상의 논의를 통해, 모든 예술은 개별 예술가에서 비롯된다는 점을 확인할 수 있다. 따라서 순수예술 영역에서 지배적 생산조직의 형태인 전문 예술가와 비영리 문화예술단체는 각각 문화예술 지원 정책의 구체적 대상이 된다.

서구사회를 중심으로 사용되기 시작한 '예술(arts)'이라는 개념은 적어

---

35) 샤트란은 2001년 이를 확장·보완하여 '예술산업'을 문학, 미디어, 공연예술, 시각예술의 4가지로 분류하였고, 2016년 이를 재보완한 후속연구를 통해 예술 분야가 자연과학·기초공학 분야, 인문학·사회과학 분야와 함께 3대 지식영역(Knowledge Domain)을 구성한다고 하였다.

도 근대 이전에는 존재하지 않았던 개념이다.[36] 예술이란 개념은 18세기 중엽부터 말엽에 이르는 동안에 유럽의 예술이론에서 확립되었다고 알려졌다. 그 이전에는 오늘날의 용례처럼 '예술'을 포괄적이면서도 배타적인 개념으로서 사용하지 않았으며, 그러한 의미에서 예술이란 개념은 근대적 산물이라 할 수 있다.[37]

　미학적 측면의 예술 개념은 고정성이나 항구성과는 거리가 멀다. 예술 개념의 외연, 즉 어디까지가 예술의 범위에 포함되고 어디까지가 예술의 범위에 포함될 수 없는 것인지에 따라서 그 내포도 달라질 것이다. 오늘날 예술이란 무엇인가에 대해서도 다양한 견해들이 나타나고 있으며, 예술이라는 개념을 둘러싸고 많은 변화가 일어나고 있는 것이 사실이다. 혁신적인 시도가 나타나게 되면 사람들은 이를 기존의 예술 개념과 대치시키면서, 그것에 대하여 예술 세계의 시민권을 부여해야 하는지에 관하여 논의를 거쳐 왔다. 예를 들면 컴퓨터 그래픽을 예술로 인정할 것인지에 관한 문제 같은 것이다. 이러한 현상들은 그것 자체로 이미 예술 개념의 가소성(可塑性)을 역설하고 있으며,[38] 예술 개념의 이러한 가소성에 주목할 때 예술의 미래 또한 다양하리라는 것을 쉽게 짐작할 수

---

36) 현대 영어의 art(예술)과 technique(기술)은 모두 고대 그리스의 'techne(테크네)'에서 그 어원을 찾는데, 이는 일반적인 규칙(rule)에 관한 지식에 근거, 일정한 기술(skill)에 입각한 인간의 제작활동 일체를 가리키는 용어였다. 즉, techne는 생산 및 제작을 위한 솜씨와 기술은 물론, 관련 규칙에 대한 지식도 포함했다. 고대 그리스인들은 오늘날의 예술을 가리키는 데 techne가 아닌 'musike(뮤지케)'라는 용어를 사용하였는데, 당시 조형예술은 뮤즈 여신들이 촉발시킨 영감(enthousiasmos)에 의해 이루어지는 음악, 무용, 시와 달리 예술의 범주에 속하지 않았다. Wladyslaw Tatarkiewicz, J. Harrell, (ed.), *History of Aesthetics*, Vol. 1 (Warszawa: PWN, 1970), pp. 26-29.

37) 강손근, "근대 예술 개념의 성립에 관한 연구," 『철학논총』(서울: 새한철학회, 2011), 제65호, 7쪽.

38) 佐々木 健一, 「4. 藝術」, 今 道友信 編輯 『講座美學 2 - 美學の 主題』(東京: 東京大學出版會, 1985), p. 129 (강손근, 위의 논문, 8쪽에서 재인용).

있다.

곰브리치(Ernst Hans Josef Gombrich)는 그의 저서 『서양미술사』에서 "미술(Art)이라는 것은 사실상 존재하지 않으며, 다만 미술가(Artist)들이 있을 뿐"이라고 전제하고, "아득한 옛날에는 색깔 있는 흙으로 동굴 벽에 들소의 형태를 그리는 사람들이 미술가들"이었다고 언급한 바 있는데,[39] 이는 오늘날의 의미에서 '예술'에 해당하는 실체는 근대 이전에는 없었으며 다만 그러한 것에 상응하는 특정한 활동의 결과물들이 남아 있다는 점을 확인한 것이다. 결국 예술활동의 결과물을 남긴 주체는 그 당시 활동했던 예술가들이며,[40] 공적 지원의 대상으로서 특정화될 수 있는 문화예술의 구체적 대상은 직업군으로서의 '예술가'임을 역사를 통해 확인할 수 있다.

19세기에서 20세기 초에 이르기까지 정치, 경제, 사회가 급변하면서 본격적인 자유예술시장이 등장하였고, 대량생산 시대의 수요와 공급 관계에서 예술적 창조는 예술가의 개인적이고 직접적인 제작이라는 측면에서 독특한 위상을 차지하게 되었다. 개인적 후원체계 대신 중산계급의 취미에 의존하게 되면서 창의성은 예술작품 특유의 가치에 유용성에 우선하는 특권을 부여하는 시장원리에서 경쟁력을 확보하는 기능을 하였고, 당시 예술가들은 문화적 시장에서 독립적 경영을 하였다. 그러한 과정에서 비로소 자존심 세고 도전적이며 타협하지 않는 개인주의자라는 '예술가'에 대한 관념이 생겨난 것이다.[41] 애들러(Judith Adler)는 당시 자유예술시장의 도래가 역사적으로 특이한 현상이라고 지적하면서 이때

---

39) 백승길, 이종승 공역(E.H.J. 곰브리치), 『서양미술사』(서울: 예경, 1994), 3쪽.

40) 엄밀히 말하면 이들은 근대적 의미에서의 예술가 또는 미술가는 아니었다. 이들은 생활의 필요에 따라 그림을 그리고, 조상(彫像)을 만들고, 신전을 짓는 일 등에 주로 종사했으며, 직인(職人) 또는 장인(匠人) 등으로 일컬어졌다. 강손근 (2011), 8쪽.

41) Judith Adler, *Artists in Offices: An Ethnography of an Academic Art Scene* (New Brunswick: Transaction Books, 1979), p. 6.

생겨난 창조적 '예술가' 관념이 당시의 사회문화적 맥락에서 생겨난 산물임을 주장하였는데, 이와 같은 짧은 독립적 시기를 거쳐 예술은 다시 국가와 대학이라는 거대한 후원자와의 관계 속으로 들어가게 되기 때문이다.[42)

즉, 예술가의 자유와 개인적 비전으로서의 창의성이라는 개념은 본질적이고 자연적인 예술 특성이 아니라 시대와 사회의 특수한 기반 위에서 형성된 개념체임을 알 수 있으며, 적어도 문학, 미술, 음악 분야에서 이 개념이 형성되는 데에는 예술시장이라는 유통 체계가 필요했음을 알 수 있다.[43) 예술시장은 개인의 개성과 자유를 발휘할 수 있도록 하는 장이 되었고, 사회 전체가 정해놓은 규칙보다는 예술가 개인의 내면적 충동이 우선할 수 있도록 하는 기반이 되었다.[44) 중요한 것은, 근대적 예술가 개념을 형성한 창의성 개념은 당시에 허용된 '자유권'의 보장을 토대로 한 것이었다는 점이다. 즉, 예술 창의성의 개념에서 무엇보다도 핵심적인 것은 예술가에게 부여된 '자율성'이었다는 점을 주목할 필요가 있다.

2) 헌법상 예술가 권리 보장의 요청

헌법상 예술가에 대한 보호는 몇몇 관련 부분에서 찾을 수 있으나, 특히 헌법 제22조 제2항의 "예술가의 권리"는 동조 제1항의 국민이 갖는 예술의 자유와는 별개로 직업군으로서의 "예술가"에게 인정되는 권리라는 점에서 주목할 필요가 있다. 즉 헌법 제22조 제2항의 예술가의 권리는 모든 사람에게 보장되는 예술의 자유 영역이 아닌 예술가에게 보장되는 예술가 특유의

---

42) *Ibid.*

43) 김수인, "사회적 구성체로서의 예술 창의성 개념에 대한 고찰: 순수예술개념의 형성과 무용의 편입과정을 중심으로," 『대한무용학회논문집』(서울: 대학무용학회, 2017), 제75권 제1호, 62쪽.

44) 위의 논문, 62-63쪽.

권리라 할 수 있다. 한편, 1980년 10월 27일 제21차 유네스코 총회에서는
「예술가의 지위에 관한 권고(Recommendation concerning the Status of the
Artist)」를 채택한 바 있는데, 해당 권고는 예술가를 "예술작품을 창작하거나
독창적으로 표현하거나 혹은 이를 재창조하는 사람, 자신의 예술적 창작을
자기 생활의 본질적인 부분으로 생각하는 사람, 이러한 방법으로 예술과
문화의 발전에 이바지하는 사람, 고용되어 있거나 어떤 협회에 관계하고
있는지의 여부와는 관계없이 예술가로 인정받을 수 있거나 인정받기를
요청하는 모든 사람"으로 정의하고 있다.[45] 해당 권고에서는 "자신의 예술
적 창작을 그 생활의 본질적인 부분(essential part)으로 생각하는 사람"이라
하여 취미나 아마추어로서 예술가가 아닌 전문작가 또는 전업예술가를
그 정의에 포함시키고 있다.

한편, "예술가"라는 용어를 사용하지는 않았으나 현행 「예술인 복지
법」 제2조 제2호는 "예술인"의 정의를 규정하고 있다.[46] 이를 통해 예술
인 복지의 대상이 되는 예술가를 규율하는데, 「예술인 복지법」상 예술인
의 정의에서 "예술활동을 업(業)으로" 할 것을 요청한다는 점에 유의할
필요가 있다. 이는 예술활동을 직업으로 한다는 것, 즉 예술활동을 직업
으로 하는 예술가가 사회적 범주로서 존재한다는 점을 인정한 것이다.
"예술인"이라는 경험적·법적 정의가 탄생하게 되는 가장 중요한 사회적
동력은 예술활동을 직업으로 하는 사회계층이 생겼다는 점이다.[47] 다른

---

45) UNESCO, "Recommendation concerning the Status of the Artist," *Records of the 21*st
session of the General Conference, Vol. 1 (Paris: UNESCO, 1980), p. 146.

46) 헌법은 "예술가"라는 표현을, 「예술인 복지법」은 "예술인"이라는 표현을 사용
하고 있어 용어의 혼란을 초래하고 있는 점도 차후 통일의 필요성이 있을 것
이다.

47) 「예술인 복지법」 제2조에 따라 예술활동을 '업(業)'으로 하고 있음을 확인하는
'예술활동증명' 제도를 두어 예술인 지원을 위한 형식적 요건으로 삼고 있는데,
동 제도는 2012년 11월 한국예술인복지재단 설립과 함께 도입되어 2021년 2월
첫째 주 기준 누적 완료자가 10만 명을 넘어섰다. 한국예술인복지재단 보도자
료, 2021. 2. 8.

직업이나 지위를 가진 지식인 또는 엘리트 계층이 예술가로서 활동을 하는 것이 아니라 다른 직업이나 지위를 갖지 않고 예술활동 자체를 생업 또는 직업으로 하는 계층이 사회적으로 존재한다는 사실은 그 자체로서 예술가 계층이 경험적으로 존재하고 이를 법적으로 정의할 수 있다는 것을 역설한다. 따라서 헌법 제22조 제2항의 예술가는 "법률로써" 규정된다는 측면에서 직업 범주로서 예술가라는 점을 기준으로 하여 정의된다고 할 수 있다.

이와 같이 법률로써 확정된 직업 범주로서의 "예술가"의 권리가 "법률로써" 보호될 수 있는 것이라면 그 권리는 무엇이어야 하는지가 문제된다. 헌법 제22조 제2항의 예술가의 권리에 지식재산권이 포함된다는 것에 대해서는 대체로 학자들의 견해가 일치하지만, 그것만으로 예술가의 권리보호가 충분하다고 할 수는 없을 것이다. 기술지원 분야 등 지식재산권을 보유하지 않은 예술가도 상당히 많다.[48] 예술가의 권리에 지적재산권 이외에 다른 권리가 있다면 법률로써 보호할 필요가 있는 다른 권리가 무엇이어야 하는지 확정할 필요가 있다.

헌법 제22조 제2항의 "예술가의 권리"에 대한 전통적인 견해에 따르면 예술가를 예술활동을 하는 자로 이해했으므로 이를 특정한 사회적 범주로 보지 않았다. 이러한 견해는 헌법 제22조 제1항에 따라 모든 국민에게 보장되는 예술활동의 결과물 중에서 보호할 가치가 있는 것을 별도로 헌법 제22조 제2항에서 예술가의 권리로 보호한다고 보았다. 이와 같은 전통적 견해의 한계는 헌법 제22조 제2항의 "예술가"라는 명시적인 규정을 사실상 무의미한 것으로 만들었다는 데 있다. 반면, 위에서 전개한 헌법 제22조 제2항에 대한 새로운 접근은 "예술가"가 직업 범주

---

48) 2017년 조사 결과 예술인 중 저작권(저작인접권) 보유에 따른 수입이 있는 경우는 25.0%에 불과했다. 문화체육관광부, 『2018 예술인 실태조사』(세종: 문화체육관광부, 2019), 17쪽. 이를 통해 예술가의 권리를 지식재산권에 한정하는 것이 예술현장을 반영하지 못한다는 것을 확인할 수 있다.

로서의 그것을 의미하는 것으로 해석한다. 즉 헌법 제22조 제1항의 "예술의 자유"에 연계되어 별도의 의미를 부여할 수 없는 것이 아니라 제22조 제1항과 독립적으로 존재하고 분명한 사회적 실체가 있으며 법적으로 정의될 수 있는 개념으로 이해하는 것이다. 따라서 헌법 제22조 제2항의 "예술가의 권리"란 직업 범주로서의 예술가가 주체가 되는 권리를 의미한다고 할 수 있다.

요컨대 "예술가의 권리"란 직업 범주로서의 예술가가 주체가 되는 예술활동이 적절하게 이루어질 수 있도록 예술가에게 보장되는 제반 권리, 즉 헌법 제22조 제2항의 문언에 따라 특정될 수 있는 예술가에게만 적용되는 그들만의 고유한 권리로 볼 수 있다. 직업 범주로서의 예술가에게 특유한 권리가 문제되는 국면은 예술가가 주체가 되는 예술활동이 성장하여 다른 사회적 요소와 충돌하는 경우이다. 예술가의 존재 이유는 예술활동을 하는 데서 찾을 수 있으므로 예술가가 독립된 직업으로 성장하면서 예술가에게 특정한 권리 보호를 해야 할 필요성이 생기는 것이다. 예술가를 독립적인 직업 범주로 성장시킨 사회적 동력이 예술가의 예술활동이 다른 사회적 요소와 충돌하는 지점을 만들어내게 되는데, 직업 범주로서의 예술가 계층이 성장할수록 다른 사회적 요소와 충돌하면서 예술가의 권리 보호 문제가 야기되기 때문이다. 특히 문화예술의 수월성 확보를 위해서는 예술가들의 자율성 확보가 요청되는데, 이를 위해서는 예술가의 지위 보장 및 고용안정성 확보 등이 선결되어야 한다.[49]

---

49) 이에 관한 상세는 제4장 제2절 참조.

2. 지원의 구체적 대상으로서의 비영리 문화예술단체

1) 비영리 문화예술단체의 개념 및 등장배경

비영리단체(Non-Profit Organization, NPO)는 형식적으로 영리부문(for-profit sector)과 공공부문(pubic sector) 중 어느 쪽에도 속하지 않으며 두 영역의 사이 어딘가에 위치하는 조직으로 정의된다.[50] 비영리단체는 종종 상업시장에서 공급되지 못하는 공익적 서비스를 무료 또는 비용 이하의 저렴한 가격으로 공급하는데, 이러한 재화와 서비스는 준공공재 또는 가치재로서의 특성을 지니게 된다.[51] 비영리단체에 대한 관심은 특히 20세기 후반에 이르러 전 세계적으로 급증하기 시작하였는데, 특히 미국의 경우 건국 이전부터 자선활동에 대한 우호적 태도를 바탕으로 비영리부문의 약진이 두드러져, 일찍이 '비영리산업' 분야가 형성되고 관련 법제가 발달되어 왔다.[52]

이와 같이 서구사회에서 비영리단체가 급속히 성장하여 그 사회적 비중이 증대한 배경의 하나로 현대 복지국가의 위기를 들 수 있을 것이다.[53] 20세기 후반 신자유주의의 흐름을 타고 주요 국가들은 '작은 정부'를 추구하기 시작하였고, 복지국가적 운영 형태로서 국가가 중심이 되어 국민을 위한 서비스를 제공해야 한다는 주장은 설득력을 잃어 갔다. 동시에, 사회의 대부분을 정부가 개입하여 주도하기보다는 다원화된 수요를 민간 영역에서 충당하는 방식이 중요시되기 시작하였다. 즉, 사회를

50) Thomas Wolf, *Managing A Nonprofit Organization*, updated twenty-first-century ed. (New York: Free Press, 2012), p. 6.
51) 전병태, 『예술지원의 원칙과 기준에 관한 연구』(서울: 한국문화관광정책연구원, 2005), 3쪽.
52) 미국에서의 비영리부문의 발전과 관련 법률의 연혁에 관하여는 James J. Fishman & Stephen Schwarz, *Nonprofit Organization*, 3rd ed. (New York: Foundation Press, 2006), pp. 34-43.
53) 전병태(2005), 4쪽.

유지하고 발전시키는 동력을 더 이상 정부의 일방적 영향력에만 의지할 수 없는 시대가 도래하면서, 사회의 새로운 동력원으로서 비영리기관의 활동이 중요한 의미를 갖게 된 것이다.[54]

특히 문화예술 영역에는 이러한 비영리단체가 일반화되어 있는데, 비영리 문화예술단체(Non-Profit Arts Organization)란 「문화예술진흥법」에서 정의하는 문화예술, 즉 문학, 미술(응용미술 포함), 음악, 무용, 연극, 영화, 연예, 국악, 사진, 건축, 어문, 출판 및 만화 등과 관련된 단체로서 영리를 추구하지 않는 민간단체를 말한다.[55] 즉, 비영리 문화예술단체는 우선적으로 「문화예술진흥법」을 설립 근거로 하는 한국문화예술위원회가 문화예술의 연구, 창작, 보급 활동을 지원하는 사업에 참여하려는 단체들이 되며, 아울러 비영리 민간조직으로서 문화예술 관련 사업이나 활동을 하는 비법인 단체도 포함된다.[56]

한편, 여전히 공공 문화예술단체, 비영리 민간 문화예술단체, 영리적 문화산업조직 등의 개념이 상호 명확히 구분되고 있지 못할 뿐 아니라 이들을 상호 혼동하여 사용하는 경우도 발견된다. 문화예술활동의 특성상 비영리와 영리 간의 경계가 명확하지 않은데다가, 갈수록 공공과 민간의 구분이 모호해지고 있기 때문에 이러한 현상은 더욱 심화될 것으로 보인다. 지방자치제 실시와 민간 후원 매개단체 출범 이후로는 민간과 공공의 협력이 한층 더 중요해지면서 혼합된 형태의 조직과 활동이

---

54) NPO 연구의 권위자인 존스 홉킨스 대학 시민사회연구센터의 샐러몬(Lester M. Salamon)에 따르면 비영리단체의 대두는 세계적 동향이며, 그 배경에는 복지국가의 위기, 나아가 근대사회의 기저를 이루는 국민국가 체제의 위기가 자리하고 있다고 한다.

55) 「문화예술진흥법」 제2조 제1항 제1호. 동법상 문화예술의 정의는 법 제정 시점인 1972년 이래 꾸준히 확대되어 왔는데, 이는 예술의 외연 확대와 함께, 새로운 예술장르의 출현에 따른 예술 범주의 재정립 필요성이 문화예술 현장에서 끊임없이 제기되어 왔기 때문이다.

56) 김인춘, "한국의 비영리영역: 문화예술 부문," 『동서연구』(서울: 연세대학교 동서문제연구원, 2001), 제13권 제1호, 193쪽.

증가해 왔다.[57]

2) 비영리 문화예술단체의 특징 및 법적 근거

비영리단체는 법적으로는 비영리적이고, 사회적으로는 공익적인 서비스를 제공하며, 경제적으로는 이익금의 배분 없이 수입의 일부를 국가의 지원금 또는 민간 기부금으로 충당한다는 기본 특징을 지닌다.

구체적으로, 비영리단체는 국가 등의 지원금이나 자체 수익을 바탕으로 매달 단체의 구성원들에게 고용계약서에 명시된 급여를 지급한다. 다만 단체의 활동으로 이익이 발생할 경우 이를 차년도로 이월시켜 제작비 등 창작 역량 제고를 위해 사용하며, 손실 역시 차년으로 이월된다. 적자가 발생하면 정부 등의 지원을 요청할 수 있으나, 장기간 적자가 누적될 경우 이사진 교체나 지원 철회 등을 고려하기도 하는 등 전반적으로 기업 수준의 엄격한 회계가 적용된다.[58] '비영리사업'이란 개별 구성원의 이익을 목적으로 하지 않는 사업을 의미하지만 그렇다고 반드시 공익을 목적으로 해야 하는 것은 아니다. 영리사업을 병행하더라도 비영리사업의 목적 달성을 위해 필요한 한도에서 그 본질에 반하지 않는 정도의 영리행위는 허용된다. 다만 영리행위의 순수익은 언제나 단체의 목적 수행에 충당되어야 하며 어떠한 형식으로든 이사회나 임직원 등 조직에 영향력을 행사하는 개인에게 분배되어서는 아니 된다.[59]

즉, 비영리단체는 이와 같은 구성원에 대한 순수익의 분배 금지를 그 본질적 요소로 삼는데, 유의할 것은, '순수익(net earnings)'의 분배가 금지되는 것이므로 조직에 기여한 것에 대한 보수는 자유로이 지불할 수 있으며, 수익의 '분배(distribution)'가 금지되는 것이므로 수익 창출 행위 자

---

57) 위의 논문, 192쪽.
58) 전병태(2005), 5-6쪽.
59) 이러한 속성을 '비분배적 제약(nondistributional constraint)'으로 표현하기도 한다. Fishman & Schwarz(2006), p. 3.

체가 금지되는 것은 아니라는 점이다. 현행 「비영리민간단체 지원법」상
으로도 비영리민간단체는 사업의 수혜자가 불특정다수이며 구성원 상호
간에 이익을 분배하지 않아야 함을 그 핵심 요건으로 명시하고 있는
데,[60] 이러한 기본 특성은 문화예술 영역에도 그대로 적용된다.

비영리 문화예술단체에는 「민법」 제32조[61]에 따른 사단법인 또는 재
단법인, 「공익법인의 설립·운영에 관한 법률」 제2조[62]에 따른 공익법인
등이 포함된다. 나아가 현행 「문화예술진흥법」 제7조 및 동법 시행령 제4
조에 근거하여 '전문예술법인·단체 지정·육성제도'가 운영되고 있는데,[63]
이는 문화예술단체의 전문성을 인정하여 세제혜택 등 제도적 지원을 제
공하기 위하여 국공립 예술단체, 국공립 공연장의 위탁운영법인 및 민간
예술단체를 국가 또는 지방자치단체가 전문예술법인 또는 전문예술단체
로 지정하여 지원 및 육성할 수 있도록 하는 제도를 말한다.[64] '전문예
술법인·단체 지정·육성제도'는 대표적 간접지원 제도로, 대부분의 공연
예술단체들이 법인격 없는 임의단체나 비영리법인 형태를 취하고 있어

---

60) 제2조(정의) 이 법에 있어서 "비영리민간단체"라 함은 영리가 아닌 공익활동을
    수행하는 것을 주된 목적으로 하는 민간단체로서 다음 각호의 요건을 갖춘 단
    체를 말한다. 1. 사업의 직접 수혜자가 불특정 다수일 것, 2. 구성원 상호간에
    이익분배를 하지 아니할 것, 3. 사실상 특정정당 또는 선출직 후보를 지지·지
    원 또는 반대할 것을 주된 목적으로 하거나, 특정 종교의 교리전파를 주된 목
    적으로 설립·운영되지 아니할 것, 4. 상시 구성원수가 100인 이상일 것, 5. 최근
    1년 이상 공익활동실적이 있을 것, 6. 법인이 아닌 단체일 경우에는 대표자 또
    는 관리인이 있을 것.
61) 제32조(비영리법인의 설립과 허가) 학술, 종교, 자선, 기예, 사교 기타 영리 아
    닌 사업을 목적으로 하는 사단 또는 재단은 주무관청의 허가를 얻어 이를 법
    인으로 할 수 있다.
62) 제2조(적용 범위) 이 법은 재단법인이나 사단법인으로서 사회 일반의 이익에
    이바지하기 위하여 학자금·장학금 또는 연구비의 보조나 지급, 학술, 자선(慈
    善)에 관한 사업을 목적으로 하는 법인에 대하여 적용한다.
63) 2001년 1월 당시 개정 「문화예술진흥법」 제10조에 따라 처음 시행된 제도이다.
64) 예술경영지원센터, 『2020 전문예술법인·단체 백서』(서울: 예술경영지원센터, 2020),
    3쪽.

자생력과 경쟁력을 갖추는데 제약요인이 되어 왔기에, 민간 영역에는 법
인격이나 단체의 성격에 관계없이 국가 및 지방자치단체가 단체의 전문
성을 인정하여 세제혜택 등 제도적 지원 장치를 마련하고, 국공립 예술
단체에게는 시장원리와 공공성을 조화시킬 수 있는 새로운 운영모델을
제시하려는 취지로 도입되었다.[65]

　　나아가, 서구 주요 국가에서는 수월성 제고 측면에서 '레퍼토리 방식
의 비장기 공연'을 비영리 문화예술단체 운영의 대표적인 특징으로 간주
해 왔다. 레퍼토리 시스템이란 한 시즌에 여러 개의 작품을 준비하여 번
갈아 가며 공연하는 방식으로, 예컨대, 영국예술위원회로부터 지원받는
공연예술단체들은 1개월 이상의 장기공연을 하지 않는다.[66] 즉, 공공지
원을 받는 비영리 공연예술단체들은 부단한 창작활동을 통하여 공연 프
로그램을 수시로 교체하면서 관객들에게 새로운 작품을 감상할 기회를
지속적으로 제공해주는 것을 일종의 의무로 여기는 것이다. 상업 공연에
서와 같은 장기공연을 포기하고 이와 같이 제작 구조를 수시로 변경하
는 것은 제작비 상승으로 이어지고 결국 예산 운영상 부담으로 작용할
수밖에 없다. 그럼에도 불구하고 이와 같이 혁신적이고 실험적인 문화예
술의 활성화를 위해 정부의 지원금이 존재하는 것이며, 동시에 그러한
의미에서 정부 지원금의 공공적 성격이 규정되고 또한 지출의 정당성이
확보된다고 할 수 있다.[67]

---

65) 위의 자료. 같은 취지로 각 지방자치단체에서는 전문예술법인·단체 제도를 명
문화하고 있다. 예컨대, 「서울특별시 문화도시 기본조례」 제32조-제34조.

66) 레퍼토리 시스템에서 한 작품의 상연기간에 대한 일반적 합의는 없다. 원칙론자
들은 1-2주일 단위로 새로운 작품을 상연해야 한다고 하지만 이는 오늘날 복지
국가 예술정책의 한계에 봉착한 각국의 정부에게 비현실적이다. 영국의 국립극
장은 작품당 1개월가량의 상연기간을 유지해 왔으며, 대중적 호응이 있을 경우
지방순회공연을 통해 문화적 접근권과 문화적 평등권을 고양시켜 나가고 있다.

67) 즉, 국가나 지방자치단체의 지원을 받는 예술단체의 경우 수익성보다 우선되
는 것이 수월성과 공공성의 확보라는 점을 주지하고자 한다. 수월성과 공공성
에 관한 상세는 제4장 제2절 참조.

제2절 문화예술과 국가의 관계에 관한 주요 이론

Ⅰ. 문화예술에 대한 국가 개입의 정당성 논쟁

문화예술에 대한 정부의 지원이 과연 필요한지의 문제, 즉 문화예술에 대한 국가 개입의 정당성 여부는 문화법정책 분야의 주요 담론으로 자리매김되어 왔으며,[68] 동시에 문화법정책의 출발점이자 주요 이론적 배경으로 간주된다.[69] 이에 관한 논쟁은 시장실패에 주목하여 문화에 대한 선호(選好)를 시장에 맡기지 않고 국가가 직접 관리하는 국가주의와, 시장의 자율성을 강조하여 문화에 대한 선호가 시장에서 주로 인식되고 배분되도록 하는 시장주의 간의 대립이라고도 할 수 있다.[70]

1. 정부 개입 찬성론

법학자들은 문화예술 시장에 국가가 개입하기 위해서는 국가의 개입이 '공익상' 필요해야 한다고 한다.[71] 즉, 문화란 사회적으로 좋은 것이라는 '문화의 가치'와 함께, 민간 부문의 힘만으로는 문제가 제대로 해결되지 않는다는 '문화의 시장실패'가 입증되어야 한다는 것이다.[72] 나아

---

68) 기존의 다수 선행연구는 정부 지원의 당위성을 피력하는 입장에서 이루어진 경향이 있으나, 최근 문화에 대한 공적지원의 한계와 비판론이 제기되면서 관련 논쟁이 재점화되고 있다. 김정수, "좀비예술가와 벌거벗은 임금님: 우리나라 예술지원정책에 대한 비판,"『문화정책논총』(서울: 한국문화관광연구원, 2016), 제30권 제1호 등 참조.

69) 김창규(2014), 762쪽.

70) 위의 논문.

71) 박균성, "문화에 관한 국가의 개입과 지원,"『법학논총』(용인: 단국대학교 법학연구소, 2006), 제30권 제2호, 4쪽.

72) 여기서 문화의 가치란 본원적 가치와 부가적 가치를 가리킨다. 김정수,『문화

가, 정부 개입 찬성론을 정당화하는 헌법적 근거를 '문화국가 원리'로 들기도 한다. 국가가 문화예술 시장에 개입하는 이유는 문화가 국가정체성의 핵심을 이루는 국가공동체의 존립근거이기 때문이라는 것이다.[73] 문화국가 원리를 긍정하는 입장에서는, 문화국가 원리의 근거를 국가목적조항 또는 개별 문화적 기본권 규정에서 찾을 수도 있지만, 문화가 국가에 대하여 가지는 고유한 기능으로 인하여 헌법의 규정 여부와 관계없이 문화국가 원리는 이미 헌법에 내재된 것으로 이해한다. 사회통합이라는 국가 과제를 실현하기 위해서는 그 전제조건으로 문화가 필요하기 때문이다.

문화정책 및 문화경제학 분야에서 문화예술 분야에 대한 국가의 개입이 정당하다고 주장하는 학자들은 문화예술의 공공재적 속성으로 인한 시장실패, 예술 소비의 형평성 및 문화예술적 가치의 중요성 등을 논의하며 정부의 공공지원을 필수불가결한 요소로 판단한다. 이에 따르면 시장에 대한 정부의 개입은 당연한 귀결이 된다.

공공재적 특성에 주목하는 개입 찬성론은, 문화예술부문은 시장 기능에 의한 효율적인 재화의 분배가 이루어질 수 없는 영역이므로 정부의 개입이 불가피하며, 문화예술의 생산성 지연 현상으로 어려운 예술단체를 공공자원으로 보전해야 한다는 것을 지원의 이유로 든다. 특히 문화예술 경제학자 프라이(Bruno S. Frey)는 예술생산물의 공공재적 속성으로 인하여 시장을 통해서는 예술가들이 수익을 온전히 향유할 수 없고, 공공지원 없이는 예술재의 공급이 줄어들게 된다는 점을 근거로 든 바 있다.[74]

예술 소비의 형평성에 주목하는 개입 찬성론은, 예술적 기회의 재분배를 통한 사회적 형평성 확보를 주장하며 최소한의 문화예술활동을 향

행정론』(개정판) (서울: 집문당, 2010), 67-70쪽.

73) 이준형, "국가에 의한 예술지원의 법적 문제점," 『법학논문집』(서울: 중앙대학교 법학연구원, 2006), 제30집 제1호, 38-39쪽.

74) B. S. Frey(2003).

유하지 못하는 소득이 낮은 사람들에게 보편적 문화 향유의 기회를 제공
해야 한다는 입장이다. 그 자신이 예술가이기도 한 애빙(Hans Abbing)은
의료, 공교육 및 사회보장과 마찬가지로 예술도 '사회적 권리'라는 인식
이 필요하다는 주장으로 주목을 받은 바 있다.[75] 이하에서 정부 개입 찬
성론의 근거를 살펴본다.

1) 효율성 제고 측면: 시장실패 최소화

경제학에서 '시장실패'란 생산자와 소비자의 자유로운 선택의 결과
자원 배분의 효율성이 떨어지거나 시장거래 자체가 성립되지 않는 경우
를 의미하는데, 이를 원용하여 문화예술활동을 민간에 맡겨 두고 방임하
면 사회 전체적으로 바람직하지 않은 문제가 발생하는 것을 '문화예술의
시장실패' 현상이라 할 수 있다. 학자들은 문화예술의 시장실패로는 정
보의 결핍, 과다한 거래 비용, 독과점 현상, 외부효과, 막대한 초기비용
이나 고정비용이 필요한 경우 상업주의로 인한 질적 저하, 전통문화의
쇠퇴, 문화주권의 훼손 등을 예로 든다.[76]

정부와 시장은 사회를 구성하는 핵심적인 두 축으로서 존재하며, 법
정책학에서 다루는 주요 주제들은 대체로 양자의 사이 어딘가에 위치하
게 된다. 시장실패에 대한 반응으로 정부에 더 가까이 접근하기도 하고,
반대로 정부실패에 따른 반응으로 시장으로 더 가까이 접근하기도 한다.
어느 쪽이 정답인지 일도양단적 해답을 도출할 수는 없으나, 적어도 문
화예술 분야에서는 아래의 몇 가지 이유로 인해 시장에서 제대로 작동
되기 어려운 시장실패 현상이 나타난다. 즉, 문화예술의 상당한 부문에

---

75) Hans Abbing, *Why Are Artists Poor?: The Exceptional Economy of the Arts* (Amsterdam: Amsterdam University Press, 2002).
76) 김정수(2010), 73쪽 이하. 그 외에 보몰(William Baumol)의 '비용질병'을 시장실
패 현상에 포함시켜서 설명하기도 하나, 본 연구에서는 문화예술의 특수성 측
면으로서 별도로 논한다.

있어 시장에만 맡겨두었을 때 수요와 공급 측면의 비효율성이 발생하여 사회 전체적으로 자원이 낭비되는 결과를 낳게 되고, 따라서 이러한 시장실패를 극복하기 위한 정부의 역할과 개입의 필요성이 대두되는 것이다.

(1) 문화예술시장의 독과점 현상

일반적으로 독과점이 형성될 때 필요한 재화는 사회적 최적 생산량보다 적게 생산되고 소비자는 한계생산비를 초과하는 가격을 지불하게 되어 결국 경제적 순손실이 발생하게 된다. 이와 같이 개별 소비자를 넘어 사회 전체적인 비효율이 발생함에 따라 이를 치유하기 위한 국가적 개입이 정당성을 지니게 된다.

문화예술시장의 경우, 상품의 소비자보다 상품의 생산자가 훨씬 적기 때문에 완전경쟁시장이라 할 수 없다. 이러한 생산자와 공급자 간 양적 불균형 이외에도, 문화예술시장의 경우에는 완전경쟁시장에서 가정하고 있는 상품의 동질성이 보장되지 않는다는 본질적 문제가 있다. 이는 문화예술 소비가 기본적으로 향유자들의 기호(嗜好) 문제라는 점과, 향유 대상이 되는 문화예술상품의 비대체성에 기인한 것으로, 이는 다시 시장에서 진본성(authenticity)과 복제의 문제를 낳게 되기도 한다. 결국 이러한 속성으로 인해 예술시장은 완전경쟁보다 소수의 공급자나 생산자들이 존재하는 독과점적 생산구조의 형태를 띠는 경우가 많을 수밖에 없다.

결과적으로 문화예술시장에서는 상품의 가격이나 입장료 등에서 독과점에 따른 비효율이 발생하는데, 특히 독점적 생산은 문화의 다양성을 저해하여 자원배분의 왜곡에 따른 비효율을 발생시킨다. 무엇보다 현대 사회에서는 이윤 창출을 우선시 하는 문화독점기업에 의한 검열의 문제가 대두되고 있으며,[77] 이는 문화적 다양성을 위해 사용되어야 할 자원마저 독점적 문화상품 생산자에게 배분하는 결과를 낳는다. 결국 정부는

---

77) 이윤 창출을 우선하는 문화독점기업의 경우 굳이 실험적이고 도전적인 예술을 제작하지 않으려 하기 때문이다.

문화예술시장의 독과점적 현상을 완화하기 위한 다양한 방안을 마련하는 과정에서, 관련 시장에 대한 규제와 함께 독과점으로 피해를 입게 된 대상에 대한 지원 정책을 시행하게 된다.[78)]

(2) 문화예술의 외부효과

어떤 사람의 행위가 직접적인 거래 관계에 있는 사람이 아닌 제3자에게 영향을 미치지만 그에 대한 아무런 보상이나 대가가 주어지지 않을 때 외부효과(externalities)가 발생한다고 하는데, 외부효과는 해당 '영향'의 성격에 따라 긍정적 외부효과와 부정적 외부효과로 나뉜다.

문화예술의 영역에서도 다양한 외부효과들이 발생하는데, 주로 긍정적인 외부효과가 발견된다.[79)] 그런데 긍정적인 외부효과의 일반적 속성으로 과소 공급 현상이 발생하게 되고 이 점이 정부 개입의 정당성으로 작용한다. 즉, 더 좋은 외부효과가 발생되도록 하기 위해 과소 공급되는 상품의 생산량을 사회적 최적 생산량으로 높이고자 정부가 지원하게 되는 것이다. 우리나라의 경우 「문화예술진흥법」을 통해 문화예술 진흥의 법적 근거를 마련하고 문화예술위원회를 통해 다양한 문화지원 정책을 결정 및 집행하고 있다.

한편, 국가는 일부 문화예술이 제3자에게 미치는 부정적인 영향을 막고자 규제를 하기도 하는데, 영화의 경우 영화진흥위원회와 별도로 영상물등급위원회를 통해 등급 분류를 하고 청소년들을 보호하고자 하는

---

78) 일반적 규제법규로서 「독점규제 및 공정거래에 관한 법률」이 적용되는 것과 별개로, 문화예술시장에 대한 개별적 규제법규가 존재한다. 예컨대 「영화 및 비디오물의 진흥에 관한 법률」에 따르면, 정부는 영화상영관 경영자에게 한국 영화 상영의무를 부과하기도 하고(동시행령 제19조), 상대적으로 극장에서 소외된 영화들을 상영하기 위한 별도의 전용상영관을 지원하기도 한다(동법 제38조).

79) James Heilbrun & Charles M. Gray, *The Economics of Art and Culture: An American Perspective* (Cambridge; New York: Cambridge University Press, 1993), p. 223.

것[80])이 그 예이다. 다만 매체에 대한 불법 복제와 작품 내용에 대한 표절 행위 등은 문화예술 자체가 발생시키는 부정적 외부효과가 아닌, 그 이용 과정에서 생길 수 있는 부정적 외부효과이므로 이를 구별할 필요가 있는데, 이 또한 문화예술 이용과 관련하여 발생하는 부정적 외부효과로서, 규제를 통한 정부 개입의 근거가 된다.[81]

(3) 문화예술의 공공재적 성격

일반적으로 재화는 배제성(excludability)과 경합성(rivalry)이라는 두 가지 기준에 따라 배제성과 경합성이 모두 있는 사적 재화, 배제성은 있으나 경합성은 없는 자연독점적 재화, 배제성은 없지만 경합성은 존재하는 공유자원, 배제성도 경합성도 없는 공공재 등 네 가지로 대별된다. 정부의 개입은 네 가지 재화에 있어 정도의 차이가 있을 뿐 모두 가능하지만, 정부 개입의 필요성이 가장 강한 것은 무임승차의 문제가 발생하는 공공재의 경우이다.[82]

문화예술의 경우 네 가지 종류의 재화에 모두 속할 수 있지만 특히 공공재적 속성이 더 강하다는 것이 일반적 견해인데, 공공재의 무임승차 문제는 앞서 살펴본 문화의 외부효과 문제와 유사하므로 이 역시 정부 개입의 근거로 작용한다.

(4) 문화예술에 대한 정보의 비대칭성

완전경쟁시장에서 전제하는 가정의 하나는, 합리적 소비자들이 가능

---

80) 「영화 및 비디오물의 진흥에 관한 법률」 제29조 제2항 참조.
81) 이에 관한 일반적 규제법규의 예로 「저작권법」을, 개별적 규제법규의 예로 만화 및 만화상품의 불법 복제·유통 방지, 관련 교육 실시 등 국가의 지식재산권 보호 의무와 관련 지원의 근거를 규정한 「만화진흥에 관한 법률」을 들 수 있다 (동법 제8조 제2항). 한편, 저작권 보호는 긍정적인 외부효과를 위한 정부 지원으로 볼 수 있다.
82) 강은경, 『공연계약의 이해』(서울: 오래, 2012), 146-148쪽.

한 한 모든 대안들을 탐색해서 분석한다는 점이다. 그리고 여기에는 또 하나의 가정이 내포되어 있는데, 대안 탐색에 필요한 관련 정보들이 충분히 제공된다는 것이다. 그러나 현실은 그렇게 단순하지 않아서, 소비자가 모든 대안을 탐색할 능력이 있는지에 대한 논란은 차치하고서라도, 대안 탐색에 필요한 정보가 충분히 제공된다는 가정은 충족되기 어렵다. 이 때문에 소비자는 스스로 '합리적 무지' 상태로 있기를 원하기도 하는데, 정보 획득 비용이 정보를 얻고 난 후의 이득보다 크기 때문에 발생하는 현상이다. 문제는 이로 인한 시장실패 현상으로 역선택의 피해가 발생한다는 점, 즉 정보가 부족한 소비자는 불리한 상품을 선택하게 된다는 것이다. 따라서 공급자와 소비자 간의 정보비대칭으로 인한 시장실패 역시 정부 개입의 근거가 된다.[83]

이와 같은 정보와 지식의 불균형은 문화예술 영역에서도 정부 개입의 근거가 되는데, 이는 '획득된 기호(acquired taste)'에서 비롯되는 문화예술 향유의 속성에 기인하는 것이다. 다양한 경험적 분석에 따르면, 문화예술 향유활동은 문화해독력(cultural literacy), 즉 문화예술에 대한 정보나 지식에 따라 영향을 크게 받는데,[84] 이는 정보나 지식 제공을 넘어 경험할 수 있는 기회가 주어져야 한다는 의미로 확대되며,[85] 경험의 기회 가운데 특히 문화예술교육을 통한 그것이 중요하다. 이 때 문화예술에 대한 정보와 지식, 경험 기회를 제공하여 문화예술에 대한 무지를 극복하고 국민들이 예술에서 비롯된 잠재적 효용을 가질 수 있도록 하는 것이 바로 정부의 역할인 것이다.[86]

---

83) 김정수(2010), 75-76쪽.
84) 문화해독력에 관하여는 정광호, 최병구 공저, "문화격차 분석과 문화바우처 정책설계," 『지방정부연구』(부산: 한국지방정부학회, 2010), 제10집 제4권, 63-64쪽.
85) Heilbrun & Gray(1993), p. 237.
86) 문화향유자에 대한 문화 관련 정보의 제공은, 문화생산자에게는 일종의 광고의 역할을 함으로써 궁극적으로 생산자와 소비자 간의 교류를 확대시키는 역할을 하게 된다.

2) 형평성 제고 측면: 소득재분배 효과

앞서 살펴본 완전경쟁이 이루어지지 않는 시장실패의 보완을 위한 정부 개입 근거가 효율성 측면에서 본 것으로 주로 경제학자들에 의해서 주장되었다면, 문화예술 분야의 현업 종사자들에 의해 주로 주장되어 온 근거는 형평성 측면으로, 결국 정부 지출에서 소득재분배 정책의 효과와 같은 맥락으로 볼 수 있다.[87] 재분배적 성격의 정책들은 기본적으로 정책비용의 부담자와 정책의 수혜대상자가 구분되어 양자 간의 소득 이전을 통해 사회적 형평성을 이루고자 하는 것이므로, 여타의 정책들보다 정부의 강제력이 더 강하게 작용한다. 따라서 이들은 시장실패와는 다른 차원에서 정부 개입의 근거로서 인정되고 있는 것이다. 문화예술 영역에서도 소득재분배를 위한 정부의 역할이 요청되는데, 이는 크게 두 가지 측면, 즉 문화예술인에 대한 복지 개선이라는 생산 측면과, 저소득층의 문화 활동에 대한 접근성 보장이라는 소비 측면에 관해서 논의된다.[88]

먼저, 문화향유활동의 접근성은 소득과 관련된 형평성 문제 중 하나로, 소득요인이 문화적 수요와 향유 활동에 영향을 미친다는 것이다. 고소득자와 저소득자 간 문화적 수요와 향유 활동에 차이가 있다는 점은 그간 다수의 실태조사 및 경험적 연구에 의해 확인되어 왔다. 예컨대 공연예술 관람에 있어서 저소득층 관객 비율은 상위소득계층에 비해 매우 낮으며, 문화비 지출에 있어서도 가구당 월 평균소득이 낮을수록 낮게 나타나고 있는데, 이러한 경향은 국가나 문화예술 장르별로 큰 차이가 없이 유사하게 파악되고 있다.[89] 이러한 상황으로 인해, 정부에 저소득

---

87) Ruth Towse, "Achieving Public Policy Objectives in the Arts and Heritage," in A. Peacock & I. Rizzo, (eds.), *Cultural Economics and Cultural Policies* (Dordrecht: Kluwer Academic Publishers, 1994), p. 144.

88) 김정수(2010), 84-91쪽.

89) William J. Baumol & William G. Bowen, *Performing Arts: The Economic Dilemma* (Cambridge: The M.I.T. Press, 1968). pp. 76-84; C. David Thorsby & Glenn A. Withers, *The Economics of the Performing Arts* (Hampshire: Gregg Revivals, 1993), pp. 96-97.

층이나 문화 소외계층으로 분류되는 집단에게 다양한 방법으로 지원을
할 당위가 생기는 것이다.[90]

다음으로 문화예술에 대한 국가 개입이 문화예술인들의 경제력과도 관
련된다는 점인데, 이는 이른바 '예술인 복지'의 문제로서 근래 문화예술
법정책의 분과로서 다루어지고 있기도 하다. 문화체육관광부가 2017년 실
시한 예술인 실태조사에 따르면, 1년간 예술활동 개인 수입은 평균 1,281
만원으로, 1,200만원 미만인 경우가 전체의 72.7%로 나타났다. 예술활동 수
입이 없다는 응답도 28.8%에 달하는 것으로 나타났다.[91] 이와 같은 상황
은 나라 밖에서도 다르지 않은데, 예컨대 네덜란드의 경우 예술가의 75%
는 생활비조차 벌지 못하고 있으며 40% 이상은 작품 활동에 필요한 비용
을 충당하지 못하고 있는 것으로 조사된 바 있다.[92]

역설적인 것은, 이러한 복지의 필요성이 모든 문화예술인에 대해 적
용되는 것은 아니라는 것이다. 문화예술 분야는 그 어느 분야 못지않게
이른바 '승자독식(Winner takes all)' 현상이 강하게 나타나는 분야로,[93] 시
장 점유자인 극소수의 문화예술인들은 막대한 부와 명성을 누리는 반면
대다수의 문화예술인들은 그만큼 시장에서 도태되고, 결과적으로 더욱
가난해지는 현상이 보편적으로 나타난다. 더욱이 문제되는 것은, 이러한
승자독식 현상으로 인해 누구나 승자가 될 수 있다는 환상이 생겨서 예
비 예술가들이 늘어나게 된다는 점이다.[94] 이는 사회 전체적으로는 가
난한 예술가들이 더 양산되는 결과를 낳게 되고, 결국 극소수의 '승자'를

---

90) 형평성 제고를 위한 정부 지원의 모습으로 예컨대 프랑스의 문화예술 공연티
   켓 할인제도나 미국 국립예술기금의 문화접근성 지원금 제도, 워싱턴 D.C.의
   도시예술프로젝트나 국내에서 2005년부터 시행되어 온 문화바우처 제도 등을
   들 수 있다.
91) 문화체육관광부(2019), 27쪽.
92) H. Abbing(2002), p. 167.
93) 강은경(2012), 150-151쪽.
94) 김민주, 윤성식(2016), 77쪽.

제외하고 대부분의 문화예술인들은 저소득으로 생활하고 있는 것이 문화예술계의 보편적 현실이다. 이러한 다수의 문화예술인을 보호하지 않는 것은 문화가 주는 유용한 가치들을 누릴 수 있는 기회를 없애는 것이기 때문에 이들에 대한 국가적 지원의 당위를 불러오는 것이다.

3) 문화예술의 특수성 측면: 비용질병과 문화적 가치

예술경제의 시조로 불리는 경제학자 보몰과 보웬은 1966년 당시 공연예술의 구조적 재정적자 문제를 지적하며 정부의 개입을 주장하였다.[95] 문화예술계에 만연한 재정적자 문제는 일종의 경제적 딜레마로서 필연적으로 증가하는 단위 비용에 직면한 공연예술의 재정 문제라는 것인데, 이러한 주장은 은유적으로 '보몰의 비용질병(Baumol's cost disease)'으로 불리며 문화경제학 및 예술경영 분야에 있어서 주요한 초기 분석으로 여겨지고 있다.

비용질병은 주로 생산 측면의 특수성, 이른바 생산성 지체(productivity lag)의 결과로 인해 나타난다. 보몰이 주시했던 공연예술 분야의 제작활동은 일반적으로 노동집약적인 특성을 지녀 기술혁신 등으로 생산성이 높아지는 경우가 거의 없다고 할 수 있다. 예술의 경우 기계나 자본이 대신해주지 못하고 노동자인 예술가가 직접 참여해야 하는 본질적 속성을 지니고 있기 때문이다.[96] 반면 공연 및 연습을 위해 단원들에게 지불해야 하

---

95) Baumol & Bowen(1968). 이 보고서로 인해 문화를 경제적 관점으로 해석하는 미국에서도 비영리적 속성을 가지고 있는 고급예술을 소수가 아닌 다수의 문화로 인식하게 되면서 문화예술에 대한 정부의 지원이 불가피하다는 여론이 형성되고, 이에 근거하여 연방예술기금(National Endowment for the Arts: NEA)이 설립되었다.

96) 예컨대 공연 시간에 있어 300여 년 전에 50분 걸려 연주되던 관현악곡이 오늘날 그 절반의 시간으로 단축되어 연주되지 않는다. 뿐만 아니라 교향곡 연주를 위해 필요한 100여 명의 단원의 수를 작곡되던 당시에 비해 상당히 감축하는 것은 작품의 정체성을 흔드는 문제이다.

는 인건비, 대관료 및 홍보비 등은 물가의 상승분을 반영하여 점차 증가될 수밖에 없다. 나아가, 생산비를 보전하기 위해 수요 측면인 관객의 수를 늘리는 것도 한계가 있을뿐더러, 설령 수요가 증가한다고 해도 그에 맞추어 공급량을 증가시키는 것 역시 어렵다. 해당 예술을 생산하는 예술가가 한정되어 있는 경우가 많기 때문이다. 즉, 기본적으로 문화예술의 생산은 특정 분야 예술가로서의 숙달과 기예가 전제된 활동이므로 일반적인 상품과 달리 표준화와 대량생산이 쉽게 이루어지지 않는 특성을 갖는다.

이와 같이 문화예술 분야의 노동생산성은 구조적이고 내재적인 특성으로 인해 여타산업에서의 그것에 비해 필연적으로 매우 낮을 수밖에 없으며, 경영 효율화를 통해 이를 극복하는데 한계가 따른다. 한편, 문화예술은 본원적인 미학적 가치 이외에도 선택가치, 존재가치, 유산가치, 명성가치, 혁신가치, 교육가치, 산업가치, 유발효과, 국가 간 가교 역할 등 다양한 부가적 가치를 지니는 가치재로서의 속성(meritorious nature)을 지닌다.[97] 따라서 이러한 문화의 다양한 가치와 긍정적 외부효과를 고려할 때, 만성적 재정적자의 처지에 놓인 문화예술에 대한 공적지원이 강하게 요청되는 것이다.

그 외에도 국민의 문화복지 또는 문화적 권리의 측면, 경제발전 및 국가발전 전략으로서의 측면, 전통의 문제와 민족의 동질성 회복의 측면, 삶의 질 향상 및 사회통합의 기능 등을 문화예술의 특수성에 기한 정부 개입의 근거로 들 수 있다.

2. 정부 개입 반대론

문화예술 분야에 대한 공공지원은 정당하지 않다고 주장하는 학자들

---

[97] C. D. Thorsby & G. A. Withers(1993), pp. 28-29; B. S. Frey(2003), pp. 112-114. Frey 는 선택가치, 존재가치, 유산가치, 명성가치, 혁신가치 등을 예술의 공공재적 요소 또는 '비사용자 가치(non-user values)'라고 한다.

은 정부가 문화예술 분야의 질적인 부분을 판단할 수 있는 전문가 집단이 아니기 때문에 자유로운 표현과 창의력에 기반을 둔 문화예술활동에 큰 제약을 줄 것이라는 점과, 문화예술이 정치적 도구로서 사용될 가능성이 있다는 점을 강조한다.

또한 예술가들도 다른 직업인들과 마찬가지로 자립해야 하고, 정부가 대중의 미적 요구까지 충족시켜줄 책임은 없으며, 예술의 공공지원에 대한 사회적 효용을 증명할 수 없다는 이유로 공공지원에 대한 회의적 입장을 피력한다. 정부는 바람직한 예술을 구분할 능력이 없어 지원 자체가 예술가들에게 부정적 영향을 미치며 정부가 선택한 예술지원에 대한 부담은 납세자들에게 정당화될 수 없다고 주장하거나, 문화예술에 대한 공공지원의 정책 의도와 결과가 제도적 한계와 정치적 영향 때문에 달성되지 않을 수 있다고 주장하기도 한다.[98] 이를 상론하여 보면 다음과 같다.

1) 예술가에 대한 표현의 자유 침해 우려

(1) 통제와 간섭으로 인한 창의력 저하

정부실패를 강조하는 입장의 가장 강력한 논거이자 문화예술에 대한 정부 개입의 반대 근거로 흔히 거론되는 것은 정부의 지원이 예술가들에게 통제수단으로 작용하여 예술가들의 창의성에 제약이 될 수 있다는 것이다. 특히 문화예술과 국가를 분리해서 보는 대표적인 국가인 미국의 경우, 표현의 자유에 대한 침해 우려가 뿌리 깊은 국가적 정서로 작용하고 있다.[99]

---

98) 선우영, 장지호 공저, "지방자치단체의 예술지원에 관한 고찰," 『지방정부연구』 (부산: 한국지방정부학회, 2010), 제14권 제3호, 189-215쪽.
99) 1960년대 초반까지 미국의 연방정부와 주정부는 예술가와 예술단체에 대한 직접적인 지원을 알지 못했다. 따라서 연방 차원의 예술기금의 창설 여부를 두

정부의 예산은 국민 일반으로 구성된 납세자들로부터 비롯된 것이므로 그 사용에 대한 정당성이나 성과에 대한 검증이 요청된다. 즉, 정부는 지원 이후 지원한 대상이 지원 목적에 합당하였는지 여부 및 지원의 효과가 어떠하였는지에 대한 확인, 즉 성과 측정을 통해 차후 지원에 대한 환류활동으로 작용할 수 있도록 한다. 따라서 재원의 효율적 사용에 대한 평가는 공공재원 사용의 정당성을 확보해주고 지원의 지속가능성을 담보하기 위한 절차로 여겨지고 있다. 나아가 정부 지원 시 효율성에 기초한 성과 측정은 공공지원 이외에 민간의 재원을 유인하기 위해서도 종종 사용되고 있다.[100] 그런데 이러한 성과에 대한 강조는 문화예술계 입장에서 자칫 일종의 통제수단으로 여겨져서 자율성이 전제된 창의력 발현에 부정적 영향을 미칠 수 있다. 재정상황이 좋지 않은 예술가들이 지원의 혜택을 지속적으로 받기 위해 창작 과정에서 자기검열의 과정을 거치게 되고, 결과적으로 창의력의 발휘보다는 정부의 의도에 부합하는 예술적 성과들이 양산된다는 것이다.[101]

국내에서도 '문화예술계 지원배제 사건'은 문화예술계를 넘어 사회 전반에 큰 파장을 일으킨 바 있는데, 이와 같은 사례들은 국가의 문화예술 개입을 비판적으로 보는 입장에 대한 중요한 논거가 될 수 있다.

(2) 예술가의 내적 동기 감소

문화에 대한 국가의 개입에 부정적인 입장은 문화예술에 대한 정부 지원이 구축효과와 매너리즘으로 이어짐으로써 예술가의 내적 창작 동기를 감소시키는 부정적 효과를 낳는다고 한다. 예술가의 내적 동기가

고 대대적인 논쟁이 일어나게 된 것이다.

100) Antonella Basso & Stefania Funari, "A Quantitative Approach to Evaluate the Relative Efficiency of Museums," *Journal of Cultural Economics*, 28(3) (2004), p. 195.

101) '문화통치'나 '문화통제', '문화검열' 등과 같은 표현들은 이러한 측면을 부정적으로 나타낸 것이다.

충분한 상태에서 외부적 보상이 제공될 경우 도리어 예술활동의 원천인 예술가의 내적 동기를 감소시키는 결과를 낳게 되곤 한다는 것이다. 실제로, 창작에 대한 인센티브를 주요 제도적 근거로 하는 저작권의 경우, 역사적으로 저작권 제도가 활성화되거나 예술가에게 그 보상이 증가되었을 때 도리어 창작 감소의 결과가 나타난다는 연구결과가 보고되어 왔다.[102] 이는 예술에서도 일종의 구축효과(crowding-out effect)가 나타난다는 주장으로, 정부 지원이 없었다면 더욱 증가되었을 내적 동기와 노력이 반대로 지원을 통해 감소된다는 것이다.[103] 이는, 현재와 같은 예술 행위가 정부 지원 조건에 부합하기에 더욱 창의적인 기법이나 양식의 개발에 대한 추가적인 노력을 하기 보다는 기존의 방식만을 되풀이 하는 예술활동에만 전념하게 된다는 것으로, 예술적 타성, 즉 매너리즘 (mannerism)의 한 측면으로 볼 수도 있다.[104]

2) 문화예술의 본질에 대한 오해

(1) 문화의 경제적 효과에 대한 과장된 신화

문화예술에 대한 국가 개입을 부정하는 견해에서는 문화가 창출하는 경제적 부가가치가 지나치게 과장된 경향이 있다는 것을 하나의 근거로 든다. 이는 문화예술이 주는 제반 가치를 수치화하기가 쉽지 않기에 가치 평가가 자의적일 수 있다는 점을 차치하고서라도, 각종 조사 등에서 특정 문화예술에 대한 지불 의사나 특정 문화행사 등에 다시 방문하고 싶다는 의사 등을 확인하는 방법이 경제적 효과를 지나치게 부풀리는

---

102) 김평수, "문화공공성과 저작권: 저작권강화의 정당성에 대한 비판적 연구" (서울: 한국외국어대학교 박사학위논문, 2010), 114-116쪽.
103) 프라이는 이러한 '구축효과'를 표현하고자 "노벨상은 자신의 장례식으로 가는 차표이며, 그 누구도 상을 받은 이후 아무것도 하지 않았다"는 엘리엇의 언급을 인용한 바 있다. B. S. Frey(2003), p. 150. 관련 상세는 제4장 제1절 참조.
104) 김민주, 윤성식(2016), 81쪽.

경향이 있다는 것이다.

나아가 한 국가나 지역에서 경제적 가치를 발생시키는 원인이 다양함에도 불구하고 문화지원 찬성론자들은 문화예술에만 관점을 국한시키고 있다고 비판하면서, 문화예술에 대한 지원을 다른 대상으로 돌리면 이전보다 더 큰 경제적 가치가 창출될 수 있다고 한다. 한편, 지역경제 활성화의 측면에서, 해외로부터 관광객을 유치하는 것이 아니라 국내 타지역의 관광객들을 특정 지역으로 유인하고자 중앙정부가 지원하는 것은 바람직하지 못하다는 견해도 있다.[105] 또한 문화예술에 대한 지원이 국민의 문화기본권 제고의 측면에서 문화 향유 측면에 초점을 두지 않고 경제적 가치 창출에만 지나치게 몰두하는 것은 올바르지 못하다는 견해도 같은 입장으로 볼 수 있다.[106]

(2) 예술결핍에 대한 오해와 공급과잉

한편, 예술진흥을 위한 지원정책을 우리나라의 '예술결핍(artistic deficit)' 문제를 해결하려는 정책으로 보면서, 예술 지원정책을 통해 해결하고자 하는 예술결핍이라는 문제가 과연 실존하는 것인지 여부에 대해 회의적인 입장도 있다.[107]

공적 보조는 거의 항상 과잉공급을 낳는다고 보는 입장에서는, 한정된 공적자원의 현명한 배분을 위해서는 예술에 대한 보조금 지원을 대폭 축소하고, 예술 지원금 중 일부를 장애인 활동보조, 기초노령연금, 학교급식 등과 같이 재원이 부족한 부문에 투입하여 사회적 총효용의 증

---

105) J. Heilbrun & C. Gray(1993), p. 228.
106) 문화예술의 본질적 가치에 대한 몰이해에서 문화예술의 경제적 측면을 우선했을 때 발생할 수 있는 위험성을 경계해야 한다는 맥락이다.
107) 김정수는 소비자 주권 개념에 기초, 우리나라 예술시장의 공급량은 이미 적정 수요수준을 크게 초과하였으며 지난 수십 년 간 확대되어 온 공공 보조금은 수많은 '좀비예술가'들을 양산하였다는 점에서 심각한 사회적 낭비라고 지적한다. 김정수(2016), 23쪽 이하.

대를 이루는 것이 바람직하다고 주장한다. 나아가 정부 지원이 축소되면 예술이 위축되리라는 우려 역시 지나친 과장이며, 예술가들의 내적 동기로 인해 여전히 충분한 창작활동이 이루어질 것이라고 하면서,[108] 다음과 같이 주장한다.

우선, 어떤 사회현상이 문제인가 아닌가는 객관적이고 선험적으로 정해지는 것이 아니라 주관적 인식의 산물이다. 사회적 구성주의(social constructionism)식으로 말하자면, 문제란 주관적 인식이 다른 수많은 사람들의 상호작용과 공적 담론 과정을 통해 형성되는 사회적 구성물인 것이다.[109] 그런데 문제의 사회적 형성 과정이 항상 민주적인 것은 아니며, 소수의 오피니언 리더나 정책 선도자와 같은 적극적인 주체들에 의해 사회적 문제 인식이 크게 좌우되는 경우가 많은데, 이는 문화정책의 경우에도 마찬가지이다. 우리나라는 예술이 충분히 진흥되지 않았고, 이는 바람직하지 않은 상태라는 문제 인식은 예술계의 주도로 이루어진 사회적 구성물이다. 그런데 만약 이러한 문제의식이 타당성이 없는 것이라면 예술진흥을 위한 공적 자원배분은 정당화될 수 없다.

공급 측면에서는 예술가의 수적 증가와 예술단체의 장르별 불균형, 그리고 수요 측면에서는 일반 국민들의 저조한 예술적 욕구와 소비수준이 우리나라 예술시장의 현황이다. 그런데 이러한 객관적 상황을 바람직하지 않은 사회문제로 간주해야 할 필연성은 없다. 오히려 예술가·예술단체의 양적 규모는 현 상태가 가장 적절한 수준이거나, 도리어 적정수준을 초과하는 지나친 상황으로서 문제로 볼 수도 있다.[110] 설령 우리나

---

108) 예술가들 중에서 예술활동에 불만인 비율보다 만족하는 비율이 훨씬 크다는 것은 금전외적인 동기, 즉 심리적 소득(psychic income)이 더 중요함을 보여준다. 정기문, "예술가 시장의 경제학," 한국문화경제학회 편 『문화경제학 만나기』(파주: 김영사, 2001), 161쪽.
109) 김정수(2016), 16쪽.
110) 이처럼 예술의 초과공급이 발생하게 된 근본적인 이유를 문화예술계에 팽배한 "과대정부형 사고방식" 때문으로 보기도 한다. 정홍익, "정부와 문화예술

라 국민들의 예술 소비수준이 다른 활동들에 비해 낮은 것이 객관적 사
실이라고 해도 그것이 필연적으로 바람직하지 않은 사회문제가 되는 것
은 아니다. 현재의 상황이 최적의 소비수준일 수도 있기 때문이다. 그렇
다면 문제 여부의 판단 기준이 될 우리나라 예술 생산과 소비의 적정규
모가 무엇인지 판단해 보아야 하며, 결론적으로 공적 지원의 적정 규모
에 대한 냉철한 검토가 필요하다는 주장이다.[111]

3) 국민의 문화적 기본권에 대한 침해

(1) 편중된 혜택

문화예술 지원 반대론자들은 정부 지원의 원천이 대다수 일반 납세
자들임에도 불구하고 그 혜택은 결국 특정 부류 대상, 즉 소수의 문화
예술인들과 중산층 이상의 문화예술 향유자들에게만 돌아간다고 주장
한다.

정부 지원을 위한 자원은 다수인들로부터 이전되는 것이므로 개개인
의 비용 부담은 적은 편이다. 따라서 정부 지원에 쓰이는 자원이 공공으
로부터 이전되는 것에 대한 일반 국민들의 저항은 낮은 편이며, 결국 혜
택을 보는 대상은 지원을 요청한 소수의 문화예술인 및 관련 단체들이
다. 문화예술 지원 찬성자들은 일반 국민들에 대한 외부편익이 존재한다
고 주장하나, 이는 확실히 증명된 것도 아니므로, 문화예술 지원이 특정
대상들에게만 혜택을 주는 것이라는 것이 지원 반대론자들의 강력한 주
장이다.[112]

의 관계: 문화정책의 정치경제학과 자가성찰적 비판," 『문화예술』(서울: 한국
  문화예술진흥원, 2001), 8월호, 9-10쪽.
111) 김정수(2016), 27쪽.
112) William D. Grampp, "Rent-Seeking in Arts Policy," *Public Choice*, 60(2) (1989), pp.
  117-120.

또한 설령 일반 국민들에게 혜택이 돌아간다 할지라도 그 혜택을 누리는 대상은 중산층 이상의 사람들이라고 한다. 과거에 비해 문화예술 향유의 대중화가 상당히 이루어졌다고는 하나, 여전히 정부가 지원하는 예술 분야에는 일반 대중보다는 중산층 이상이 관객층의 대부분을 차지하는 것이 그 증거라는 것이다. 즉, 정부지원은 저소득자에게 세금을 걷어서 고소득자들의 문화 향유를 위해 사용하는 결과를 낳는다는 것이다.

(2) 문화적 취향의 강요

국가가 문화예술을 지원하게 될 때, 필연적으로 지원할 만한 대상을 선정하는 행위가 수반된다. '지원할 만한 예술'이 되기 위해서 문화예술로서 소정의 자격을 갖추어야 하고 나아가 사회 전반적으로 장려될 필요가 있어야 하는데, 이에 대한 판단을 정부가 한다는 것이 문제이다.[113] 이는 소비자 주권(consumer sovereignty)을 침해하고, 문화예술의 자율성을 침해하는 결과를 낳을 수 있다. 소비자 주권 관점에서 보면 소비자의 자유로운 선택을 제한하는 외부제약조건이 없다는 전제하에서, 현재의 예술향유수준이 곧 최적의 소비수준이 되기 때문이다. 정부 지원에서 배제된 문화예술은 저열한 것으로 인식될 수 있고, 나아가 재정 여건이 열악한 분야는 정부 지원 없이는 더 이상의 산출물을 내지 못할 우려도 있다. 결과적으로 정부 판단에 의해 선택된 향유될 만한 예술만을 국민이 향유하게 되어 문화적 취향을 길들이게 된다. 문화예술이 정치적 수단으로 악용될 수 있는 가능성이 여기에 있으며, 이는 앞서 언급한 검열과 '지원배제'의 문제와도 연결된다.

---

113) 자신의 취향과 선호에 대한 "최고의 판단자(the best judge of his own interest)"는 바로 자기 자신이라는 것이다. Alan Peacock, "Economics, Cultural Values and Cultural Policies," *Journal of Cultural Economics*, 15(2) (1991), p. 3.

3. 비판 및 소결

요컨대, 문화정책 분야에서 예술에 대한 공적 지원의 당위성은 예술이 가지는 다양한 가치, 시장실패 현상의 발생, 복지국가적 이념 구현을 위한 사회적 의제 등을 근거로 한다고 할 수 있다. 이는 현대 경제학에 있어서 문화예술에 대한 공적 지원의 근거로서 논의되어 온 평등성과 재분배, 문화예술이 가지는 외부성, 자원배분의 효율성 등 세 가지 관점[114]과도 연결되어 있다고 할 수 있다.

정부가 문화예술에 대해 지원해야 하는가의 문제는 완전한 합의보다 여전히 논란으로 존재하고 있다는 편이 정확할 것이다. 국가나 사회의 이해관계나 역사적 맥락에 따라 그 의견이 다양하다. 이상과 같은 논쟁에도 불구하고, 현대 국가에서 정부 지원의 타당성 자체를 부인하는 경우는 거의 없다. 중요한 것은 지원의 철학 내지는 목표, 지원의 기준 및 방법, 지원의 정도 등에 대한 합의를 얻는 문제이다.

생각건대, 문화예술이 공동체의 정체성을 형성하는 사회적 가치, 그리고 예술활동을 통해 부수적으로 창출되는 각종 경제적 가치 등 여러 가지 중요한 부가적 가치 혹은 외부효과를 발생시킨다는 점을 부인하기는 어려울 것이다. 이러한 문화예술의 가치함축적 측면은, 문화예술 부문에 보편화된 시장실패 현상에 대해 국가가 민감하게 반응할 수밖에 없는 당위를 제공한다. 특히 기초예술이나 전통문화는 시장에서 제대로 생존하기 어렵고 도태될 가능성이 큰 '공공재적' 속성을 지녀 외부 지원이 필요하며, 공연예술의 경우 생산성 격차로 말미암은 '비용질병'으로 인해 구조적으로 적자경영을 면하기 어렵다는 점을 확인한 바 있다. 나아가 예술은 본질적으로 유익한 '가치재'임에도 불구하고 정보의 부족, 즉 예술에 대한 무지나 경험의 부재로 인해 사회적으로 충분한 수요가

---

114) 박찬호, 『문화산업지원법제에 관한 비교법 연구』(서울: 한국법제연구원, 2006), 40-41쪽.

형성되지 않는다. 이러한 공공재 및 가치재로서의 문화예술을 공급하는 것은 일종의 공공서비스로서 간주될 수 있으므로, 정부는 국민의 공복 (public servant)으로서 사회문제를 해결해야 할 책무가 있으며, 정부의 정책적 개입과 지원을 통해 예술의 시장실패를 예방 및 치유하고 충만한 발전을 이룩할 수 있다.

후원자로서의 국가와 문화예술이 만나는 접점은 자유권적 기본권과 사회적 기본권이 교차하는 영역이며, 시장의 실패와 정부의 실패가 힘을 겨루게 되는 영역이니만큼, 설령 문화복지 실현이라는 목적을 구현하기 위해서라 하더라도 국가는 문화예술의 영역에 개입하는데 있어 그 자율성을 침해하지 않도록 신중을 기하여야 할 것이다. 결국 국가 개입의 정당성은 국가가 그 지원의 과정에서 문화예술의 자율성을 얼마나 그리고 어떻게 허용할 것인지, 또한 그러한 지원의 방법이 사회적으로 수용될 수 있는 것이며 구성원들의 문화적 다양성을 확보해 줄 수 있는 것인지 여부에 달려있다고 하겠다. 본 연구의 제3장에서는 이에 관한 주요한 법적 원칙을 살펴볼 것이다.

Ⅱ. 문화예술과 국가의 관계에 관한 주요 유형화

1. '문화국가' 개념을 중심으로 하는 독일에서의 접근

1) 문화와 국가의 관계에 관한 결합테제와 자율테제

이 분류는 문화에 대한 국가 개입의 정당화 및 그 한계를 구체적으로 논의하기 위해서는 기본적 관점에 대한 선결적인 논의가 필요하다는 입장에서 출발한다. 즉, 헌법과 헌법국가의 틀 안에서, 국가와 문화는 연관되는 것인지 아니면 철저히 분리되는 것인지에 관한 질문이 필요한데, 독일의 헌법학자 폴크만(Uwe Volkmann)은 이를 결합테제(Verbindungsthese)와 자율테제(Autonomiethese)라 명명했다. 폴크만은 지금까지 이러한 문제에 대해 의문 없이 넘어간 사실을 분명하게 지적하고, 이러한 분류를 통해 향후 헌법국가의 기초와 전제, 헌법국가가 그러한 기초와 전제에 대해서 발전시킬 수 있는 가능성 등에 대한 질문을 전개해 나가고자 하였다. 폴크만은 그간 구별되고 상충되는 이론들이 존재함에도 불구하고 헌법의 본질에 대한 정의와 그에 매개되는 국가에 대한 '관점'의 핵심에 대한 동의가 이루어지지 않았으며, 이러한 동의의 결여는 다양한 관계에서 나타나면서 국가와 문화의 관계를 나타내는 완전히 대립된 견해들에 반영된다고 보았다.115)

먼저, 결합테제에 따르면 문화와 헌법국가는 오랜 전통 속에서 정당화되어 온 상호 밀접한 공생적 관계에 놓여 있으며, 심지어 불가분의 통일체를 구성하고 있다고 한다. 예컨대 '문화국가(Kulturstaat)'는 이를 드러내는 전형적인 표현으로 이해된다. 폴크만은 독일 연방헌법재판소가 명확한 근거 없이 수용했던 '연결이론(결합테제)'에 따라서 문화와 독일 헌법국가는 오랜 전통 속에서 근거 지워진 견고한 '단일성'을 형성했으며, 그 안에서 국가는 완전한 문화국가(Kulturstaat)로서 나타난다고 하였다. 그는 이러한 문화국가의 헌법은 대안적으로 문화학적 시작점으로 해결될 여지가 있다는 전향적 입장을 피력하였다. 결합테제에 속하는 입장으로는 엘리네크(Jellinek), 켈젠(Kelsen), 헬러(Heller) 등 문화와 국가를 연결시키는 국가학적 관점의 독일적 전통에서 나온 일련의 견해들은 물론, 후버(Huber)와 해벌레(Häberle) 등의 견해 등을 들 수 있다.116)

이에 대하여, 문화와 국가의 원칙적 분리를 주장하는 '자율성이론(자율테제, 자율성테제)'이 주장된다. 자율테제에 있어서 문화는 우선적으로 자율적인 사회의 고유한 사항에 속하고, 국가는 다양한 문화현상들의 다원적 형성을 위한 중립화의 기제로서 이를 위한 테두리 내지 틀(Rahmen)

---

115) 이석민, "문화와 국가의 관계에 관한 헌법학적 연구"(서울: 서울대학교 대학원 석사학위논문, 2007), 35-36쪽.

116) 위의 논문, 36쪽.

을 보장하는 것으로 이해된다.[117] 이에 따르면 문화는 일단 사회의 영역
에 속하게 되며, 어떠한 문화를 선호하여 더욱 발전시키고 추구할 것인
지의 문제는 개인적인 성격의 일로 스스로 결정해야 하는 것이고, 그것
을 단지 '중립적인 틀'로서 허락해야 하는 것이 바로 헌법이라고 하였다.
분리테제 내지 자율테제는 '문화의 자율성'을 강조하는 일련의 입장들을
포함한다.[118]

   폴크만은 이러한 두 가지 입장 가운데 어느 하나를 선택하느냐에 따
라서 문화를 다루는 데 관한 다양한 개별 질문에 대한 대답이 마련될 것
이며, 동시에 그러한 논쟁 속에서 정해진 태도, 가치지향 및 신념을 향한
골격이라는 의미에서의 헌법국가 그 자체의 내부적 본질에 대해서도 함
께 토론된다는 점을 언급하였다. 독일의 경우 제2차 세계대전 이전에는
결합테제가 중심이었으나, 세계대전 중 나치 문화통치의 폐해를 경험하
고 중국의 문화말살정책인 문화혁명 등의 폐단을 목도한 이후 무엇보다
도 문화의 자율성을 강조하면서 문화와 국가를 분리시켜 보아야 한다는
관점이 설득력을 얻게 되었다. 후술할 '문화국가'의 개념에 관해서도, 독
일에서는 그것이 나치 하에서 처참한 오용을 겪은 후 국가학에서 그 개
념에 관해 다루지 않는 것이 일반적이었으나 20세기 후반 일단의 학자들
이 새로운 의미를 가지고 문화국가의 논의를 시작하였는데,[119] 이러한
논의들은 모두 '문화의 자율성'을 중시하는 관점에서 출발한다는 공통적
경향을 보인다.

---

117) Uwe Volkmann, "Kultur im Verfassungsstaat," *Deutsches Verwaltungsblatt*, Carl
   Heymanns, 2005, S. 1061 f. (이종수, "문화기본권과 문화법제의 현황 및 과제,"
   『공법연구』(서울: 한국공법학회, 2015), 제43집 제4호, 7쪽에서 재인용).
118) 한편, 문화 자체의 관점에서 바라보자면 결합테제는 체제종속적·후견적 문화
   로, 반면에 자율테제는 체제독립적·자율적 문화로 이해된다고도 한다. 전광
   석, 『한국헌법론』(서울: 집현재, 2014), 142쪽 이하.
119) 이에 대한 상세는 김수갑, "헌법상 문화국가 원리에 관한 연구"(서울: 고려대
   학교 대학원 박사학위논문, 1993), 11-12쪽 참조.

생각건대, 자율테제와 결합테제의 입장 중 어느 쪽이 타당한지는 선결적으로 국가에 대하여 어떠한 정의를 선택하느냐에 달렸다고 하겠다. 국가를 '공동체'와 동일하게 보는 광의의 국가 개념에 의하면 결합테제에 입각한 견해가 나오는 것이 논리적 귀결이며, 국가를 '통치구조'와 동일하게 보는 협의의 국가 개념에 의하면 국가와 문화는 자연히 분리된 것으로 보게 되므로 자율테제를 선택하는 것이 논리적이다. 헌법적 시각에서 문화와 국가의 관계를 통찰한다는 것은 결국 국가의 문화영역에 대한 정당화 된 개입과 그 헌법적 한계를 인식하는 것을 의미하므로, 그러한 의미에서 일단 협의의 국가 개념에 따른 자율테제를 선택할 때 혼란 없이 발전적 논의가 이루어질 것으로 보인다. 나아가, 현대국가에서는 문화영역에 대한 국가의 개입이 궁극적으로 문화 창달이라는 과제의 실현을 위한 것이므로, 그 기본 전제인 '문화의 자율성 보장'을 중시하는 측면에서도 자율테제 관점이 결합테제에 비해 상대적으로 설득력을 가지는 것으로 생각된다.[120]

다만 기본적으로 문화는 국가가 아닌 자율적인 사회의 영역에 속하는 것이라는 점에 동의하면서도, 다원화된 현대국가 내의 복잡다단한 문제들을 해결하는데 있어서는 단순하게 자율테제만으로는 한계가 있다는 점, 그리고 학제적·통섭적 시각에서 문화학의 일부로서의 법학, 즉 문화헌법을 설명하기 위해 결합테제적 관점을 보충하게 되는 점 등은 문화가 가진 비정형적 본질에 대한 인식 필요성과 함께 문화와 국가의 관계에 대한 논의가 가진 무게를 나타낸다고 하겠다.

2) 그림의 '문화국가' 개념 제시를 위한 국가 유형론

그림(Dieter Grimm)은 결합테제의 입장에서 문화와 국가와의 상호의존성을 중심으로 양자의 관계를 다음과 같은 네 가지 모델로 제시하고

---

120) 같은 입장으로 정종섭, 『헌법학원론』(서울: 박영사, 2016), 제11판, 191쪽; 이석민(2007), 37쪽.

있다.[121] 이는 문화에 대한 국가의 태도에 따른 '문화국가'에 관한 유형 분류로서의 의의를 가지며,[122] 후술할 '문화국가 원리'에 있어서 국가와 문화의 전개와도 같은 맥락에 있다고 할 수 있다.

첫째, 국가와 문화의 완전한 분리 내지 불개입으로 나타나는 '이원주의적 모델(dualistisches Modell)'이다. 그림은 미국의 초기 역사에서 이러한 모델의 예를 찾고 있는데, 이는 독립 후의 미국의 특수한 사정을 반영한 것이다. 오늘날 이러한 모델은 찾아보기 어려우며, 문화와 국가를 완전하게 분리시키는 것은 문화의 사회적 독점 현상을 가져오게 된다는 후버의 지적[123]을 굳이 인용하지 않더라도, 이원주의적 모델은 현대국가에서는 이미 논의의 의미를 상실한 유형일 것이다.

둘째, 문화적 국가 목적과는 다른 국가 목적을 위하여 국가가 문화를 육성하는 '공리주의적 모델(utilitaristiches Modell)'이다. 그림은 계몽절대주의 또는 자유주의에서 이 모델의 예를 찾고 있다. 후버는 문화 자체의 목적 이외에 다른 목적을 위한 도구로 사용되는 목적국가(Zweckstaat)는 문화국가에 절대적인 반대 개념으로 보고 있다.

셋째, 정치적 기준에 따라 국가가 문화를 조종하는 '지도적 모델(dirigistisches Modell)'이다. 그림은 나치 독일에서 그 예를 찾고 있다. 이 모델은 문화가 전적으로 국가에 종속되는 모델로, 후버가 말하는 독재적 문화국가 유형 또는 마이호퍼(Werner Maihofer)가 언급한 획일주의적·독재적·권위주의적·비자유주의적인 문화국가의 유형[124]으로 간주된다. 문

---

121) Dieter Grimm, *Kulturauftrag im staatlichen Gemeinwesen*, in VVDStRL 42, De Gruyter, 1984, S. 60 ff. (김수갑, "문화국가를 위한 법체계 검토," 『문화정책논총』(서울: 한국문화관광연구원, 2007), 제18집, 13쪽에서 재인용).

122) 그림은 미국, 프랑스, 독일에 대한 역사적 고찰을 통하여 문화와 국가 간에 발생한 새로운 관계를 정리하였다.

123) E. R. Huber, "Zur Problematik des Kulturstaats," J. C. B. Mohr, 1958. jetzt in P. Haberle (Hrsg.), *Kurturstaatlichkeit und Kurturverfassunsrcht*, Darmstadt, 1982, S. 144 ff. (김수갑(2007), 13쪽에서 재인용).

124) Werner Maihofer, "Kulturelle Aufgaben des modernen Staates," in Benda/ Maihofer/

화의 자율성이 획득되기 이전 시대에 있어서의 국가의 문화에 대한 지
배도 이러한 유형의 범주에 넣을 수 있을 것이다. 문화가 전적으로 국가
에 종속되는 모델을 '체제종속적 문화국가'와 '후견적 문화국가'로 나누
고 전자는 역사적으로 기능미분화 시대인 근대 이전에서 찾아볼 수 있
는 유형인 반면, 후자는 오늘날에도 사회적 정당성 조작의 수단으로 문
화를 지도하는 정치체계 등에서 볼 수 있다는 의견도 있다.[125]

넷째, 문화적 목적 자체를 위한 국가의 문화 육성을 목적으로 하는
'문화국가적 모델(kulturstaatliches Modell)'이다. 그림은 프로이센의 개혁
시대를 이 모델의 예로 든 바 있다. 이 모델은 특히 훔볼트의 교육 개혁
에서 두드러지게 나타났다고 한다.

위와 같은 유형화에 대해서는, 후술할 문화국가의 유형과 관련하여,
문화적 목적 자체를 위한 국가의 문화 육성을 목적으로 하는 문화국가적
모델을 가장 바람직한 모델로 볼 수 있다. 다만 프로이센의 문화국가 개
념이 위기 시에 민족주의와 결부하여 배타적 성격을 띠게 되고 뒷날 보
수주의적·권위주의적·반자유주의적·반계몽주의적 국가 이데올로기에 영
향을 주었던 점을 유념할 필요가 있다. 우리가 추구해야 하는 문화와 국
가와의 관계 유형은 형식상으로는 그림의 모델에 관련되지만 실질적으로
는 문화에 대한 국가의 관여도 민주주의와 법치국가의 기반 위에서 문화
에 봉사하는 목적을 가지고 이루어져야 하며, 문화와 국가의 관계도 헌법
질서 속에서 파악할 때만 그 진정한 의미를 가질 수 있기 때문이다.[126]

한편, 그림의 분류에서의 '문화국가(Kulturstaat) 모델'은 실제로 문명국
가를 의미하며 이러한 모델을 추구하지 않는 나라는 없다는 비판적 견
해도 있다. 이러한 견해에서는, 'Kulturstaat'라는 개념은 정치한 개념이 되

Vogel (Hrsg.), *Handbuch des Verfassungsrechts der Bundesrepublik Deutschland*,
Walter de Gruyter, Berlin/New York, 1983, S. 956 (위의 논문에서 재인용).
125) 전광석, "헌법과 문화," 『공법연구』(서울: 한국공법학회, 1990), 제18집, 170쪽.
126) 김수갑(2007), 13-14쪽.

지 못하기에 무엇보다 'Kulturstaat'라는 용어에 대한 검증이 선행되어야 한다고 주장한다. 나아가, 그림의 분류는 시대에 뒤떨어진 개념에 기초한 것으로 다민족의 문제와 세계화의 문제 등이 심화되어 가는 21세기적 상황에 적합한 해결책을 제시하지 못한다고 한다. 요컨대, 그림의 분류는 참고할 만한 것은 맞지만, 문화국가를 대치할 만한 새로운 개념에 의거, 21세기 현대국가가 마주하고 있는 문제들을 해결하는 새로운 문화와 국가의 관계에 대한 설명이 시도되어야 한다는 입장이다.[127]

2. '팔길이' 개념을 중심으로 하는 영국 및 영연방에서의 접근

1) 샤트란과 맥커히의 공공지원 유형론

문화정책 분야에서 유형화를 시도한 최초의 연구로 평가되는 샤트란(Harry Hillman Chartrand)과 맥커히(Claire McCaughey)의 연구는 유형화의 준거를 설정하기보다는 '팔길이 원칙'[128]을 바탕으로 정부의 개입 정도에 따라 문화예술과 국가의 관계를 네 가지로 구분하는 방식을 취한다. 유형화를 위한 기준점으로 제시한 유일한 지표는 예술에 대한 공공지원의 관심이 예술 생산의 과정(process)과 예술 생산의 결과(product) 중 어느 쪽에 초점을 두는가이다. 즉, 과정에 대한 관심이 클수록 팔길이 원칙을 고수하게 되고, 산출에 대한 관심이 클수록 팔길이는 짧아지게 된다는 것이다. 다소 연혁적인 분석 방식을 취하는 이들의 연구는 문화정책 유형론(typology) 가운데 가장 활발히 논의되는 것으로 알려져 있다.[129] 이들은 국가와 예술 간의 관계를 크게 촉진자 유형, 후원자 유형, 설계자 유형, 기술자 유형으로 구분, 특정 국가의 지원 방식이 위 네 가

---

127) 정종섭(2016), 246-247쪽; 이석민(2007), 35쪽.
128) 이에 관한 상세는 제3장 제2절 참조.
129) 신복용, "예술지원기관의 자율성에 관한 비교연구"(서울: 서울대학교 행정대학원 석사학위논문, 2012), 106쪽.

지 유형 가운데 어느 하나에 속한다고 보며, 각각의 유형은 정책 목표, 재원조달 방법, 정책 역학, 지원 기준, 예술가의 지위 등에 있어 서로 다른 특성을 낳는다고 설명한다.[130]

첫째, '촉진자(Facilitator)' 유형은 미국이 그 대표적인 예로 정책 목표로서 다양성을 추구하며, 조세정책에 의한 재원조달 방법을 취하고, 정책 역학과 지원 기준은 모두 임의적이라는 특성을 지닌다. 중앙정부는 문화예술에 직접 개입하지 않는 것을 원칙으로 삼으며, 세금 감면이나 민간기부 유인책 등 재정적이거나 규제적인 틀을 마련하여 문화의 생산과 소비에 있어서 민간의 재원조성 참여를 간접적으로 유인한다. 이 유형에서 예술가의 지위는 시장의 선호와 민간의 후원조건에 연동된다. 촉진자 유형의 가장 큰 장점은 예술 창조와 지원에 있어서 다양한 기회와 선택이 가능하다는 점이다. 그러나 이 유형은 예술의 수월성(excellence) 차원에서 의미가 있는 문화적 활동에 대해 정부가 개입하기가 어려우며, 세금 감면과 연관하여 개인 기부금액의 가치 산정이나 정부 재원의 영향 예측이 어려운 단점이 있다.[131]

둘째, 영국 및 영연방 국가들이 취하는 '후원자(Patron)' 유형은 예술의 수월성을 정책 목표로 예술위원회(Arts Council)와 같은 팔길이 기관(arm's length body), 즉 중개기관을 통해 재원을 조달하고 정책을 추진하는 형태로서, 정책 역학은 발전적이며 지원 기준은 전문적이라는 특징을 갖는다. 이 유형은 예술 지원에 있어 정치적 개입을 경계하는 '팔길이 원칙'에 기초한 것으로, 팔길이 기관은 문화예술 지원에 대한 정부로부터의 정치적 압력에서 벗어나 표현의 자유를 보호하고 예술 창조성의 진흥을 위한 정책 집행 및 자원 배분에 최우선 순위를 두므로, 예술의 질을 유일한 지원 기준으로 삼는다. 이 유형에서 예술가의 지위는 시장의 선호, 민간의 후원조건과 함께 정부의 보조금에 연동된다. 후원자 유

---

130) H. H. Chartrand & C. McCaughey(1989), pp. 2-3.
131) *Ibid.*, p. 2.

형의 장점은 동시에 단점으로도 지적되는데, 예술의 수월성이라는 정책
목표는 엘리트주의에 대한 비판으로 이어질 수 있다. 나아가, 팔길이 기
관의 임원이 정부에 의해 임면되는 경우 근본적으로 정부의 정치적 영
향력에서 벗어나기 어려우므로 이에 대한 보완 방안이 요청된다.[132]

셋째, 프랑스로 대표되는 '설계자(Architect)' 유형은 정책 목표로 사회
복지를 추구하고, 중앙부처인 문화부의 직접지원이 두드러지는 한편, 정
책 역학은 혁신적이며 지원 기준은 공동체적이라는 특징을 갖는다. 즉,
이 유형은 정부가 문화부나 그에 준하는 산하기관(umbrella organization)
을 통해 직접 관여하는 형태로서 정책을 집행하는 중개기관이 없으므로
정부의 입장에서는 문화정책과 여타 정책 목표를 함께 추진하는데 이점
이 있다. 그러나 문화예술 영역이 여타 사회정책 영역에서 정부의 목표
를 달성하기 위한 수단으로 이용될 수 있을 뿐만 아니라, 국가의 직접지
원은 예술적 창조성을 침체시킬 수 있다는 비판이 가능하다. 따라서 이
러한 형태의 국가에서는 흔히 표현의 자유와 예술가의 지위에 관한 법
제화가 잘 이루어져 있으며[133] 예술가 조합은 정책 참여를 보장받으므
로 정부의 지원 이외에 조합 소속 여부는 예술가의 지위를 좌우한다. 한
편 설계자 유형의 장점으로는 예술가 및 예술단체 상호간 '풍요의 격차
(affluence gap)'를 낳는 대중적 성공의 압박으로부터 상대적으로 자유롭
다는 점을 들 수 있다.[134]

넷째, '기술자(Engineer)' 유형은 구소련의 사회주의 리얼리즘(socialist
realism) 국가나 1990년대 이전의 중국이 대표적 사례로서, 정부가 공식
예술가 조합에 대한 규정, 노동조건, 생산 및 상품 수단의 통제를 통하여

---

132) *Ibid.* 이와 같이 영미권에서는 문화정책의 모형 수립에 있어서도 항상 예술표
현의 자유와 국가의 정치적 중립성을 염두에 두어왔음을 알 수 있다.
133) 설계자 유형의 국가인 프랑스에서는 국가가 문화와 적정한 거리를 유지하기
위한 법제도적 장치를 모색해 온 바, 문화예술 관련 법제가 완성도 높게 갖추
어진 국가로 평가된다.
134) H. H. Chartrand & C. McCaughey(1989), p. 3.

그 구성원인 예술가의 역할 및 지위를 규정하는 유형이다. 이 유형의 정책 목표는 정치이념 교육이며, 지원 방식은 국가가 예술 생산수단을 소유함으로써 이루어진다. 따라서 정책 역학은 검열적이며, 지원 기준은 정치적 성격을 갖게 된다. 기술자 유형은 창조적 동력을 공공정책 및 정당정책의 목적을 반영하는 것에 집중하는 형태이므로 정부나 정당의 영향력으로부터 예술적 창조성이나 표현의 자유를 추구하기 어려운 유형이라 할 수 있다.[135]

샤트란과 맥커히는 결론적으로 개별 국가들이 제 유형의 장단점 분석을 통하여 유리한 제도를 수용함으로써 상호 수렴 경향을 보일 것이라고 진단하였으며, 실제로 각 유형은 전형적인 이론적 고찰 대상으로서의 의미가 강하다고 할 것이다. 이 연구는 비교의 준거를 네 개의 구체적 변수로 제한하고, 각각의 변수가 지향하는 이념을 명료하게 기술하여 구조적인 방식으로 유형화했다는 점을 주요 특징으로 들 수 있는데, 세부적으로 지원 방식을 비교함에 있어서 재정지원 방식과 지원의 행정체계에 대한 분리를 명확하게 하지 않음으로써 분석의 차원에 혼란을 초래했다는 비판이 있다.[136]

2) 지식기반시대의 새로운 확장 이론

팔길이 기관을 중심으로 하는 샤트란과 맥커히의 네 가지 국가유형론이 제시된 이후, 이러한 분석 방법과 그 기초가 되는 문화예술의 내용에 대하여 몇 차례의 보완이 이루어졌다. 이와 관련하여 다른 학자들에 의한 후속 연구도 다수 등장하였으나,[137] 샤트란 본인에 의해 보완된 최

---

135) *Ibid.*
136) 홍기원, 『문화정책의 유형화를 통한 비교연구』(서울: 한국문화정책관광연구원, 2006), 24쪽.
137) 메이든은 샤트란과 맥커히의 연구를 확장, 설계자 모델인 정부 주도형 의사결정 방식(Short Arm: Ministry, Ministerial and Bureaucratic Decision Making)과 후원자 모델인 팔길이 기관의 동료 평가 방식(Long Arm: Arm's Length Agency,

근 연구의 내용을 살펴보는 것이 의미가 있을 것이다.

　문화예술 개념의 역동적인 외연 변화에 주목한 샤트란은 2016년에 보완
된 연구를 통해 기존 연구에서 정립된 예술산업(Arts Industry)의 정의 및
순수예술의 역할에 대해 시의적인 탐색을 시도한다. 지식기반 경제가 부각
하는 가운데, 순수예술(Fine Arts)의 위상이 재정립될 필요가 있다고 생각한
것이다. 샤트란은 새로운 경제 체제에 있어서 서로 다른 목적, 방법론과
시간에 따른 수용의 차이 등을 기준으로 지식영역(knowledge domain)을
구분하였는데, 그 결과 자연과학 및 기초공학 분야(Natural & Engineering
Sciences, NES), 인문학 및 사회과학 분야(Humanities & Social Sciences, HSS),
그리고 예술 분야(The Arts)라는 세 영역을 새로이 제시하였다.138) 샤트란은
이러한 지식기반 경제 체제에 있어 국가는 기존의 유형인 촉진자, 후원자,
설계자, 기술자 등의 역할을 통해 이러한 학문과 예술 영역을 육성하고
지원할 뿐 아니라, 국가적 지식기반(national knowledge-base)을 유지하기
위한 관리자(Custodian)로서의 역할을 수행할 필요가 있다고 한다. 관리자
의 역할은 구체적으로 "기술, 기예와 레퍼토리를 포함하는 국가적 지식기
반을 유지하고 관리하는 역할"을 의미하며,139) 국가적 지식기반은 인문·사
회과학 분야에 속하는 '문화유산(National Patrimony)'과 유사한 측면이 있지
만 고유한 속성을 지닌다는 점에 주목해야 한다. 국가적 지식기반은 자연
인(natural persons)에 의해 기술, 기예 또는 레퍼토리로 구체화되는 암묵지

　　Peer Review)의 장단점에 대한 여러 연구를 종합적으로 분석한 바 있다.
　　Christopher Madden, "The Independence of Government Arts Funding: A Review,"
　　D'Art Topics in Arts Policy, No. 9 (Sydney: International Federation of Arts Councils
　　and Culture Agencies, 2009).

138) H. H. Chartrand, "POSTSCRIPT to The Arm's Length Principle & the Arts: An
　　International Perspective - Past, Present & Future (1985) & Funding the Fine Arts:
　　An International Political Economic Assessment (2001)," Compiler Press (2016), pp.
　　7-8. 여기서의 문화예술은 문학, 미디어, 공연예술, 디자인 기술과 연결되는
　　시각예술 등을 포함하는 보다 확장된 개념이다.

139) *Ibid.*, p. 9.

를 포함하며, 대표적으로 2003년 「유네스코 무형문화유산 보호협약
(UNESCO Convention for the Safeguarding of the Intangible Cultural Heritage)」에
의거한 무형문화재(ICH) 및 관련 암묵지 보유자로서의 '인간문화재(Living
Human Treasures)' 개념에 구체화되어 있다.[140) 이러한 맥락에서, 21세기
지식기반 경제 체제에 있어 문화예술에 대한 국가의 역할은 상호 배타적이
지 않은 다섯 가지 대안적 역할로 유형화될 수 있다는 것이 최근 연구의
요지인데, 이를 요약하면 아래와 같다.

〈표 2-1〉 샤트란의 문화예술에 대한 공공지원의 5가지 유형[141)

국가의 역할	국가의 문화예술 지원 방법
관리자 (Custodian)	기술, 전문적 기예, 레퍼토리 등 국가적 지식 기반에 대한 관리 및 유지
촉진자 (Facilitator)	개인 기부자들의 미학적 우선순위에 따른 자선적 기부에 세제 혜택 부여
후원자 (Patron)	동료 평가 및 수월성 기준에 의거, 팔길이 기관을 통해 지원금 배분
설계자 (Architect)	문화부가 시설 및 기금 운영을 설계하며 예술가에 대한 특별한 법적 지위 인정
기술자 (Engineer)	상업적 경쟁력 있는 예술 산업을 육성 및 촉진하고자 재정지원, 허가권 및 규제권, 세금 공제 등을 사용

3. '표현의 자유' 개념을 중심으로 하는 미국에서의 접근

1) 미국에서의 문화예술과 국가의 관계의 전개

대륙에서의 논의와 달리, 문화를 시민사회의 것으로 보아 문화와 국

---

140) 우리나라의 경우 「무형문화재 보전 및 진흥에 관한 법률」 제2조에 따라 "무형
　　문화재의 기능, 예능 등을 대통령령으로 정하는 바에 따라 전형대로 체득·실
　　현할 수 있는 사람"을 의미하는 '보유자' 및 '명예보유자'를 포함하는 '인간문
　　화재(Holders of Important Intangible Cultural Properties)'가 이에 해당한다.
141) H. H. Chartrand(2016), p. 9.

가의 관계가 원칙적으로 분리되어 왔던 영미의 경우 '자율테제' 관점에서 논의가 시작된다. 20세기 복지국가의 출범 이후 국가의 공공지원을 뒷받침할 실제적 필요에 의해 문화정책 분야가 형성되고, 관련 학문적 성과가 누적되기 시작했다고 할 수 있다. 대표적인 시장주의 입장인 미국에서의 연구는, 문화예술과 국가의 관계에 있어 정부의 혜택이 예술적 자유에 어떠한 영향을 미치는지에 초점을 두는 경향이다.

문화예술과 국가 간 관계에서 나타나는 두 가지 얼굴, 즉 예술의 후원자로서의 국가와 검열자로서의 국가는 단지 이론적 분석을 위한 분리일 뿐 실제로는 이러한 모습이 흔히 혼재되어 나타난다. 국가가 예술을 지원하는 경우 어떠한 예술을 지원할지와 어떻게 지원할지를 결정해야 하며, 특히 결정의 과정에서 헌법상 표현의 자유나 적법절차의 가치 등에 위배되는 방법을 사용할 수도 있을 것이다.[142] 나아가, 국가는 혜택을 줄 수도 있지만 그 반대의 영향을 줄 수도 있는데, 후자의 행위는 억압적인 의도를 가지고 행해질 수 있고 억압적인 결과를 낳을 수 있으며, 그것은 사실상 검열과 구별해 내기 어려운 것이 현실이다. 여기에서 국가의 문화예술 지원에 있어서의 딜레마가 나타나는데, 미국에서의 이에 관한 법리 전개를 제3장 제3절에서 구체적으로 살펴볼 것이다.

전통적으로 예술표현의 자유를 존중하여 국가의 개입을 낯선 것으로 인식했던 미국에서조차, 20세기 들어 국가와 예술의 관계는 무관한 것이 아니며, 관련 역학관계는 결코 단순한 양상이 아니라는 점이 밝혀져 왔다. 문화예술법 분야의 권위자로 꼽히는 존 헨리 메리맨(John Henry Merryman)은 국가와 예술가·예술단체 간 관계에 있어서 국가별로 광범위한 다양성을 인정한다. 메리맨은 문화예술에 대한 국가의 관계를 '표현의 자유' 개념을 중심으로 하여 정부의 역할에 따라 다음과 같은 세 가지로 분류하였다.

---

142) John H. Merryman & Albert E. Elsen & Stephen K. Urice, *Law, Ethics, and the Visual Arts*, 5th ed. (Frederick, MD: Kluwer Law International, 2007), p. 767.

2) 정부의 역할을 기준으로 한 메리맨의 유형화

첫째, 검열자로서의 국가(The State as Censor)이다.[143] 붉은색 깃발을 항의의 상징으로 전시하는 것을 금지하는 법을 무효화시킨 미 연방대법원의 *Stromberg v. California* 판결[144]에서 비롯된 '상징적 표현(symbolic speech)'의 법리에 따라, 연방대법원은 비언어적 표현(non-verbal speech)도 보호 대상임을 인정한다. 이는 시각 예술을 비롯해 대부분의 비언어적 유형의 예술 형태들이 수정헌법 제1조의 보호를 받음을 의미한다. 결국 예술가들은 그들 나름의 '진술'을 하는 것이며, 우리는 예술가들이 소통하고자 하는 의미가 무엇인지에 관하여 토론하는 것이다. 문제는 예술이 '표현'인지의 여부가 아니라, 그것이 헌법적으로 '보호받는 표현'의 형태인지의 여부이다.

메리맨은 *Whitney v. California* 판결[145]에서 "건국의 아버지들은 국가의 궁극적 목적이 개인을 자유롭게 하여 그의 능력을 개발하도록 하는 것이라고 믿었다"고 한 브랜다이스(Louis Brandeis) 대법관의 설시를 인용하면서, 표현의 자유의 근본적 가치는 예술과 예술가들에게 특별한 힘을 가지고 적용되기 위해 나타나는 것이며, 무엇보다 중요한 가치는 자유의 측면으로서의 개인적 자기표현의 의미라고 한다. 또한 진리를 탐색하는 데 있어서의 예술적 자유의 가치를 강조하면서, 예술은 예술가의 사상을 표현하는 매체이며 사상의 자유로운 발현으로부터 진리가 등장한다고 믿는다면 예술적 자유를 보호해야 함이 당연하다고 한다.

이 유형에서 문제되는 것은, 국가가 형식적으로는 후원자 등 다른 유형의 모습을 띠고 있으면서 실질적으로는 검열자로서 작용하는 경우이다. 실제로 구별이 상당히 어려운 경우가 종종 나타나기 때문이다.[146]

---

143) *Ibid.*, pp. 678-679.
144) Stromberg v. California, 283 U.S. 359 (1931).
145) Whitney v. California, 274 U.S. 357 (1927).
146) 관련 판례와 이론의 전개에 관해서는 제3장 제3절 참조.

둘째, 소비자로서의 국가(The State as Consumer)이다.[147] 소비자로서
의 국가는 예술시장에서 다양한 모습으로 나타나며 흔히 지원이라는 형
식으로 나타나기도 한다. 메리맨은 이러한 맥락의 예술 지원이 국가별로
상당히 다양한 형태로서 나타나지만, 장기적으로 상호 수렴하는 모습을
나타낸다는 점을 언급하였다.

국가주의를 취하는 국가에서는 미술관이나 공연장, 예술교육기관 등
이 국가기관의 일종으로 중앙정부에서 재정지원을 받으며 문화부에 의
해 관할 및 운영된다. 이러한 형태의 국가에 있어서는 창작기금에 의한
예술가 직접지원 및 각종 구매 프로그램을 통한 간접적 보조 등 다양한
형태의 정부 지원을 흔하게 발견할 수 있다. 예컨대, 일찍이 영국, 프랑
스, 캐나다와 네덜란드 등에서는 미술시장 활성화를 위한 '미술은행(Art
Bank)' 제도를 발전시켜 왔다. 미국에서도 알래스카 주 등에서 미술은행
프로그램을 운영해왔는데,[148] 미국 역사상 이와 유사한 사례는 대공황
기간 동안 이루어진 공공예술사업(The Public Works of Art Project, PWA
P)[149]이 대표적일 것이다. 유럽 대륙과 남미의 국가들은 흔히 순수예술
기관들이 중앙집권화 되어 있어 민간 부분이 지배적인 미국의 체제와
극단적인 비교가 된다. 미국에서 전통적인 정부 지원의 주요 형태는 자
선적 기부 행위에 기초한 세금 공제 혜택이며, 이러한 체제에서 예술에
대한 의사결정권은 납세자들 간에 광범위하게 배분되어 있다고 할 수
있다. 다만, 오늘날 국가주의 또는 시장주의 유형의 순수한 모습은 찾아

---

147) Merryman(2007), pp. 766-767.
148) 국내에서도 2005년 미술은행 제도가 도입된 이래 2012년에는 정부미술은행이
    출범하였고, 공공미술로서의 재정립 방안 등 제도적 활성화를 위한 논의가
    이루어져 왔다. 양현미, "공공미술로서 미술은행 재정립 방안 연구," 『문화정
    책논총』(서울: 한국문화관광연구원, 2017), 제31권 제1호, 10쪽 이하 참조.
149) PWAP는 뉴딜 정책의 일환으로서 1933년 12월부터 1934년 6월까지 진행된, 예
    술분야 고용창출 사업이다. 이는 자유시장경제를 표방하는 미국에서 국가가
    문화예술 분야에 개입한 최초의 사례로 기록되었다.

보기 어렵다. 유럽과 남미에서도 민간 미술관이 운영되고 수집가들의 영
향력과 함께 상업적 예술품이 거래되며, 미국에서도 연방·주립 미술관
과 순수예술을 지원하는 정부 프로그램을 어렵지 않게 발견할 수 있다.

소비자로서의 국가의 모습이 투영된 사례들에 있어서 쟁점으로서, 메
리맨은 특히 국가가 제작을 위촉하여 공개된 공공미술(public art) 작품이
대중으로부터 외면을 받거나 논란의 대상이 되는 경우 관련 갈등이 고
도화되어 나타난다고 지적하였다.150)

셋째, 후원자로서의 국가(The State as Benefactor)이다.151) 시장주의를
기조로 하는 영미법계 국가의 경우 문화예술에 대한 국가 개입의 정당
성 논쟁이 한층 첨예하게 이루어져 왔다고 할 수 있다. 미국에서는 예술
에 대한 정부 지원이 갖는 '긍정적 측면'보다 예술에 대한 정부의 영향력
이라는 '부정적 측면'이 더 크다고 보는 전통적 입장이 설득력을 얻지 못
하면서, 1965년 예술 및 인문에 관한 연방기금법이 제정되었고 그에 기
초해 연방예술기금(National Endowment for the Arts, NEA)이 설립되었다.

메리맨은 역사적으로 예술가들이 후원자와의 관계에서 그들의 예술
의 자유를 어떠한 모습으로 형성 및 발전시켜 왔는지에 주목하였다. 19
세기 이전에는 오늘날 '자유'라고 생각되는 것이 위대한 예술의 창조에
있어서 필수적인 가치가 아니었다. 고대로부터 예술가들은 교회, 궁정,
공동체 등을 섬겨 왔고, 예술가는 종교나 도시, 왕국 등의 이미지를 창출
하는 상징적 존재로서 후원자가 마련한 조건에 연동되기 마련이었다.
16, 17세기 네덜란드에서는 '천재성'에 대한 숭배로 예술가들이 공개된
시장을 위해 예술 작품을 창조하기 시작했는데, 뒤러, 라파엘, 미켈란젤
로, 티치아노 등은 그들이 무엇을 그리든 열렬하고 적극적인 구매자들이
나타날 것이라는 것을 알고 있었음에도 대체로 강력한 후원자의 개인적

---

150) Serra v. General Services Administration, 847 F.2d 1045 (2d Cir. 1988)이 대표적인
    경우이다.
151) Merryman(2007), pp. 788-790.

수요에 종속되어 있었다.[152] 실제로 17세기 네덜란드 화가들은 자신의 직업만으로 생계를 이어나가기 어려워 다른 형태의 사업에 관여하기도 했는데, 이는 현재 상황과 다르지 않다.[153]

근대 예술은 화상(畫商, art dealer) 덕분에 독립적으로 시장을 형성해 왔다고 할 수 있다. 직업으로서 예술품 거래는 16세기에 시작되었고, 19세기 중반 화상들은 인상주의 화가들과 같은 실험적 예술가들의 독립에 있어 결정적 역할을 하는 존재가 되었다. 개인 수집품, 기업이나 공공기관 소장품을 막론하고 화상에 의한 거래가 이루어졌다. 예술학파들이 정부 지원의 한도를 넘어서는 예술가들을 배출했을 때, 고무된 중산층 수요자들과 예술가들을 연결해 준 당사자 역시 화상들이었다. 메리맨은 이처럼 근대 예술이 정부 지원으로부터 독립적으로 발전해 왔다면, 왜 정부가 예술을 지원해야 하는지 의문을 제기한다. 나치 독일과 구소련 공산주의 체제하의 예술 정책이야말로 정부가 예술세계에 적극적으로 개입했을 때 가장 창의적인 예술이 얼마나 파괴되고 억압될 수 있는지에 대한 설득력 있는 경고이기 때문이다.[154]

한편, 2차 대전 후 미국 예술을 국제적 수준으로 끌어올린 수많은 예술가들, 예컨대 잭슨 폴록, 윌렘 드 쿠닝, 마크 로스코, 바넷 뉴먼 등은 예술가로서 활동하기 위해 대공황 기간 동안 정부의 지원을 받았다. 공공사업진흥국(Works Progress Administration, WPA)은 많은 수준급의 미국

---

152) 예컨대 루벤스는 경제적으로 여유로워진 후에도 왕과 영주들을 위해 일했으며, 렘브란트의 경우 다른 많은 네덜란드 화가들처럼 종종 그의 수입을 보충할 부업에 의존했다.

153) 정부나 교회의 후원으로부터 자유로울 경우라도, '성공'이 작품 판매로 연명하기 위해 대중의 취향에 영합하는 것을 의미한다면, 공개 시장에서의 '자유'는 제한될 수 있음을 이들은 가장 먼저 알았던 것이다.

154) 생애의 대부분을 프랑코 정권에 맞서 싸운 피카소의 경우나, 생전에 정부의 후원을 받지 않은 것은 물론 사후 수십 년이 지날 때까지 권리가 복원되지 못한 마티스의 사례는 의미심장하다.

예술가들로 하여금 그들의 경력에서 중요한 시점에 생계에 도움을 받을 수 있도록 해 주었다. 이후 수십 년간 미국의 대표적 예술가들은 정부와 기업에 대한 그들의 불신을 극복해 왔는데,[155] 양자로부터 제공된 상대적으로 공정한 후원은 예술가들의 태도를 바꾸는데 큰 역할을 했다. 즉, 많은 예술가들이 정부나 기업의 후원과 함께 하더라도 자신의 조건에 의해서 필수적 예술 창작 행위를 할 수 있다고 확신하게 된 것이다. 한편, 입법자들과 행정가들은 몽상가나 반항아로서의 예술가의 전형적 이미지를 바꾸기 시작했다. 최고의 예술에 대한 국제적 위신과 예술이 보유하게 된 금전적 가치는 이러한 관점을 형성하는 것을 도왔는데, 여기에 기업 경영자들이 기여한 바가 크다는 것이 메리맨의 통찰이다.

최근의 예술 후원에 있어서 가장 흥미로운 발전은 금전 보상과 같은 유형적 재화나 서비스를 제공받아야 한다는 후원자들의 아집이 변화하고 있는 점이다. NEA가 입안한 기금 제도는 예술가들이 자신을 위해 창작을 하고 작품을 예술적으로 유지할 수 있도록 하는 데 도움을 주었다.[156] 반면 과거에는 예술가들이 군주나 궁정, 후원자 가문 등에 의해 생계를 보장받았을 때 후원자가 예술적 서비스를 제공받는 것이 관례화되어 있었다. 후원자들이 금전적으로 후원한 예술을 사적으로 소유하는 것보다 예술가에게 그것을 두었을 때 사회 전체에 끼치는 이로움이 더 크다고 인식하기까지, 즉 예술이 공공재로서 보편적으로 자리매김 되기까지 수천 년이 걸린 것이다.

요컨대, 문화예술에 대한 국가의 지원을 알지 못했던 미국에서조차 NEA 설립 이후 국가와 문화예술의 관계는 매우 가까워졌고, 상당수의 미국인들이 자신을 전문 예술가로 분류할 정도로 예술시장은 성장을 거듭하였다. 이러한 전례 없는 양적 확대는 다양성 면에서 비견할 수 없

---

155) Merryman(2007), p. 789.
156) 참고로 NEA는 관련 프로그램을 둘러싼 논쟁으로 인해 더 이상 예술가 개인에게는 지원하지 않는다.

을 지원 시스템의 성장에 힘입은 것이다. 그럼에도 불구하고, 예술시장
의 포화현상은 결국 극소수의 예술가를 제외하면 전업으로 창작을 하
며 생계를 꾸려나갈 수 없는 현실을 낳았는데, 이러한 현상은 경제적
의미에서 상당한 고위험군의 직업에 왜 젊은이들이 진입하려 하는지에
대한 의문을 낳는다고 한다. 메리맨은, 그 대답의 하나로, 19세기 예술
가들의 경우 '예술의 자유'라는 양날의 검으로서의 성격을 지닌 기회를
잡기 위해, 물질적 불안정의 문제를 고유한 자기표현을 통해 문화에 기
여한다는 정신적 만족감으로 상쇄시켰다는 점이 오늘날에도 의미심장함
을 지적한다.157)

---

157) Merryman(2007), p. 790.

제3장

국가의 문화예술 지원에 관한 헌법적 원칙

제1절 문화예술 지원과 '문화국가 원리'

헌법이 공동체 전반을 규율하는 규범이라고 할 때, 국가와 문화는 상호보완적이고 역동적이며 때로는 역설적인 양상의 관계 속에서 발전해 가게 된다. 한편, 기존의 국내 헌법 이론과 판례에서는 문화와 국가의 관계를 이른바 '문화국가 원리'에 의거해서 설명하고 있는데, 여기에서 '문화국가' 개념은 독일의 'Kulturstaat(문화국가)' 개념에서 상당한 영향을 받은 것으로, 문화예술 지원에 대한 헌법적 원칙을 고찰하는 본 장에서의 논의의 출발점이 된다. 따라서 문화와 국가의 관계에 관한 논의를 통해 새로운 이론적 틀을 찾고자 한다면, 선결적으로 기존의 국내 헌법학계와 판례의 논의를 검토함으로써, 독일의 문화국가 개념이 과연 무엇이고 어떤 역사적 맥락에서 제기되고 전개되었으며 나아가 그러한 개념이 현재 국내 문화법정책 원리로서 유용한 도구가 될 수 있는 개념인지 알아볼 필요성이 있을 것이다.

I. '문화국가'의 의의

1. 독일에서의 '문화국가(Kulturstaat)' 개념의 전개

'문화국가'로 번역되는 'Kulturstaat' 개념은 독일의 지성사 흐름에 속하는 독일적 개념이라 할 수 있다. 즉, 문화와 국가의 관계를 파악한다는 의미에서의 이른바 문화국가 개념은 문화를 시민문화의 차원, 즉 사적 영역으로 파악하는 영미에서의 그것과는 다른 독일적 논의의 결과물이라고 하겠다. 특히 독일에서의 '문화'라는 것은 단순한 하나의 사회적 현상이 아니라 지방자치의 단위인 각 란트(Land) 간 유대를 통해 하나의

독일연방공화국으로 묶어주는 연결고리의 역할을 수행한다는 점을 염두에 둘 필요가 있다.[1]

'Kulturstaat' 개념에 기초하는 문화국가론은 피히테, 훔볼트, 헤겔 등 독일 관념론 철학에 의해 성립된 국가관으로 알려져 있다.[2] 이러한 견해에서는 경찰국가나 교권국가 등의 국가이념에 대립되는 문화적 이상의 실현을 국가의 기능으로 보아, 국가를 문화발전을 위해 존립하도록 하려는 이상주의적 입장을 취한다고 본다.

1) '문화국가' 개념의 역사적 전개

(1) 입헌군주제 이전: '문화국가' 개념의 도입

철학자이며 독일의 민족국가적 통일에 기여한 인물로 평가받는 피히테(Johann Gottlieb Fichte)는 잘 알려진 「독일 국민에게 고함」이라는 문서를 통해 독일의 국민의식을 고취시키고 민족적 갱생과 함께 문화적 사명이 중시된 통일 독일을 강조한 바 있다. 기존 학설은 '문화국가'의 개념이 1806년 출간된 피히테의 강의록 모음집에 처음 등장하였다고 보는데,[3] 피히테는 국가의 발전단계를 본능지배의 국가, 권위확립의 국가, 가치해소의 국가, 진리와 자유지향의 국가, 이성지배의 국가라는 다섯 단계로 구분하였고, 그 중 이성지배의 국가를 문화국가로 칭하였다고 한다.[4] 한편, 가이스(Max-Emanuel Geis)의 분석에 따르면, 피히테의 저작에서 'Kulturstaat'는 항상 상이한 맥락에서 등장하며 각각의 연결 지점이 별달리 보이지 않는다고 한다. 나아가, 피히테는 문화국가의 개념에 대해

---

1) 최우정, "독일에 있어서 문화예술법제의 연구 동향", 한국문화예술법학회 편, 『문화예술법의 현주소』(서울: 준커뮤니케이션즈, 2014), 56쪽.
2) 후버는 대표적으로 위 3인을 Kulturstaat 개념을 시작한 저자들로 상정하고 있다.
3) 김수갑(1993), 34쪽 외.
4) 정광렬, 『문화국가를 위한 헌법 연구』(서울: 한국문화관광연구원, 2017), 11쪽.

실상 내용적으로 더 이상 발전시켰던 것이 거의 없고, 그에게 문화국가
란 구체적인 것이 없는 수사적 표현에 불과하다고 한다.5) 따라서 기존
의 다수 의견처럼 피히테가 논리적으로 완결된 문화국가 개념을 제시하
고 그로부터 다양한 국가이론이 도출된 것과 같이 보는 논의 전개는 지
나친 해석이라는 것이다. 피히테의 'Kulturstaat' 개념은 국가이론에 따른
구체적 내용이 들어있지 않으며, 관념사적으로 볼 때 피히테는 실재하지
않는 신화로서의 문화국가의 저자에 불과하다고 언급된다.

프로이센의 개혁 정책을 대변하였던 인물인 훔볼트(Karl Wilhelm von
Humboldt) 역시 초기 문화국가 개념의 형성에 기여했다고 알려져 있다.
학자들은 훔볼트의 문화와 국가에 대한 사상이 후에 독일 헌법상 기본
권 개념 및 해석과도 연결되는 것으로서, 기본권이란 국가에 대한 자유
가 아니라 국가 내에서 근거지어지는 것이라는 독일식 기본권관과 맥을
같이 한다고 평가한다.6) 그러나, 이러한 견해에 대해서는 문화와 국가에
대한 그의 저술들에 'Kulturstaat' 개념이 전혀 등장하지 않는다는 비판이
가해진다.7)

한편, 문화와 국가의 관계에 관한 특별한 관점을 제공함으로써 문화
국가 개념의 발전에 상당한 영향을 미친 인물로 헤겔(Georg Wilhelm
Friedrich Hegel)이 꼽히는데, 후버는 헤겔의 방법론을 사용해 문화국가
개념을 법학적으로 도입하고자 한 대표적 인물이다. 법치국가관에서 집
약적으로 나타났던 자유의 이념이 헤겔로 이어지면서 자유보다는 도덕
의 실현을 중요시하게 되었고, 이에 따라 국가의 존재의의도 윤리적 문
화의 창조발전을 가능하게 하는 것을 목적으로 하게 되었다는 내용으로

---

5) M.E. Geis, *Kulturstaat und kulturelle Freiheit: Eine Untersuchung des Kulturstaatskonzepts von Ernst Rudolf Huber aus verfassungsrechtlicher Sicht*, Nomos, 1990, S. 122-123, 125 ff.; Otmar Jung, *Zum Kulturstaatsbegriff*, Meisenheim am Glan, 1996, S. 22-23 ff. (이석민 (2007), 41쪽에서 재인용).

6) D. Grimm(1984), S. 57 f. (위의 논문에서 재인용).

7) M.E. Geis(1990), S. 131 f. (위의 논문에서 재인용).

헤겔의 문화국가관을 요약할 수 있다. 헤겔의 정치철학과 국가관은 후에 신헤겔학파로 이어지면서 '문화법사상'을 낳는 등 전 세계에 상당한 영향을 미쳤다. 그러나 인간의 생활양태에는 국가적 결합관계 외에 사회적 결합관계가 존재한다는데 주목하는 이론이 이미 전개되고 있었고, 또한 인간의 사회적 관심과 욕구는 그가 속하는 다양한 집단에서 구체적으로 나타나고 다원적으로 영향을 미치는 만큼, 정치도 국가의 독점 현상으로만 보는 것은 무리한 관점이라는 비판을 받게 되었다.

이와 같이 19세기부터 독일 학자들은 일련의 국가 개념과 'Kulturstaat'의 동일시를 시도하면서, 전시대 학자들로부터 그 근거를 끌어내고자 노력하였다고 할 수 있다. 그 이유로는 첫째로 초기에는 독일이 영국 등에서 발전한 근대 민주주의 국가 이념을 받아들일 만한 사회적·역사적 조건을 갖추지 못했다는 점과, 둘째로 20세기에 들어서까지 이어진 헤겔의 영향을 받은 국가주의적 사고방식의 존재를 들 수 있다. 요컨대, 근대적 민주주의의 제도적 확립에 대한 요청이 지체되는 가운데 시민적 이상을 확립하려는 방향에서 일종의 합의로서의 'Kulturstaat(문화국가)'의 이념이 발생하게 된 것이라 하겠다.8)

(2) 초기 입헌주의 시기: '문화국가' 개념의 법적 수용

19세기 중반에 들어 새로운 문화국가의 개념이 출현한다. 1850년경까지 문헌에 구체적으로 등장하지 않았던 문화국가 개념에 대한 최초의 체계적 분류와 함께 그것을 법개념으로서 헌법학에 수용한 사람은 블룬칠리(Johann Kaspar Bluntschli)라고 한다.

이 시기의 문화국가 개념은 두 가지. 지속적 내용을 가진다고 볼 수 있다. 그것은 첫째로 자유주의적 법치국가를 넘어서는 포괄적인 복지국가이며, 둘째로 '도덕적 국가'이다. 이는 개인적 자유를 억제하고 조화로

---

8) 따라서 이러한 개념은 민주적 요구를 거부하면서 강화된 국가 권력에 정통성을 부여하는 수단으로 이용될 수 있는 소지도 있을 것이다.

운 단일성의 추구를 지향점으로 삼는 헤겔의 영향을 강하게 받은 것으로, 결국 민족주의적 관념에 기초해서 민족국가를 정당화하기 위해 사용되었다.

다만 이러한 것들이 결합된 'Kulturstaat'의 전통이 19세기에 확고하게 형성되었다고 단정하기에는 무리가 있는데, 아직까지 개념의 구체적 본질에 대한 합의나 상호 연결성이 희박하여 혼동이 일어나는 양상을 보이고 있기 때문이다.[9]

(3) 바이마르 공화국과 제3제국: '문화국가' 개념의 오용

제1차 세계대전 이후 수립된 바이마르 시대에 있어서는 문화국가에 대한 용어 사용과 정신사적 서술이 상이하게 진행된다. '문화국가'에 관련된 당대 문헌들이 주로 이를 '도덕적 국가'와 동일시하고 있는 반면, 정신사적 서술에서는 "예술, 학술 및 그 교수는 자유로 한다. 국가는 이를 보호하고 그 조성에 참여한다"는 바이마르 헌법 제142조의 공식화와 같이 '진흥'하고 '형성'하는 국가가 되지만, 관련 국가이론적 배경은 더 이상 찾아보기 어렵다. 바이마르의 국가학은 국가이론적 기초와 국가법적 요청을 통합하는데 '문화국가' 개념을 사용할 가능성이 있었음에도 실제로 사용하지는 않았는데, 이 점은 후에 문화국가 개념이 나치 하에서 극단적 오용을 겪은 직후 국가학에서 '문화국가' 개념을 다루지 않는 경향이 지배적이었던 것과는 그 맥락이 다르다.[10]

여하튼 이 시기에도 문화와 국가를 연관시켜 보는 국가학의 전통이 이어졌다. 역설적이게도 '문화국가'의 개념은 국가사회주의가 시작되려는 조짐이 보이던 제3제국 시기에 와서 그 윤곽을 형성하게 되었다. 본격적으로 국가사회주의 시대에 들어서서는, '문화국가'의 이름하에 유해하고 이종적(異種的)이며 단순히 신뢰할 수 없는 요소, 즉 '반문화적인

---

9) 이석민(2007), 48쪽.
10) 김수갑(1993), 11쪽 이하.

것'의 삭제가 요청되었다. 또한 '문화국가' 개념은 예술과 학문에 있어서
의 가치와 과제 등에 관한 것이 아니라, 민족공동체에 관한 '아리안족의
순수성'의 적극적 표현이자 관련 이익을 판단하고자 하는 요청에 한해
사용되었다.[11]

(4) 연방공화국 초기의 문화국가 개념

제2차 세계대전 후 독일은 새로운 국가 재건과 함께 각 주의 헌법과
연방헌법의 제정에 주력한다. 주목할 만한 것은, 1949년 제정된 연방기
본법보다 1946년 제정된 바이에른주 헌법에서 '문화국가' 목표가 더욱
명확히 규정되었다는 점이다.[12] 그리하여 종종 바이에른주 헌법 제3조
제1항이 문화국가 개념의 융성을 야기한 문화적 자각의 전형적 사례로
인용되기도 하나, 이에 관하여는 학자들의 간에 다소 논란이 있다. 다만,
바이에른주 헌법 제3조 제1항에서 특정한 기본권이 도출되는 것은 아니
라는 점에는 견해가 일치한다. 즉, 당시의 '문화국가' 조항은 법치국가
조항과 사회국가 조항에 비해 거의 실체가 없을 정도로 포괄적인 것으
로서, 내용을 구체화하지 못하였다고 평가된다.[13]

나아가, 바이에른주 헌법재판소의 판결 역시 명확한 입장을 보이지
못하고, '문화국가' 원칙이 최소한 법으로서의 지위를 가지는지 또는 단
지 정책적 프로그램에 불과한지에 대해 혼동되는 입장을 보여준다. 한
편, 독일연방공화국의 초기 10년 간 국가이론과 법철학에서의 흐름은 표
준적 의견 일치 및 확고한 전통을 보여주며, 고유한 문화적 영역을 요구
하게 된 것으로 평가된다.[14]

---

11) Geis(1990), S. 155 f. (이석민(2007), 52쪽에서 재인용).
12) 바이에른주 헌법 제3조는 "① 바이에른은 법치국가, 문화국가 및 사회국가이
    다. 바이에른은 공공복리에 기여한다. ② 국가는 자연적 생활의 기초와 문화적
    전승을 보호한다"고 규정한다.
13) 이석민(2007), 54쪽.
14) 위의 논문.

2) 문화국가 개념의 헌법이론적 수용

(1) 후버의 문화국가 개념 연구

피히테와 훔볼트 등에서 시작된 '문화국가' 개념의 의미를 이상주의적 문화 개념, 국가주의적 국가 개념 및 정신과학적인 변증법적 방법론 등 세 가지 핵심요소를 가지고 분석하여 오늘날까지도 영향력 있는 문화국가의 개념을 제시한 인물은 후버(Ernst Rudolf Huber)라고 파악하는 것이 대다수 학자들의 견해이다.[15]

후버는 문화와 국가, 그리고 문화국가와의 관계에 관하여 국가가 자신의 존재적 충만함 속에서 재생되어지지 않는다면 그 곳에는 문화란 존재하지 않는 것이며, 국가가 문화의 충만함을 자기 것으로 동화시킬 수 없다면 그 곳에는 국가란 존재하지 않는 것이라고 보았다. 나아가, 현대 세계에서는 문화국가를 위한 문화와 국가의 공동의 자기 발전이 없이는 문화도 국가도 존재하지 않는 것이라고 하면서 문화국가에 대한 개념을 제시하고 있다. 그는 문화를 '자율적인 인격도야재' 또는 '교양재(Bildungsgüter)'로 이해하고 문화국가라는 개념 속에 전제된 문화의 자율성은 어떻게 보장될 수 있는가 및 문화와 국가의 통일적 존재(Einsein)는 획득될 수 있는가 등의 문제를 제기하면서 문화국가의 개념적 요소를 분석하였다.[16] 이러한 문제 제기에 바탕하여 그는 문화와 국가의 상호관계를 중심으로 문화국가 개념의 의미를 다섯 가지로 나누어 고찰하고, 단계별로 구분한 문화와 국가의 관계를 통해 문화국가가 지향해야 할 점을 제시하였다.[17]

---

15) 김수갑(1993), 48쪽 등.
16) 후버는 문화국가의 개념을 충분히 정의하는 가운데 문화국가의 모든 문제가 해결된다고도 할 수 있으며, 문화국가의 개념을 명확히 하는 것은 바로 문화국가 문제의 중심으로 들어가는 것이라고 하였다.
17) 김수갑(1993), 48쪽 이하.

첫 번째 단계인 '문화의 국가로부터의 자유(Die Staatsfreiheit der Kultur)'는 문화에 내재하는 본질적 법칙에 따라 문화의 국가로부터의 완전한 자유의 원칙이 인정되는 단계를 의미한다. 다만 문화와 국가의 완전한 분리를 의미하는 것은 아니며, '문화적 역량(Kulturkräfte)'과 '문화적 소산(Kulturgüter)'이 국가라는 전체 속으로 자유롭게 성장하여 들어가는 모습이야말로 문화와 국가의 관계를 의미한다고 한다. 이는 문화정책의 관점에서 보면 자유주의적인 방임주의에 해당한다. 그러나 국가는 사회적 집단에의 권력 집중이라는 위험으로부터의 문화적 자유 보호에 대한 책임이 존재한다는 의식에서, 문화국가는 문화에 대한 국가의 기여라는 의미의 두 번째 단계로 고양된다.

두 번째로 '문화에 대한 국가의 기여(Der Staatsdienst an der Kultur)'는 국가가 문화에 대한 능동적 보호자 역할을 담당하는 단계를 말한다. 이러한 의미에서의 문화의 자유는 '국가로부터의 자유'와 함께 '국가를 통한 자유'를 의미하며, 문화의 자율성을 국가가 충분히 인정하면서도 자율적 문화영역에 국가가 봉사적 차원에서 관여하게 되는 단계를 의미한다. 이 단계에서 국가의 문화적 기여는 4가지 본질적인 문화적 급부형태로 나타나게 되는데, 문화보호, 문화관리, 문화전승 및 문화진흥이 그것이다. 문화정책의 관점에서는 미국과 같이 자유주의적 관점에 기초하면서도 국가가 지원정책을 펴는 경우이다.

세 번째 단계인 '국가의 문화형성력(Die Kulturgestaltungsmacht des Staats)'은 국가가 문화를 형성하는 권한을 갖는 단계로서, 국가가 문화의 자율성을 인정한다는 전제하에서 문화를 능동적으로 형성할 권한을 갖는 것을 뜻한다. 양자는 일견 모순되는 개념으로 보일 수 있으나, 문화형성권은 문화의 자율성에 배치되는 것이 아니라 문화 자체를 위해서 필요한 요소라는 것이 후버의 주장이다. 후버는 문화형성력을 문화정책(Politik)으로 이해하고, 국가의 문화정책을 경제영역에 있어서의 국가의 경제형성력과 같은 관계로 설명한다.[18] 아울러 국가의 문화형성력이 효율적으

로 작용하기 위해서는 첫째, 국가가 문화와 비문화를 구별할 줄 알아야
하며, 둘째, 문화영역에 있어 우선순위의 결정권이 있어서 이를 통해 문
화차별화가 불가피하게 행해질 수 있으며, 셋째, 국가에게 문화영역에
대한 일정한 관할권인 '문화고권'이 법적으로 부여되어 있고 이를 실현
시킬 수 있는 능력이 있어야 한다고 한다.

네 번째 단계인 '문화의 국가형성력'은 문화가 스스로 국가를 형성해
나가는 단계의 문화국가를 의미하며, 방법론적으로 후버는 헤겔의 주와
종에 관한 변증법적 개념 서술을 사용한다. 문화의 국가형성력이란 문화
의 '국가로부터의 자유'에서 변증법적 연결고리로서의 '문화에 대한 국
가의 기여'를 거쳐 '문화에 관한 국가의 고권(高權)'으로의 과정이다. 문
화의 국가로부터의 자유와 국가의 문화고권은 상반되는 것처럼 보이나
양자를 변증법적으로 이해할 때 국가의 문화에 대한 지배는 문화의 국
가에 대한 지배로 전화한다는 것을 알 수 있다. 문화에 대한 지배자로서
의 국가는 문화의 일부가 되고 이로써 "문화가 국가에 대한 지배자가 된
다는" 명제가 성립하는 것이다. 이 단계에서 국가는 문화 자체를 국가의
목표로 설정하게 된다.

다섯 번째 단계인 '문화적 형상으로서의 국가(Der Staat als Kulturgebilde)'
란, 하나 된 국가 속의 두 가지 요소, 즉 국가의 문화형성력과 문화의 국가
형성력이 바로 국가가 문화형상으로 이해되고 실현된다는 의미에 있어서
의 문화국가라고 한다. 즉, 국가의 문화형성력은 그 자체로 문화를 국가
권력 대상화시켜 문화의 내재적 법칙성을 해치기도 하며, 다른 한편 문
화의 국가형성력은 그 자체로 국가를 문화의 대상으로 만들어 국가를
사회의 지배적 문화 방향이나 단체들의 도구로 만들기도 하고 그로 인
해 국가의 내재적 법칙성을 깨닫게 하기도 한다. 이는 독일 철학의 변증
법적 논증의 마지막 단계이자 국가의 문화형성력과 문화의 국가형성력

---

18) 즉, 기본적으로 자유로운 시장경제체제를 인정하면서도 정책적 수단에 의한
경제형성력을 인정하는 것과 같은 관계라고 한다.

의 갈등관계를 변증법적으로 해소하고 통합하는 단계로 이해된다.

(2) 후버의 연구에 대한 비판

이상과 같은 후버의 다섯 가지 의미는 일견 상호 모순되어 보이지만, 단순히 대립적 의미를 이룬다기보다는 '문화의 자율성'이라는 관념을 공통점으로 하여 상호 의미적으로 연관되어 있다고 보아야 한다.[19] 후버의 견해는 국가주의적인 국가 개념, 즉 국가를 고유한 가치를 가진 초개인적 윤리적 조직체로 전제하는 헤겔의 그것을 기초로 하여 변증법적 논증에 치우치고 오늘날의 상황과는 잘 부합되지 않는다는 문제점을 포함하고 있기는 하지만, 다수 학자들은 이 견해가 문화국가의 모습을 가장 잘 보여주고 있기 때문에 비판적으로 수용할 여지가 있다는 입장이다.[20] 즉, 오늘날까지 문화국가의 개념을 가장 정치하게 분석하여 문화국가 논의의 지평을 넓혀준 사람으로 후버를 드는데 별다른 이견이 없으며, 최근까지 독일식 문화국가(Kulturstaat) 개념에 대한 학문적 논의는 후버로부터 많은 영향을 받은 바 있다.

이와 같이 후버의 문화국가론에 대해서는 많은 호응과 지지도 있는 반면, 일부 학자들을 중심으로 이에 대한 비판과 반론도 견고한 입장을 형성하고 있다. 가이스는 문화가 자신을 국가로 의식하고 실현하는 국가라는 후버의 문화형상으로서의 문화국가상은 이상적 형태로서, 문화국가 개념이 헌법이론적으로는 오직 발견적인 의의가 있을 뿐이라는 점을 지적하였다. 아울러 그러한 개념은 '개방적'인 문화 개념의 본질 때문에라도 공허한 '관용어(Formel)'에 불과하므로, 후버식의 문화국가 개념은 헌법의 조건에서는 헌법상 기본권 규정이나 그 해석으로 사용할 수 없다고 한다.[21] 또한 셸스키(Helmut Schelsky)는 후버식 문화국가에 관한 사

---

19) 김수갑(1993), 48쪽. 따라서 문화국가 개념에서 '중립성'이라는 구체적 핵심 원리를 도출해 낼 수 있다.

20) 정광렬(2017), 12-13쪽 등.

고가 국가를 도덕적 이념의 실현으로 파악하는 헤겔적인 사고와 '정신적 예술작품'으로 국가를 인식하는 쉴라에르마흐에르(Scheleiermacher)의 이론에서도 나타나는 바, 실무에서는 사실상 국가 의미에 관한 이론으로서 큰 효용이 없음을 지적한 바 있다.22)

2. '문화국가' 개념에 관한 국내적 논의

1) 학설의 전개

(1) '문화국가'와 '사회국가'의 동일시

헌법의 원리 가운데 하나로 '문화국가'를 들게 된 것은 헌법 제9조가 도입된 1980년 직후 시점부터라고 할 수 있다. 나아가 1980년대 중반부터는 다수 학자들이 '문화국가 원리'를 헌법상 원리로 파악하게 된다.

'문화국가'라는 단어를 국내에서 헌법학적으로 도입한 시초는 김기범 교수가 그의 저서인 『헌법강의』(1963)에서 헌법상 원리로서 문화국가 원리를 서술한 것에서 찾는 경향이 지배적으로 보인다.23) 다만 당시의 연구에서는 문화국가 원리를 문화영역에 대한 헌법상 원리로 보기보다는 복지국가 내지 사회국가 원리와 거의 동일한 것으로 보았다.

(2) '문화국가' 개념의 본격적 제시

제5공화국 헌법으로 헌법이 개정된 1980년 당시 제8조의 신설에 관하여 김철수 교수는 "민족문화 국가주의를 규정하였다"고 논평하였으며,24)

---

21) Geis(1990), S. 269 f. (이석민(2007), 60쪽에서 재인용). Geis의 비판에 대한 상세는 이석민(2007), 58-59쪽 참조.

22) H. Schelsky, "Die Idee des Kulturstaates als Grundlage staatlicher Hochschulpolitik," in P. Häberle (Hrsg.), Kulturstaatlichkeit und Kulturverfassungsrecht, Wissenschaftliche Buchgesellschaft, Darmstadt, 1982, S. 178 ff. (위의 논문, 60쪽에서 재인용).

23) 위의 논문, 75쪽.

이후에 발표된 글에서 제5공화국 헌법을 "민족적 문화국가에의 길을 모색하고 있는 것이 특색"이라고 평가하면서 제5공화국 헌법의 기본원리를 국민주권주의, 자유민주주의, 정당제 민주주의, 기본권존중주의와 복지주의, 민족문화 국가주의, 평화적 통일주의, 국제평화주의와 국제협조주의 등으로 보고 있다.25) 위와 같이 기고문에서 문화국가를 언급한 데서 나아가, 그는 교과서 속에서 문화국가를 헌법의 기본원리 가운데 하나로 설명하기 시작하였는데,26) 이는 사회국가와 동일시되는 내용을 가지는 것과는 차별화되는, 문화영역에 대한 헌법의 기본원리로서 설명한 것으로 파악된다.

이후 '문화국가 원리'는, 표현의 차이는 다소 있었으나, 다수 헌법학 교수들의 저서에서 헌법상 원리의 하나로서 등장하였다.27) 1990년대 이후 출간된 국내 헌법학 교과서들은 '문화국가'의 개념을 필수적으로 언급하기에 이르렀고, '문화국가 원리'는 헌법상 원리라는 해석이 국내 헌법학계에 지배적으로 자리잡게 되었다. 다만 당시의 저술들이 대체로 문화국가 개념에 대해 명확히 정의 내리지 않고 바로 관련 서술을 이어가는 방식을 취한 반면, 1995년 출간된 계희열 교수의 저서에서 '문화국가'의 개념에 대한 정의가 비로소 처음으로 명확하게 이루어졌다고 평가된다.28)

(3) 문화국가 원리의 정착

1990년대에 들어서면서 독일의 이론을 기초로 하는 위와 같은 교과서적인 '문화국가론'의 단계를 넘어서, 학위논문으로 '문화국가 원리'에 대

---

24) 김철수, 『한국헌법사』(서울: 대학출판사, 1988), 330쪽.
25) 위의 책, 330-332쪽.
26) 김철수, 『신헌법학개론』, 제4판(서울: 박영사, 1981), 121쪽 참조.
27) 권영성, 『헌법학원론』, 전정판, 법문사(1986), 142쪽 이하; 허영, 『한국헌법론』, 박영사(1990), 153쪽 이하; 계희열, 『헌법학(상)』, 박영사(1995), 398쪽 이하; 홍성방, 『헌법1』, 현암사(1999), 135쪽 이하; 성낙인, 『헌법학』, 법문사(2001), 181쪽 이하 등.
28) 계희열, 위의 책 참조.

한 본격적 연구의 결과물이 등장하게 된다. 1993년 김수갑 교수는 박사
학위논문을 통해, 독일의 문화국가론, 특히 후버의 견해에 대해 다소간
비판하면서도, 그러한 독일의 문화국가론을 비판적으로 받아들일 필요
가 있다고 주장한다.[29] 또한, 우리나라는 문화국가이고 문화재를 보호하
여야 할 국가의 책무는 문화국가의 원리로부터 나온다고 주장하면서, 특
히 헌법 제9조는 물론, 제69조를 비롯하여 교육, 예술 등 일련의 문화 관
련 개별 헌법조항으로부터 문화국가 원리를 도출하여야 한다는 논의를
전개하였다. 그 이후로 문화국가에 대한 연구 성과가 소장학자들을 중심
으로 학회지 등을 통해 발표되면서 문화국가에 관한 논의가 국내에서
활성화되기 시작한다.

(4) 문화국가에 대한 비판적 견해 등장

2000년대에 들어서서 국내 '문화국가론'은 새로운 전환의 시기를 맞
이한다. 기존에 정립된 문화국가 원리의 논의구조에 대해 비판적 시각을
가진 견해들이 등장하였기 때문이다.

문화적 기본권을 중심으로 논의를 전개하려는 정종섭 교수의 견해가
대표적이다. 이 견해는 '문화국가'의 개념에 관하여 의문을 제기하는데,
독일에서 문화국가라는 개념의 사용은 국가우월적이고 시민사회가 형성
되지 않았던 19세기 초 피히테에 의해 시작되었으며, 이는 프로이센 제
국 시대에 형성된 국가와 문화를 육성하려는 문화국가의 개념을 역사적
배경으로 하고 있다는 것이다. 또한 문화국가라는 개념 자체의 모호성에
대해 지적하면서, 후버가 5가지 문화국가의 모델을 토대로 문화국가 개
념을 정의하려고 시도한 것은 여전히 독일의 국가주의적 관점을 탈각하
지 못한 것이라 비판하고, 본질적으로 문화가 자율적인 사회영역에 속함
을 인식하지 못하고 여전히 국가의 문제로 보려는 것 자체가 문화국가

---

29) 김수갑(1993).

개념이 안고 있는 근본적 문제라고 한다.[30] 나아가 이 견해는 '문화국가'의 개념 대신 '문화적 권리'의 가능성을 전향적으로 탐색한다. 즉 '문화유산에 접근할 수 있는 권리'와 '문화재를 향유할 수 있는 권리'가 가능할 것인지를 모색하면서, 문화적 권리에 대한 논의의 필요성을 제기한다. 한편, 이러한 문화적 권리가 없더라도 국가에게는 문화유산보호의무가 있다고 보는데, 이는 전문과 제9조를 관련하여 볼 때 헌법 제9조의 국가목적규정에서 도출되는 것으로 해석한다.[31] 국가목적규정이란 국가의 본래적 존재목적에서 나오는 의무를 규정한 것이며 대응하는 국민의 권리가 없어도 국가의 의무가 부여되는 것이라 주장한다.

최대권 교수는 개별 규정의 해석으로 문화재 보호의무를 도출한다. 이러한 견해는 국가가 문화재를 보호하여야 할 책무가 있는지 있다면 어디에 근거하는 것인지를 논하면서, 기존 논의는 문화국가란 무엇인가에 대한 질문에 대답하지 않고 문화국가이므로 문화재보호의 책무는 이로부터 당연히 나오는 것이라고 설명하고 있는 것에 불과하며, 이러한 문화국가의 개념은 명백히 독일의 국가전통에 속하는 독일적 개념이라고 비판한다. 이 견해는 '문화국가 원리'에 의하지 않고 헌법 제9조, 제69조 등의 개별 규정 및 헌법 전문의 해석에 의하여 문화재 보호의무를 구체적으로 도출한다.[32]

한편, '문화국가'라는 개념 사용 자체를 피하고자 하는 견해도 있다. 전광석 교수는 '헌법과 문화'라는 제목 아래 '헌법과 문화의 상호관계' 내지는 '문화적 과제의 실현구조' 등을 각 하위 장의 제목으로 하고 그에 대해 논하고 있다.[33]

---

30) 정종섭(2016), 191쪽.
31) 정종섭, "국가의 문화유산보호의무와 고도의 보존," 『법학』(서울: 서울대학교 법학연구소, 2003), 제44권 제3호, 33-43쪽.
32) 최대권, "문화재보호와 헌법," 『법학』(서울: 서울대학교 법학연구소, 2003), 제44권 제3호, 11쪽 이하.
33) 전광석(1990), 99쪽 이하.

2) 대법원 판례의 입장

하급심 판례에 이어[34] 대법원은, 문화국가의 원리를 문화예술 지원행정에 관한 근본적 원리로서 선언하면서, 특히 불편부당의 원칙 및 중립성 원칙 등을 포함하는 문화국가 원리와 같은 맥락에서 '팔길이 원칙'을 우리 문화정책의 주요 원칙으로 인정하였다.

이른바 '문화예술계 지원배제 사태'에 관하여 대법원 2020. 1. 30.선고 2018도2236 전원합의체 판결은, "각종 문화예술 사업에서 특정 정치적 성향 또는 정부를 비판하거나 정부의 견해에 의문을 제기하는 경우에 대한 지원의 배제를 지시하여 구체적인 지원배제 조치가 실행된 경우에 있어서 관련 지시는 헌법에서 정한 문화국가원리, 표현의 자유, 평등의 원칙, 문화기본법의 기본이념인 문화의 다양성·자율성·창조성 등에 반하므로 헌법과 법률에 위배된다"고 판시하였다.

나아가 대법관 박정화, 대법관 민유숙, 대법관 김선수, 대법관 김상환은 다수의견에 대한 보충의견에서, 문화국가 원리와 함께 헌법상 제 조항을 통해 문화예술과 국가의 관계에 있어서 '문화예술의 자율성'을 강조한 바 있다.

즉, "문화예술 그리고 문화예술에 대한 국가의 지원이 갖는.... 사회적 의미나 기능, 그 영향 등을 고려하면서, 문화국가의 원리를 천명한 우리 헌법 제9조, 모든 사람의 표현의 자유를 보장한 제21조에 더하여 특별히 예술의 자유를 보장하고 예술가의 권리를 보호하는 제22조의 규정 취지를 종합하여 이해하면, 공직자가 문화에 대한 지원자로서 국가의 헌법적 과제를 구체적으로 실현할 때에는 .... 헌법 제7조의 실천적 함의(공무원의 국민전체에 대한 봉사자로서의 지위 및 정치적 중립성 규범)를 더욱

---

34) 서울중앙지방법원 2017. 7. 27. 선고 2017고합102 판결; 서울고등법원 2018. 1. 23. 선고 2017노2425, 2017노2424(병합) 판결. 1심 판결에 대한 상세 검토는 강은경, "문화예술과 국가의 관계 연구: 공공지원의 중립성 원칙을 중심으로"(서울대학교 법학전문대학원 박사학위논문, 2018), 206-236쪽 참조.

엄격하게 준수하여야 한다고 봄이 타당하다. 문화예술에 대한 국가의 지원은, 특정 개인이나 집단, 정당 등의 부분이익이나 특수이익을 위한 것이 아니고, 국민전체의 출연(세금)을 기반으로 문화예술에 접근할 국민전체의 기회를 확장하기 위한 것이기 때문이다. 따라서 문화예술에 대한 국가의 지원은 '조건 없는 재정적 지원', '정치 지도자들이 영향력을 행사하지 않는 지원', '경제적 지원에만 머물고 창작행위와 내용에 간섭하지 않는 지원'이어야 한다. 그래야만 국가의 부당한 정치적 간섭으로부터 문화예술의 자율성을 지켜낼 수 있기 때문"이라고 하였다.

3) 헌법재판소의 입장

헌법재판소는 명시적으로 '문화국가' 및 '문화국가 원리'라는 표현을 사용해 왔다. 특히 명시적으로 문화국가 개념을 언급하거나 문화국가 원리라는 표현을 결정문에 사용한 것은 2000년대에 본격화되었다고 할 수 있다.[35]

헌법재판소는 "문화국가 원리는 국가의 문화실현에 관한 과제 또는 책임을 통하여 실현되는 바,...... 오늘날에 와서는 국가가 어떤 문화현상에 대하여도 이를 선호하거나 우대하는 경향을 보이지 않는 불편부당의 원칙이 가장 바람직한 정책으로 평가받고 있다"고 판시하고 있다. 또한, "오늘날 문화국가에서의 문화정책은 그 초점이 문화 그 자체에 있는 것이 아니라 문화가 생겨날 수 있는 문화풍토를 조성하는 데 두어야 한다"고 설시하면서 '문화국가 원리'를 직접 언급하고 있다.[36] 즉, 문화국가 원리를 국가의 과제 내지 정책실현의 측면에서 파악하면서 국가적 개입의 방향과 정도를 선언적으로 제시한 바 있다.

---

35) 헌법재판소 2000. 4. 27. 선고 98헌가16 결정; 헌법재판소 2003. 1. 30. 선고 2001헌바64 결정 등에서는 명시적으로 '문화국가' 개념을 언급하고 있다.
36) 헌법재판소 2004. 5. 27. 선고 2003헌가1 결정. 같은 취지에서 '문화국가 원리'를 언급한 것으로 보이는 판례로는 헌법재판소 2003. 12. 18. 선고 2002헌가2 결정.

최근 헌법재판소는 '특정 문화예술인 지원사업 배제행위 등 위헌확인' 사건을 통해 "우리나라는 제헌헌법 이래 문화국가의 원리를 헌법의 기본원리로 채택하고 있음"을 선언하면서, "문화국가원리는 국가의 문화국가실현에 관한 과제 또는 책임을 통하여 실현되는바, 국가의 문화정책과 밀접 불가분의 관계를 맺고 있다. 과거 국가절대주의사상의 국가관이 지배하던 시대에는 국가의 적극적인 문화간섭정책이 당연한 것으로 여겨졌다. 그러나 오늘날에 와서는 국가가 어떤 문화현상에 대하여도 이를 선호하거나 우대하는 경향을 보이지 않는 불편부당의 원칙이 가장 바람직한 정책으로 평가받고 있다. 오늘날 문화국가에서의 문화정책은 그 초점이 문화 그 자체에 있는 것이 아니라 문화가 생겨날 수 있는 문화풍토를 조성하는 데 두어야 한다(헌재 2004. 5. 27. 2003헌가1등 참조)"고 하면서,[37] 문화국가 원리에 관한 기존 입장을 재확인한 바 있다. 이 사안에서 헌법재판소는 정부의 문화예술 지원사업에서 배제할 목적으로 청구인들의 정치적 견해에 관한 정보를 수집·보유·이용한 행위는 청구인들의 개인정보자기결정권을 침해한 것이며, 한국문화예술위원회, 영화진흥위원회, 한국출판문화산업진흥원 소속 직원들로 하여금 청구인들을 문화예술인 지원사업에서 배제하도록 한 일련의 지시 행위는 위 청구인들의 표현의 자유 및 평등권을 침해한 것으로 선언하였다.[38]

요컨대, 헌법재판소는 문화권을 통해 문화국가 원리를 구체화하고 있다고 볼 수 있다. 이와 같이 문화국가 원리 자체가 헌법상 전문과 총강뿐만 아니라 기본적 인권 규정들에서 도출된다는 헌법재판소의 해석론[39]에 따르면 문화국가 원리는 '권리기반적(right-based) 원리'이며, 권리

---

37) 헌법재판소 2020. 12. 23. 선고 2017헌마416 결정.
38) 해당행위는 모두 취소되어야 할 것이나, 이미 피청구인들의 행위가 종료되었으므로 동일 또는 유사한 기본권 침해의 반복을 방지하기 위하여 선언적 의미에서 관여 재판관 전원의 일치된 의견으로 그에 대한 위헌 확인을 결정하였다.
39) 헌법재판소 2000. 4. 27. 선고 98헌가16등 결정(학원의설립운영에관한법률 제22조 제1항 제1호 등 위헌제청); 헌법재판소 2004. 5. 27. 선고 2003헌가1등 결정

를 매개로 구체화되고 실현되는 것이다. 따라서 헌법재판소가 문화국가 원리의 도출 근거로 삼았던 권리들, 즉 양심과 사상의 자유, 종교의 자유, 언론·출판의 자유, 학문과 예술의 자유는 문화국가 원리의 근간이자 문화국가 원리를 실현하는 '문화적 권리'라 분류할 수 있다. 또한 이러한 자유들을 뒷받침해주는 문화창조와 문화향유에 있어 일반적 행동자유권, 인간의 존엄과 가치 및 행복추구권, 그리고 이러한 자유로 인한 문제들을 교정해줄 수 있는 문화영역에서의 평등권 역시 문화국가 원리 구현에 필수적인 기본적 인권 목록으로 꼽을 수 있다.[40]

　　문화 개념을 제도나 일상적 행위에서 어떤 의미나 가치를 표현하는 특정한 삶의 방식으로까지 넓힐 경우에는 거의 모든 헌법상 권리가 이에 연관된다고 볼 수 있지만, 헌법재판소는 예술('극장판결')과 교육('과외교습판결')에 관련된 문화정책에 대한 심사에 있어 이들과 같은 전통적 문화영역에 관련된 기본적 인권들을 문화국가 원리를 구체화하는 권리들로 설정하고 있다. 결국 이러한 전통적 문화영역에 관련된 정책에 대한 심사에 있어서는 구체적 권리성을 갖춘 정신적 자유권과 평등권을 토대로 그 침해 여부를 판단하게 된다.

　　여기에서 헌법재판소가 문화권을 자유권적인 측면에서 주로 접근하고 있다는 점을 주목할 필요가 있다. 문화권은 국가에 대한 적극적인 문화복지 요구와 관련하여 사회권적인 성격도 지닐 수 있는데 그 경우 권리의 법적 성격은 객관적 법질서에 가깝고 구체적 권리성을 담보하기 어려울 수도 있다. 하지만 헌법재판소는 그에 대하여 별다른 논의를 진행하고 있지 않다. 이러한 맥락에서 이상에서 도출된 문화국가 원리의 구체적 원칙들도 일반국민이 국가에 요구할 수 있는 적극적 권리의 내용이라기보다는 자유권으로서의 문화권에 국가가 개입할 때 준수해야 할 원칙, 즉 입법정책에 있어 가이드라인으로 볼 수 있다. 사회권으로서

(학교보건법 제6조 제1항 제2호 위헌제청).
40) 성낙인, 『헌법학』(파주: 법문사, 2008), 제8판, 293쪽; 이종수(2015), 28-29쪽.

의 문화권을 확인하고 문화복지 개념을 헌법적으로 구체화하는 문제는
예술인 복지 등의 문제와 연계하여 추가적인 검토가 필요할 것이다.[41]

II. '문화국가 원리'의 주요 내용

1. '문화국가'의 개념 및 근거

1) 학설에 따른 '문화국가' 개념

본 연구에서 고찰하는 '문화예술과 국가의 관계'를 통할하는 적합한
제도설계를 위해, 앞에서 살펴 본 문화국가 개념을 긍정하는 국내 학자
들의 견해에 기초한, 헌법상 문화국가 원리의 주요 내용에 대해 일별할
필요가 있을 것이다. 문화국가를 바라보는 학자들의 시각에 차이가 있는
만큼, 문화국가의 개념에 대한 정의는 다양할 수밖에 없다. 우리나라에
서 헌법상 원리 및 문화정책의 목표로 문화국가 개념이 사용되고 있지
만, 학자들의 정의를 분석해 보면 대체로 문화의 평가적 개념 차원에서
'문화국가'와 '문화' 개념을 사용하고 있다고 할 수 있다.[42]

구체적으로 국내 학자들의 문화국가에 관한 정의를 살펴보면, 김수갑
교수는 국가의 문화적 과제를 수행할 문화국가를 "문화의 자율성 보장

---

41) 나아가 확장되는 문화의 개념범주에 문화국가 원리와 관련 원칙들을 반영하고
    명목적·장식적 문화권의 출현을 방지하기 위해서는 원리와 권리의 실현가능성
    을 고려, 문화국가 원리에 관련된 권리 각각을 세심하게 확정할 필요가 있다. 박
    종현, "헌법상 문화국가원리의 구체화와 헌법재판에서의 적용: 헌재 2014.4.24.
    2011 헌마659 등 결정에 대한 검토와 더불어," 『헌법학연구』(서울: 한국헌법학회,
    2015), 제21권 제3호, 548쪽.
42) 정광렬(2017), 17쪽, 26쪽. 문화국가 원리를 문화국가주의로 표현하는 등 학자
    에 따라 표현상 다소 차이가 있지만 특별한 의미 구별은 없이 혼용되는 것으
    로 보이며, 일반적으로는 '문화국가 원리'라는 개념을 사용한다.

을 핵심으로 하면서 문화영역에 있어서 건전한 문화육성과 실질적인 문
화 향유권의 실현에 책임과 의무를 다하는 국가"라고 정의한다.[43] 계희
열 교수는 "문화의 자율성을 최대한 존중하면서 국가가 적극적인 문화
형성의 과제를 수행하고 실질적인 문화적 평등을 위해 노력하는 국가"
라고 하고,[44] 권영성 교수는 "국가로부터의 문화활동의 자유가 보장되고
국가에 의한 문화의 공급, 즉 문화에 대한 국가적 보호·지원·조정 등이
되어야 하는 국가"라고 하며,[45] 성낙인 교수는 "국가가 개인의 문화적
자유와 자율을 보장함과 더불어, 적극적으로 개인의 문화적 생활을 구현
하기 위하여 노력하는 국가"라고 하고,[46] 이시우 교수는 "국가가 그 구
성원들의 정신적·창의적 활동영역인 교육·학문·예술·종교 등의 영역에
대한 보호·지원·육성의 의무를 다하는 국가문화의 자율성과 다양성을
인정하면서 국가에서 문화를 보호하고 보장해야 한다는 문화부양의 국
가과제를 가진 현대국가의 헌법적 원리"를 문화국가 원리라고 표현한
다.[47] 장영수 교수는 "문화의 보호와 진흥을 위해 노력하는 국가, 즉 국
가 내의 문화활동을 보호하고 장려함으로써 국민의 삶의 질을 향상시키
기 위하여 노력하는 국가"라고 하며,[48] 홍성방 교수는 "문화의 자율성을
존중하면서 건전한 문화육성이라는 과제의 수행을 통하여 실질적인 문
화적 평등을 실현하려는 국가"라고 하는 등[49] 주로 문화국가의 내용과
관련시켜 개념 정의를 하고 있다.
　　이러한 일련의 정의를 향후 문화국가 원리 내지 문화예술과 국가 간

---

43) 김수갑(2007), 12-13쪽.
44) 계희열, 『헌법학(상)』(서울: 박영사, 2002), 392쪽.
45) 권영성, 『헌법학원론』(파주: 법문사, 2005), 146쪽.
46) 성낙인(2008), 269쪽.
47) 이시우, "헌법상 문화국가개념의 의미: 문화복지 개념의 정립을 위해," 『사회과
　　학논총』(서울: 서울여자대학교 사회과학연구소, 1996), 제2집, 307쪽 이하.
48) 장영수, 『헌법학』(서울: 홍문사, 2002), 320쪽.
49) 홍성방, 『헌법학』(서울: 박영사, 2003), 175쪽.

의 관계 등을 논의함에 있어 관련 지침으로 삼을 수 있을 것이다.

2) 헌법상 근거 규정

헌법의 문화 관련 규정은 시각에 따라 다양하게 분류될 수 있다. 우리 헌법도 전문을 비롯한 여러 곳에서 문화 관련 규정을 두고 있는데, 이러한 규정들을 근거로 다수 학자들은 문화국가 원리가 우리 헌법의 기본원리라고 보고 있다.[50] 즉, 우리 헌법은 여러 곳에서 여러 가지 형식으로 문화에 대해 규정함으로써 간접적으로 문화국가를 우리 헌법의 기본원리로 삼고 있는 것으로 파악된다. 요컨대, 적극적인 국가의 문화진흥의무가 규정되지 않았다고 해서 문화국가 원리가 인정되지 않는 것은 아니다. 앞에서 살펴본 후버의 문화국가 단계에서도 이러한 문화국가의 개념이 이론적으로 인정된다.

국가목적규정인 제9조의 신설 이전에도 헌법 전문에서 국가의 구성원리로서의 문화와 문화적 자부심이라는 문화민족의 이념은 물론, 예술의 자유를 보장하는 자유권과 예술가의 권리 보장(제22조), 문화영역에 있어서 기회 균등 조항(전문, 제11조 1항) 등을 통하여 소극적인 차원에서 문화국가 원리가 인정되었다고 본다. 또한 헌법상 문화의 개념을 광의로 해석하여, 교육(제31조)·혼인(제36조)·종교(제20조)·언론출판(제21조) 등과 관련된 조항들도 문화국가 원리를 구성하는 근거와 범주에 포함시키기도 한다.

1980년 헌법 제9조의 신설은 기존의 소극적인 의미의 문화국가 원리에서 적극적인 의미로의 문화국가 원리를 발전시키고 구체화하였다는 의미가 있다. 국가목적규정으로 문화국가 원리가 정립되면서 현재와 같은 문화국가 개념과 원리를 정립하게 된 것이다. 즉, 문화국가 원리를

---

50) 헌법재판소는 헌법 제9조의 국가목적조항을 문화국가 원리의 근거로 본다. 헌법재판소 2003. 12. 18. 선고 2002헌가2 결정 등. 또한 앞서 본 바와 같이 문화적 기본권 중심으로 문화국가 원리를 해석하려는 경향을 보이고 있다.

국가가 추구하고 달성해야 할 목표로 인정함과 동시에 시민들에게 문화영역에서 문화의 향유와 관련하여 기본권적인 실현을 보장함으로써 문화에 관한 국가와 사회 간의 역할분담을 규정하게 되었다고 할 수 있다.[51]

3) 대법원과 헌법재판소의 입장

'문화예술계 지원배제 사태'에 관한 위 전원합의체 판결에서 대법관 박정화, 대법관 민유숙, 대법관 김선수, 대법관 김상환은 다수의견에 대한 보충의견으로 "우리 헌법은 자유민주적 기본질서를 그 근본 가치로 삼고 있다(헌법 전문, 제4조). 즉 헌법은 전체주의적 국가를 지양하고, 자유·평등의 기본 원칙을 바탕으로 하는 국민의 자치에 의한 국가 형성을 지향하는 것이다. 이러한 자유민주적 기본질서는 사상의 다원성을 그 뿌리로 하고, 사상의 다원성은 개인의 표현의 자유, 예술의 자유와 같은 정신적 기본권의 보장을 근간으로 하고 있다. 이는 자율성과 다원주의를 추구하는 헌법상 문화국가원리와도 맞닿는다. 이러한 헌법상 원리들을 배경으로 볼 때 정부가 자신의 이념적, 정치적 지향에 따라 문화·예술에 대한 심판자로 나서서 그에 대한 지원 여부를 결정할 수 없음은 자명하다. 자유민주적 기본질서를 부정하지 않는 한 문화에 옳고 그름이란 있을 수 없다. 정부가 자신과 다른 견해를 표현하는 문화를 억압하거나 그에 대한 차별적 대우를 하는 순간 자유민주주의의 길은 폐색되고 전체주의 국가로의 문이 열린다"고 설시하면서, 우리 헌법상 자유민주적 기본질서를 예술의 자유 등 정신적 기본권의 보장의 근간으로 선언하고, 자율성과 다원주의의 추구를 헌법상 문화국가 원리의 주요요소로 언급한 바 있다.

같은 맥락에서, '특정 문화예술인 지원사업 배제행위 등 위헌확인' 사건에서 헌법재판소는 "우리 헌법상 문화국가원리는 견해와 사상의 다양

---

51) 행복추구권(제10조), 인간다운 생활을 할 권리(제34조)와 같은 간접적 규정도 문화국가 원리의 근거 규정으로 확대 해석하기도 한다.

성을 그 본질로 하며(헌재 2000. 4. 27. 98헌가16 등 참조), 이를 실현하는 국가의 문화정책은 불편부당의 원칙에 따라야 하는바, 모든 국민은 정치적 견해 등에 관계없이 문화 표현과 활동에서 차별을 받지 않아야 한다. 특히 아직까지 국가지원에의 의존도가 높은 우리나라 문화예술계 환경을 고려할 때, 정부는 문화국가실현에 관한 과제를 수행함에 있어 과거 문화간섭정책에서 벗어나 문화의 다양성·자율성·창조성으로 조화롭게 실현될 수 있도록 중립성을 지키면서 문화에 대한 지원 및 육성을 하도록 유의하여야 한다. 그럼에도 불구하고 피청구인들이 이러한 중립성을 보장하기 위하여 법률에서 정하고 있는 제도적 장치를 무시하고 정치적 견해를 기준으로 청구인들을 문화예술계 정부지원사업에서 배제되도록 차별취급한 것은 헌법상 문화국가원리와 법률유보원칙에 반하는 자의적인 것으로 정당화될 수 없음"을 피력하였다.

2. '문화국가' 실현의 기본 구조[52]

오늘날 문화국가 원리가 문화적 자율성의 보장, 국가에 대한 문화조성 및 장려의 과업 부여, 문화적 약자의 보호, 실질적인 문화적 평등 실현의 의무를 부과하는 국가목적규정으로서의 헌법적 함의를 지닌다는 데에 다수 학자들의 의견이 일치하는 듯하며,[53] 판례의 입장도 같은 맥락에 있는 것으로 파악된다. 다수 의견에 기초하여 문화국가 이론의 핵심적인 내용을 이루는 가치, 즉, 우리 헌법상 문화를 발전시켜야 할 과제로서의 국가적 의무를 아래와 같이 문화적 자율성 보장, 문화의 보호·육성·진흥·전수, 문화적 평등권의 보장으로 분류할 수 있다.[54] 특히 문화

---

52) 이 부분은 김수갑의 연구에 바탕을 두어 정리한 것이다. 강은경, "생활예술과 법," 『생활예술』(서울: 살림, 2017), 110-112쪽 참조.
53) 이종수(2015), 8쪽.
54) 전광석(1990), 174쪽에서는 문화 조성 의무, 문화적 자율성 보장 의무, 문화적

적 자율성의 보장과 국가의 문화 진흥·육성은 문화국가 실현의 핵심적인 두 지주인 만큼, 양립되기 어려운 양자의 조화로운 구현을 위하여 각각의 구조와 그 한계를 세밀하게 고찰할 필요가 있다.

1) 문화적 자율성 보장: 문화적 중립성과 관용

문화적 자율성이란 문화 활동에 대한 국가의 정책적 중립성과 관용을 의미한다. 문화의 본질적 특성은 문화의 모든 영역에서 이루어지는 각각의 고유 법칙에 따른 창조적 발현인데, 이러한 창조 과정은 그것이 어떠한 형식으로 표현되든 '자율적'이며 '자발적'인 것이 그 핵심이다. 그렇기 때문에 국가는 문화정책을 수행함에 있어서 정책적 중립성과 관용의 한계를 벗어나서는 안 된다. 즉 국가가 문화정책적 명령을 내리거나 획일화를 시도하거나 학문이나 예술의 내용을 결정하는 지시를 해서는 안 된다. 나아가 국가는 '불편부당의 원칙'을 지켜 국가에게 편리한 문화 활동에 대하여는 특혜를 주고 불편한 문화 활동에 대하여는 불이익을 주는 차별 대우를 해서도 안 된다.[55]

한편 문화적 자율성을 보장한다고 해서 스스로를 문화 활동이라고 주장하는 모든 활동이 그 자유를 보장받는 것은 아니다. 또한 문화적 자율성의 보장이 국가가 문화에 대해 무관심하다거나 문화를 방기하는 것, 즉 문화를 사회에 일임한다는 것을 의미하지는 않는다. 사회적 책임 내지 역할을 무시한 자의적인 문화 활동, 내재적 한계를 일탈한 문화 활동은 다른 기본권 또는 법익의 보호를 위해 제한될 수밖에 없으며, 국가는 그에 대해 적절한 조치를 취하지 않으면 안 된다. 이러한 국가적 조치는 문화의 자율성 보장과 모순되는 것이 아니라 문화의 자유를 보장하기 위한 국가의 최소한의 책임으로 이해된다.

약자 보호 의무로 분류한다.
55) 헌법재판소 2004. 5. 27. 선고 2003헌가1 결정 등.

2) 문화의 보호·육성·진흥·전수

문화국가의 두 번째 내용은 국가에 의한 문화의 보호·육성·진흥·전수이다. 현대사회에서 문화의 문제는 경제에 대한 종속성, 문화적 불평등, 제3세계의 문화 종속 현상 등으로 요약될 수 있다. 이러한 현상에 대처하기 위해서는 국가가 자율적·자발적 문화에 대하여 책임 있는 역할을 해야 할 필요가 있다. 그러나 국가의 문화에 대한 보호·육성·진흥·전수는 지도적·공리적·간섭적인 것이어서는 안 되고, 문화의 자율성을 고려한 지원의 방식으로 행해져야 한다.

그 지원 방법은 유·무형 문화재의 보존을 위한 보조, 문화 창작에 대한 보조, 문화 보급에 대한 보조, 문화적 발현을 돕기 위한 보조, 문화 시설의 확충을 위한 지원 등 여러 가지가 있다. 또한 문화의 보호·육성·진흥·전수의 대상은 고급문화뿐만 아니라 대중문화, 전통문화 등을 모두 포함해야 한다. 그러나 국가의 재정 능력에는 한계가 있기 때문에 문화에 대한 지원은 합리적 기준을 근거로 한 차별적 지원이 될 수밖에 없다.

문화에 대한 국가적 지원은 그 방식에 따라서는 간섭이 될 수도 있다. 따라서 합리적 지원 방식이 요구되며, 이를 위해서는 국가가 전문가 집단에게 평가를 위촉하고 그 결과에 따라 지원의 대상과 정도를 확정하는 방식이 바람직하다. 이 경우 전문가 집단의 선정과 구성에 있어서 전문성과 독립성이 진지하게 고려되어야 하며, 그 조직과 절차도 민주적이어야 할 것이다.[56]

3) 문화적 평등권의 보장

문화적 평등권은 누구든지 문화적 활동에 참여할 수 있는 기회를 요구할 수 있을 것과 그러한 문화적 활동의 기회를 국가나 사인인 타인에 의해서 방해받지 아니할 것, 또한 기존에 이루어진 문화적 활동의 결과

---

56) 이는 문화국가 원리와 같은 맥락에 있는 후술할 '팔길이 원칙'의 운영에 있어서 전문성에 기반한 동료평가제가 핵심적 요소인 것과 유사한 맥락이다.

를 평등하게 향유할 수 있을 것을 그 내용으로 한다.

문화적 평등권과 관련하여 특히 문제가 되는 것은 평등한 문화 향유권의 문제이다. 문화 향유권은 개인의 경제적 능력에 따라 실질적 차이가 나타나기 때문에 문화국가는 경제적 약자 또한 인간다운 존엄에 맞는 최소한의 문화를 향유할 수 있도록 문화적 참여권에 상응하는 문화적 급부의무를 지게 된다. 그러나 문화 향유권은 법률유보 하에서만 실현될 수 있다는 한계가 있다.

한편, 헌법재판소는 전술한 2017헌마416 '특정 문화예술인 지원사업 배제행위 등 위헌확인' 사건에서, "헌법상 문화국가원리에 따라 정부는 문화의 다양성·자율성·창조성이 조화롭게 실현될 수 있도록 중립성을 지키면서 문화를 육성하여야 함에도, 청구인들의 정치적 견해를 기준으로 이들을 문화예술계 지원사업에서 배제되도록 한 것은 자의적인 차별행위로서 청구인들의 평등권을 침해하는 것"이라 하면서, 지원 대상으로서의 평등권의 보장을 문화국가 원리 실현과 관련하여 강조한 바 있다.

Ⅲ. '문화국가 원리'에 대한 헌법학적 재검토

1. '문화국가' 개념 자체에 대한 비판적 검토

1) '문화국가' 개념 부정설의 근거

문화국가 원리에 관한 기존 논의를 요약하자면, 헌법 제9조 및 관련 규정의 해석에 관하여 최근까지 '문화국가' 개념을 사용하거나 '문화국가 원리'에 의거하여 설명하는 견해가 지배적임을 알 수 있으며, 대법원 판례와 헌법재판소의 결정례 또한 마찬가지임을 알 수 있다.

이에 대해 최근 기존의 접근방식에 대해 독일적 전통에 속한 개념을 받아들여 설명한 것으로서 도식적이고 형식적인 설명에 불과하다는 비판적 입장이 증가하고 있다. 이러한 견해는 문화국가 개념이 우리의 지적 전통과도 사뭇 다르고 낯설어 그 명제의 옳고 그름에 대한 논란이 예상되고, 무엇보다 기존의 문화국가 개념이 '이상적 개념'으로서 선언적 구호로서만 의미가 있을 뿐 실체적 내용이 없어 헌법학적 개념이나 헌법규범적 개념으로 사용하기에는 부적합하다는 것이다. 앞서 살펴보았듯, 문화국가 원리를 부정하는 입장에서는 국가의 문화유산보호의무나 국민의 문화유산에 대한 접근권과 향유권 같은 구체적인 문화적 권리를 개별 규정으로부터 도출해낸다.[57]

이러한 견해는 문화가 본질적으로 자율적 사회 영역에 속하는 것임을 인지하지 못하고 여전히 국가의 문제로 보려는 국가주의적 관점 자체가 문화국가 개념이 안고 있는 근본적인 문제라고 지적하면서, 문화국가 개념의 적용을 반대한다. 개념적 충실성의 측면에서 볼 때, 헌법 제9조를 바탕으로 '문화국가' 및 '문화국가 원리'의 개념을 사용하여 문화와 국가의 관계를 설명하는 것은 무리가 있다고 한다. 즉, 제9조는 국민의 문화창달을 국가가 조력할 의무를 규정한 것으로, 문화창달은 국가작용의 본질적 요소이지 헌법에서 별도로 규정하여 끌고 가야할 특정한 요소로 보기 어렵다는 것이다. 요컨대 문화 지원과 육성은 국가의 본질적인 기능에서 비롯되는 것이지 헌법에서 문화국가를 선언하여야 가능하고 이를 선언하지 않으면 불가능한 것이 아니라는 비판이며, 이 조항은 단지 국가의 문화정책을 강조하기 위한 규정이라고 한다.[58]

문화의 개념에 주목하는 시각에서는, 우리 헌법의 문언적 해석상 '문화국가'라는 표현 자체가 성립하기 어렵다고도 한다. 앞서 살펴본 바와 같이 '문화' 개념은 고급문화의 개념을 포함하는 서열적·규범적 문화 개념과 비규범적·기술적 문화 개념으로 그 용법이 나뉜다. 그런데 우리 헌법 제9조와 제11조의 해석상 '문화'라는 단어는 최소한 높은 교양으로서

---

57) 정종섭(2003), 33-43쪽; 최대권(2003), 11쪽 등.
58) 정종섭(2016), 247쪽.

의 서열적·규범적 문화 개념이 아님에도, '문화국가'에서의 문화란 높고 낮음이 전제된 서열적·규범적 개념이다. 이러한 맥락에서, '문화국가' 개념을 통해 문화와 국가의 관계를 논의하는 것은 헌법상 문화 개념과 거리가 있고, 관련 용례를 무시한 세심하지 못한 학문적 개념의 설정 및 운용이라고 한다.59)

부정설에서는 독일식 개념의 한계에 주목, '문화국가'라는 개념은 독일의 'Kulturstaat'에서 비롯되었는데, 이 개념은 발원지인 독일에서조차도 확립된 도그마로서 사용할 수 없는 개념이라고도 한다. 이처럼 불확실한 독일의 'Kulturstaat' 개념에 기반하여 해당 개념의 한계를 그대로 가져올 수밖에 없는 '문화국가' 개념은 불필요한 논쟁을 불러올 뿐 아니라, 순수하지 못한 의도를 지닌 권력 주체에 의해 자의적으로 해석되어 악용될 위험이 있다는 것이다. 나아가, 독일에서 근대국가 건설의 과제와 맞물려 주장된 'Kulturstaat' 개념은 탈근대국가의 과제를 앞에 두고 있는 현재에 적절하지 못한 과거의 개념이라고 한다.60) 독일에서 애초에 'Kulturstaat'가 주장되었던 맥락은 19세기에 분열된 소국들을 통합하여 민족국가를 건설하기 위한 정치적 기치가 필요했기 때문이며, 민족국가 건설 후 학문, 예술, 교육 등 협의의 문화영역에 있어서 '높은 교양수준'이라는 의미의 문화'를 적극적으로 촉진시키기 위하여, 특히 근대국가로 진입하는 기반이 되는 공교육체계를 국가가 조직해 나가는데 그 이념적 근거가 되었기 때문이라는 것이다.

요컨대, 여러 측면으로 불완전한 문화국가 개념을 고수하기보다는, 보다 독립적인 개념 설정을 시도하는 것이 불필요한 오해와 논쟁을 피

---

59) 이석민(2007), 81쪽. 다만, 문화산업을 넘어서 직장문화, 혼인문화 등 후자의 용례와 사용된 표현이 현대에 훨씬 더 많이 쓰인다고 하나, 문화 개념의 확대와 별개로 생활의 모든 영역에 문화개념을 연결시켜 해석하는 것은 앞서 살펴본 대로 오용의 가능성이 있으므로, 신중하여야 한다.

60) 위의 논문.

하고 명확한 이해를 도모할 수 있을 것이라는 입장이 최근 국내 학자들
사이에서 확산되고 있다.

2) '문화국가' 이론에 대한 대안적 개념 모색

문화와 국가의 관계에 대한 헌법학적 관찰방법으로서 '문화국가' 개
념의 사용이 지양되어야 한다는 입장에 대하여 논하려면, 문화와 국가의
관계, 즉 문화적 과제의 실현을 위한 국가의 문화영역에의 개입과 그 헌
법적 관계를 어떠한 개념과 이론적 틀로 설명해야 하는지 살펴볼 필요
가 있다.[61] 헌법 규정에서 문화 관련 지점을 분류해 본다면, 국가의 문
화에 대한 개입의 근거와 관련 기제는 주로 '통치구조' 부분에서, 그러한
개입의 한계 및 문화의 자율성은 주로 '기본권' 부분에서 문제될 것이다.
아울러 헌법의 기본원리와 기본권 규정의 분류 측면을 생각해야 한다.
이러한 전제 위에서 새로운 개념 설정에 고려해야 하는 요소들을 추출
해 낼 수 있다. 첫째, 문화와 국가의 관계 문제는 국가관에서 출발한다.
둘째, 문화의 고유성으로서의 자율성 및 다양성을 고려해야 한다. 셋째,
문화적 평등권 내지 공정성을 위한 고려가 필요하다. 넷째, 현대국가의
새롭고 다양한 문제 상황에 대처 가능한 개념이어야 한다.

생각건대, '문화국가'라는 개념 사용 여부보다는, 실제적인 헌법의 문
화 지향 여부가 관건이라고 볼 때, 그것을 '문화국가 원리'로 표현할지
아니면 헌법의 '문화지향성'으로 표현할지는 중요하지 않다고 본다. 다
만, '문화국가'가 연혁적인 이유 등으로 예단을 줄 수 있는 표현이라면,
현재 대한민국의 시대적 환경과 구성원들의 합의를 반영할 수 있는 새
로운 개념을 모색하는 것도 향후의 과제가 될 수 있을 것이다. 그것은

---

61) 전광석은 이를 문화와 헌법의 관계에 대한 법학적 관찰방법이라 칭한다. 또한
    헌법 규정을 근거로 정당화되는 문화영역에서의 국가의 활동과 그 활동의 헌
    법적 한계를 제시하는 헌법규정의 총체라는 의미에서 그것을 '헌법의 문화적
    강령(Kulturelle Programm)'이라고 언급한다. 전광석(1990), 163쪽 이하 참조.

지원의 중립성과 문화다양성의 가치, 문화민주주의를 지향하는 내용이
되어야 함은 물론이다.

2. 헌법의 '문화지향성'으로서의 문화국가 원리

1) 헌법의 '문화지향성'의 의미

'문화국가' 개념을 보편적 헌법상 원리로 채택할지 여부에 관한 논쟁
은, 결국 이를 문화영역에 있어서의 헌법상 원리를 나타내는 표현으로
사용할 수 있는지의 문제라 할 수 있다. 그러한 맥락에서, 헌법상 문화
에 관한 내용들은 '헌법의 기본원리' 중의 하나로 문화국가 개념의 인정
여부와 무관하게 제헌헌법부터 존재하는 것으로 인정하는 것이 학자들
의 견해이다. 헌법상 원리의 개념은 헌법에 명문규정이 있는 지와는 상
관없이 인정되는 개념이다. 즉, 헌법 규정의 유무에 관계없이 민주헌법
자체에 내재하는 헌법적 원리로, 이러한 원리를 국가목적규정이라고 하
며, 서구의 헌법학이론 및 헌법재판소 결정, 우리나라의 헌법재판소 결
정에서도 공통적으로 인정되고 있다. 예를 들어 민주주의, 법치국가, 사
회국가 또는 복지국가, 문화국가 등이 대표적인 헌법의 기본원리이다.[62]

헌법재판소 또한 "우리 헌법은 사회국가 원리를 명문으로 규정하고
있지는 않지만, 헌법의 전문, 사회적 기본권의 보장, 경제영역에서 적극
적으로 계획하고 유도하고 재분배하여야 할 국가의 의무를 규정하는 경
제에 관한 조항 등과 같이 사회국가 원리 등의 구체화된 여러 표현을 통
하여 사회국가 원리를 수용하였다"고 하여 헌법상 원리를 명시적으로
인정하고 있다.[63]

---

62) '헌법상 원리'는 국민에게 기대권이나 주관적 공권을 부여하지 않는 정치적인
    선언 또는 강령이라는 관점이 있지만, 헌법규범적 성격을 가지고 있는 수권규
    범적 성격이 다수설로 인정되고 있다.
63) 헌법재판소 2002. 12. 28. 선고 2002헌마52 결정 등.

나아가 헌법재판소는 "문화국가 원리는 국가의 문화국가 실현에 관한 과제 또는 책임을 통하여 실현되는바, 국가의 문화정책과 밀접 불가분의 관계를 맺고 있다. 과거 국가절대주의사상의 국가관이 지배하던 시대에는 국가의 적극적인 문화간섭정책이 당연한 것으로 여겨졌다. 그러나 오늘날에 와서는 국가가 어떤 문화현상에 대하여도 이를 선호하거나, 우대하는 경향을 보이지 않는 '불편부당의 원칙'이 가장 바람직한 정책으로 평가받고 있다. 오늘날 문화국가에서의 문화정책은 그 초점이 문화 그 자체에 있지 않고 문화가 생겨날 수 있는 문화풍토를 조성하는 데 두어야 한다. 문화국가 원리의 이러한 특성은 문화의 개방성 내지 다원성의 표지와 연결되는데, 국가의 문화육성의 대상에는 원칙적으로 모든 사람에게 문화 창조의 기회를 부여한다는 의미에서 모든 문화가 포함된다. 따라서 엘리트문화뿐만 아니라 서민문화, 대중문화도 그 가치를 인정하고 정책적인 배려의 대상으로 하여야 한다"고 밝힌 바 있다.[64]

즉, 헌법재판소는 문화국가 원리가 가진 개념을 설명하면서 국가의 문화진흥의 목적은 문화기반의 '조성'에 초점을 두어야 한다고 하여 국가의 개입에 따른 한계와 지향을 명확히 설정하였는데, 여기에서 문화국가 원리 자체의 인정 여부보다는 국가 개입의 한계 등에 관한 부분을 강조한 점을 주목할 필요가 있다.

2) 국가의 문화중립성 원칙의 도출

이상과 같은 논의를 기초로, 필자는 '문화'의 개념에 초점을 맞추거나 독일에서의 선행연구와 연결되는 기존의 개념 도그마적 내지는 이론적 논쟁을 넘어서서, 정책 구현의 실제에 기여할 수 있는 문화영역에 있어서 실천적인 개념으로서의 '중립성 원칙'에 주목하고자 한다. 문화예술 지원에 있어 중립성을 유지하기 위한 국가의 노력은 오래 전부터 국내

---

64) 헌법재판소 2004. 5. 27. 선고 2003헌가1, 2004헌가4(병합) 결정; 헌법재판소 2020. 12. 23. 선고 2017헌마416 결정 등.

외 공공정책에 있어서 '팔길이 원칙' 등 다양한 방식으로 모색되어 오고 있는 바, 이는 기존 '문화국가 원리' 실현구조의 핵심으로 간주되는 '자율성 원칙'의 확장 형태로도 볼 수도 있을 것이다. 오늘날의 문화국가에 부여된 가장 중요한 과제는 어떻게 문화의 자율성과 국가의 문화고권을 이상적으로 조화시켜 모든 국민이 문화적 평등권을 실질적으로 향수할 수 있도록 하느냐의 문제로 간주되고 있기 때문이다.

유의할 것은, 여기에서의 '중립성'은 경직되고 일의적인 그것이 아니라, 문화영역 고유의 다층적인 의미를 지니는 개념이어야 한다는 점이다. 그것은 해벌레가 주장했던 문화헌법의 핵심으로서의 개방성 내지 다양성과도 맞닿아 있는 개념이며, 문화영역에 새로운 정책적 지향점이 되고 있는 문화민주주의와 문화다양성을 수용하는 개념이기도 하다. '중립성' 개념은 새로운 문화법 내지 문화법정책 원리를 모색할 수 있는 단초로서, 공공지원에 있어서의 정치적 편향 문제를 극복하고 헌법의 정신을 회복하기 위한 시도로서의 개념이기도 하다.

문화국가에 대한 개념 정의는 무엇보다도 현대적 상황에 부합되는 구체적이고 현실적인 것이어야 한다. 그리고 오늘날 일반적인 자유민주주의적 국가 개념에 따르면 자율적인 문화는 국가 형성의 원동력이다. 향후 문화예술 분야에 있어 실효성 있는 동적인 법원리 내지는 법원칙으로서, 또한 문화의 창조성을 담보하는 자율성의 다른 이름으로서, '국가의 문화중립성'이란 기존의 문화국가 원리의 한계에서 출발하지만 문화국가 원리를 실체화 시켜주는 개념이라고 하겠다. 결국 국가는 문화예술 지원의 중립성을 보장하려는 구체적인 노력을 통하여, 궁극적으로는 국가의 문화육성이라는 적극적 과제를 구현할 뿐 아니라, 헌법과 「문화기본법」에 근거하는 문화 분야에서의 기본권적 가치에 다가갈 수 있을 것이다.

3. 문화국가 원리의 핵심으로서의 '중립성 원칙'

1) 문화에 대한 부동성의 원칙

문화의 자율성을 보장하기 위하여, 국가는 문화정책적 명령과 획일화의 시도 또는 학문이나 예술과 같은 개별 부문영역의 내용을 결정하는 지시를 하여서는 아니된다. 나아가, 국가는 헌법상 '불편부당의 원칙(Prinzip der Nichtidentität)' 또는 '부동성의 원칙(Prinzip der Nichtidentifikation)'을 지켜 국가에 편리한 문화활동에 대해서만 특혜를 주고, 불편한 활동에 대해서는 차별대우를 하여서도 아니된다. 국가가 문화조성을 하는 경우에도 국가는 지원의 '중립성(Neutralität)'에 입각하여 문화의 자율성을 해치지 않고, 적극적으로 문화의 다양성을 보호하는 방향으로 이루어져야 한다.[65]

유의할 것은, '중립성'이라는 개념은 문화에 대한 '무관심(Indifferenz)'과는 구별해야 한다는 것이다.[66] 국가공동체가 기능하기 위해서는 국민의 일정한 문화 수준을 전제로 해야 하기 때문에 국가가 이러한 전제 조건을 창출하는데 있어 무관심할 수 없는 것이다. 국가의 문화예술 지원에 있어 '중립성'이란, 그보다는 국가가 특정 문화와 자신을 동일시해서는 안 된다는 의미로서, 이를 '문화에 대한 거리두기' 내지는 '부동성의 원칙'이라고도 한다.[67] 여기에서 '중립성'이라는 개념은 국가가 특정 도덕을 제시하고 준수할 것을 요청할 수는 없지만 도덕적인 문제에 무관심할 수 없고, 또한 국가가 특정 경제체제를 통일된 헌법질서로 규정하지는 않더라도 경제 문제에 무관심한 것은 아닌 것과 같은 의미이다.

---

65) 전광석(1990), 175쪽.
66) 위의 논문.
67) 이때 문화와 국가 사이에 어느 정도의 거리를 두어야 적정한가에 대한 정책이론적 답변이 바로 '팔길이 원칙'이다. 관련 상세는 제2절에서 살펴본다.

2) 문화의 자율성과 다양성의 존중

국가에 의한 문화의 보호에서 경계할 점은 문화의 정형화이다. 문화는 인간활동에 의해 자연스럽게 형성되는 것이며 자유 속에서 창조되고 다양하게 발전하는 것이다. 국가가 문화에 개입하는 것은 문화를 정형화하여 문화의 다양성을 훼손하는 폐해를 가져올 위험성이 있다. 판례에서도 명시적으로 언급되었듯이,[68] 문화예술의 자율성, 즉 국가의 문화예술 지원에 있어서 중립성 원칙의 표현으로서의 '팔길이 원칙'의 준수는 이에 수반하여 문화예술에 대한 국가 개입의 한계점을 지시한다.

문화국가 원리의 핵심은 '문화의 자율성 보장'에 있다. 따라서 사회의 문화영역, 즉 정신적·창조적 활동영역은 사회의 다른 활동영역에 비해 훨씬 더 높은 자율성을 보장받아야 한다. 문화의 본질은 '자율성, 개방성, 다양성, 창조성'에 있기 때문이다.[69] 이 점은 다음의 세 가지 헌법규범적 의의를 가지는 것으로 이해된다. 첫째, 문화정책의 수립과 집행에 있어서 국가의 중립성 원칙의 요구, 둘째, 문화적 다양성에 대한 국가적 관용 원칙의 요구, 셋째, 문화적 자유권 내지 정신적 자유권에 대한 최대 보장 원칙의 요구가 그것이다.[70]

이러한 헌법적 요청으로부터 문화에 대한 국가 개입의 한계가 형성되는데, 특히 자유권적 기본권과 사회적 기본권의 병존과 조화에 주목할 필요가 있다.[71]

첫째, 자유권적 기본권의 성격으로서의 문화의 자율성 존중이다. 문

---

68) 대법원 2020. 1. 30. 선고 2018도2236 판결.
69) 이인호, "문화에 대한 국가개입의 헌법적 한계: 한글전용정책의 헌법적 문제점을 포함하여," 『공법연구』(서울: 한국공법학회, 1990), 제43집 제1호, 9쪽.
70) 같은 취지로 류시조, "한국 헌법상의 문화국가원리에 관한 연구," 『헌법학연구』(서울: 한국헌법학회, 2008), 제14권 제3호, 318쪽. 문화국가 원리가 국가의 문화형성적 책무를 내용으로 한다고 하더라도, 국가의 문화형성기능은 문화주의에 내재하고 있는 자율성·중립성·민주성·개방성·다원성이라는 한계 내에서만 행사되어야 하며, 이러한 범위 내에서 문화국가 원리는 규범성을 가진다고 한다.
71) 이인호(1990), 9쪽.

화가 정치적·행정적 수단과 문화기업가·문화기능인에게 조정되지 않도록 하고, 그 자체에 내재된 본질법칙성에 따라 자율적으로 생성·발전·성장할 수 있도록 하는 것이 현대적 문화국가의 책무다. 문화 육성은 현대 국가의 불가결한 과제지만, 문화는 본래 자율성을 바탕으로 자라나는 것이다. 또한 문화에 대한 국가의 자의적 규제와 간섭에 의한 전횡을 방지하지 않으면 자유도 권리도 없기 때문이다.

둘째, 사회적 기본권의 성격으로서의 문화의 개방성·다양성 존중이다. 문화의 자율성을 존중하면서 국민의 광범위한 문화생활에 있어서 향유권을 적극적으로 보장하는 것이 현대적 문화국가의 책무다. 국가의 문화 육성 대상에는 모든 문화, 즉 엘리트문화·대중문화·하위문화·전통문화 등이 포함된다. 시민 개개인의 문화 창조와 향유 기회 확대 차원에서 다양한 문화의 가치를 나름대로 인정하는 문화의 개방성과 다원성이 존중되어야 하기 때문이다.

요컨대, 현대 사회에서 문화와 국가 간의 관계는 상호 발전을 지향하는 것으로, 문화와 국가의 상호의존성을 결코 무시할 수 없다. 문화 지향 국가 내지 문화국가에서 중요한 것은 무엇보다도 문화의 자율성이다. 즉, 이는 한 국가 내에서 '문화적 자유'의 영역에서 문화와 국가가 완전한 분리되지 않고, '문화에 대한 국가적 형성'의 영역에 있어서는 문화에 대한 국가적 압제가 없어야 한다는 의미이다. 그러한 의미에서 현대 국가 내지 현대적 의미의 문화국가는 "문화의 자율성 내지 문화예술에 대한 국가의 중립성 보장을 핵심으로 하면서 문화영역에서 건전한 문화의 조성에 책임과 의무를 다하는 국가"라고 정의할 수 있을 것이다.

제2절 문화예술 지원의 '팔길이 원칙'

Ⅰ. 문화예술 지원에 있어서 '팔길이 원칙'의 의의

1. '팔길이 원칙'의 개념

'팔길이 원칙(Arm's Length Principle)'은 대부분의 서구 국가에서 헌법적 사안 및 공공적 사안의 광범위한 영역에 있어서 적용되어 온 일반적 공공정책 원칙이다.[72] 이 원칙은 과도한 권력의 집중이나 이익 충돌을 피하기 위해 다원주의적 민주주의에 필요하다고 여겨지는 일반적인 '견제와 균형(checks and balances)' 체계의 기초가 된다. 따라서 이 원칙이 문화예술의 지원에 있어서 적용되는 것이 예외적인 현상은 아니며, 도리어 특정한 공공정책 문제에 적용되는 하나의 예시에 불과하다고 볼 것이다.

어원적으로 '팔길이(Arm's length)' 개념은 인간의 신체를 척도로 사용한 일종의 은유적 관용구로, 인간의 손(hand)이 '팔길이'만큼 몸(body)에서 떨어져 있음을 표현함으로써, 하나의 몸에 속한 기관이지만 직접 밀착된 것이 아니라 일정한 거리(distance)를 두고 있는 상황을 빗댄 것이다.[73] 따라서 이를 순화한다면 '특정 거리에서(at a certain distance)' 또는 '신중한 거리에서(at a prudent distance)' 정도의 표현으로, "지나치게 가깝지도 않지만 그렇다고 지나치게 멀지도 않은(neither too close nor too far

---

72) H. H. Chartrand & C. McCaughey(1989), p. 1.

73) M. A. Chávez Aguayo, "An Arts Council: What For? An Historical and Bibliographic Review of the Arm's Length Principle for Current and Future International Implementation," *Knowledge Politics and Intercultural Dynamics Actions, Innovations, Transformations* (Barcelona: United Nations University & CIDOB, 2012), p. 171.

away)" 손과 몸의 관계를 통해 문화예술과 국가 간의 이상적 관계를 함의하는 것으로 볼 수 있다.[74]

순수예술에 대한 공적 지원(public support)에 적용되는 '팔길이 원칙'의 위상이 무엇인지에 대한 논란은, 국가적 대표 기관에 대한 지원의 수준은 물론, 순수예술기관에 대한 직접지원에 있어 '문화부'의 역할 증대의 문제, 팔길이 위원회에 제안된 해체 같은 문제를 포함할 것이다. 그러나 이러한 문제들은 현대 사회에 있어서 의미 있는 정치경제적 동력으로서의 성숙해가는 예술에 관한 논의에 있어서 단지 그 표면을 형성하는 문제일 뿐이다. 공적 지원의 적절한 메커니즘에 관한 국제적 논의는 여전히 현재진행형으로, 팔길이 원칙은 관련 논의의 주요한 부분을 차지해 왔다고 할 수 있다.

1) 헌법적 의미: 견제와 균형

팔길이 원칙은 대부분의 서구 사회에서 법, 정치, 경제 영역 전반에 적용되는 공공정책상 원칙을 의미한다. 팔길이 원칙은 입법부, 행정부, 사법부 간의 헌법상 권력 분립에 내재하는 것으로, 연방 국가에서는 정부기관 간 권력 분할에 있어서도 나타난다.[75] 예컨대 캐나다에서는 연방정부가 아닌 지방정부가 교육에 대한 헌법상 책임을 지는데, 캐나다의 전국 단위 교육의 이해관계에 대한 국제적 대표성은 유네스코에 파견된 국가위원회에 의해서 이루어지며 이는 캐나다예술위원회(Canada Council for the Arts)가 관리하는 팔길이 기관이다.[76] 다른 연방 국가들도 유사한 제도적 해법을 시도해 왔는데, 독일, 스위스, 유고슬라비아 등이 이에 포

---

74) 한편, 팔길이 개념은 구매자와 판매자 간에 동등한 조건에 기반하여 이루어지는 상업적 거래 또는 양자로부터 동일한 차이로 분리 유지되고 있는 시장 법칙에 의해 결정된 가격을 표현하는 데에도 사용된다.

75) H. H. Chartrand & C. McCaughey(1989), p. 1.

76) Canada Council for the Arts Act § 8(2) (R.S., c. C-2, ss. 8, 9).

함된다.

또한 팔길이 원칙은 대부분의 서구 국가에서 정부와 언론 간의 관계에 적용되어 왔다. 예를 들어 정부는 언론을 그 자신의 목적에 종속시키는 것이 헌법적으로 금지되는데, 이는 미국에서는 표현의 자유에 관한 수정헌법 제1조에 근거하며, 캐나다에서는 「권리와 자유 헌장(Charter of Rights and Freedoms)」에 근거한다.77) 그러한 헌법적 제약은 예컨대 공직자비밀엄수법(Official Secrets Act)이나 명예훼손 관련법 같은 특정한 규제에 대하여 사상과 표현의 자유를 보장하기 위한 것이다. 불문헌법 국가인 영국에서는, 이러한 언론의 자유가 영국방송공사(British Broadcasting Corporation, BBC)라는 팔길이 기관을 통해서 구현되어 왔다. 근래 BBC의 독립에 대한 정치적 간섭에 관하여 일어난 일련의 사태는 영국 국민들에게 팔길이 원칙의 중요성을 보여준 것이라고 하겠다.78)

2) 공공정책적 의미: 이익 충돌 방지

이익 충돌 방지 원칙으로서의 팔길이 원칙이 적용되는 몇 가지 공적 업무 영역이 있다.

다수 국가에서 이익 충돌 방지 지침은 선출직 공무원의 행동을 규율하고 팔길이 원칙의 적용을 표현해왔다. 예컨대 미국과 캐나다 등 북미권에서 내각의 장관들과 다른 선출직 공무원들로 이루어지는 고위 공직자들은 이익 충돌을 피하기 위해서 일반적으로 그들의 재정적 자산을 '백지위임' 할 것이 요구된다.79) 수탁자는 자산을 관리하고 해당 공무원

---

77) H. H. Chartrand & C. McCaughey(1989), p. 1.
78) 관련 갈등을 다룬 저술로, Philip Schlesinger, *Putting Reality Together: BBC News*, revised ed. (London: Constable, 1987); Simon Rogers, (ed.). *The Hutton Inquiry and Its Impact* (London: Politico's Guardian Books, 2004).
79) 국내에서는 개정 「공직자윤리법」에 따라 2005년 11월부터 주식백지신탁 제도가 시행되어 국회의원을 포함한 고위공직자 본인과 배우자 등이 직무와 관련해 보유한 주식 총액이 3천만 원 이상일 경우 주식을 매각하거나 백지신탁하

에게 계정의 가치를 알려주지만, 다른 정보에 대해서는 비밀에 부친다. 대기업과 정부 부처에 있어서 회계담당자, 감사역 및 평가사들 역시 그들이 평가하는 활동으로부터 '팔길이'를 유지하여야 한다. 그들은 전반적으로 이사회에 보고하며, 상급 임원의 통제로부터 자유롭다. 유사한 방식으로, 정보접근권이나 사생활, 인권 보장을 위해 임명되는 행정감찰관(ombudspersons) 역시 그들을 선임한 정부와의 관계에서 팔길이 원칙에 입각하여 활동하여야 한다. 나아가 팔길이 원칙은 조세 입법과 규제에도 구체화되어 있다. 그러한 의미에서, 어떠한 거래가 상호 간에 사업적으로나 또는 다른 직접적인 관련이 없는 당사자들 간에서 이루어지며 따라서 각 당사자가 자기 자신의 이익에 기반해 행동할 경우, 이를 팔길이 거리에서 이루어진다고 정의하기도 한다.

국가에 따라서, 팔길이 원칙은 문화예술에 대한 공적 지원에 있어서도 적용되어 왔다. 그러나 샤트란과 맥커히는 예술에 대한 지원 원칙으로서 이의 적용을 고려하기 전에, 현대예술의 특성과 함께 해당 국가에 적합한 공적 지원의 대안적 방법들을 숙고해보는 것이 필요할 것이라고 권고한다.[80]

3) 문화예술 지원에서의 의미: 불간섭주의

문화예술 지원에 등장하게 된 팔길이 원칙의 개념에 대해서는 학자에 따라서 다소간의 차이가 있다.

샤트란과 맥커히는 정부가 예술을 지원함에 있어 어떠한 예술가 또는 예술단체에게 지원할 것인지 그 결정의 내용에 관해 간섭하지 않는 것을 팔길이 원칙으로 정의하고 있으며, 이는 팔길이 기관을 통해 '후원자 유형'의 문화정책을 수행하는 국가에서 전형적으로 나타나는 현상이라고 하였다.[81]

도록 하고 있다.
80) H. H. Chartrand & C. McCaughey(1989), p. 1.

휴이슨(Robert Hewison)은 팔길이 원칙이란 국가와 국가가 설립하여 지원하는 기관과의 관계이며, 비록 해당 원칙이 1970년대까지 문화정책과 연관되어 성문화되지는 않았지만 오랫동안 정치가들과 공무원들을 그들이 증진시키고자하는 활동들로부터 거리를 두게 하는 현실적인 수단으로의 역할을 해 왔다고 한 바 있다.[82]

퀸(Ruth-Blandina M. Quinn)은 예술위원회가 중앙정부로부터 '상대적 자율성'에 근거하여 운영되는 것, 무엇보다 정치적 영향력이 최소한 (minimum)으로 유지되는 것이 팔길이 원칙의 핵심이라고 정의한다. 그리고 이때의 '거리'는 예술위원회가 정치적 압력에 의한 과도한 영향과 간섭으로부터 벗어나 스스로 기능할 수 있도록 하는 것인데,[83] 1967년 제정된 「왕립헌장」은 어떠한 영역을 지원해야 할 지 구체적으로 명시한 바 없기 때문에 지원 결정이 예술위원회 위원들의 취향으로부터 쉽게 영향을 받게 되는 문제점이 생겼다고 지적하였다.[84]

맹스트(Per Mangset)는 이러한 퀸의 의견에 반대한다. 정부는 구체적인 예술지원 결정 기준을 규정하는 것을 피하고 위원들이 '취향(taste)'에 따라 결정하도록 함으로써 팔길이 원칙을 달성하는 것으로 설명한다. 그는 예술위원회는 개인 지원을 하지 않으며 이는 영국적인 방식이 아니라고 설명하면서, 예술위원회를 '복지 체계의 연장'이라는 개념에서 분리하였다. 맹스트는 이상적인 형태의 영국식 팔길이 기관의 특징으로 다음과 같은 7가지 사항을 제시한 바 있다. 이는 첫째, 예술에 대한 모든 공공지원은 예술적으로 탁월한 개인에 의해 제한된 임기 동안 결정될

---

81) *Ibid.*, p. 2.

82) R. Hewison, *Culture and Consensus: England, Art and Politics since 1940* (London: Methuen, 1995), p. 32.

83) R-B M. Quinn, "Distance or Intimacy?: The Arm's Length Principle, the British Government and the Arts Council of Great Britain," *International Journal of Cultural Policy*, 4(1) (1997), p. 127.

84) *Ibid.*, p. 137.

것, 둘째, 이러한 개인은 최대한 정치적 영향으로부터 독립되어 있을 것 셋째, 이러한 개인은 예술분야 노동조합이나 여타 이익집단에 의해 임면 등이 되지 않을 것, 넷째, 팔길이 기관은 특정 조항이나 정치적으로 결정 된 지원 계획에 영향을 받지 않을 것, 다섯째, 팔길이 기관은 예산 내에 서 자체 원칙에 따라 결정할 자율성을 가질 것, 여섯째, 지원의 기준은 복지나 형평성 같은 다른 기준에 의한 것이 아니라 오로지 '예술의 질'을 유일한 기준으로 삼을 것, 일곱째, 예술에 대한 지원은 공정하도록 할 것 등의 내용이다.85)

프래틀리(David Pratley)는 예술위원회의 운영 분석을 통해 예술 지원 에 대한 전략의 형성(formulation of strategy)은 정부의 기능이 되며, 전략 의 집행(implementation of strategy)은 팔길이 기관인 예술위원회의 기능이 된다는 특성을 도출한 바 있다.86)

메이든(Christopher Madden)은 '독립적인 재정지원 기관'과 '동료 평가 에 기반한 의사결정 과정'이라는 두 가지 요소의 조합이 팔길이 원칙이 라고 주장하면서,87) 관련 정의를 종합하여 팔길이 원칙의 목표를 예술적 자유, 정치적 영역으로부터의 자유, 개선된 정책 결정, 혁신과 실험정신 의 고취 등으로 정리하였다. 그는 이 가운데 특히 팔길이 원칙의 가장 중요한 목표는 국가적 간섭에서 벗어나 창작활동을 하는 '예술적 자유' 라고 결론짓는다.88)

---

85) P. Mangset, "The Arm's Length Principle and the Art Funding System: A Comparative Approach," Conference presentation, *ICCPR 2008* (Istanbul: Yeditepe University, 2008), p. 9.

86) D. Pratley, *Review of Comparative Mechanisms for Funding the Arts: Paper written as a contribution to the Scottish Executive's Quinquennial Review of the Scottish Arts Council* (Scottish Executive, 2002), p. 21.

87) C. Madden(2009), p. 12.

88) *Ibid.*, p. 14.

2. '팔길이 원칙'의 이념 및 성립 배경

1) 케인즈와 블룸즈버리 그룹의 유산

국가와 문화예술의 관계에 대한 가장 합리적인 모델로서 한 세기 동안 다수의 자유민주주의 국가에서 채택되어 온 팔길이 원칙은 경제학자 케인즈(John Maynard Keynes, 1883-1946)의 지적 유산, 보다 정확히는 그가 속했던 블룸즈버리 그룹(Bloomsbury Group)의 예술 정책에 관한 이상이 반영된 결과물이라고 할 수 있다.

케인즈와 그의 동료들은 1945년 당시 역사적 위기를 이용하여 예술에 대한 지원을 안정시키려고 하였으며, 이를 영국예술위원회(Arts Council of Great Britain, ACGB)라는 새로운 형태의 기관을 통해서 구현하고자 하였다. 비록 케인즈가 직접적으로 '팔길이 원칙'이라는 단어를 사용한 것은 아니며, 예술위원회가 출범할 즈음에 사망함으로써 실제적 운영에 참여할 수도 없었지만, 예술위원회가 태동하기까지 기본적인 사상적·정책적 뒷받침을 제공한 인물이 케인즈라는 점에 있어서는 이론의 여지가 없을 것이다. 그의 유산에 담긴 여러 가지 측면은 지금까지 다양한 비판과 논란의 대상이 되기도 하였지만, 경제 위기 이후 사회적 갈등이 증폭되는 가운데 새로운 문화예술 정책을 모색하고 있는 현재의 시점에서 학자들이 그의 유산을 재조명하고 있는 점은 의미심장하다.

케인즈는 사회 전반에 있어서 도덕적·윤리적 전환을 희망하였으며, 그의 경제정책과 문화정책은 전환을 위한 조건을 창출하는 것을 목표로 하였다. 학자들은 그의 정책관을 '공공정책에 대한 도덕적 접근(moral approach to public policy)'으로 요약하는데, 이 때 '도덕적'이란 좋은 정부 정책이 그의 시민을 위해 구현하여야 하는 사회경제적 조건을 의미한다고 한다.[89]

---

89) Anna Rosser Upchurch, "Keynes's Legacy: An Intellectual's Influence Reflected in Arts Policy," *International Journal of Cultural Policy*, 17(1) (2011), p. 69.

세계대전이 끝나고 가난, 실업 등 열악한 사회 환경 속에서 영국 정부는 '희망의 빈곤(poverty of aspiration)' 문제에 대한 관심을 가지게 되었고, 국민의 사기를 북돋고 생기를 불어넣기 위한 방안으로 가능한 많은 사람들이 예술을 최대한으로 향유할 수 있게 하는 정책이 필요하다는 점을 실감하기 시작하였다. 그러한 시대적 배경하에서, 당시 독일과 러시아에서의 예술의 정치화 현상을 목도하게 된 블룸즈버리 그룹과 케인즈는 큰 충격을 받았으며, 예술에 대한 국가의 지원과 간섭에 의문을 가지게 되었다.[90]

2) 케인즈의 국가관과 문화정책론

케인즈는 윌리엄 비버리지와 함께 전후 영국에서 구현된 자본주의 복지국가(capitalist welfare state) 모델의 주요 설계자로서 간주된다. 예술위원회에 대한 케인즈의 계획은, 국제적 흐름을 선도하는 경제적 사상가의 한 사람으로서 그의 명성이 확고하게 자리를 잡았을 때, 전후 국가주의(state activism)의 맥락 안에서 출현한 것이다. 학자들에 따르면, 예술을 위한 그의 적극주의는 중산층에서 노동자와 빈곤층으로 경제적 안정성을 확대하는 전후 경제사회적 조건을 구축하겠다는 원대한 프로젝트의 일부라고 평가된다.[91] 실제로 케인즈는 산업화와 자본주의에 의해 주입된 저급한 가치에 대한 도덕적 대안을 제시해야 한다는 믿음에 기초하는 인본주의적 제도를 지지하는 영국 지식인들의 오랜 전통 안에서 행동한 것이었다.[92]

케인즈는 1920-30년대에 정치적으로 자유주의자를 표방하였지만, 실

---

90) Education, Science and Arts Committee, *Public and Private Funding of the Arts,* Eighth Report, House of Commons (London: Her Majesty's Stationery Office, 1982), p. 30.

91) Upchurch(2011), p. 70.

92) R. Williams, *Culture and Society 1780-1950* (New York: Columbia University Press, 1983).

제로는 자유당으로부터의 여러 차례 입당 제안을 거절하였다. 그는 글래
드스토니안(Gladstonian) 자유시장주의의 마지막 잔재로부터 벗어나는 것
이 자유당의 역할이라고 생각하고 있었으며,[93] 전쟁 기간 중 자유방임
자본주의와 국가사회주의 사이에서 '중도노선(The Middle Way)'을 취한
것으로 분류된다.[94] 케인즈는 전통적인 자유방임 사상과 경제정책에 영
향을 미친 문제들을 지배해 온 기존 사회사상에 기꺼이 도전하려고 하
였다.

'국가'에 대한 케인즈의 개념은 군주국가, 의회, 사법부, 관료제 등에
관한 협의의 법적 정의보다 넓은 것이었다. 그의 개념은 정책 분석가들
에 의해 시민사회의 일부로서 고려되는 제도(institutions)를 포함하는 것
이었는데, 그러한 제도는 공공자산이건 사유자산이건, 근시안적 이익의
추구가 아닌 장기적 안목의 공익 관점에서 운영되는 것이었다.[95] 이와
같은 케인즈의 국가 개념을 분석하면서 경제학자 피코크는 그를 '궁극적
인 자유주의자(end-state liberal)'라 일컬은 바 있는데,[96] 케인즈에 의하면
정부의 목적은 모든 시민의 '평등한 만족'이 되어야 하는 것이었다.

케인즈에 따르면 정부의 역할은 개인주의적 자유주의의 기조를 유지
하면서 경제적 발전의 혜택을 모든 시민이 향유하도록 보장하는 것이며,
그렇게 함으로써 국가에 대한 도덕적 역할을 다하는 것이다. 그는 대공
황을 포함한 세계적 사태들에 의해 구태의연한 것으로 판명된 개인주의
와 시장주의에 대한 뿌리 깊은 고정관념으로 대변되는 전통적 자유방임

---

93) Samuel Brittan, "Keynes's Political Philosophy," in R.E. Backhouse and B.W. Bateman,
     (eds.), *The Cambridge Companion to Keynes* (Cambridge: Cambridge University Press,
     2006), p. 191.

94) *Ibid.*, p. 185.

95) Robert Skidelsky, *John Maynard Keynes: Fighting for Britain 1937-1946*, Vol. 3
     (London: Macmillan, 2000), pp. 273-274.

96) Alan Peacock, "Keynes and the Role of the State," in D. Crabtree and A.P. Thirlwall,
     (eds.), *Keynes and the Role of the State: The Tenth Keynes Seminar held at the
     University of Kent at Canterbury, 1991* (New York: St Martin's Press, 1993), p. 33.

주의와 절연하고, 정부의 개입주의로 돌아섰다. 자유시장경제가 그러한 정책 목표를 달성하는데 비효율적이라고 판명되자 완전고용의 이상을 달성하기 위하여 기꺼이 경제적 자유주의를 떠난 것이었다.

　실제로, 케인즈는 새로운 경제정책과 기술 발전 등 '성공적으로 관리된 자본주의 체계(successfully managed capitalism)'에 의해 20세기 동안 초래될 인구와 실업 문제 등 경제적 문제들이 성공적으로 해결될 것이라 믿는 낙천주의자였으며, 경제적으로 모든 시민의 욕구가 충족되면 사회에서 일어나게 될 도덕적·윤리적 전환을 구체화하고자 하였다.[97] 케인즈는 부의 축적 및 돈벌이의 인간의 동기부여로서의 기능에 매우 회의적이었으며 양자를 '문화적 삶(civilized life)'이라는 목표를 위한 수단으로 보았는데, 피코크는 케인즈의 '자족감의 평등'에 대한 생각을, 그의 사회적 지위 덕택에 누리는 문화적 혜택을 "모두가 즐기도록 하는(all to enjoy the cultural benefits)" 기회라고 언급하였다.[98] 한편, 그의 경제 및 문화 분야의 정책 권고는 친우 로저 프라이(Roger Fry)가 언급한 '창의적인 삶(imaginative life)'을 다수의 사람들이 경험하도록 하는 조건을 가능하도록 하기 위한 것으로 평가된다.[99]

　이러한 케인즈의 국가 개념과 정부의 역할론은 케인지안의 사고에 기초한 문화정책 모델에 있어서 두 가지 특징을 낳았는데, 그것은 첫째, 정부로부터의 거리 개념과 둘째, 전문적인 예술적 수준과 수월성에 대한 강조이다.[100]

---

97) Upchurch(2011), p. 71.
98) Peacock(1993), p. 23.
99) 실제로, 프라이의 '창의적인 삶'에 대한 이론은 이후 블룸즈버리 그룹의 핵심 철학을 형성하였으며, 그들의 정책적, 문학적, 미학적 작업에 영향을 미쳤다.
100) Upchurch(2011), p. 72.

3) 정부로부터의 '거리(distance)' 개념

1926년 케인즈는 그의 경제정책 권고에 있어서, 준자율적이며(semi-autonomous) 비정부적인(non-governmental) 기구를 옹호한 바 있다. 찬사와 비판을 동시에 받아온 그의 정책모델의 중심적 특징은 정치적 절차의 외부에 남아있고자 하는 명시적 시도이며, 그렇게 함으로써 예술의 생산과정에 대한 의사결정에 정치가들이 영향을 미치지 못하도록 하는 것이다. 설립하고 지원하는 기관으로부터 정부가 거리를 두게 하는 이러한 방식은 1970년대에 학자들에 의해 '팔길이 원칙'으로 명명되었다.[101] 비록 케인즈 자신이 직접 이러한 '거리' 개념이나 '팔길이 원칙'에 대한 명명을 한 것은 아니지만, 그는 연구 개발을 지원하는데 사용되었던 모델을 취하여 그것을 예술 지원에 활용했다. 실제로, '거리'에 대한 생각은 케인즈가 품었던 두 가지 정책 선호에 의존하고 또한 그것을 병합한 것이라 할 수 있는데, '협동조합주의적 접근'이라 불린 그의 시각과 준자율적·비정부적 기구에 대한 그의 선호가 그것이다.

'협동조합주의자(corporatist)'라고 묘사된 것은 그가 온건한 경제적 자유주의자로서, 일반적으로 내부적 위계질서를 보유하고 경제적이건 사회적이건 개별 영향 분야에 대하여 통제권을 행사하며 선출에 의해 구성되지 않는 거대한 조직을 선호하였기 때문이다.[102] 이러한 그의 선호에 기초해 케인즈를 이른바 '민관협력체제(public-private partnership)'의 초기 지지자로서 인식하기도 하는데,[103] '민관협력체제'란 준자율적 비정부기구에서 민간 운영 예술조직으로 공적자금이 이전되는 지원 관계로서 묘사되어 왔으며, 기존에 미국에서는 정부에 의해 지원되는 예술위원회와 수혜 예술기관과의 관계를 일컫는데 일상적으로 사용되고 있었다.

---

101) R. Hutchison, *The Politics of the Arts Council* (London: Sinclair Browne, 1982), pp. 16-17; R. Hewison(1995), p. 32.
102) Upchurch(2011), p. 72.
103) Brittan(2006), p. 185.

케인즈는 1926년 초 '준자율적 기구'라는 고안을 촉진하기 시작하였다. 또한 그는 정부의 역할이란 기존에 개인들에 의해 행해지고 있던 행위와 활동들에 착수하는 것이 아니라, "현 시점에서 전혀 이루어지지 못한 일들을 하는 것"이라고 보았다.[104] 실제로, 준자율적 기구는 영국에 있어 공적인 삶의 특징이었는데, 정부의 업무 안에 시민을 관여시키는 수단으로 인식되었다. 밀(J.S. Mill)은 영국에서는 권한의 집중이 시급한 현안이 아니라고 하면서, 다른 나라에서는 정부에 맡겨져 있는 사업의 1할이 영국에서는 독립적인 대행기관에 의해서 행해진다고 언급한 바 있다.[105]

영국예술위원회의 전신으로서 케인즈가 1943년까지 구체화한 전후 음악예술진흥위원회(Council for the Encouragement of Music and the Arts, CEMA)의 행정적 모델은 대학기금위원회(University Grants Committee, UGC)였다.[106] 1924년 1차 세계대전 이후 설립된 케임브리지 킹스 컬리지의 회계담당자로 임명된 케인즈는, 학교의 재정과 행정 분야에 관여하면서 UGC의 작동기제에 관하여 잘 알게 되었다. 여기에서 영국예술위원회(ACGB)가 행정적·이념적으로 UGC와 유사하다는 점에 주목할 필요가 있다. 문화 조직에 있어서와 마찬가지로, 대학의 경우도 중앙정부에 의한 제한적인 특별자금 지원 방식이라는 19세기 관행으로부터 기부와 기금에 의해 주로 지원되는 독립적 대학의 형태로 발전해 나갔다.[107] 1차 세

---

104) J. S. Mill, *Autobiography and Literary Essays: The Collected Works of John Stuart Mill*, Vol. I, John M. Robson & Jack Stillinger, (eds.). (Toronto: University of Toronto Press, 1981), p. 201.

105) J. S. Mill, *The Collected Works of John Stuart Mill, Vol. I: Autobiography and Literary Essays*, John M. Robson & Jack Stillinger, (eds.). (Toronto: University of Toronto Press, 1981), p. 201.

106) Upchurch, "John Maynard Keynes: The Bloomsbury Group, and the Origins of the Arts Council Movement," *International Journal of Cultural Policy*, 10(2) (2004), p. 213.

107) Upchurch(2011), p. 73.

계대전 후 행정가들은 전쟁의 영향에 대한 학문적 연구의 중요성을 인
식하였기에, 전후 학문적 연구 및 대학 지원에 관한 보다 공식적인 접근
이 채택된 것이다. 위원회는 "우선적으로 자원 배분 기제로서, 사정이 어
려운 기관 청구자들에게 주어진 기금을 분할하기 위한" 것이었으며, 정
부와 대학 간에 대학 운영의 자율성을 유지하기 위한 "완충장치로서" 이
해되었다.[108] 위원의 구성 및 활동, 임명방식, 정부기관과의 감독체계 등
대학기금위원회의 설계방식 전반은 영국예술위원회의 그것에 영향을 미
쳤다.

4) 전문적 기준(professional standards) 및 수월성(excellence)

케인지안의 문화예술 정책관의 두 번째 특징으로 전문적 기준 및 수
월성을 들 수 있는데, 이는 예술계와 심의 대상인 예술 분야에 대한 지
식이 있는, 공무원 신분이 아닌 개인들로 구성된 '동료집단(peer group)'
에 의해 판단되는 것이다.

CEMA의 회장으로서 재임했던 기간은 케인즈에게 있어 아마추어 예
술표현을 재정적으로 지원하고 장려하는 것에서 국제적인 수월성의 기
준을 반영하는 전문가들에 의해 생산된 예술을 옹호하게 된 정책적 전
환과 관계된다.[109] 이러한 정책적 전환은 누가 정책을 운영할지 및 누가
재정지원으로부터 혜택을 받을 것인지에 관한 그의 주요 가정들을 반영
한다고 할 수 있다.[110] 이러한 정책적 선호는 매우 의도적으로 '비범하
고 열정적인 사람들(the exceptional and the aspiring)'을 위한 것이었으며,
개인적 자유의 감소 없이 지적 엘리트가 인간의 진보를 성취하는 삶의
방식과 사회적 조건의 조직을 제시해야 한다고 하는 그의 신념을 반영

---

108) Michael Shattock, *The UGC and the Management of British Universities* (Buckingham:
    Society for Research into Higher Education/Open University Press, 1994), p. 1.
109) Hutchison(1982), p. 45.
110) Upchurch(2011), p. 74.

한다.111)

케인즈는 '지적 귀족(intellectual aristocracy)'의 후계자였다. 역사가 노엘 아난은 이를 가리켜 중산층의, 학식 있고, 흔히 밀의 사상을 좇았던 19세기 개혁가들의 '계급'이라고 묘사한 바 있는데, 케인즈의 청사진은 이들과 같은 사고를 지닌 후손들이 예술 지원체계를 운영해야 함을 구체화하는 것이었다. 케인즈에게 있어 팔길이 기관의 의사결정에 관여되는 개인들은 그들의 심의나 결정으로부터 개인적으로나 재정적으로 혜택을 보지 않으며 사회의 더 큰 이익을 위해 기능하는 이들을 의미하였다. 하지만 그는 이와 같이 불편부당한 성향의 개인들의 숫자가 어느 정도 증가할 때까지 '특정한 계급'이 관여할 필요가 있음을 인정하였다. 즉, 케인즈의 준자율적 기구 체계는 자신과 같이 전문성과 도덕성, 이념적 지식을 갖춘 특정한 계급이 참여하도록 고안된 것이었다.112)

케인즈는 정부의 개입을 위한 정책 기제를 창출함으로써 예술가들을 전후 완전고용에 대한 그의 강박에 포함시켰는데, 그러한 개입은 예술가들을 시장 경제로부터 보호하여 예술의 질을 유지시킨다. 케인즈는 전문적 예술인들을 양산하는 것 또한 전반적인 예술의 공적 수용성을 향상시킬 것이라 전망하였으며, 그럼으로써 미래의 고용에 대한 예술가의 잠재력을 고양시킬 수 있다고 믿었다. 그는 '문화적 삶'에 대한 조건의 창조라는 예술위원회의 목적에 대한 자신의 신념을 BBC 방송을 통해 호소하기도 하였다.113)

케인즈가 의미한 '문명화된(civilized)' 상태란 정돈된 삶의 방식으로서나 또는 사회적 조건을 개선하는 보편적 과정으로서의 문명화라는 의미

---

111) Craufurd D. Goodwin, "The Art of an Ethical Life: Keynes and Bloomsbury," in R.E. Backhouse & B.W. Bateman, (eds.). The Cambridge Companion to Keynes (Cambridge: Cambridge University Press, 2006), p. 231.

112) Upchurch(2011), pp. 74-75.

113) J. M. Keynes, The Collected Writings of John Maynard Keynes, Vol. XXVIII, D. Moggridge, (ed.). (New York: Macmillan/Cambridge University Press, 1982), p. 372.

이상을 내포했던 것으로 보인다. 이러한 개념은 그 배후에 세속적이고 진보적인 인간의 자기 발전을 강조한 계몽주의의 일반적 정신을 내포하고 있다. 케인즈의 블룸즈버리 친우 중 하나였던 클라이브 벨은 그의 저서 〈문명(Civilization)〉을 통해 '문명화된 사회'는 부와 권력 및 상업보다 이성, 관용, 지식, 예술에 가치를 둔다고 정의한 바 있다. 케인즈와 마찬가지로, 벨은 예술을 일종의 '교양(civility)'의 조건으로서 받아들이면서, 문명화된 시대에는 예술가와 공감하고 자신에게 최선인 것을 가장 잘 알 수 있는 감수성과 교양을 갖춘 대중이 존재할 것이라고 한 바 있다.114) 이어서 벨은 문명화란 '자연적' 상태가 아닌 '인위적' 상태이며, 이는 '교육의 결과'라 할 사기 각성 및 비판적 정신에 의해서 개인에게 갖추어지는 덕목이라고 하였다. 벨은 자기 개발을 위해 문명화된 인간은 무엇보다 교육을 최우선해야 한다고 하면서,115) 특히 기술적인 교육이 아니라 삶을 이해하고 삶의 순수한 아름다움을 향유하는 지식을 위한 교양의 습득에 가치를 두어야 한다고 하였다.116) 벨과 케인즈의 이러한 사고는 예술을 개인과 사회에 유익한 영향을 미치는 존재로서 간주하는 관점에 입각해 있었다.

실제로, 케인즈가 새로운 예술위원회의 직접적인 수혜자들로서 염두에 두었던 이들은 재능과 열정이 있는 사람들이었다. 그의 태도는 계급의식에 기반한 편견 또는 귀족적인 오만으로서 해석될 수도 있지만, 이는 자유주의자로서의 그의 가치에 뿌리를 내리고 있는 것이며, 예술적 체험을 창조 또는 향유하고자 충분히 열망하는 이들에 대한 접근을 제공하려는 그의 관심을 드러내는 것이었다. 전문적 예술가들은 그들의 작품을 생산함으로써, 후원자가 되어 예술을 자기 개발로서 경험하고자 하는 야심찬 개인들에 대한 기회를 제공할 수 있다는 것이 블룸즈버리 그

---

114) Clive Bell, *Civilization: An Essay* (Middlesex: Penguin Books, 1947), p. 53.
115) *Ibid.*, p. 24.
116) *Ibid.*, p. 109.

룹의 기본적 사고였다.

케인즈의 언급에서 결정적인 부분은 "무엇보다도 비범하고 열정적인, 즉 재능있고 야심찬 이들에 대한 무한한 기회를 제공하는 것을 선호한다는" 것이다. 케인즈의 관심사는 예술에 대한 안정적인 공적 자금의 지원을 통해 그가 보기에 사회에서 재능있는 이들을 격려하는 것이었는데, 이에는 예술가들뿐 아니라 그들의 후원자들이 포함되었다. 이러한 사상적 기조가 가지는 정책적 함의는 분명하다. 즉, 아마추어가 아닌 전문 예술가들의 작품 지원에 대한 선호와, 관련 '기준'을 향상시키는데 대한 강조이다.

한편, 학자들은 케인즈의 이러한 정책적 선호에 의해 창출된 배타성을 지적한다. '전문적 기준'과 '수월성'이라는 정치적 요소의 변화에 따라 재정의 될 수 있는 개념에 대한 강조는 권력이 유보되는 것을 허용하였고, 예술위원회와 관련 조직이 과두적 운영체제에 의해 움직이는 것을 허용하였다는 것이다.[117] 그 결과 "실제로는 상당히 폐쇄적인 운영구조를 감추면서 외견상으로는 상대적으로 다원적인 참여 기회를 제공하는" '결함있는 이슈망(flawed issue network)'을 초래하였다고 평가되기도 하였다.[118] 이러한 점으로 인해 논평가들은 지난 70여 년간 접근성과 형평성에 관한 케인즈 체계의 한계를 지적하면서 개혁을 압박해 왔다고 할 수 있다.

---

117) Upchurch(2011), pp. 77-78.

118) Clive Gray, *The Politics of the Arts in Britain* (Basingstoke: Macmillan, 2000), p. 104. 정책과정에 있어 이익집단과 같은 수많은 행위자들이 상호간에 유동적이고 불안정한 관계를 맺고 있는 현상을 이슈망이라 부른다.

3. '팔길이 원칙'의 연혁적 전개

1) 영국

위와 같은 이념적 기초와 배경을 토대로 1945년 ACGB(영국예술위원회)가 최초의 '팔길이 예술위원회'로서 설립되었고, 영국 정부는 예술이 정치와 관료주의로부터 거리를 유지할 수 있도록 하기 위하여 팔길이 원칙을 도입하였다. 영국 정부는 1945년 이전 러시아나 독일에 존재했던 국가 지원 시스템을 피하고자 하였는데, 그것을 문화부에 의해 공식 예술이 강요된 사례로 보았다.[119] 또한 영국 정부는 예술계 내부에 스스로 예술활동을 운영하고자 하는 욕망이 있으며, 또한 관료주의적 개입에 대한 뿌리 깊은 불신이 존재한다는 것을 인식하고 있었다.[120]

팔길이 예술위원회는, 조직으로서 두 가지 점에 있어서 "두드러지게 영국적인 것으로"[121] 묘사된다. 그 이유는 첫째로 ACGB가 관련 유형에 있어서 최초라는 점과, 둘째로 팔길이 예술위원회가 대학기금위원회(UGC)나 영국방송공사(BBC) 등 영국의 여타 문화 기관의 경험으로부터 발전되어 온 모델이라는 점 때문이다.

1919년에 설립된 대학기금위원회는 재무부장관(Chancellor of the Exchequer)에 의해 임명된 비선출직 대학 교직원들로 구성된 조직으로, 그 조언에 기초해 정부는 의회에 매년 각 대학에 대한 조건 없는 분배금 결정을 요청하는 구조였다.[122] 이와 유사한 취지로, 영국방송공사는 언론 자유 보장을 위한 정부로부터의 팔길이 기관으로 1927년 왕실칙허장에 의해 창설된 이래, 전문모델 형태의 경영위원회라는 자체규제기구를

---

119) Education, Science and Arts Committee(1982), p. 30.

120) R. Hutchison(1982), p. 15.

121) Education, Science and Arts Committee(1982), p. 30.

122) Lord Redcliffe-Maud, *Support for the Arts in England and Wales* (London: Calouste Gulbenkian Foundation, 1976), p. 24.

통해, 공영방송으로서 국가의 방송통제와 상업적 선정주의로부터 벗어나 최근까지 비교적 그 정치적 독립성 및 불편부당성을 유지해왔다고 평가된다.[123]

ACGB의 초대 위원장이었던 케인즈는, 영국의 예술 후원을 "매우 영국적이고, 비공식적이고, 검소한 방식"으로 생겨난 것으로 묘사한 바 있다.[124] 요컨대, 팔길이 예술위원회는 고전적인 영국식 타협의 산물로서, 재무부의 지원금에 의존하고, 정부 부처에 의해 감독을 받지만 적어도 이론적으로는 정치적 성향보다 그들의 전문성을 이유로 임명된 위원회의 위원들로 구성되며, 공무원이 아닌 직원을 보유하고 있는 조직으로 묘사된다.[125]

2) 캐나다 및 기타 영연방 국가

캐나다에서는 1951년 예술, 문학, 학문에 관한 왕립국가발전위원회 (Royal Commission on National Development in the Arts, Letters and Sciences)에서 순수예술에 대한 공적 지원의 필요성을 인식하기 시작했다고 할 수 있다.[126] 캐나다 왕립위원회는 문화부를 통한 예술의 직접지원은 거부하는 한편, 영국식 팔길이 예술위원회 모델을 가장 적합한 정책모델로 권고하였다. 당시 캐나다가 처했던 문제들은 다른 나라의 문제들과 공통

---

123) 다만, 칙허장과 면허협정서가 의회의 정치 간섭을 넘어 정부의 간접적 통제까지 막지는 못하였고, 상업주의로부터의 독립을 상징하는 수신료제도가 정부의 재정 통제까지 막지는 못하였으며, 전문적·자율적 위원 선임 방식을 통해 친정부적 인물들이 등용되는 등의 정치적 통제가 있었다고 한다. 정용준, "BBC 공론장 모델에 대한 역사적 평가," 『방송통신연구』(서울: 한국방송학회, 2015), 제91호, 171-177쪽.

124) V. Massey & G. H. Levesque, *Report of the Royal Commission on National Development in Arts, Letters and Sciences, 1949-1951* (Ottawa: Edmond Cloutier, 1951), p. 375.

125) Hutchison(1982), p. 16.

126) Massey and Levesque(1951), p. 375.

점이 거의 없었기에, 캐나다에서는 일반적으로 해외에서 문화예술이 중앙정부의 교육부나 문화부에 의해 다루어지는 방식이 캐나다에서는 헌법적으로 불가능하거나 또는 적어도 바람직하지 않음을 인식한 것이다.[127]

캐나다 연방(Canadian Confederation)에서는 그 속성상 교육이나 보건 같은 특정 분야가 헌법적으로 지방정부의 책임으로 되어 있는데, 이는 위원들에게 있어 중대한 고려사항이었다. 위원들은 연방이 지방의 책임을 잠식하지 않을까 우려하였으며, 특히 교육에 있어서 그러하였는데, 이는 교육의 문화예술에 대한 관계 때문이었다. 왕립국가발전위원회는 공식 교육과 비공식 교육 간에 경계를 분명히 하였는데, 전자는 지방정부의 특별한 영역으로 본 반면, 후자에 관하여는 문화예술을 포함해 "가장 넓은 의미에서의 개인의 교육에 기여하는 정부차원이나 자발적인 어떠한 단체의 활동에 대해서도 이를 금지하는 캐나다법은 존재하지 않는다"고 선언하였다.[128]

왕립위원회의 권고에 따라, 캐나다 의회는 제임스 던(Sir James Dunn)과 아이작 월튼 킬람(Izaak Walton Killam)이라는 두 명의 저명한 실업가의 유산에 부과된 상속세를 기초로, 1957년 캐나다예술장려위원회(Canada Council for the Encouragement of the Arts)를 창설하였다. 캐나다예술장려위원회는 영국예술위원회와 차별점이 있었는데, 1억 달러의 기금 중 절반은 영국 대학기금위원회와 유사하게 대학에 대한 기본 지원금으로 사용되어야 했고, 나머지 절반인 5천만 달러에서 나오는 수입에 의해 재정적으로 정부로부터 독립할 수 있도록 하였기 때문이다. 이러한 의미에서, 캐나다예술장려위원회는 영국예술위원회보다 미국의 민간 재단과 더 유사하다고 할 수 있다.[129] 1963년 킬람의 미망인 도로시 킬람(Dorothy

---

127) *Ibid.*, pp. 373-374.
128) *Ibid.*, p. 6.
129) 실제로, 캐나다 예술장려위원회의 첫 회의는 수상 집무실에서 이루어졌으며, 카네기, 포드, 록펠러 재단에서 온 대표들이 참석한 가운데 이루어졌다.

Killam)은 8백5십만 달러를 기부함으로써 남편의 유산이 실제적으로 예술장려위원회 기본재산을 조성한 것을 인정하였으며,[130] 1965년에는 위원회에 대한 7백만 달러의 추가적 유증이 이루어졌다.[131]

설립 후 초기 5년 간 캐나다예술위원회는 정치적으로 또한 재정적으로 정부로부터 독립을 유지하였다. 위원회의 지원금과 서비스와 행정적 활동은 기금 수입으로 조달되었다. 1965년 위원회는 성공적으로 예술을 육성 및 촉진한 공을 인정받아, 캐나다 연방의 100주년 축하 준비를 위해 의회로부터 첫 예산을 받았고 향후 캐나다예술장려위원회는 자국 내 예술적 활동을 장려하기 위한 연방정부의 '선택된 도구'가 되었다고 평가된다.[132] 이후 팔길이 예술위원회 모델은 캐나다 연방 내 광역 및 기초 지자체에서 채택되었는데, 1948년 설립된 서스캐처원 예술위원회(Saskatchewan Arts Board)는 캐나다 최초의 지역 예술위원회이다. 1960년대 이후 온타리오, 매니토바, 뉴펀들랜드 지역은 물론, 몬트리올, 토론토, 밴쿠버와 오타와 등 다수 도시에 팔길이 예술위원회가 설립되었다.

다른 영연방 국가들도 영국식 모델을 본떠서 팔길이 예술위원회를 채택하여 운영해왔는데, 1963년에는 뉴질랜드예술위원회가 설립되었으며,[133] 1975년에는 호주예술위원회가 설립되었다.[134]

3) 미국

미국은 1965년까지 세제가 예술에 대한 연방정부의 유일한 지원 매체

---

130) Douglas How, *A Very Private Person: The Story of Izaak Walton Killam and His Wife Dorothy* (Trustees of the Estate Late Dorothy J. Killam, 1976), p. 108.

131) *Ibid.*, p. 113.

132) 1989년 당시 의회로부터 지원받는 연간 예산은 전체 예술위원회 수입 중 대략 85퍼센트를 차지하고 있었다.

133) 이는 1975년에 엘리자베스 2세 예술위원회로 전환되었으며, 2014년 예술위원회법에 근거, 'Creative NZ'라는 별칭으로 거듭난 바 있다.

134) 1975년 예술위원회법에 의해 법적 근거를 갖춘 이래, 호주 정부를 위한 공식 예술기금 및 자문기구로서 기능해 오고 있다.

가 되는 '촉진자형' 지원 모델을 취해오다가 1965년 팔길이 지원기관으로서 연방예술기금(National Endowment for the Arts, NEA)을 창설한다. 미국의 경험은 시사하는 바가 있는데, 그 이유는 미국의 사례가 팔길이 원칙의 다른 차원, 예컨대 누가 예산을 결정할지 및 누구에게 기관이 보고할지 같은 것을 부각시키기 때문이다. 미국에서 이러한 점들은 행정부를 대변하는 대통령과 입법부를 대변하는 의회 간의 구별에 관계된다.

NEA는 명시적으로 행정부 기관이라는 점에서 캐나다의 위원회와 구별된다. 예산은 예산관리국(Office of Management and Budget)을 통해서 대통령에 의해 제안되지만, 의회의 승인을 얻어야 한다. NEA는 영국이나 캐나다 모델에 비해 상당 부분 정치적 관여가 불가피했는데, 그것은 행정부 우위의 구조인 미국에서는 예산 확보가 영국이나 캐나다에서보다 훨씬 더 강한 입법부의 감시와 변경 가능성하에 놓여있다는 이유 때문이다. 한편, 스미소니안 협회는 이와 다른 흥미로운 대조점을 보여준다. 1846년에 영국인인 제임스 스미손(James Smithson)의 유증에 따라 의회법(Act of Congress)에 근거해 설립된 스미소니안 협회는 입법부 기관이다. 의회는 협회의 위원회를 구성하고 연간 예산을 책정한다.[135]

행정기관과 입법기관 간의 이러한 구별은 캐나다의 사례와 비교점을 보여준다. 캐나다 위원회는 캐나다 의회법에 의해 설립되었으며 의회에 보고하도록 되어있지만, 명시적인 "여왕의 기관은 아니므로"[136] 당대 영국 정부(Her Majesty's Government)의 통제 밖에 있었다. 따라서 캐나다 위원회는 스미소니안 협회와 같은 입법부 기관에 비유될 수 있다. 그 외에도 캐나다 위원회와 스미소니안 협회는 다음의 유사점을 가진다. 즉, 양자 모두 직접 또는 간접적인 민간 재단(private estates)으로부터의 기금에 의해 설립되었다는 점, 수년간 계속해서 민간의 유증 또는 기부로부터

---

135) Smithsonian Institution, *1983 Annual Report* (Washington, D.C.: Smithsonian Institution Archives, 1984).

136) Canada Council for the Arts Act § 12 (R.S., 1985, c. C-2, s. 12).

수익을 얻어왔다는 점, 특별한 소장품과 특별한 서비스를 발전시켜왔다는 점[137], 그리고 양자 모두 '연방(federal)' 기관과는 차별화되는 '전국적(national)' 조직이 되었다는 점 등이다.

Ⅱ. 법정책 원칙으로서 '팔길이 원칙'의 특징

1. 팔길이 기관의 설립 및 운영

팔길이 예술위원회는 본질적으로 순수예술의 발달과 관련되어 있으며, 상업예술에 대한 공적 지원은 일반적으로 예술위원회의 권한 밖에 있다. 생활예술의 경우, 상당량의 공적 지원은 기초·광역자치단체 등 지역 수준의 여가 및 문화부서로부터 이루어진다.

많은 예술위원회들이 영국예술위원회처럼 아마추어 예술활동에 대한 지원을 주저하는데, 이는 한 국가의 전반적인 예술 스펙트럼에 있어서 생활예술이 상당한 중요성을 가지는 것이 사실이지만 아마추어 활동에 대한 지원은 전국적 정부에게 적합한 역할이 아닌 것으로 여겨지기 때문이다. 예산상 제약 문제 외에도, 지방 정부 등 아마추어 예술활동으로서의 생활예술을 위한 다른 지원 창구들이 존재한다고 여겨지기 때문이다.[138]

그럼에도 불구하고, 미국, 호주, 뉴질랜드 등의 예술위원회는 생활예술이나 '커뮤니티 예술(community arts)'로 불리는 영역을 부분적으로 지원한

---

137) 캐나다예술위원회의 경우, 미술은행(Canada Council Art Bank)을 통해 시각예술 분야에서 가장 방대한 현대미술 소장품을 보유해 온 한편, 예술가 및 예술단체 등의 해외진출 및 국제교류를 지원하기 위한 예술기금 프로그램인 'Arts Abroad'를 운영하고 있다.

138) Jean Battersby, *The Arts Council Phenomenon: A Report on the First Conference of Commonwealth Arts Councils* (London: Calouste Gulbenkian Foundation, 1981), p. 43.

다. 캐나다에서는 예술위원회의 탐색 프로그램(Canada Council Explorations Program)을 통해 아마추어나 비전문 예술활동에 대한 지원을 제공한다.

팔길이 원칙이 예술지원기관의 운영에 있어 적용되는 수많은 방식이 있는데, 그 중 이사회의 역할, 예술적 수월성의 개발을 육성하기 위한 동료 평가의 활용, 그리고 고객 관계의 속성 등을 주요 특징으로 꼽을 수 있다.

1) 이사회(Board of Trustees)의 역할

팔길이 원칙의 운영에 필수적인 예술위원회의 특징 한 가지는 이사회의 존재로, 이사회의 구성원들은 집합적으로 위원회 자체를 구성한다. 이사회 구성원들은 일반적으로 당대의 정부에 의해 임명되며, 국가가 예술위원회의 활동에 대한 책임을 위임할 경우 그것은 이사회를 대상으로 한다. 다시 말해, 선임된 이후에 이사회 구성원들은 별도의 '법적 수탁인'으로서 행동하도록 요청되며, 정부의 정치적 필요로부터 독립하여 존재한다. 정부가 위원회로부터 팔길이를 유지하도록 보장하는 근거는 이사회 구성원들의 청렴성과 윤리성에 대한 공적 신뢰이다. 이상적 관점에서 이사회 구성원들은 예술에 대한 광범위한 지식과 경험을 지닌 개인들이어야 한다. 이사회의 목적은 "공적 후원 권력이 지나치게 협소하게 집중되는 것을 피하고자 하는 민주적 소망과 별개로, 지역사회에 다가갈 수 있고 예술계 내의 동향은 물론 지역사회의 필요와 조건에 민감한 조직을 만드는 것이다."[139] 따라서, 이사회는 여론의 정치적 함의에 대해 매우 민감할 수밖에 없다.

이사회의 본질적인 역할은 "책임감 있게 공적 자금을 취급할 수 있고 작금의 예술과 그 행정에 대한 직접적인 지식을 가진 사람들을 위원회 내에 포함하는 매개기관으로서의" 역할을 수행하는 것이다.[140] 이러한

---

139) *Ibid.*, p. 17.
140) R. Williams, "The Arts Council," *The Political Quarterly*, 50(2) (April 1979), p. 159.

중개적 역할에 있어서, 이사회는 정치가와 관료들의 정치적 지침과 운영 압박으로부터 팔길이를 유지하도록 하는 책임이 있으며, 예술에 대한 배경이 없을지도 모르는 부처 공무원들로 하여금 후원이라는 형식으로 기금을 배분하지 못하도록 할 책임이 있다. 그 외에도 예술계의 전문가들에 의해서 이루어진 예술에 대한 판단을 보장하여야 하며, 정부와 예술 간의 완충작용을 하여야 하고, 정부와 공공 일반에 대한 예술의 수호자로서의 역할을 해야 한다.

2) 동료 평가(Peer Evaluation)의 활용

팔길이 예술위원회는 이사회에 의해서 승인 또는 거절되는 전문적 상황에 근거해서 이루어지는 지원 결정을 보장하는 동료 평가 체계(system of peer evaluation)를 사용한다. 팔길이 예술위원회의 핵심에 놓이는 동료 평가 제도는 영국법에서 그 연원을 찾을 수 있다. 이는 영주에 의해 평민에게 강요된 재판은 불공정하다는 전제에 기초하는데, 영주와 평민의 상황이 극단적으로 다르기 때문이다.141) 그러므로 예술가는 그의 동료에 의해 평가되어야 하며, 다른 예술가들이 기금 지원 결정에 관여된다.

일반적으로 관심 대상인 예술작품에 관해 내려지는 어떠한 결정도 주관적인 것이며, 우리가 조언을 구하는 이들은 그들의 내적 기준이 얼마나 엄격하든 간에 주관적인 의견을 제시할 뿐이라는 것은 알려진 사실이다. 따라서 우리가 기준으로서 찾는 것은 사실상 예술에 대한 오랜 천착을 통해 표현의 수단에 대한 통제된 감수성과 그 내용에 대한 심도 있는 이해를 개발해 온 사람들에 의한 주관적 판단으로서의 합의라는 것이다. 이러한 합의는 일종의 객관적 결과로서 축적될 수 있게 된다.

동료 평가와 유사한 제도는 전 세계적으로 과학이나 의학 분야 연구

---

141) W. J. V. Windeyer, *Lectures on Legal History*, 2nd ed. (rev.) (The Law Book Company of Australasia, 1957), p. 81.

위원회에 의한 지원 결정 시에도 사용된다. 과학 분야의 경우 예술 분야보다 판단의 객관성이 전반적으로 분명하다고 여겨지기는 하지만, 과학자들과 전문 의학 연구자들 역시 기금 지원 결정에 활용되는데, 이는 그들이 일반적으로 그러한 결정을 할 자격을 갖추었거나 또는 충분한 지식이 있는 유일한 사람들로 간주되기 때문이다.

3) 고객 관계(Client Relations)의 속성

실제로, 예술위원회는 예술가와 예술 조직이라는 두 가지 구분되는 고객의 조합을 가진다. 예술위원회가 이러한 고객들과 연결되는 방식은 팔길이 원칙의 다양한 적용을 반영한다. 예술위원회들은 일반적으로 그들의 예술적 고객들로부터 거리를 두지 않는다. 위원회 직원은 예술조직과 예술가 고객들과 지속적인 소통관계를 유지한다. 일반적으로, 예술위원회 직원은 지원 신청자들이 예술적 요건뿐 아니라 재정적, 행정적, 또는 다른 기준도 충족하도록 하기 위해 노력한다.

고객이 지원금을 수령한 후에는, 예술위원회의 직원은 해당 고객이 그들의 지원에 있어 제안된 대로의 의무를 충족하였는지 여부를 결정하기 위해 기금의 사용과 적용에 관한 재정적 또는 행정적 보고서들을 평가한다. 이와 같은 맥락에서, 위원회의 직원은 이사회에 의해 승인된 다른 정책적 요건이 충족되었는지 여부를 판단하기 위하여 고객 조직의 예술적 활동을 검토할 수도 있다. 이러한 직원 평가의 결과물은 예술위원회의 이사진은 물론 심의위원들에게도 제공되며, 그러한 평가는 후속 기금 신청의 판단에 있어서 사용된다.

한편, 예술위원회의 공적 관계자들(public involves)과의 관계는 다른 차원의 것이다. 일반적으로, 예술위원회에는 예술의 제작과 향유 양자를 지원할 의무가 위탁된다. 즉, 예술위원회는 "지급담당자(paymaster)이자 취향형성자(tastemaker)"가 된다. 한편으로, 예술가들과 예술조직들은 예술의 자유를 위한 그들의 주장을 최대한으로 강조할 것이며, 취향 형성의 조짐이 되는 것이라면 무엇이든지 불안한 마음으로 지켜볼 것이다. 다른 한편으로, 납세자로서 공공의 구성원들은 지역사회의 취향과 기준에 대해 무감각하거나 예술적 실수(artistic follies)의 방종이라고 여겨지는 것에 대해 격렬하게 반대할 수 있다. 따라서 정부와 고객이라는 두 "잔소리꾼(would-be masters)"과 씨름하면서, 양쪽으로 팔길이 관계를 유지함으로써만 예술위원회는 그의 후원자로서의 역할을 성공적으로 해낼 수 있는 것이다.[142)

예술위원회가 "이중의 팔길이(double arm's length)"에 입각해서 운영되어야 한다고 주장되기도 한다. 단순한 팔길이 원칙에서 나아가, 예술위원회는 정부로부터는 물론 고객으로부터의 팔길이에 입각해서 운영되어야 한다는 것이다. 이에 따르면, 예술위원회는 고객의 예술적 덕성을 평가한 후에 그들의 활동을 지시하거나 통제하려 하지 않아야 한다. 이러한 정책 방향은 공적으로 보조를 받는 예술기관들이 정부로부터 행정적 독립성을 거의 가지지 못하는 대부분의 유럽 대륙 국가들의 경우와 직접적 대조를 이룬다.

2. 팔길이 예술위원회의 위상

예술적 수월성을 육성 및 촉진하는데 있어서 팔길이 예술위원회의 효율성은 수십 년 간 다수 국가들에서 재차 확인되어왔다. 1982년 영국 하원의 교육·과학·예술위원회(Education, Science and Arts Committee of the British House of Commons) 보고서에 따르면, 단순히 행정적 깔끔함을 추구하기 위해 예술가들이 일하고 있는 기존의 방식을 방해하지 않도록 유념하여야 한다. 위 보고서는 영국예술위원회가 "공연예술과 창조예술

---

142) F. Milligan, "The Arts Council as Public Patron," in E. Sweeting, (ed.). *Patron or Paymaster? The Arts Council Dilemma: A Conference Report* (London: Calouste Gulbenkian Foundation, 1982), p. 35.

(creative arts)의 미래에 대한 확신을 가지고 중심적인 역할을 해야" 한다
고 권고하였다.[143] 이와 유사하게, 1981년 미국의 예술과 인문 부문 대통령
TF(Presidential Task Force on the Arts and Humanities)에서는 기금이 "건전하
게" 유지되어야 하며, 본래 고안된 대로 유지될 것을 권고한 바 있다.[144]

같은 취지로, 캐나다 연방 문화정책 심의위원회(Federal Cultural Policy
Review Committee)는 캐나다예술위원회의 정부에 대한 팔길이 관계가 필
요하고 또한 효율적인 것으로 판단한 바 있다. 위원회는 창작 및 재연
활동이야말로 캐나다 예술위원회의 주요 책임이 되어야 한다고 보았으
며, 또한 그러한 활동은 "정치적 외풍에 가장 흔들리기 쉬운 측면을 가
지고 있는 만큼 자율성의 보호가 가장 필요한" 영역이라고 보았다.[145]
초창기의 지역 사례로, 온타리오 예술위원회의 팔길이 위상은 1984년 온
타리오 특별 예술위원회(Ontario Special Committee on the Arts)에 의해 재
확인된 바 있다.[146]

따라서 예술 지원에 적용되는 팔길이 원칙은 다수 국가에서 순수예
술의 육성 및 촉진을 위한 가장 효율적인 수단으로서 재확인되어 왔다
고 할 수 있다. 그럼에도 불구하고, 자율적인 예술위원회는 지속적인 국
제적 논쟁의 주제로서 존재해 왔는데, 예술이 지역사회의 본격적인 의제
로서 역동적인 상황을 마주하고 있는 한편, 정부는 개입의 문제에 더 관
심을 가지면서 더욱 개입하려는 경향을 보여 왔다.[147]

143) Education, Science and Arts Committee(1982), p. 46.
144) Wyszomirski, "The Reagan Administration and the Arts: 1981-1983," American
    Political Science Association, Annual Meeting (Chicago, Sep. 1988), p. 17.
145) Applebaum & Hébert, *Report of the Federal Cultural Policy Review Committee*
    (Ottawa: Canadian Department of Communication, 1981), p. 32.
146) Chartrand & McCaughey(1989), p. 5.
147) Gulbenkian Foundation(1981), p. 26.

III. '팔길이 원칙'의 이론적·실천적 적중성

1. '팔길이 원칙'에 대한 비판

현실에서의 적용 실제와 무관하게, 다수 학자들에 의해 '팔길이 담론'에 대하여는 끊임없는 비판이 제기되어 왔다. 학자들과 관련 평론가들은 내용적으로 케인즈의 기본 사상과 근거 등에 대하여 비판하면서, 동시에 '팔길이 원칙' 개념의 실효성을 다투어왔다.

먼저 정부로부터의 거리, 즉 '팔길이' 개념에 대하여, 그레이(Clive Gray)는 팔길이 원칙 개념과 '예술의 자유' 사상과의 연관성은 '지적 자유'에 관한 사상적 전통으로부터 도출되는 수사적이고 이념적인 공명으로, 현실에 있어서는 '예술위원회'가 결코 완벽하게 독립적인 적이 없었다고 한다.[148]

메이든에 의하면, 예술정책 문헌에 있어서 '팔길이 원칙'에 대한 언급들은 예술에 대한 지원이 정부로부터의 최소한의 관여에 따라 이루어져야 한다는 정신(ethos)에 대한 "실현가능한 지름길"로 간주될 수 있다고 한다.[149] 그는 앞서 맹스트 등에 의해 확인되었던 이상적인 팔길이 원칙과 예술 지원 체계의 특징에 대해 재확인하면서도, 그러한 이상적인 유형의 팔길이 기관은 어디에도 존재하지 않으며 효율적인 수사적 현실(rhetoric-reality)로서 존재할 수 있을 것이라고 한다.[150]

또한 동료평가제에 있어서 케인즈의 전문적 기준과 수월성 개념에 대하여, 학자들과 평론가들은 그가 "잘 훈련된 관료주의의 존재 및 정치적 자기 억제의 수행"을 믿고 있었다고 꼬집는다.[151]

---

148) Gray(2000), pp. 42-43.
149) Madden(2009), p. 13.
150) *Ibid.*
151) Brittan(2006), p. 182.

윌리엄스는 예술위원회에 대하여 평가하기를, 영국은 준공식적 또는 명목적으로 독립적 기구의 총체에 그의 공식적 기능을 위임할 수 있었는데, 그 이유는 국가가 신뢰하고 교감할 수 있는, 전에 없이 치밀하고 유기적인 지배계급에 의존할 수 있었기 때문이라고 한다.[152] 윌리엄스는 지배계급의 정의에 영국의 상류·중산 계급 및 그러한 계급으로부터의 전문적인 공무원들을 포함하였다. 실제로 설립 이래 예술위원회 구성에 관한 1998년의 조사 결과에 따르면 위원들이 특정한 공통적 사회적 배경을 공유하고 있음이 밝혀졌는데, 남성, 중년층, 고등교육을 받은 옥스퍼드나 캠브리지 졸업생이 많았고, 전문가들이 지배적이며, 흔히 임명 전에 예술과 관련되었던 인물들로 구성되었다.[153] 위 조사보고서를 집필한 그레이는, 결론적으로 예술계 내에 자기 증식하는 과두제가 존재한다는 생각이 사회적으로 폐쇄된 세계에 의해 강화되었다고 하면서, 그러한 사회로부터 예술위원회 구성원이 배출되었으며 다른 예술 조직과의 겸직은 멤버십이 보유한 가치와 관점을 견고하게 했다는 사실을 지적하였다.[154]

나아가, 엘리트주의에 입각한 케인즈의 견해에 따르면, 아마추어 예술가들은 그들의 노력에도 불구하고 지원 대상에서 제외된다. 공적 지원의 대상은 전문적인 훈련을 받아왔으며 또한 재능이 있다고 간주되는 이들이다. 케인즈의 도심 및 전문적 기관에 대한 관심은 이러한 사고에서 기인하는 일종의 정책적 응답이었다고 할 수 있다.[155] 케인즈가 비난을 받아온 불일치 가운데 한 가지는 지역 기반의 분권화된 접근이 아닌, 런던과 도심 지역에의 주요기관의 재건을 향한 편향이었다. 결국 그의 설시에도 불구하고, 케인즈가 각 지역에 기반한 커뮤니티 아트센터 대신

---

152) R. Williams(1979), pp. 165-166.

153) Gray(2000), pp. 127-129.

154) *Ibid.*

155) Gray(2000), p. 101.

런던의 코벤트가든 오페라에 대한 재정적 지원의 우선순위를 명확히 하였다는 점은 학자들의 비판의 대상이 되었다.[156]

법적 근거에 있어서의 비판으로, 에버릿(Anthony Everitt)은 불문법 국가인 영국의 특수성을 언급하면서 팔길이 원칙은 실제 성문화된 적이 없을 뿐만 아니라 관습적인 범주에서 벗어나지 못하는 한계를 지닌다고 지적한 바 있다.[157]

실천적 측면의 비판으로, 퀸은 일반적으로 팔길이 원칙의 의미에 대해 모호하게 이해되는 경우가 많으며, 이러한 이론적 이해의 상이함으로 인해 실무적으로 본래의 의미와 다른 양상으로 나타날 수 있음을 지적한다.[158] 그는, 팔길이 원칙을 문화예술 지원정책 이념으로 처음 표방한 영국에서조차 1946년 도입 당시의 의미에서 크게 달라져서 정부로부터의 '거리(distance)'보다는 정부와의 '밀착(intimacy)' 관계를 형성하고 있다고 지적한다. 실제로 영국에서 팔길이 원칙이 처음 제안되었을 때조차 그것은 정부로부터의 완전한 독립이나 불간섭을 의미하는 것은 아니었는데, 퀸은 영국의 팔길이 원칙이 위원회의 자율성과 정부의 책임성 위임 사이에서 움직이는 추와 같다고 표현하면서, 이 원칙이 광범위하게 받아들여지고 있음에도 사실상 도입 당시의 순수성과 그 의미가 갖는 원칙적 간결성은 거의 사라졌다고 주장한다.

워조머스키(Margaret Wyszomirski) 역시 예술위원회의 정책적 결정이 정부의 정책 의도나 관련 절차, 평가 제도와 분리될 수 있다고 생각하는 것은 순진한 것이라고 지적하며, 실제로 어떠한 정책도 정치적으로 분리될 수 없다고 주장한다.[159]

특히, 순수한 형태의 팔길이 원칙은 실제로 실행가능성이 없다고 지

---

156) Hutchison(1982), pp. 63-66.
157) Madden(2009), p. 12.
158) Quinn(1997), p. 153.
159) Madden(2009), p. 20.

적되고 있어, 팔길이 원칙의 실천적 측면에 대하여 회의를 제기하는 입장도 상당하다. 예컨대 '팔길이'만큼의 독립이 보장되지 못하고 '손뼘' 정도까지 가까이 다가가 있다는 "손뼘 원칙(palm's principle)"이라는 풍자나, "팔길이 만큼은 거리를 두지만 손은 올려놓고 있는 상태(Arm's Length But Hands On)"라든가, "오른팔은 거리를 두지만 왼팔은 잡고 있다는" 비판 등이 그것이다.160)

이와 유사한 맥락에서, 김정수는 국내에서도 1990년대 초반부터 문화행정의 모토로 '지원은 하되 간섭은 없다'는 원칙이 강조되고 또 문화예술과 관련된 많은 문헌과 예술적 담론 등이 진행되어 왔으나, 이러한 원칙들은 이론적으로나 구호로서는 매우 멋진 것일지 몰라도 실제적인 이행 가능성은 거의 없는 또 하나의 환상에 지나지 않는다고 평가하고 있다.161)

2. '팔길이 원칙'의 운영 실제와 시사점

1) 팔길이 원칙에 의한 정책 구현: 후원자 국가 유형

결국 문화예술 정책에서 팔길이 원칙이 어떻게 실현되는가는 정부나 국가의 역할과 연관되어 있다. 공공정책으로서 팔길이 원칙은 일반적으로 순수예술의 지원 분야에 적용된다. 그러나 팔길이 원칙이 순수예술(fine arts) 지원에 있어 가능한 유일한 방법은 아니며, 국가와 문화예술의 관계를 기준으로 촉진자, 후원자, 설계자, 기술자 등으로 대변되는 역할 유형이 있음을 보았다.

샤트란과 맥커히의 국가별 문화정책의 유형에 따르면, 팔길이 기관인 예술위원회를 통해 순수예술을 지원하는 국가유형을 '후원자 국가(The

---

160) Andrew Taylor, "'Arm's Length but Hands On'-Mapping the New Governance: The Department of National Heritage and Cultural Politics in Britain," *Public Administrations*, 75(3) (1997), pp. 441-466.

161) 김정수(2010), 22쪽.

Patron State)'라고 한다. 후원자 국가 정부는 지원금의 총액 규모를 결정하지만 어떠한 기관이나 예술가가 그것을 수령해야 할 지 관여하지 않는다. 위원회는 정부에 의해 임명된 이사진으로 구성되며, 임명된 이사들은 마치 백지위임 관계의 수탁인들처럼, 여당의 현안과 이익에 독립하여 지원금 배분이라는 고유 의무를 수행하도록 기대된다.

지원금 결정은 일반적으로 동료 평가 체계를 통해 일하는 전문 예술가의 조언에 의거해서 위원회가 하게 된다. 예술위원회는 창조성의 과정을 지원하지만, 그것은 전문적인 예술적 수월성(professional artistic excellence)을 촉진하기 위한 목적에 기반을 둔 것이다. 후원자 국가의 정책 역학은, 예술 커뮤니티에 의해 표현되는 예술적 형태와 양식의 변화에 응답하면서 진화하는 경향을 보인다. 예술가와 예술기업의 경제적 상황은 매표 소구력과 개인 기부자의 기호 및 선호, 팔길이 예술위원회로부터 수령하는 지원금의 조합에 달려있다.

팔길이 예술위원회의 강점 그 자체는 종종 동 원칙의 약점으로도 인식된다. 예술적 수월성의 육성은 흔히 엘리트주의를 촉진하는 것으로 여겨지는데, 이는 생산되는 예술의 유형과 기여하는 청중 양자에 있어서 그러하다. 따라서 예술적 수월성의 지원은 일반 대중 또는 민주적으로 선출된 대표들에 의해 접근 또는 향유되지 못하는 예술을 야기할 수 있다. 대부분의 후원자 국가에서는 정치가들이 대중의 의견을 반영하여, 예컨대 정치적으로 받아들일 수 없거나 음란하거나 또는 소수의 부유층에만 소구력이 있는 활동을 지원하는 것에 대한 불만을 표현하는 논란이 되풀이해서 발생하고 있다.

그렇지만 팔길이 위원회에 대해서 정치가들은 예술적 성공에 대한 공적을 주장할 수도, 실패에 대한 책임을 주장할 수도 없다. 영국은 후원자 국가의 가장 잘 알려진 사례이다. 정부는 2차 세계대전 중 런던대공습 기간에 사기 진작을 위한 목적으로 CEMA라 불리는 음악예술진흥위원회를 설립함으로써 후원자 역할을 채택하였고,[162] 전후 잉글랜드 이

외에 스코틀랜드, 웨일즈와 북부아일랜드에 자매기관을 창설했다. '후원
자'의 역할은 영국 귀족사회에 의한 전통적인 예술후원으로부터 발전한
것이다. 정부는 후원자 역할을 계속하고 있으며, 의회의 다양한 전담반
과 위원회가 자선 기부를 고양시킬 수 있는 우대조처를 권고해 왔음에
도 그러하다.163)

2) 팔길이 원칙의 법정책적 시사점

이상의 논의를 요약하면, 팔길이 원칙이란 "정부가 문화예술에 대해
지원은 하되 간섭은 하지 않는다"는 의미로, 재정적 지원, 서비스 지원
기타 어떠한 형식으로든 정부가 문화예술에 대해 지원은 하지만, 팔길이
만큼 떨어져서 예술의 자유를 침해하지 않는다는 것일 것이다. 이는 팔
길이 만큼의 공간 없이 정부와 문화예술이 상호 밀착되어 있으면 예술
의 근원인 창의성이 저해된다는 우려가 골자이다. 문화법정책의 구조와
관련 메커니즘이 설정되고, 정책 의도가 명확해져서 예산이 지원되면,
정부는 뒤로 밀려나고 문화공동체가 스스로 문화를 자극해서 문화가 풍
요롭게 되도록 하는 것이 무엇보다는 중요하다는 사고에 입각한 것이
다.164) 요컨대, 예술에 대한 지원과 예술의 자유 보장 사이에서 정부의
적절한 역할을 강조하는 원칙이 바로 팔길이 원칙이다.

팔길이 원칙의 실효성에 있어서, 앞에서 살펴본 학자들의 다양한 비판
은 대체로 실천 과정에서의 비판이며, 문화정책으로서의 기본 원칙 자체가
퇴색되어 버린 것은 아니다. 이 원칙은 아직까지 현실의 잘못된 모습을
바로잡기 위한 자극제로서 계속 유효하고 또한 필요한 것으로 평가된다.

---

162) M. Glascow, "The Concept of the Arts Council," in Milo Keynes, (ed.). *Essays on
     John Maynard Keynes* (Cambridge, England: Cambridge University Press, 1975), p.
     263.
163) Education, Science and Arts Committee(1982) 참조.
164) Simon Mundy, *Cultural Policy: A Short Guide* (Strasbourg: Council of Europe, 2000).

실제로 영국의 문화 전담 부처인 문화미디어스포츠부(Department for Culture, Media & Sport, 이하 DCMS)를 포함한 영국 정부기관의 공식문서상에는 "팔길이 기관(Arm's Length Bodies)"이 변함없이 확고하게 언급되고 있으며, DCMS는 공공기관(public bodies)에 대한 관계 규정을 통해 자율성과 책임성 사이의 균형을 도모해 왔다고 평가된다.[165]

　오늘날 영국뿐 아니라 다수의 국가들이 문화예술에 대한 국가 개입은 조건 없는 재정적 지원에 국한되어야 한다는 점에 동의하고 있다. 유사한 맥락에서 프랑스나 미국, 스웨덴 등에서도 정치 지도자들이 영향력을 행사하지 않는 지원, 즉 정부가 격려하고 재정적으로 지원은 할 수 있으나 창작행위에 개입해서는 안 된다는 입장을 보여 왔다. 일본의 경우, 국가는 문화예술활동에 대해 간접적 지원에 머물고 특히 그 내용에 간섭하는 것을 엄격히 삼간다는 '내용불관여의 원칙'을 견지하고 있으며, 그러한 입장에서 문화예술 관련법의 제정에 있어서도 신중을 기하는 태도를 보여 왔다.

　국내에서도 문화예술 지원의 중립성을 구현하려는 노력이 있어왔으며, 그에 관한 최초의 시도로 설립된 것이 한국문화예술진흥원이다. 1973년 당시 정부와 일정 거리를 두고 있는 전문기구로서 독자적으로 예술 지원 업무를 수행하도록 하여 관료들이 불합리한 개입이나 간섭을 하지 못하도록 하자는 취지로 설립되었으나, 그 한계를 극복하지 못하고 2005년 한국문화예술위원회로 전환되었으며, 이후에도 많은 시행착오를 거쳐왔다. 따라서 문화예술 지원의 중립성 원칙을 구현해 온 팔길이 원칙의 의의와 가치를 이해하고, 한국사회에 적합한 모델로의 변형 및 적용 가능성을 지속적으로 검토할 필요가 있다.

　무엇보다 팔길이 원칙은 우리 대법원에 의해 문화국가 원리의 맥락에서 법정책적으로 인정된 문화예술 지원의 원칙임을 상기하여야 한다.

---

165) DCMS, *Annual Report and Accounts 2010-11* (London: DCMS, 2011), p. 5.

앞서 본 '문화예술계 지원배제 사태' 전원합의체 판결에서 보충의견은 명시적으로 팔길이 원칙을 우리 예술 지원 정책의 준거로서 선언한 바 있다. 즉, "…예술가와 그의 예술 활동에 대한 국가의 지원이 자칫 문화예술의 자율성에 대한 침해로 이어질 수 있다는 우려가 있었다. 국가는 지원대상인 예술의 내용이나 방향에 개입하는 방식을 통하여 구성원의 정신적 일상을 일정 정도 지배하거나 유도하려는 유혹을 받을 수 있다고 보았기 때문이다. 영국의 경제학자이자 영국예술위원회 위원장이었던 케인즈는 이러한 우려에 대한 대응으로 '지원은 하되 예술의 내용에 대한 간섭은 있을 수 없다'는 취지의 이른바 '팔길이 원칙'을 제시하였다. 위 원칙은 말 그대로 국가나 행정기관이 예술 창작과 관련하여 예술가를 지원할 때 팔 길이만큼 거리를 둔다는 의미인데, 예술지원의 원칙이기도 하지만 독립적으로 구성된 예술지원기관이 관료주의의 영향에서 벗어나 독립적으로 운영되도록 보장하여야 한다는 원칙이기도 하다. 위 원칙은 현재 예술지원의 보편적 철칙으로 평가받고 있다"고 하였다.[166]

결국, 실천적 의미로서의 팔길이 원칙은 정부가 팔길이 예술지원기관을 지원하되 어떠한 지원 결정을 하든 간섭하지 않는다는 개념이 아니라, 지원기관이 지원정책 결정 과정에서 정부와 밀접한 협의를 거치되 지원금 분배에 있어서는 전문성을 발휘하도록 하는 것이다. 즉, 무엇보다 기관의 자율성을 보장하는 것이 중요하다고 할 것이다. 요컨대, '팔길이'라는 거리를 두되 지원기관이 공공기관으로서 일정한 책임을 지도록 하는 '불가근 불가원(arm's length but hands on) 원칙 정도로 해석하는 것이 현실적일 것이다.[167]

---

166) 대법원 2020. 1. 30.선고 2018도2236 전원합의체 판결 중 다수의견에 대한 대법관 박정화, 대법관 민유숙, 대법관 김선수, 대법관 김상환의 보충의견.
167) 같은 취지로, 신복용(2012), 19쪽.

제3절 예술에 대한 지원과 표현의 자유 법리

Ⅰ. 정부에 의해 지원되는 예술과 표현의 자유 법리

미 연방 수정헌법 제1조는 "합중국의회는… 언론 및 출판의 자유를… 제한하는 어떠한 법률도 제정할 수 없다"고 규정함으로써 표현의 자유를 광범위하게 보장한다. 표현의 자유 법리의 목적은 우선적으로 자유주의적이며, 정부의 검열로부터 시민의 자유를 보호하는데 기여하고자 하는 것으로 여겨진다. 그러나 현대 국가에 있어 정부의 편재 현상이 일반화되고, 특히 정부가 다양한 사적 활동의 지원자 역할을 하게 되면서 정부와 민간 간의 표현의 경계는 불분명해져 왔다. 미국에서는, 정부가 스스로의 표현을 통제함에 있어 수정헌법 제1조에 의한 제약을 받지 않는다는 이른바 '정부표현 법리(government speech doctrine)'가 그 영향력을 확장해 감에 따라, 해당 법리는 사적이면서 공적인 요소를 모두 지닌 표현을 포함하는 사례를 판단할 경우에 연방대법원의 기준으로서 기능해 왔다. 이하에서 관련하여 살펴보기로 한다.

1. 지원되는 표현에 대한 '정부표현 법리'

1) 정부표현 법리에 관한 연방대법원 판례의 전개

'정부표현의 법리'를 일의적으로 정의하기는 어려우며, 학자들에 따르면 관련 내용은 다소 혼돈스런 영역으로 여겨진다.[168] 그러나 정의상

---

168) Randall P. Bezanson & William G. Buss, *The Many Faces of Government Speech*, 86 Iowa L. Rev. 1377, 1380-87 (2001); Leslie Cooper Mahaffey, *"There Is Something Unique … about the Government Funding of the Arts for First Amendment Purposes"*: *An Institutional Approach to Granting Government Entities Free Speech*

의 근본적 모호함에도 불구하고, 학자들은 정부표현의 법리가 1991년 내려진 논쟁적 판결 *Rust v. Sullivan* 판결[169]에서 유래되었다고 보는 점에 있어서는 대체로 의견이 일치하는 것으로 보인다. 이 판결에서는 환자에게 낙태를 추천 또는 권장하고 전문의 소개 등을 조언하는 가족계획에 대한 재정지원을 거부하는 입법이 문제되었다. 의회는 공공보건서비스법(Public Health Service Act, Title X)[170]에 따른 연방 지원금 수령에 있어서 가족계획에 관여하는 의료상담소가 가족계획의 방법으로서 낙태에 관한 정보를 제공할 수 있는 수정헌법 제1조상 권리를 보류하는 것을 조건으로 삼은 것이다. 연방대법원은 정부가 재정지원을 할 경우에 모든 관점을 지원할 의무는 없다고 하면서, 문제의 법률 규정은 의사의 수정헌법 제1조상 권리를 침해하는 것이 아니라고 판시하였다.[171] 선별적 지원에 있어 "정부는 관점 기반 차별을 한 것이 아니라, 단지 다른 사안을 배제하고 해당 사안을 지원하기로 결정한 것 뿐"이라는 것이다.[172]

이 사안에서 연방대법원은 문제의 법 규정에 의한 지원금 수령을 가족계획에 대한 정부 견해의 전달에 연동시켰다.[173] 다수의견은, 부분적으로 연방 기금을 받지 않은 별도의 유관 프로그램을 통해 해당 법률에 따른 수혜자가 낙태에 관해 조언 및 상담할 수 있다는 사실에 기초하여, *Rust* 판결에서 선별적 자금지원 결정을 표현의 자유 조항에 따라 보다 엄격한 검증을 이끌어내는 절대적 규제와 구별하였다.[174] 한편 판례는, 비록 지원금 수령자가 정부지원사업 외에서 표현할 자유에 결부되더라도, 이러한 입장이 정부에 의한 재정지원이 표현의 내용에 대한 정부의

Rights, 60 Duke L.J. 1239, 1242 (2011).

169) Rust v. Sullivan, 500 U.S. 173 (1991).

170) 42 U.S.C. §§ 300-300(a)(41) (1970).

171) Rust v. Sullivan(1991), pp. 192-196.

172) *Ibid.*, p. 194.

173) *Ibid.*, p. 193.

174) *Ibid.*, pp. 196-199.

통제를 정당화시키기에 항상 충분함을 암시하는 것은 아니라고 지적했
다. 법원은, 예컨대 '보조금'이 정부 소유 자산의 형태로서 존재하는 경
우, 이것이 "표현활동을 위해 전통적으로 공공에 개방되어 왔거나 또는
명시적으로 표현활동에 기여하는" 영역에 있어서 표현의 제한을 정당화
하는 것은 아니라고 확인하였다.175)

　학자들은 이러한 판례의 견해에 불편함을 표현해 왔는데,176) 그럼에
도 불구하고 법원은 Rust 판결에서 정부표현 사례에 관한 다음과 같은
두 가지 일반원칙을 채택하였다. 첫째, 정부기관이 "스스로를 위해 표현
할 때" 해당 기관은 "그가 표현하기를 원하는 관점을 선별할" 권리가 있
으며, 표현의 자유 규정은 적용되지 않는다. 둘째로, 사적 표현을 지원하
는 결정도 마찬가지로 만일 지원금이 "정부가 통제하는 견해를 전달할
목적으로" 배분된다면 수정헌법 제1조의 검증에서 면제된다는 것이
다.177) 두 원칙은 상호 연계하여 해석되어야 한다.

　전통적인 표현의 자유 영역으로서의 대학에 관한 Rust 재판부의 설시
는 Rosenberger v. University of Virginia 판결178)에서 법원의 직접적 판시에
중점적 내용이 되었는데, 법원은 공적 광장 법리(public forum doctrine)에
따라 정부가 스스로를 위해 표현하지 않을 때 특정 견해를 지원하려는
결정에 있어 Rosenberger 판결을 그 전형으로 삼아 왔다. Rosenberger 판

---

175) *Ibid.*, pp. 199-200.
176) 예컨대, Steven G. Gey, *Why Should the First Amendment Protect Government Speech When the Government Has Nothing to Say?*, 95 Iowa L. Rev. 1259, 1271-73 (2010); Charlotte H. Taylor, *Hate Speech and Government Speech*, 12 U. Pa. J. Const. L. 1115, 1163-64 (2010). 전자는 정부가 소통하려는 견해가 무엇인지에 관한 탐색적 질문에 관여하지 못함으로써 *Rust* 판결의 재판부가 오류를 저질렀다고 하고 있으며, 후자는 *Rust* 판결과 *NEA v. Finley* 판결이 학자들 사이에서 "심히 못마땅한 판례"라고 지적한다.
177) Pleasant Grove City v. Summum, 129 S. Ct. 1125, 1131 (2009).
178) Rosenberger v. Rector and Visitors of the University of Virginia, 515 U.S. 819 (1995).

결에서 버지니아 대학교는 대학의 학생활동지원금(Student Activities Fund, SAF) 수령이 가능한 학생 출판물 가운데 특정 기독교 매체를 배제하였다.[179] 이에 연방대법원은 종교는 관점의 하나라고 지적하면서, 대학이 구성원의 헌법상 표현의 자유 권리를 침해하였다고 판시하였다. 학생활동지원금에 대한 신청 자격에서 '종교적 활동'을 배제하는 버지니아 대학의 정책은 "대학의 교육 목적에 관련된"[180] 특정 단체들에 지원금을 제공하는 것이며, 이는 정부표현을 구성하지 않는다고 보았고, 따라서 대학 측은 그러한 관점을 SAF의 중립적 지원계획에서 배제할 수 없다고 하였다.[181]

이러한 법원의 입장은 "대학 스스로 표현하거나 그가 선호하는 견해의 전달을 지원하는 것이 아니라 민간 표현주체로부터의 다양한 견해를 장려하기 위해 지원금을 사용하는 것"이라는 법원의 결정에 근거한다. 따라서, 대학은 관점 기반 기준에 근거하여 제한할 수 없는 민간 표현의 자유를 위한 제한된 공적 광장을 창출한 것이다.[182] 연방대법원은, 종교는 "다양한 주제들이 토의되고 고려될 수 있는 특정한 전제, 시각, 입장을 제공한다"고 설시하면서, 제한된 공적 포럼을 창출하는 대학이 광범위하게 정의된 '종교적 관점'에 기반하여 기금 지원을 거절한 것은 수정헌법 제1조상의 권리를 축소시키는 위헌적인 것이라고 보았다.[183]

또한 법원은 "국가가 표현할 때에는, 내용 기반의 선택을 할 수 있다"고 주지하면서,[184] 정부가 "스스로 표현하지 않거나 그가 선호하는 견해

---

179) 버지니아 대학의 규제는 그 목적이 "공인된 궁극의 실제나 신에 대한 헌신을 실행하는" 모든 '종교조직(religious organization)'에 대한 기금 지원을 금지하고 있었다.

180) Rosenberger v. Rector and Visitors of the University of Virginia(1995), pp. 824-825.

181) Ibid., pp. 833-837.

182) Ibid., p. 830.

183) Ibid., pp. 835-837.

184) Ibid., p. 833.

의 전달을 보조하는 것이 아니라 민간 표현주체의 다양한 견해를 촉진하기 위해 지원하는 경우, 관점 기반 제한은 부적절하다고 판시하였다.[185]

　Rosenberger 판결과 *Rust* 판결은 정부가 의도적으로 특정 견해를 지지할 수 있는지를 검증함에 의해서 정부 지원과 사적 지원을 구별할 가능성을 창출한 것으로 보인다.[186] 그러나 최근의 판례는 정부가 견해를 창출했으나 그것을 자신의 것이라고 특정적으로 주장하지 않는 상황에서조차 정부표현 법리가 적용된다는 것을 시사하고 있다.[187] 이러한 결정들은 정부표현 법리의 확장과 함께, 이 법리가 표현 선별적 맥락에 적용될 수 있는 가능성을 만들어낸다.[188]

2) 정부표현 법리에 대한 새로운 해석의 전개

　정부가 화자로 말하는 경우 그의 표현적 행동은 수정헌법 제1조 표현의 자유에 의한 제한으로부터 면제된다는 정부표현의 법리는 *Rust* 판결 이후로 마치 전이가 되듯 성장해왔으며, 최근까지 별다른 논란 없이 인정되어 왔다고 할 수 있다.[189] 그러나 사법적으로 편안해 보이는 이 원

---

185) *Ibid.*, p. 834.

186) Joseph Blocher, *School Naming Rights and the First Amendment's Perfect Storm*, 96 Geo. L.J. 1, 22 (2007).

187) 예컨대, Johanns v. Livestock Mktg. Ass'n, 544 U.S. 550, 564-567 (2005).

188) Mahaffey(2011), p. 1259.

189) 대법원 2020. 1. 30. 선고 2018도2236 전원합의체 판결 중 직권남용권리행사방해죄에 관한 박상옥 대법관의 별개의견에 따르면, "미국 연방대법원 역시 정부의 가치 판단에 따른 기금의 선별적 지원이 수정헌법 제1조의 권리를 침해하는 것이 아니라고 판단한 바 있다[Rust v. Sullivan, 500 U.S. 173(1991)]. 따라서 차별적 지원배제 자체가 헌법이 국가에 부여한 문화국가 원리에 곧바로 위반된다고 볼 수 없고, 피고인들이 이러한 정책을 수립·시행한 것이 위헌적인 직권의 행사라고 볼 수 없다. 더군다나 지원이 배제된 단체나 개인은 국가가 조성한 기금을 지원받지 못할 뿐이지, 그들의 문화·예술행위 자체를 국가가 제한하는 것이 아닌 이상 이를 두고 표현의 자유를 침해한 것이라 볼 수도 없다"고 하였다.

칙의 외견 이면에는 수많은 난제들이 자리하고 있다. 정부표현의 법리에
대해 연구해 온 랜달 베잔슨(Randall P. Bezanson)은 이에 관하여 정부표
현의 '방식(manner)'이 중요하다는 점을 지적하면서, 어떠한 형태의 표현
이 정부의 표현으로서 간주되어야 하는지 또한 어떠한 형태는 안 되는
지 등에 관한 분석을 시도한 바 있다.[190]

이 문제를 논하면서 베잔슨은 두 가지를 강조한다. 첫째, '정부표현
법리'라는 이름이 부적절하다는 것이다. 정부표현 법리는 정부의 표현행
위에 대한 면책일 뿐 아니라, 시간, 장소, 공간에 있어서 부적절한 정부
표현행위의 배제이기도 하다. 따라서 이 원칙은, 사실상 '정부표현 광장
법리(government speech forum doctrine)'라고 부르는 것이 정확하다는 것
이다. 둘째로, 정부표현 법리는 정부가 말할 능력에 관한 독점권, 즉 그
것을 좋아하든 그렇지 않든 다른 모든 표현을 배제할 권리가 부여되는
광장을 유보하는 것이므로, 우리는 정부가 그의 새로운 광장에서 표현적
으로 행동하는 방식, 즉 표현의 '방식'에 대해 관심을 가져야 한다는 것
이다.[191]

National Endowment for the Arts v. Finley 판결[192]과 같은 사례들이 정
부표현에 해당한다고 주장하는 이러한 견해는, 비록 정부가 *Rust* 판결의
의제인 반낙태 같은 특정 견해를 분명히 언급하지는 않았지만, NEA가
다른 작품을 배제하고 특정 예술작품을 "기획자적(programmatic)"으로 선
정한 것을 정부가 예술작품의 수월성으로 간주한 것을 표현하는 의사소
통 행위로 볼 수 있다고 한다.[193] 베잔슨은 예술조직이나 미술관, 대학

---

190) Randall P. Bezanson, *The Manner of Government Speech*, 87 Denv. U. L. Rev. 809
    (2010).
191) *Ibid.*, p. 809.
192) National Endowment for the Arts v. Finley, 524 U.S. 569 (1998). 이에 관하여는
    제3절에서 상세히 논의한다.
193) Randall P. Bezanson, *The Government Speech Forum: Forbes and Finley and
    Government Speech Selection Judgments*, 83 Iowa L. Rev. 953, 978-979 (1998).

같은 정부기관에 의해 이루어진 선별적인 편집 판단은 일정한 조건하에서 정부표현으로 간주될 수 있다고 주장한다. 그 조건이란 첫째로 그러한 정부의 선별적 표현 판단에 의해 달성하고자 하는 목적 그 자체가 표현적이어야 할 것과, 둘째로 정부의 표현적 활동이 시장으로부터의 경쟁적 표현을 제거하지 않아야 한다는 것이다.194) 비록 정부가 선별적 표현 판단에 의해 '수월성(excellence)'에 대한 그의 견해를 표현하고 있다는 주장이 이론적으로 그럴듯하다고 하더라도, 이는 독립적이며 정치적 영향으로부터 차단된 전문가의 판단이 그러한 조직으로 하여금 지정된 기능을 수행할 수 있게 하는 주요 속성의 하나임을 설명하지 못한다.195) 따라서, 이러한 독립적 판단의 행사를, 정부가 전달하고자 하는, 사전에 준비되고 결정된 특정 견해에 필적시키는 것은 이상하게 들린다. 이러한 유형의 사례를 정부표현의 경우라고 취급하는 것에 문제가 있어 보임에도 불구하고, 하급심 법원들은 정부표현 법리를 결정적인 구조로서 사용하는 유사한 사실관계 유형에 대한 논쟁들에 대한 해석을 시작한 바 있다.

학자들은 정부의 규제자(regulator)로서의 역할과 조성자(allocator)로서의 역할 사이에 근본적인 차별점을 인식해 왔는데,196) 후자의 대표적 예로는 예술 후원자나 방송사, 도서관 운영자 등을 들 수 있다.197) 조성자로서, 연방정부는 대행기관과 기업 등의 재정지원을 통해 국가의 문화적 삶을 물적·심적으로 지원하는 중요한 역할을 수행한다. 한편, 통제받는 표현과 연설 사이의 경계가 불분명해짐에 따라 정부는 수정헌법 제1조의 복잡한 고려 영역에 들어선다. 이러한 맥락에서 샤우어(Frederick

---

194) *Ibid.*, p. 979.

195) Mahaffey(2011), p. 1261.

196) 조성자로서의 역할을 20세기에 들어 중요성이 커진 정부행위의 영역으로 본다. Owen M. Fiss, *The Irony of Free Speech* (Cambridge, Mass.: Harvard University Press, 1996), pp. 27-29.

197) People for the Ethical Treatment of Animals v. Gittens, 414 F.3d 23, 29 (D.C. Cir. 2005).

Schauer)는 특정 상황에서는 "표현의 자유의 결과가 특정한 기관의 특정한 속성에 의존하도록 허락하는 것"이 상식적이라고 한다.[198] 즉 도서관, 예술기관, 공영방송사 같은 조직들이 그들의 조직적 속성에 기초하여 왜 특별한 수정헌법 제1조상 지위를 부여받아야 하는지 검토할 필요가 있다. 이러한 기관의 유형을 표현의 자유 조항의 목적을 위해 독특하게 다루는 데 있어 주요한 정당화 근거로는 첫째로 특별한 기관의 목적 및 구조, 둘째로 수정헌법 제1조의 목적에 대한 근접성, 셋째로 표현활동에 대한 기관의 독립적 편집 결정의 유사성을 들 수 있다.[199]

요컨대, 미국 법원에 의해 적용되어 온 정부표현 법리는 상대적으로 정치하지 못한 도구로, 정부의 다양한 층위나 정부 행동의 다양한 목적들 간의 구별을 하지 못한다. 한편, 수정헌법 제1조 법리의 압도적 무게감은 표현의 자유 조항의 적용이 사안 특정적이어야 하며 개별 정부의 규제 유형은 특정 유형의 표현과 표현이 이루어지는 맥락에 적절하게 맞춤화된 층위의 검토를 받아야 할 것을 제안한다. 이에, 표현의 자유 법리의 특수 영역으로서 '지원되는 예술표현(subsidized art speech)'에 대한 새로운 기준 정립이 필요하게 된다.

2. '지원되는 표현(subsidized speech)'에 대한 보호 기준의 문제

민주주의 보루로서 간주되어 온 표현의 자유 법리는 주로 정부의 규제로부터 개별적인 표현 영역, 그 안에서 공적 의견이 구축되어야 한다고 이해되는 영역을 보호하려고 하는데 초점을 두어 왔다. 이러한 경향에 따라 결과적으로 전통적인 표현의 자유 법리는 정부 자신의 표현에 대해서는 별다른 언급을 하지 않았다. 특히 표현에 대한 정부의 보조금

---

198) Frederick Schauer, *Comment, Principles, Institutions, and the First Amendment*, 111 Harv. L. Rev. 84, 86 (1998).

199) Mahaffey(2011), p. 1264.

에 의해 제기되는 난해한 헌법적 문제들은 이와 같은 혼란스런 영역 중
에서도 사각지대에 위치해 왔다고 할 수 있는데, 이러한 점에 주목하여
일부 학자들은 연구를 진행해 왔으며, 그 중 몇 가지 주요한 제안을 살
펴보고자 한다. 그러한 제안들은 아래 소개하는 바와 같이 '지원되는 예
술표현'에 있어서 기존의 표현의 자유 법리, 즉 위헌적 조건 금지 원칙과
관점 기반 차별 금지 원칙의 유용성에 대한 한계를 지적한다는 공통점
을 가진다.

1) 위헌적 조건의 금지(Doctrine of Unconstitutional Conditions)

위헌적 조건 금지의 원칙은 정부가 보조금이나 지원금, 대여금 등 혜
택의 수령자에게 그의 헌법상 권리의 유보를 조건으로 할 수 있는지에 관
한 것이다.[200] 홈즈 대법관이 주장한 전통적인 견해에 따르면, 법원은 위
헌적 조건일 수 있는 것을 번복하는데 관여해서는 안 된다는 것이다.[201]

이러한 시각에 따르면, 정부에 의한 혜택은 정부의 '자선행위'에 가까
운 것으로 정의된다.[202] 따라서, 보조금을 보류할 수 있는 더 큰 권한은
필연적으로 그러한 보조금을 수령하는데 있어 수령자의 권리 포기에 대
한 합의를 조건으로 하는 더 약한 권한을 포함한다. 게다가, 만약 잠재
적 수혜자가 그의 헌법상의 권리를 행사하고 보조금을 포기하기로 선택
한다면, "그는 애당초 정부가 보조금을 주지 않았을 때보다 더 불리한
입장에 처하지도 않는다."[203]

---

200) Danielle E. Caminiti, *Brooklyn Institute of Arts & Sciences v. City of New York: The Death of the Subsidy and the Birth of the Entitlement in Funding of the Arts*, 10 Fordham Intell. Prop. Media & Ent. L.J. 875, 884 (2000).

201) Cass R. Sunstein, *Why the Unconstitutional Conditions Doctrine is an Anachronism (With Particular Reference to Religion, Speech, and Abortion)*, 70 B.U. L. Rev. 593, 597 (1990).

202) Martin H. Redish & Daryl I. Kessler, *Government Subsidies and Free Expression*, 80 Minn. L. Rev. 543, 549 (1996).

203) *Ibid.*, p. 549.

비록 법원이 다른 맥락에 있어서 홈즈적인 입장을 거부하기는 했지만,204) 언론과 표현에 관한 수정헌법 제1조의 맥락에 있어서 위헌적 조건 법리에 관한 연방대법원의 입장은 분명치 않다. 그럼에도 *Hannegan v. Esquire, Inc.* 판결205)에서 시작해, *Regan v. Taxation With Representation of Washington* 판결,206) *Rust v. Sullivan* 판결, *Rosenberger v. Rector and Visitors of the University of Virginia* 판결 및 *National Endowment for the Arts v. Finley* 판결에 이르는 일련의 판례는 현행 위헌적 조건의 법리를 이해하는 틀을 제공하고 있으며, 동시에 관점에 따른 차별의 법리와 표현의 자유 법리를 소개한다. 또한 이러한 법리들은 *Brooklyn Institute of Arts and Sciences v. City of New York* 판결207)에서 〈센세이션〉 전의 내용에 기하여 시의 보조금 운영을 철회하는 것은 위헌적이라는 브루클린 미술관의 입장의 기초가 되기도 하였다.

그러나, 학자들은 '지원되는 표현(subsidized speech)'의 영역이 기존의 지배적 견해, 특히 위헌적 조건 금지의 법리가 가지는 지나친 추상성에 의해 해결되지 못하는 복잡한 영역임을 지적한다.208) 위헌적 조건 법리에 따른 해석의 요점은 정부가 직접적으로 해서는 안 되는 행위를 간접적으로도 하지 못하도록 하는 것이며, 그럼으로써 수정헌법 제1조의 권리는 혜택의 제공에 대해 독립적으로 정의된다는 것이다. 하지만 '지원되는 표현'에 있어서는 제공되는 혜택이 때로는 시민을 공무원으로 전환

---

204) 홈즈의 입장은 수정헌법 제14조의 평등보호조항(Equal Protection Clause)의 맥락에서 결함이 있다고 지적된다. 예컨대, 실제로 복지혜택을 수령할 독립적 권리가 존재하지는 않지만, 존재한다 하더라도 정부는 백인에게만 복지혜택을 제공할 수는 없다. 이는 법률상 인종 간 평등한 처우를 받을 권리를 침해할 수 있기 때문이다. *Ibid*, p. 550.

205) Hannegan v. Esquire, Inc., 327 U.S. 146 (1946).

206) Regan v. Taxation With Representation of Wash, 461 U.S. 540 (1983).

207) Brooklyn Institute of Arts and Science v. City of New York and Rudolph W. Giuliani, 64 F.Supp.2d 184 (E.D.N.Y. 1999).

208) 대표적으로, Cass R. Sunstein(1990).

시켜 관련된 수정헌법 제1조상 권리와 분석의 속성을 변질시켜 버린다는 것이 문제이다.209) 기존의 위헌적 조건 법리의 추상성은 이 부분을 단순히 언급 없이 넘어가고 있으며, 이후 "기준선(baselines)"이나 "체계적 영향(systematic effects)" 등 또 다른 추상적 기준의 추가에 의해 기존 이론의 흠결을 보완함으로써 이를 해결하려는 견해들210) 역시 그 논리의 적절성에도 불구하고 실패한 것으로 볼 수 있는데, 이는 공적 담론의 경계 확정에 대한 특별한 수정헌법 제1조의 법리를 염두에 둔, 특정적이고 맥락기반적인 관점에 의해 표현자의 상태를 범주화시키지 못하였기 때문이다.211)

2) 관점 기반 차별 금지(Viewpoint Discrimination Doctrine)

전통적인 표현의 자유 법리에 의하면 관점 기반 차별은 금지된다. 보다 구체적으로 말하면, 내용 기반 규제는 표현의 의미에 적합한 것인 반면, 관점 기반 규제는 특정한 관점이나 입장을 유리하게 하거나 불리하게 하려는 특정한 논쟁에 개입하는 것이다.212) 문제는, 관점 기반 차별을 금하는 일반 원칙은 '지원되는 표현'에 있어서 혼란과 오류를 낳는다는 점이다.213) 새로운 기준을 수립하고자 하는 견해에 따르면 국가는 민

---

209) Robert C. Post, *Subsidized Speech*, 106 Yale L.J. 151, 156-157 (1996).

210) Seth F. Kreimer, *Allocational Sanctions: The Problem of Negative Rights in a Positive State*, 132 U. Pa. L. Rev. 1293, 1359-1374 (1984); Kathleen M. Sullivan, *Unconstitutional Conditions*, 102 Harv. L. Rev. 1413, 1415 (1989).

211) Post(1996), p. 156.

212) 이에 관한 연구로는, Paul B. Stephan III, *The First Amendment and Content Discrimination*, 68 Va. L. Rev. 203, 218 (1982); Geoffrey R. Stone, *Content Regulation and the First Amendment*, 25 Wm. & Mary L. Rev. 189, 197-200 (1983); Luba L. Shur, *Content-Based Distinctions in a University Funding System and the Irrelevance of the Establishment Clause: Putting Wide Awake to Rest*, 81 Va. L. Rev. 1665, 1692 (1995).

213) Post(1996), p. 165.

주주의적 공적 담론 영역이 아닌, 명시적인 정부의 목적들을 달성하기 위한 이른바 '관리 영역(managerial domain)' 내 표현은 규제할 수 있으므로, 관리 영역에서 관점 기반의 차별은 가능하며 또한 흔하게 나타난다. 즉, 전통적인 미국 판례에서 단순히 관점 기반의 차별이 아닌 것으로 보아 허용해 온 많은 경우는, 사회적 속성에 따라 관리 영역으로 분류함으로써 관련 논리의 부자연스러움을 해소할 수 있게 된다.

관점 기반 규제와 내용 기반 규제에 관한 구별을 제시한 *Rosenberger* 판결은, 동시에 관점 기반 차별 금지 원칙을 선언해 온 법원에 의해 초래된 혼란의 모습을 보여준다. 케네디 대법관의 의견을 통해 법원은 "정부에 의한 재정적 혜택의 제공에 있어서 관점 중립성의 요청"[214]은 버지니아 대학교가 종교적 견해를 촉진하는 학생 표현에 대해 보조금 확장을 거부한 것을 위헌적으로 볼 수 있다고 판시하였다. 그러나 법원은 이미 다른 맥락에서 "대학의 사명은 교육이며" 따라서 공립대학은 "캠퍼스 및 시설의 사용에 있어 그 사명과 양립가능한 합리적인 규제를 부과할 수 있는 권한을 부여받는다고" 설시한 바 있다.[215]

위 선례에서 케네디 대법관은 이 점을 인식하고 '공적 광장 법리(public forum doctrine)'라는 용어를 사용함으로써 혼란을 극복하려 했는데, 이것이 판례의 전형적 입장이다.[216] 이를 통해 케네디 대법관은 특정한 단체나 특정한 주제의 토론을 위한 자원들을 보유함으로써 학교는 '제한된 공적 광장(limited public forum)'을 창출할 수 있음을 언급하였다.[217] 이러한 방식으로 케네디 대법관은 버지니아 대학교에 그의 목적에 필요한 한도에서 '표현자'와 '표현'을 구별하는 권한을 부여하였다. 한

---

214) Rosenberger v. Rector and Visitors of the University of Virginia(1995), p. 2519.

215) Widmar v. Vincent, 454 U.S. 263, 268 n. 5 (1981).

216) 새로운 이론에 따르면, 공적 광장 이론이 '관리 영역'의 설정 필요성에 상응하는, 판례가 보유해 온 유일한 법리적 범주라고 한다. Post(1996), p. 165.

217) Rosenberger v. Rector and Visitors of the University of Virginia(1995), pp. 2516-2517.

편, 그러한 제한된 광장의 목적을 보전하는 한도에서 허용될 수 있는 내용 기반 차별과, 제한된 광장의 목적을 보전하지 않는 방식으로 표현에 가해지는 용인할 수 없는 관점 기반 차별이 구분된다고 하였다.[218] 새로운 이론에 따르면 위 선례는 종교적 관점을 촉진하는 표현의 배제는 대학의 지원금 프로그램이 기여하는 어떠한 정당한 교육 목적에도 무관하다는 입장으로 해석할 수 있다.

3. '사회적 속성화'의 고려와 새로운 기준

1) 지원되는 표현과 사회적 속성화의 필요성

수정헌법 제1조의 표현의 자유에 관한 권리는 헌법적 가치들의 결과를 정의하고 집행하는 법적 개입을 구조화하는 방법들이다. 그러한 가치들은 특정한 사회적 공간(social space)에 따라 특정적이기에, 표현의 자유에 관한 권리 또한 그러해야 한다.

포스트(Robert Charles Post)는, 보조금으로 지원되는 표현(subsidized speech)에 있어 일반적인 표현의 자유 법리(First Amendment doctrine)에 대한 두 가지 근본적인 가정에 이의를 제기한다.[219] 첫째로 지원되는 표현은 표현자의 상태를 불명확하게 만들어, 우리로 하여금 표현자가 공적 의견의 형성에 대한 독립적 참가자로서 속성화 되는지 아니면 정부의 대행기관으로서 표현하는 것인지를 결정하도록 한다. 둘째로 지원되는 표현은 정부행위의 상태를 불명확하게 함으로써, 보조금이 개인에 대한 정부의 규제로서 속성화 되는지 아니면 사상의 자유 시장에 대한 정부의 참여 형태로서 속성화 되는지 결정하도록 한다.

이러한 두 가지의 사회적 속성화(social characterization)에 관한 질문은 '지원되는 표현'에 대한 모든 헌법적 사례의 기조를 이루며, 많은 표현의

---

218) *Ibid.*, p. 2517.
219) Post(1996), p. 152.

자유 문제와 같이 사회적 공간에서 두드러지는 헌법적 영역의 경계들에 대한 복잡하고 맥락적이며 규범적인 판단을 요구한다.[220] 그러나 기존의 미국 판례는 지원되는 표현의 문제에 관해 특별히 명시적으로 언급하지 않고, 그 대신 주로 '위헌적 조건'과 '관점 기반 차별'이라는 두 가지 '금지 법리'에 의해 지원되는 표현의 사례를 다루기로 선택해 온 것으로 보인다.[221] 이러한 판례의 입장에 따라, 위헌적 조건 금지 및 관점 기반 차별 금지의 법리는 보편적으로 주장되어 왔으며, 사회적 공간의 모든 측면을 통제해 왔다. 문제는 헌법적 가치들에 대해 적절하게 소통하지 않는 법리를 채택할 경우, 법원은 법리들을 변형시키고 회피함으로써 그것을 왜곡시켜, 보다 혼란스럽고 자의적이며 부적절한 형태로 만들게 된다는 것이다.

이러한 현상이 초래되는 것은 이 두 가지 법리가 수정헌법 제1조의 분석을 실제적으로 추진시키는 '사회적 속성화'의 문제를 무시하기 때문이다. 결과적으로 개별적 법리는 헌법적 의사결정의 실제적 원천으로부터 점점 더 절연되어 왔으며, 해당 법리들은 이해를 위한 유용한 수단이 되기보다는 결론을 위한 '공식 명칭'이 되어 왔다. 포스트는 지원되는 표현을 다루는 판례의 우연적이고 비일관된 입장이 오랫동안 주지의 사실이었던 관계로, 선례들은 정확하게 "혼란스럽고" 또한 "모순된" 것으로 간주되어 왔으며, "부적절한 풍자시의 뒤범벅"이라고 표현한다.[222]

이러한 배경에서, 포스트는 사회적 속성화 이론을 통해 첫째로 표현자의 지위를 고려하여 독립적인 참가자인지 또는 정부의 도구에 불과한지를 살피는 것과, 둘째로 정부행위의 지위를 고려하여 정부에 의한 규제인지 또는 사상의 자유 시장에의 참여인지를 살피는 것이 중요하다고 주장한다.[223]

---

220) *Ibid.*
221) *Ibid.*
222) *Ibid.*

2) 공적 담론과 관리 영역의 구별

포스트는 지원되는 표현은 관련된 사회적 속성화의 과정을 명시적으로 언급하는 법리를 형성함으로써만 유용하게 분석될 수 있다고 하면서, 이에 관한 두 가지 영역을 제시한다. 민주적 사회 영역이라 할 수 있는 '공적 담론 영역(public discourse domain)'과, 또 다른 종류의 사회적 형식으로서의 '관리 영역(managerial domain)'이 그것인데, 포스트는 각각의 영역에 위치한 표현을 규제하는 정부행위를 속성화하고 그 결과를 탐색하고자 하였다.

먼저, '공적 담론 영역'이란, 수정헌법 제1조의 법리가 구체화하는 시민의 표현에 관한 두드러진 영역을 의미하는데, 여기에서 개인적 요구와 집단적 자율 간에 영구적이고 비규제적인 화해의 과정이 일어난다.224) 민주주의 정부는, 전체주의 국가에서와 달리, 시민에 대해 민감하게 반응하는 것으로 간주된다는 사실로서 그 정당성을 갖게 된다. 수정헌법 제1조의 법리는, 국가가 지속적으로 민감한 반응 태도를 유지할 것을 요구하는 민주적 정당성에 대한 개별적 공적 의견이 구축되는 장소로서 '공적 담론'을 개념화한다. 수정헌법 제1조가 국가의 검열로부터 공적 담론에 대한 든든한 안전망이 되는 이유가 바로 여기에 있다.

공적 담론의 정부 규제에 관한 수정헌법 제1조의 제약은 민주적인 자치의 가치를 구체화하는 것을 의미한다. 거기에는 개인들에 의한 독립적이고 자율적인 민주적 자기결정의 영역도 존재한다. 이와 같은 공적 담화의 민주적 영역에서 개인은 자신의 집단적 정체성과 목적을 결정하기 위해 자유를 부여받는다. 한편, 공적 담화의 외부 영역에서는 민주적 자치의 가치가 우선하지 않으며 수정헌법 제1조는 다른 헌법적 가치들을 반영하게 된다. 따라서 수정헌법 제1조 분석의 본질은, 해당 표현이 공적 담화의 민주적 영역에 있느냐 그렇지 않느냐에 따라 개념화된다고

---

223) *Ibid.*, p. 153.
224) *Ibid.*

하겠다.[225)]

이러한 논리는 '지원되는 예술표현(subsidized art speech)'에 있어서 특별한 중요성을 갖는다. 국가가 표현을 지원할 때, 정부와 민간 표현자 간에는 일정한 관계가 형성되며, 그것은 때때로 민간 표현자의 독립에 타협을 요청한다. 보조금 지원은 표현을 공적 담화에서 다른 헌법적 영역으로 이전시키기도 한다. 주의할 것은, 지원되는 예술이라는 점이 바로 공적 담론 영역에서 해당 표현을 이전시키지는 않으며, 그것은 단지 표현의 속성화에 있어서 하나의 요소에 불과하다는 점이다.[226)] *Rosenberger* 판결에서 적절히 설시되었듯이, 공적 담론 영역에 속하는 것으로 분류되면서도 동시에 국가로부터 혜택을 수령할 수 있는 경우들이 있다.[227)] '공적 광장의 법리'에 관한 경우가 대표적인 예이다. 즉, 거리나 공원 등 특정한 종류의 정부 소유물에서 행해지는 표현은 "가장 높은 보호의 기준(highest scrutiny)을 적용받게" 된다.[228)]

한편, 민주주의 국가에는 정부의 관여 영역으로서의 공적 담론 영역 이외에 민주적으로 합의된 목적을 달성하기 위해 필요한 '관리 영역'이 존재한다. 이 영역에서 수정헌법 제1조의 법리는 공적 담론 영역에서와 근본적으로 달라진다.[229)] 국가는 명시적인 정부의 목적들을 달성하기 위하여 관리 영역 내 표현을 규제할 수 있으며, 또한 그렇게 하여야 한다. 결과적으로 관점 기반의 차별이 흔히 이 영역에서 나타난다. 예컨대 대통령은 정부 정책을 공식적으로 지지하기보다 반박하는 각료를 해고할 수 있으며, 마약 사용을 권장하는 교도소 간수는 처벌될 수 있다. 관리 영역에 있어 지원되는 표현의 예는 흔하게 찾을 수 있는데, 기존의 미국 판례는 이러한 경우를 일관되게 관점 기반의 차별이 아닌 것으로

---

225) *Ibid.*, p. 154.
226) *Ibid.*
227) *Ibid.*, p. 156.
228) International Soc'y for Krishna Consciousness v. Lee, 505 U.S. 672, 678 (1992).
229) Post(1996), p. 164.

보아 허용해 왔다. 따라서 포스트는 관점 기반 차별을 금하는 일반 원칙
은 지원되는 표현에 있어서 오류를 낳는다고 지적한다.[230]

3) 정부행위에 대한 수정헌법 제1조의 속성화

지원되는 표현 가운데에서 가장 중요하고 논란이 많은 경우는 정부
가 보조금을 지급한다는 사실 자체가 헌법적 분석의 핵심이 되는 경우
이다.[231] 이러한 경우를 규율하기 위해서는 위에서 논의한 영역의 구분
기준에서 더 나아가 새로운 기준이 필요하다. 이에 관하여는 NEA에 의
해 지원받는 예술 지원금에 대한 의회의 규제를 둘러싼 대대적인 논란
이 이루어졌던 *National Endowment for the Arts v. Finley* 판결[232]을 통해서
살펴볼 수 있다.

이 사안에서, NEA 지원금에 의해 지원되는 예술작품은 대부분 의문
의 여지없이 공적 담론의 영역으로 여겨질 것이다.[233] 하지만 판결상으
로 품위 조항이 NEA 지원금 수령자에 대한 직접적인 표현의 규제인지,
아니면 NEA의 내부 운영을 규율하는 지침인지는 분명치 않다.[234] 선례
에서와 달리, 이 사건은 정부행위를 어떻게 속성화하느냐에 관한 문제를
새로이 제기한다.

현대 국가에서 이러한 문제가 흔히 제기될 수 있는 이유는, 공적 영역
과 사적 영역이 혼동되는 현상이 일반화되고 있기 때문이다. NEA와 같은
정부의 매개기관이 거의 모든 사회적 영역에 스며들어 있으며, 이러한 기

---

230) *Ibid.*, p. 165.

231) *Ibid.*, p. 177.

232) 524 U.S. 569 (1998).

233) Hurley v. Irish-American Gay, Lesbian & Bisexual Group, 115 S. Ct. 2338, 2345
(1995); Ward v. Rock Against Racism, 491 U.S. 781, 790 (1989).

234) 품위 조항이 정부가 그 자신의 목소리를 덧붙인 예인지, 아니면 다른 이들의
목소리를 잠재우는 예인지 분명치 않다는 것이다. Laurence H. Tribe, *American
Constitutional Law*, 2nd ed. (New York: Foundation Press, 1988), p. 807.

관의 외연에 대한 조직론에서의 연구 결과는 개방성과 투명성으로 특징지을 수 있다. 이러한 변화된 환경으로 인해, 우리는 정부 조직의 내부적 규율이 사회적 삶의 풍부한 영역에 대한 규제에 필적하는 것으로서 범주화되어야 하는지에 대한 끊임없는 의문을 가질 수밖에 없다.[235]

우리는 자칫 외설적 잡지에 대해 제2종 우편물의 보조금을 배제하는 법률을, 체신부 내부 지침이라기보다는 공적 담론의 직접적 규제로 간주하려 할 것이다. 즉 공무원의 내부지침에 대한 '결정준칙'이라기보다 시민의 정부를 위한 '행동준칙'으로 분류할 것이다.[236] 그 이유가 잡지의 속성상 우편의 운영에 전적으로 좌우되므로 해당 법률은 실제적 문제로서 잡지를 외설적인 것으로 지정해 폐간시키는 기능을 할 것이기 때문이라는 것은 상당히 회의적으로 들린다.[237] 그러한 경우 보조금 거절의 효과는 거칠게 보아 형사소추에 필적한다는 견해[238]에 동의할 수도 있겠지만, 이러한 동일시는 어디까지나 실무적인 것이지 이론적인 것은 아니다.

따라서 지원되는 표현의 경우는 전형적으로 두 가지 독립적인 헌법적 속성화의 문제를 제기한다. 첫 번째는 '표현의 속성화(characterization of speech)'에 관계되며, 이 경우 지원되는 표현을 공적 담론에 속하는 것으로 분류해야 할지 아니면 관리나 전문적 표현 같은 다른 헌법 영역에 속하는 것으로 분류해야 할지를 결정해야 한다.[239] 두 번째 질문은 '정부행위의 속성화(characterization of government action)'에 관계되는데, 이

---

235) Post(1996), p. 178.
236) Post가 Meir Dan-Cohen이 명명한 용어를 차용하여 분류한 것이다.
237) Milton C. Cummings. Jr., "To Change a Notion's Cultural Policy: The Kennedy Administration and the Arts in the United States. 1961-1963," in Kevin V. Mulcahy & C. Richard Swaim, (eds.). *Public Policy and the Arts* (Boulder: Westview Press, 1982), p. 141. 2종 우편료는 미국 잡지 산업의 성장에 주된 역할을 했으며 그만큼 심대한 중요성을 가진다고 한다.
238) Fiss(1996), p. 2097.
239) Post(1996), p. 179.

는 정부 지원금을 분배하는 기준이 지원되는 표현의 규제로 이해되어야
하는지 아니면 지원금을 사용하는 주공무원에 대한 내부적 지침으로 이
해되어야 하는지를 결정할 것을 요구한다.[240] 전자는 정부의 분배 규정
을 사실상 행동을 금지하는 행동준칙(conduct rule)으로 보는 것이며, 후
자는 이를 단순히 보조금 제공에 대한 제약인 결정준칙(decision rule)으
로 보는 것이다.[241] 전자의 경우 지원받는 예술이 위치한 영역에 의해
요구된 헌법적 제약의 전체 배열에 그것을 구속시켜야 하지만, 후자의
경우 정부가 국가적 가치를 구현하고 촉진시키는데 있어 훨씬 더 자유
로워질 수 있도록 허용해야 할 것이다.

이러한 기준에 따르면 NEA의 이른바 '품위 조항'은 뚜렷한 목적을 달
성하기 위하여 공적 담론 영역에 NEA의 공무원이 개입하도록 허용하는
결정준칙이 아닌, 공적 담론을 직접적으로 규율하는 행동준칙으로 볼 것
이다. 한편, *Finley* 재판부는, 비록 결론은 같았을지라도, 그에 이르는 논
증에 있어서 단순히 문제된 예술적 표현이 공적 담화의 일부이므로 품
위조항은 공적 담론의 규제에 해당하는 것으로서 간주되어야 한다는 데
근거했다고 볼 수 있다. 즉, 하급심 법원은 해당 조항을 "사회 구성원의
일부에게 불쾌한 표현을 억압하려는 것"으로 속성화하였고, 따라서 기존
표현의 자유 법리에 따라서 해당 조항은 모호하고 지나치게 광범위하여
헌법에 위반된다고 판시한 것이다.

NEA 논쟁과 관련하여 추가적으로 고려해야 할 문제는, 두 개의 헌법
적 가치, 즉 민주주의적 자치(democratic self-governance)와 지역사회의 자
기인식(community self-definition) 사이의 충돌에 관한 것이다.[242] 품위 조
항을 결정준칙으로 속성화할 것인지 아니면 행동준칙으로 속성화할 것
인지의 문제는 사실상 위 두 헌법적 가치의 경계를 확정하는 것이라 할

---

240) *Ibid.*
241) *Ibid.*, pp. 179-181.
242) *Ibid.*, p. 193.

수 있다.243) 만일 해당 조항을 공적 담론에 대한 지역사회의 기준을 강요하는 것으로 본다면 행동준칙으로서 헌법의 민주적 자치체계에 의한 제약 대상으로 보아야 할 것이며, 해당 조항을 단순히 공유된 지역사회의 주요 가치를 장려하는 조항으로 본다면 결정준칙으로서 헌법에 합치하게 될 것이다. 다만 예술계의 NEA에 대한 실제적 의존도가 불명확한 상황에서, 예술가들이 스스로 생각하는 것과 일반 공중에 의한 지원의 적격이 다를 수 있으며, 지역사회의 자기인식에 의미를 두는 경우, 품위 조항을 행동준칙으로 볼 것인지에 대해 신중하여야 한다고 한다.244)

4. '지원되는 예술표현'의 보호에 관한 입체적 분류 기준

선스틴(Cass R. Sunstein)은 1990년대 브루클린 미술관과 뉴욕시의 소송으로 절정에 이른 예술 지원에 관한 논란 이후, 예술 지원의 영역에 있어서 국가와 문화의 관계에 대한 세밀한 분류를 제시하였다.245) 그는 정부는 납세자들의 돈으로 예술을 지원하고 있으며, 그러한 지원은 모든 예술가나 예술기관에 미칠 수 없고 선택적일 수밖에 없다는 전제하에서, 문화에 관한 정부의 권한의 한계는 무엇인지, 정부는 언제 규제를 하거나 혜택을 철회하고, 또한 언제 재정지원을 거절할 수 있는지 등의 문제에 대답하기 위해 예술 지원의 영역에 표현의 자유에 관한 법리를 구축하고자 하였다.

선스틴은 기존에 판례에 의해서 발전되어 온 수정헌법 제1조의 심사

---

243) 점증하는 국제적 소통체계의 관점에서 본 두 개의 가치 간의 긴장에 대하여 는, Monroe E. Price, *Television: The Public Sphere and National Identity* (Oxford: Clarendon Press, 1996), pp. 233-246.

244) Post(1996), p. 194.

245) Cass R. Sunstein, "Culture and Constitution," in Lawrence R. Rothfield, (ed.), *Unsettling "Sensation": Arts-Policy Lessons from the Brooklyn Museum of Art Controversy* (New Brunswick: Rutgers University Press, 2001), pp. 32-43.

기준을 병합함으로써 국가의 문화예술에 대한 지원의 정당성의 문제를 배제적·소극적 방식으로 밝히려 하였는데, 이를 위해 문화예술에 대한 정부의 행위를 검토하는데 있어 두 가지 종류의 구분을 사용하였다. 그 하나는 정부의 문화예술활동에 대한 대응 결과를 중심으로 하는 1) 민·형사적 부담이나 규제, 2) 불이익의 부여, 3) 단순한 재정지원 거부의 구분이고, 다른 하나는 그러한 대응의 근거를 중심으로 하는 1) 관점 기반, 2) 관점 중립 - 내용 기반, 3) 내용 중립의 세 가지 범주 간 구분이다.

1) 민·형사적 부담이나 규제

'검열'이라는 용어는 함축적이며 종종 그 의미에 대해 다투어지지만, 선스틴에 의하면 대체로 표현에 대한 형사제재를 부과하려는 모든 종류의 노력을 포함하는 의미로 쓰인다.[246] 만일 정부가 예술 등 사적 표현을 불법화하려고 한다면, 정부는 상당한 부담에 직면하게 된다. 문제는 정부가 문제된 표현을 규제 가능한 표현의 전통적인 범주, 가장 두드러지게는 명예훼손, 선동, 상업적 표현 및 음란성 등에 포함할 수 있는지 여부라 할 수 있는데, 예컨대 선동임을 보이기 위해서는, '명백하고 현존하는 위험' 이론에 의해 정부는 문제의 표현이 선동과 관련되어 있으며 또한 목전의 불법적 행위를 선동할 가능성이 있음을 보여야 한다. 그런데 이러한 기준에 따라 규제 가능한 예술작품을 생각하기는 어렵다.[247]

법 적용의 실제는 다소 차이가 있겠지만, 행정적 또는 민사적 규제에 있어서도 마찬가지이다. 만일 정부가 경찰공무원으로 하여금 반항적인 표현에 대해 과태료를 과하도록 하거나 또는 민사소송 당사자에게 특정 불법행위에 대해 배상받을 권리를 부여하려 할 경우 그것은 보통 헌법적인

---

246) *Ibid.*, p. 33.
247) 선스틴은 '음란성'의 규제 여부에 대한 지속적 논란에도 불구하고, 메이플소프의 사례에서 볼 수 있듯, 예술기관과 예술가들은 연방대법원의 헌법적 기준에 대한 이해에 그다지 괘념치 않는 경향이 있는 듯하다고 한다.

기준을 충족하여야 하는데, 그러한 경우가 발생하기는 지극히 어렵다.[248]

한편, 관점이나 내용 기반이 아닌 내용 중립적 규제(content-neutral restriction)는 이익형량에 따른 낮은 수준의 기준을 충족하면 될 것이다. 예컨대, 정부가 자정 이후에 공개된 거리에서 확성기를 사용하는 것이나 사유지에서의 표현에 대해 금지한다면 헌법적 민원이 발생할 가능성은 낮다. 하지만, 대부분 이러한 조건은 정부의 예술과 예술기관에 대한 통제와는 무관하다. 내용 중립적 규제라는 것이 예술 분야에서 나타나는 경우로, 공개된 장소에서의 노출에 대해 일반적으로 적용되는 금지에 저항하려고 하는 행위예술가를 생각해 볼 수 있을 것이며, 이러한 경우에 비로소 공익과 사익 간 이익형량이 필요한 진정한 헌법적 문제가 등장하게 된다. 일반적으로 이러한 경우 규제는 표현의 내용에 기초하는 경향이 있으며, 관련 규제 조처는 위헌적일 가능성이 압도적으로 높을 것이다.[249]

2) 불이익의 부여

첫 번째 경우가 상대적으로 단순한 것이었다면, '불이익(Penalties)'에 관한 논의는 가장 직접적이고 전통적인 표현의 자유 사례들이다. 이는 정부가 승인하지 않은 표현 행위에 관여한 사람들에 대한 '혜택'을 박탈하려고 시도하는 모든 경우에 일어날 수 있다. 이러한 사례들은 원칙적으로 헌법적으로 보호되는 행위에 대하여 '불이익'을 부여하려는 것이다.

선스틴은 '불이익'을 "정부가 반대하는 표현에 대하여 그렇지 않았다면 제공되었을 이익의 거부"로 정의하면서, 그러한 경우들은 헌법적 권리라고 주장되는 것을 행사하지 못하도록 한다는 의미에서 불이익하다고 한다.[250] 예컨대, 복지혜택의 수령자가 시장의 의견에 반하는 표현을

---

248) Sunstein(2001), pp. 33-34.

249) *Ibid.*, p. 34.

250) *Ibid.*

하자 그 혜택이 즉각적으로 철회된다든가, 하위직 공무원이 보수당 전당대회를 위한 회의에 참여한 결과 해고된다든가, 또는 과학적인 연구를 위한 정부 지원금을 받은 사람이 사회주의당의 구성원이 되자 이를 알게 된 공무원이 지원금을 철회하는 경우와 같은 것이다. 이와 같은 경우 정부는 수혜자가 헌법상 권리를 사용한 것에 불이익을 가하기 위해 그의 '지원금'에 대한 권한을 사용한 것으로서 수정헌법 제1조의 표현의 자유 위반에 해당된다.

　문화적 맥락에 있어서 이것이 의미하는 것은, 만일 철회의 대상이 수정헌법 제1조에 따라 독자적으로 불이익을 가할 수 없는 표현이라면 정부는 예술기관이나 예술가가 응당 받아야 할 혜택을 철회할 수 없음을 의미한다. 예컨대, 정부가 공공건물을 미술관에 대여하였는데, 정부가 반대하는 전시를 했다는 이유로 임대를 취소하거나 또는 응당 예정된 임대계약 갱신을 거절하였다면, 이는 명백히 불이익을 부여한 것이며 헌법적으로 받아들일 수 없다. 즉, 선스틴은 불쾌할지 모르는 전시회를 열었다는 이유로 브루클린 미술관으로부터 지원금을 철회하고자 한 줄리아니 시장의 경우[251]가 여기에 해당된다고 하였다.[252] 시장을 대변하는 최선의 주장은 그가 '단순히' 재정지원을 하지 않으려 했다는 것이겠지만, 사실관계를 살펴보면 그것은 단순한 재정지원의 거절이라기보다는, 시의 일반적인 행동지침에 적합하지 않은 표현에 대한 불이익의 부여라는 것이다.

　한편, 내용 중립적 불이익은 이익형량(balancing test)이 필요한 다른 범주가 된다. 예컨대, 정부가 군사적 기능이나 수감의 용도 같은 다른 목적을 위해서 이전에 미술관에 대여한 건물을 사용해야 할 필요가 있다고 할 경우, 심각한 수정헌법 제1조의 문제가 발생할 가능성은 별로 없다. 가장 문제가 되는 경우는 관련 건물을 표현의 장소로서 사용하지 않기로

---

251) Brooklyn Institute of Arts and Sciences v. City of New York(1999).
252) Sunstein(2001), p. 35.

결정하는데 대해 별다른 이유가 없는 경우인데, 표현적인 것에서 다른 용도로 전환하는 것은 어떠한 상식적인 '이익형량'도 통과하지 못한다.253)

3) 단순한 재정지원 거부

정부가 단순히 보조금 지원을 거부하는 경우, 정부의 권한은 그 정점에 있다. 예술작품을 재정적으로 지원할 경우 정부는 불가피하게 선별적일 수밖에 없으며, 선별적이어야 할 경우 정부는 필연적으로 내용에 따른 분류를 하는 것이 허용된다. '선별성(selectivity)'이란 이러한 맥락에서의 의미이다.254) 그러나 여기에는 다양한 갈등 상황들이 있다. 그것은 일련의 발생 가능한 사례들을 살펴봄으로써 설명될 수 있다.

첫째, 내용 기반 차별이 없는 예술가 사이의 차별의 경우이다. 만일 정부가 전시회 단위로 사설 미술관을 지원하기로 결정하였으며, '미국 작가'를 지원하기를 원한다는 이유로 특정 연도에 자국 화가들의 작업에만 재정지원을 제공하기로 결정하였고 하자. 이러한 결정은 헌법적으로 문제가 없어야 한다. 즉, 정부는 미국 작가들을 지원하는데 있어서 합법적인 이해관계를 가지며, 이러한 종류의 차별은 어떠한 관점을 우대하거나 불이익을 주는 것도 아니고, 어떠한 주제나 특정한 내용의 표현을 우대하거나 불이익을 주는 것도 아니어야 한다. 국적성과 예술적 내용 간에는 모종의 간접적인 연관성이 있을 수 있으며, 선호되지 않는 내용의 표현에 대응하여 차별이 두드러지게 나타난다면 수정헌법 제1조의 문제가 일어날 수도 있다. 하지만 예술가 간 관점 기반의 차별을 규율하려는 묵시적인 시도에 대한 분명한 증거가 없다면, 그러한 차별은 전적으로 받아들일 수 있다.255) *Regan v. Taxation* 판결256)은 예술가 사이의 차별은

---

253) *Ibid.*

254) *Ibid.*

255) *Ibid.*, p. 36.

256) Regan v. Taxation with Representation of Washington, 461 U.S. 540 (1983). 해당

일반적으로 수용가능하다는 점을 시사한다. 다만, 이러한 결론으로부터 정부가 유신론자 또는 공화당에 우호적인 유권자들에 대해 재정지원을 보류할 수 있음을 당연히 의미하는 것은 아니다. 그러한 종류의 시도들은 그것이 간접적으로는 예술에 대해, 직접적으로는 예술가들에 대해 모두 묵시적인 관점 기반 차별의 형태라는 이유로 무효화되어야 한다.

둘째, 주제에 따른 차별의 경우이다. 정부가 그 해에 미국사라는 주제에 관한 사업을 지원하기로 결정하였으며, 미국사에 대한 관련이 없다면 어떠한 제안서도 심사 대상이 될 수 없다고 해 보자. 이러한 결정은 헌법적으로 논란의 여지가 있지만 정부는 특정한 관점에 대하여 차별하는 것은 아니다. 정부는 특정한 주제의 자료에 대해 우호적인 것이며, 이러한 단계는 예술가 간의 차별보다는 논란의 여지가 있다. 하지만 특정 주제에 한정되는 재정지원 결정은 의심의 여지없이 허용되는 것이다.[257] 만일 문제된 지원 결정이 수많은 다양한 결정의 하나라면, 이러한 대답을 얻기에 가장 쉬운 경우일 것이다. 예컨대 하나의 지원 기관이 한쪽으로 선별적이고 다른 기관은 다른 방향으로 선별적인 경우이다. 만일 지원의 제한이 국제적인 것이라면 문제는 한층 어려워지는데, 예컨대, 어떠한 정부기관도 미국사에 관련되지 않은 예술을 지원할 수 없게 되는 경우이다. 이러한 사례에서는, 관점에 따른 차별을 우려할 수 있을 것이며 맥락 기반의 해결을 시도하여야 할 것이다.[258]

셋째, '순수한' 관점에 따른 차별의 경우이다. 정부가 모호하지 않은

판례에서, 연방대법원은 재향군인회의 정치기부금 공제를 규정한 연방조세법이 헌법에 합치된다고 선언하면서, 이는 해당 단체의 활동이 상당 부분 입법에 영향을 미치고자 이루어진 것이라 하더라도 예외적으로 그러하다고 하였다. 법원은 이러한 (다른 조직과의) 구별이 사상을 억압하려는 시도가 아니며, 정부는 이러한 방식으로 참전용사들에 대한 합리적 보상을 할 수 있다는 점을 강조하였다.

257) Sunstein(2001), p. 36.

258) *Ibid.*

관점 기반 차별에 관여되었다고 하자. 예컨대, 정부가 그 해에 미국사의 주제에 대한 사업은 지원하지만 "미국이나 그 지도자에 대해 불리한 관점을 갖는" 사업에 대해서는 심의를 거부하기로 결정하였다고 해보자. 이것은 보다 난해한 경우이며, 이러한 거절은 일견 명백하게 위헌적으로 보일 수 있다. 관점 기반의 차별은 표현의 자유에 관한 가장 핵심적 문제이며, 문제된 정책은 명백히 관점에 따른 차별을 형성하기 때문이다. 그럼에도 불구하고 정부 자신은 관점 기반 방식으로 표현할 권한을 부여받는다.[259] 만일 공무원이 국가적 경축 기간에 단지 축하만 하고 절대로 비난하지 않기로 결정하였다면, 헌법에 대한 악의는 없을 것이다. 정부의 재정지원(government funding)이 정부의 표현(government speech)과 유사한 것으로 보일 수 있다면, 정부는 그가 승인하는 관점의 프로그램에만 재정지원을 허락할 수 있을 것인지가 문제된다. 선스틴은 *Rust* 판결, *Rosenberger* 판결, *NEA v. Finley* 판결 등 세 가지 주요한 선례를 통해서 이를 설명해 나가면서, 특히 연방예술기금인 NEA의 지원 기준에 관한 법률은 연방대법원에서 합헌 판결이 났음에도 불구하고 실질적으로 위헌의 여지가 있음을 지적한다.[260]

결국, 지원 문제에 관한 선례들을 중심으로 예술 지원에 관한 기준을 재정립하는 것은 쉽지 않은 일임을 알 수 있다. 분명한 관점 기반 차별은 예술 지원을 위한 정부기금 배분에 있어서도 허용될 수 없는 것으로 보인다. 하지만, 정부는 그가 원하는 대로 자신을 표현할 수 있으며, 만일 정부가 제안된 관점을 위한 '프로그램'을 만들기를 원하고 또한 민간 표현자들을 배제할 수 있다면 그렇게 할 수 있도록 허락된다. 예컨대, 정부는 민주주의를 위한 사업이나 10대들의 흡연 감소를 위한 사업을 제안할 수 있을 것이며, 민간 표현자들을 이에 참여하도록 재정적으로 지원할 수 있다. 나아가, 자국 자연의 아름다움을 기리는 것을 장려하기

---

259) Government Speech Doctrine에 관한 앞서의 논의 참조.
260) Sunstein(2001), pp. 37-39.

위한 목적의 특별 예술 사업을 지원할 수도 있을 것이다. 이러한 사례들에 *Rust* 판결의 선례가 지배적으로 적용될 수 있을 것이다. 하지만 정부가 예술의 일반적 지원 과정에 관여될 경우 정부는 관점 기반 차별에 노출되는 경향이 있다. 물론 특정한 프로그램과 일반적 재정지원 절차 간의 구별은 결코 용이하지 않다.[261]

넷째, 장르에 따른 구분 및 일시적 구분의 경우이다. 정부가 어떤 미술관을 지원해야 할지 결정한다고 하자. 또한 이 경우 전위예술에 특화된 곳보다는 전통적 예술을 제공하는 미술관을 지원하기로 결정했다고 하자. 이것은 지금까지 논의된 사례들보다 한층 더 난해한 경우인데, 지원 여부의 경계가 단지 주제에 달려있거나 또는 순전히 관점에 달려있는 경우가 아니기 때문이다. 예술적 정보를 갖춘 논평가들은 이런 종류의 구분은 관점 기반보다 더한 지원배제라고 생각할 것이다. 아마도 정부 입장에서 최선의 대답은 정부가 특정 내용에 대한 예술 작품을 지원하기로 허락되었기 때문에 미학적으로 선호되는 범주 안에서 적합한 작품을 선호할 수 있으며 이는 특정 관점에 따른 명시적인 차별이 아니라는 것일 것이다. 만일 정부가 정부기관의 존재를 위협하는 것으로 인식되는 예술에 대한 지원을 거절할 경우, 무효화에 대한 주장은 강화된다.[262]

다섯째, 납세자 및 그들의 감수성에 대한 존중의 경우이다. 문제된 다수의 사례에서 정부는 도덕적, 미학적, 기타 납세자의 감수성에 대한 존중에서 벗어나는 프로젝트에 대한 지원을 거절하는 경향을 보인다. 따라서 이러한 존중의 위상이 문제된다. 여기에서 핵심은 납세자의 감수성에 관한 내용에 있어서이다. 만일 납세자들이 관점 기반의 차별을 요청한다면, 그러한 사례는 위에서 언급한 세 경우와 다르지 않다. 만일 정부의 결정이 납세자들이 관련 작품을 전통적 도덕성에 반하는 것으로 생각할 것이라는 판단에 근거한다면 문제는 더 어려워지는데, 그 이유는

---

261) *Ibid.*
262) *Ibid.*, p. 40.

관점 기반 차별이 덜 명확하기 때문이다. 이러한 결론은 *NEA v. Finley* 판결이 어째서 그렇게 난해한 선례인지 보여준다. 즉, *NEA v. Finley* 판결에서 법률의 기준이 내용을 보여줄 뿐 관점 기반 차별이 아니라는 결론은[263] 그러한 기준이 단순한 '요소들'이며 정부가 특정 입장을 받아들이거나 또는 거부하도록 요구하지 않는다는 판단에 근거하고 있다.

한편, 정부가 순전히 미학적 판단을 옹호한다면 앞에서 살펴 본 첫째와 둘째, 넷째의 경우와 유사한 분석에 이르게 될 것이다. 만일 정부가 납세자들이 그 공연을 '혼란스럽거나' 또는 '추하다고' 생각할 것이라는 이유로 전위예술 공연을 지원하지 않기로 결정한다면, 정부는 배후에 다른 이유가 작동하고 있다고 의심할 만한 합리적인 이유가 없는 한 헌법적으로 행동하는 것일 것이다. 결론적으로 납세자에 대한 존중은 다른 모든 형태의 선별적 재정지원에 유사하게 분석되어야 한다는 것이며, 중요한 것은 선별성에 대한 근거이다.[264]

여섯째, 이상의 사례들은 약속된 지원의 철회라기보다는 일견 지원에 대한 거부에 관한 것이었는데, 단순한 지원 철회와 명백한 제재의 중간에 속하는 특수한 경우가 있다. 예컨대, 정부가 불쾌한 내용으로 판명된 전시에 대해 지원을 철회하는데 있어 어떠한 관점 기반의 차별도 개입되지 않았다고 하자. 이것이 일견 재정지원 거부로서 받아들여질 수 있다면, 이미 약속된 자금의 철회는 부당한 것인지 문제된다.

예컨대, 정부가 일련의 미술관을 지원하기로 결정하였고, 일부 전위예술 전시에 대한 지원을 철회한다고 가정한다. 만일 정부가 그 미술관에 대한 지원을 일반적으로 철회했다면 명백한 불이익이 초래된 경우로, 정부의 행동은 위헌적일 것이다. 만일 정부가 처음부터 재정지원을 거부하였다면, 헌법적 문제는 남지 않을지 모른다. 하지만 그러한 철회가 진정한 철회라고 생각해보자. 또한 그것이 관련된 재정지원을 받는 전시들

---

263) National Endowment of the Arts v. Finley, 524 U.S. 569, 576 (1998).
264) Sunstein(2001), pp. 40-41.

에 제한된 것이라고 한다면, 그러한 지원의 철회는 단순한 지원의 거부보다 더 나쁜 것인지 생각해 볼 필요가 있다.

선별적인 지원 기관이 애초에 자원의 분배를 거부한다면, 그의 결정은 수많은 이유에 근거할 수 있을 것이다. 한편 기존의 지원이 철회되었을 때 지원의 거부보다는 불이익에 더 가깝게 보일지 모른다. 단지 그것이 헌법적으로 정당한 권리를 행사했다는 이유로 이루어질 수 있었을 재정지원을 철회한 사례에 있어서, 정부가 이익을 박탈하기로 결정하였다고 말하는 것이 상식적으로 보일지도 모른다. 하지만 선스틴은 이것은 일종의 말장난의 형태에 지나지 않는 것으로 보인다고 한다. 불법적 동기가 작용하고 있다고 믿을 만한 근거가 실제로 존재하지 않거나 전술한 의미의 '불이익'이 없다면, 그러한 철회는 단순한 재정지원의 거부와 동일한 의미로 취급될 수 있다는 것이다.[265]

4) 소결

1990년대 '문화전쟁'의 소용돌이를 겪으면서, 선스틴은 헌법이론에 바탕을 둔 입체적 검토를 통해 당시 미국 공공정책 분야의 의제로 논란이 되었던 정부의 문화예술 지원에 있어서의 기준을 정립하고자 한 것이다. 즉, 그는 표현의 자유 법리를 중심으로 하는 기존 법체계에 일정한 논리와 질서가 있음을 보여주고자 하였으며, 대부분의 논평가들이 모호한 입장을 취하는 가운데 예술 지원에 관한 다양한 질문에 대해 일정한 해답을 제시하고자 하였다. 이를 요약하면 아래 표와 같다.[266]

---

265) *Ibid.*, p. 41.
266) *Ibid.*, p. 33.

〈표 3-1〉 문화예술활동에 관한 다양한 정부행위의 헌법 합치성

	관점 기반 근거	관점 중립 - 내용 기반 근거	내용 중립적 근거
민·형사적 부담이나 규제	위헌적	위헌적	이익형량 심사 결과에 따름
불이익의 부여	위헌적 (브루클린 미술관 사례)	위헌 가능성 높음	이익형량 심사 결과에 따름
단순한 재정지원 거부	위헌적일 가능성이 높음	(숨겨진 관점 기반 차별이 없는 한) 헌법에 합치할 가능성이 높음	거의 확실히 헌법에 합치함

그럼에도 불구하고 선스틴은 연방대법원의 판례가 보여주는 혼란과 같이, 일부 심각한 난제들이 남아 있으며, 다음과 같은 세 가지 점만은 고려해야 한다고 한다.[267]

첫째, 관점에 기한 차별과 내용에 따른 차별의 구분이 언제나 논리적 인지는 분명치 않으며, 특히 예술 지원의 영역에 있어서 그러하다. 적어 도 많은 형태의 내용 기반 차별은 '이른바 관점 기반 차별'의 형태로서 나타날 수 있다. 둘째, 불이익 부여와 재정지원 거부 간의 경계는 결코 확실하지 않다. 일반적인 상황의 특정화에 따라 좌우되는 불이익이 있는 지, 언제 정부가 예술 지원에 흔히 관여하게 되는지, 또한 일반적인 상황 에 대한 식별은 어떻게 해야 하는지 등의 문제는 상당히 모호할 수 있 다. 셋째, 몇몇 사례에 있어서 법원의 결정은 허용된 재정지원과 금지된 재정지원 사이의 명백한 경계선 같은 것을 시사하지 못한다. 문제는 (관 점 기반일지라도 선별적 재정지원이 괜찮은) 특별한 프로그램이 존재하 는지 또는 (관점 기반 차별이 금지되는) 일반적인 보조금이 있는지를 파 악하는데 있다. 정부가 이러한 결정을 스스로 하는 것은 허용되지 않음 이 명백하지만, 왜 그리고 언제 정부의 정의가 수용 불가능한 것으로 판

---

267) *Ibid.*, pp. 42-43.

명될지는 불분명하다.

요컨대, 선스틴의 분석은 현실적 한계에도 불구하고, 후원자로서의 국가와 관련된 표현의 자유 영역에서의 갈등을 해결하기 위해 분명한 원칙을 제시하고자 한 것에서 그 의미를 찾을 수 있다.

Ⅱ. 연방정부의 지원 기준과 예술표현의 자유 침해

1. 문제의 소재 및 관련 배경

전통적으로 미국은 예술 지원에 있어서 유럽의 방식을 따르지 않았다. 비록 뉴딜정책 기간 동안 공적 지원이 시작됐다고 보기도 하지만, 20세기 후반부에 들어서기까지 연방정부는 문화예술 분야에 거의 관심을 두지 않았다. 1960년대 들어 정치적 적극주의(political activism)의 시작과 함께 의회는 예술 지원에 대하여 점차적인 관심을 보이기 시작했는데, 당시 미국의 군사력과 경제력에 대한 평가와 달리, 미국의 예술에 대해서는 국내외에서 '이류'라고 평가된다는 점을 인식하였던 것이다.268) "선진 국가는 과학과 기술 분야에 대한 노력에만 제한될 수 없다"고 선언하면서, 의회는 미국이 "사상, 창의, 연구의 자유를 장려하는 풍토뿐 아니라 이러한 창조적 재능을 드러낼 수 있도록 촉진하는 구체적 환경을 창출하고 유지하는 것을 도와야" 한다고 발표하였다.269) 1965년, 의회는 NEA를 창설함으로써 미국 예술의 지형도를 영구히 바꾸게 된다.270)

---

268) 의회의 주요 목표 중 하나는 사상과 정신의 영역에 있어서도 선도자로서 국가의 최상급 작품들에 대한 전 세계적 존중과 경탄을 이끌어내는 것이라고 한다. 20 U.S.C. § 951(8) (2010).

269) 20 U.S.C. § 951(5) (1965) (current version at 20 U.S.C. § 951(7) (2010)).

270) Arts and Humanities Act of 1965, 20 U.S.C. §§ 951-957 (1965) (current version at 20 U.S.C. §§ 951-960, 971-976(2010)).

NEA는 자격을 갖춘 예술가와 예술기관에게 지원금을 제공했다. 이러한 혜택을 이용하기 위해, 예술가들은 그들 작품의 속성, 대략의 사업비용, 민간후원처 정보 등을 기술한 신청서를 완성하여야 한다.271) 전문가 패널이 '예술적 덕성'이 있는 사업을 선정한 뒤에, 연방예술위원회(National Council on the Arts)는 어떤 지원자가 지원금을 받을지 및 각 지원금이 얼마가 될지를 결정한다.272) 예술가의 선정에 대한 최종 결정은 NEA 위원장의 권한이다.273)

이와 같은 복잡한 절차를 통해, NEA는 그의 결정에 대해 엄격한 중립을 유지한다. 역사적인 '국가예술(national art)'의 사례를 상기하여, 의회의 일부 구성원은 '정부 지원 예술(government funded art)'이 '정부 승인 예술(government approved art)'로 진전될 것을 우려하였으며, 이에 따라 법률은 "자유로운 연구 및 표현을 육성하는" 지원이 될 것과 "특정 학파의 사상이나 표현에 대한 선호가 없을" 것을 강조하였다.274) 나아가 의회는 정부기관의 관리에 있어서 "정부는 정책 결정에 대한 어떠한 지시나 감독, 통제도 행해서는 안 된다는" 점을 강조하였다.275)

한편, 미국 내에서는 1960년대 예술에 대한 연방정부의 지원이 시작된 이후 1980년대 들어 외설과 신성모독 논란의 소지가 있는 작품 전시에 공적지원금이 흘러들어 감에 따라 연방정부 차원의 문화예술 지원에 대한 논쟁이 다시금 일어나게 된다. 즉, 예술의 숭고함을 유지해야 한다는 보수적 관점과 미학적 실험성이 예술성을 증진시킨다는 진보적 관점의 대립이 표면 위로 떠오르는 계기가 된 것이다. 이후 10년여에 걸쳐 진행된 지원의 정당성 및 기준에 관한 갈등 양상을 이른바 '문화전쟁(Culture Wars)'이라고도 하는데, NEA를 둘러싼 법적 분쟁은 그러한 대립

---

271) 관련 상세는 NEA 누리집 참조.
272) 20 U.S.C. § 955(f) (2010).
273) *Ibid.*
274) 111 Cong. Rec. 13,108 (1965).
275) 20 U.S.C. § 953(c) (2010).

각의 중심에 자리한 사건이었다고 할 수 있다.[276] 이로 인해 NEA는 기관
의 존폐 논란으로까지 치닫는 위태로운 시기를 맞이하게 되는데, 이 사
례에 관한 일련의 사실 관계는 다음과 같다.

2. '헬름스 수정조항'과 문화전쟁

국가의 문화예술에 대한 개입을 경계하였던 미국에서 1965년 NEA의
설립과 함께 연방정부에 의한 지원이 시작된 이후, NEA에 의한 지원은
미국 예술계에 있어서 지배적인 재정적 위상을 차지하게 되었다.[277] 이
후로 25년간, NEA는 막대한 예산을 다양한 예술가 및 예술기관에 분배함
으로써 주별로 8만5천 건 이상의 사업을 지원하였다.[278] 나아가, 예술계
에서 이러한 연방의 지원을 일종의 '질적 인증'으로 간주하는 경향이 있
었기에, 연방의 지원으로부터 그 이상의 민간 재정지원이 파생되었다.
때때로 사소한 논쟁이 일어나기는 하였으나, 초기 25년간 NEA의 지원 결
정은 별다른 논쟁을 일으키지는 않았다.[279] 그러나 1980년대 후반에 이
르러 이러한 평온을 뒤흔드는 두 개의 사건이 일어났다.

1987년 노스캐롤라이나 주에 위치한 남부현대미술센터(Southeastern
Center for Contemporary Art, 이하 미술관)가 NEA의 매칭 지원금 7만5천
달러를 받아 〈오줌 예수(Piss Christ)〉라는 작품이 포함된 안드레 세라노
(Andres Serrano)의 전시에 만5천 달러를 지원한 것이 발단이었다.[280] 매

---

276) NEA, *National Endowment for the Arts: A History, 1965-2008*, Mark Bauerlein, (ed.).
 (Washington, D.C.: NEA, 2009), pp. 89-94.

277) Allan Parchini, *NEA Flap Seen as Threat to Private Funding*, L.A. Times, July 20,
 1990, at F1.

278) 135 Cong. Rec. H3639.

279) 당시까지 NEA의 지원금 논란에 대한 종합적인 문헌으로, The Independent
 Commission, *A Report to Congress on the National Endowment for the Arts*
 (Washington, D.C.: The Independent Commission, 1990).

280) Nichols Fox, *NEA Under Siege: Artwork Sparks Congressional Challenge to Agency's*

칭된 다른 7만5천 달러는 민간재단인 에퀴터블 재단(Equitable Foundation)
과 록펠러 재단(Rockefeller Foundation)으로부터 출자되었다. 따라서 안드
레 세라노 전시 지원금의 출처가 온전히 NEA라 할 수 없었고, 또한 전시
지원 결정에 대한 책임은 미술관에 있었음에도 불구하고, 당시 NEA는
해당 사건의 가책 기관으로서 책임을 추궁 받은 것은 물론 사회적 지탄
의 대상이 되었다. 문제의 작품은 작가의 소변통 안에 매달려 있는 플라
스틱 십자가상을 묘사한 것이었는데, 이러한 세라노의 작품은 즉각적인
비판의 도화선을 당겼다.[281] 알폰세 다마토(Alphonse D'Amato) 상원의원
은 이 문제를 의회로 가지고 와서 해당 사진을 "통탄스럽고, 비열하며,
저속한 전시"라고 비난하였고, 다른 26명의 상원의원들과 함께 NEA에 편
지를 보내 '신성모독적인 예술(sacrilegious art)'의 후원을 중단하라고 요
청하였다.[282]

　　비슷한 시기 NEA는 펜실베니아 대학교 현대미술연구소(Institute of
Contemporary Art)에 3만 달러를 지원하였고, 이 지원금은 코코란 화랑
(Corcoran Gallery)에서 로버트 메이플소프(Robert Mapplethorpe)의 회고 사
진전을 개최하는 데에 사용되었다. 꽃과 아이들, 남성의 신체 사진 이외
에 전시 작품들은 일부 매춘 및 동성애적 이미지를 포함하고 있었는데,
종교단체들이 메이플소프의 사안을 의회로 가져온 후[283] 다수의 의원들
은 NEA가 관여된 것을 비난하였다. 댄 코츠(Dan Coats) 상원의원은 NEA
가 시민의 세금을 "시민의 가장 뿌리깊은 도덕적 신념을 공격하는데 사
용한 것"을 비난하였다.[284] 제시 헬름스(Jesse Helms) 상원의원은 NEA가
"미국 국민 대다수의 도덕적·종교적 감수성에 대한 경멸을 호전적으로

　　Reauthorization, New Art Examiner (Summer 1989), pp. 18-23.

281) McGuigan & Glick, *When Taxes Pay for Art*, Newsweek, July 3, 1989, p. 68.

282) Parachini, *Endowment Congressmen Feud over Provocative Art*, L.A. Times, June
　　14, 1989, § VI, p. 10.

283) Fox(1989), p. 19.

284) 135 Cong. Rec. S8809.

전시한 것"을 규탄하였다.[285]

논쟁이 정점에 달하였을 때 몇몇 하원의원들이 이러한 논란을 언급하는 조처를 의안으로 제출하였다. 다나 로하바허(Dana Rohrabacher) 하원의원은 NEA를 완전히 폐지할 것을 의회에 건의하기도 하였다.[286] 보다 덜 격렬한 행동은 찰스 스텐홀름 하원의원이 NEA의 예산에서 4만5천 달러를 삭감할 것을 제안한 것이었는데, 이 금액은 세라노와 메이플소프가 받은 지원금을 정확히 합한 금액이었다.[287]

NEA의 활동에 대한 가장 두드러진 비판은 노스캐롤라이나의 제시 헬름스 상원의원에 의해 이루어졌다. 헬름스 상원의원은 향후의 NEA 지원금에 대한 전례 없는 통제를 담은 엄격한 기준을 도입하였다.[288] 이러한 제한은 "가학피학성 변태성욕, 동성애 및 아동착취"를 포함하는, "외설적이거나 불경스러운 재료들"을 묘사한 작품들에 대한 금지를 포함하는 것이었다.[289]

결국 하원은 헬름스의 혹독한 처방은 거절하였지만, 1989년 10월 23일, 이른바 '헬름스 수정조항(The Helms Amendment)'이라고 불리는 타협적 기준을 입법화하였다. 이 희석된 법안은 "NEA의 판단에 따르면" 외설적으로 고려될 수 있는 내용들을 육성하기 위하여 연방 기금을 사용하

---

285) 136 Cong. Rec. S16,626.

286) 135 Cong. Rec. H3637.

287) Ibid.

288) 헬름스 수정조항은 NEA 기금에서 40만 달러를 삭감하며, 세라노와 메이플소프에게 기금을 수여한 기관들에 대하여 향후 5년 동안 기금 보조를 중단한다는 항목을 포함했다. 또한 외부 심사위원이 참여하여 기금 수여의 모든 절차를 감독해야 한다는 점을 명시하였는데, 구체적 내용은 "기금의 어떤 부분도 첫째, 가학·피가학 변태 성욕, 동성애와 음란하거나 불쾌한 주제들, 아동의 성적 착취나 성행위 중인 모습, 둘째, 특정 종교 또는 무종교인들의 신념이나 대상에 대한 불경, 셋째, 인종, 경향, 성, 연령, 장애 또는 국적을 잣대로 하여 개인, 집단 또는 특정 계급을 모독, 비방, 경시하는 자료들을 생산하는 데 쓰일 수 없다"는 것이었다.

289) 135 Cong. Rec. S8806.

는 것을 금지하는 것이었다.[290] 법안은 객관적 지침을 제공하려는 취지
였으나, NEA에 외설의 정의를 구체화할 수 있는 파격적인 권한을 부여
하는 것이었다.

3. '외설 서약'과 판례의 전개

미국 역사상 처음으로, 하원은 정부가 후원하는 예술의 내용에 대한
제한을 두게 되었다. 이러한 하원의 요구를 관철하고자, NEA는 악명 높
은 '외설 서약(Obscenity Pledge)'을 도입했다.[291] 이러한 조처는 지원 신
청자들에게 사전에 그들이 외설스럽다고 간주될 수 있는 작품들을 홍보
하고자 정부의 지원금을 사용하지 않을 것이라고 인증할 것을 요구하는
것이었다.

새로운 NEA의 규제, 특히 외설 서약은, 빠른 속도로 미국 예술사에서
유례없는 분란을 일으킨 사안이 되었다. 정치적 압박에 굴복하여, 코코
란 화랑은 문제의 메이플소프 전시회를 중단하였다.[292] 보수파의 이익
단체들은 추가적인 제약을 위한 운동을 전개하였으며, 일부 경우에는 예
술에 대한 연방정부의 지원을 금지할 것을 주장하였다. NEA의 새로운
수장 존 프론마이어(John Frohnmayer)는, 그의 공식 업무를 에이즈 관련
전시에 대해 기존에 결정된 지원금을 철회하는 것으로 시작했다.[293]

예술가들과 자유주의자들, 관련 종사자들은 당연히 그러한 제한에 강
력하게 반대하였다. 미술관장들과 이사회 구성원들은 항의의 표시로 사
임하였다.[294] 몇몇 전도유망한 예술가들은 NEA의 지원금을 반납하였으

---

290) Dep't of the Interior and Related Agencies Appropriations Act, 1990, Pub. L. No.
   101-121, tit. III, § 304(a), 103 Stat. 701, 741 (1989).
291) The Independent Commission(1990), p. 88.
292) *Whose Art is it Anyway*, TIME, July 3, 1989, p. 21.
293) William H. Honan, *National Arts Chief in Reversal, Gives Grant to AIDS Show*, N.Y.
   Times, Nov. 17, 1989.

며, 향후로 연방 기금을 수령할 것을 거절한 예술가들도 있었다.[295] 전선(戰線)이 점증적으로 두드러짐에 따라 미국 전역에서 예술가들이 시위를 벌였는데, 1992년 11월 공화당전당대회에서 대규모 집회가 열리는 등 사회적 갈등이 심화되었다.[296]

이와 같은 일련의 갈등에 있어 가장 결정적인 대치는 사법(司法) 영역에서 이루어졌다. 수많은 사례들이 새로운 규제의 위헌성을 다투면서 소송전으로 돌입하였다.

1) Bella Lewitsky Dance Foundation v. Frohnmayer 판결

Bella Lewitsky Dance Foundation v. Frohnmayer 판결[297]은 NEA의 제약에 대한 심각한 소송전의 첫 번째 사례로 꼽힌다. 잘 알려진 국제적 무용단이었던 르위츠키 재단(The Foundation Lewitsky, 이하 재단)은 NEA 기금 서신에 포함된 '외설 서약'에 서명하기를 거부하였다. NEA가 재단에 "그 어떠한 지원 조건도 선택적"이라고 통지하자, 재단은 해당 서약이 위헌이라고 주장하면서 소송을 제기하였다.[298]

캘리포니아 지방법원은 원고의 손을 들어 주었다. 첫째로, 법원은 외설 서약이 지나치게 모호하여 수정헌법 제5조의 적법절차 조건을 충족시키지 못한다고 판결하였다.[299] 법원은 그 결정적 이유로, 적법절차 원칙은 법이 명백하고 불편부당할 것을 요청함에도 불구하고, 서약이 외설

---

294) Bob Kim Masters, *Arts Panel Urges End to Grant 'Pledge'; Breaks with NEA on Anti-Obscenity Restriction*, Wash. Post, Aug. 4, 1990, at Gi.

295) 잘 알려진 지휘자였던 레너드 번스타인은(Leonard Bernstein) 국립예술공로훈장(National Medal of Arts Award)을 거부하였다.

296) Patricia C. Johnson, *Arts Supporters Take Off Gags*, Hous. Chron., Aug. 30, 1992, p. 14.

297) Bella Lewitsky Dance Foundation v. Frohnmayer, 754 F. Supp. 744 (C.D. Cal. 1991).

298) *Ibid.*, p. 774.

299) *Ibid.*, p. 781.

의 정의를 완벽하게 NEA의 통제하에 맡기고 있다는 점을 들었다. 법원은, 이러한 객관성의 흠결은 지원기관이 어떻게 외설을 정의할지에 대하여 예술가가 고민하도록 요구한다고 주장하였다. 조처상의 불명확성과 모호함으로 인하여, 법원은 외설 서약이 위헌적이라고 판시하였다.[300]

둘째로, *Lewitsky* 판결의 재판부는 서약의 모호함이 수정헌법 제1조 표현의 자유 보장에도 위배된다고 하였다. 재판부는 해당 조처가 외설적 예술에 대한 분명한 정의를 흠결하였다고 재차 강조하였다.[301] 법원은 지원금 조건을 위배하지 않기 위하여 수혜자들은 자기검열을 겪어야 하며 많은 합법적이며 비외설적 프로젝트를 포기해야 한다는 점을 이유로 들었다.

마지막으로, 법원은 외설 서약이 예술가의 종교의 자유에 관한 기본권에 '위헌적인 조건(unconstitutional condition)'을 부과하였다고 결론을 내렸다.[302] 법원은 우선 의회가 외견상 예술을 지원할 적극적 의무를 갖지는 않는다고 인정하였다. 그러나 일단 정부가 그러한 활동을 지원하기로 선택한다면, 수혜자의 헌법적 자유를 포기하는 것을 조건으로 지원을 해서는 안 된다는 점을 강하게 설시하였다. 재판부는 NEA의 지원금 수락이 간접적으로 예술가들에게 그들의 표현의 자유와 적법절차에 관한 기본권을 억제하도록 요구하므로, NEA의 외설 서약은 모호함을 이유로 무효라고 판시하였다.[303]

2) New School v. Frohnmayer 사건

New School v. Frohnmayer 사건[304]에서, 뉴욕과 캘리포니아에 캠퍼스를 둔 교육기관인 뉴스쿨(New School for Social Research)은 부지 리모델

---

300) *Ibid.*, p. 782.
301) *Ibid.*, p. 783.
302) *Ibid.*, p. 784.
303) *Ibid.*, p. 785.
304) New School v. Frohnmayer, No. 90-3510 (S.D.N.Y. 1990).

링을 위한 지원금을 거절당하였다. 뉴스쿨은 NEA의 제한을 '충성 선서 (loyalty oath)'에 비교하면서 외설 서약의 헌법 적합성을 다투었고, 서약의 시행을 금하는 명령을 구하였다.

Lewitsky 판결의 당사자들처럼, 뉴스쿨은 해당 인증이 적법절차와 표현의 자유에 대한 권리를 위반하였다고 주장하였다.305) 이러한 혐의에 더하여, 뉴스쿨은 외설 서약이 고전적인 '사전 억제(prior restraint)'로서 작용하였다고 주장하였다. 정부로 하여금 표현이 행해지기 전에 그 표현을 억제할 수 있도록 허용하는 사전 억제는 헌법적으로 문제의 여지가 있다. 뉴스쿨 측은 문제의 기준이 그러한 제약에 요구되는 절차적 안전장치를 제공하고 있지 않고 있으므로, 외설 조항은 수정헌법 제1조 위반이라고 주장하였다.

하지만 사전 억제에 대한 뉴스쿨 측의 주장들은 제출되지 못하였다. 해당 사안이 판결에 이르기 전에, NEA가 뉴스쿨이 외설 서약에 서명하지 않고도 재정지원을 받는데 동의하였기 때문이다.306) 이에, 뉴스쿨은 NEA와 합의했으며 1991년 2월 소송을 취하하였다.

4. '품위 조항'과 연방대법원의 입장

이와 같은 사법적 도전에 대한 대답으로, 마침내 1990년 11월 5일 하원은 NEA의 지원 관련법을 개정하였다.307) 입법부는 '외설적 예술'을 정의하는 난해한 임무를 사법부로 넘겼으며, 대법원의 외설 기준은 *Miller v. California* 판결308)을 통해 정립되었다.

---

305) *Ibid.*

306) Chuck Phillips, *NEA Settles Suit by Deleting Pledge Against Obscenity*, L.A. Times, Feb. 21, 1991, p. 4.

307) 이는 NEA 연장법안(Reauthorization Bill: The Arts, Humanities, and Museums Amendments of 1990)을 통해 반영되었다.

308) Miller v. California, 413 U.S. 15 (1973).

처음에 예술계는 그러한 조처를 어렵게 얻은 승리로서 축하했다. 그러나 의회는 예술계에 한 가지는 주고 다른 한 가지는 앗아갔다. 비록 NEA가 당시 외설에 관한 '밀러 기준(Miller Standard)'을 사용하게 되었지만, 연장 법안(Reauthorization Bill)에는 이른바 '품위 조항(Decency Clause)'이라고 알려진 새로운 조항이 포함되어 있었다.[309]

품위 조항은 NEA의 위원장으로 하여금 모든 지원된 작품이 "미국 공중의 다양한 신념과 가치에 대한 품위와 존중이라는 일반적 기준을 반영하도록" 보장할 것을 지시하고 있었다.[310] 나아가, 해당 조항은 지원금 수령자들에게 그들의 작품이 이러한 기준에 부합한다는 것을 인증하는 중간보고서를 제출하도록 지시하고 있었다. 만일 NEA에서 특정 지원자가 이러한 기준을 충족하지 못하였다고 판단할 경우, 기관은 지원금 지급을 유보할 수 있으며, 심지어 예술가 측에 이미 지급된 금전을 환급할 것을 요청할 수도 있었다.[311]

초반에는 예술계에서 소수만이 이와 같이 상대적으로 모호한 조항을 인지하였다. 하지만 NEA가 *Miller* 판결의 외설 기준을 우회하여 '품위'의 불분명한 영역에 관하여 단순하게 지원자를 거절할 수 있게 된 것은 곧 분명해졌다. 예상할 수 있듯이, 얼마 지나지 않아 품위 조항 자체가 법원의 판단을 받게 되었다.

1) 사실관계와 소송의 전개

원고 등 4인은 행위예술가이고, 관련 공연은 정치적 쟁점인 동성애, 에이즈 및 여성에 대한 폭력 등을 포함하는 내용이었다. 원고 등은 '품위 조항'의 시행 이전에 행위예술가 프로그램에 따라서 개인 보조금 신

---

309) 1990 Amendments, Pub. L. No. 101-512, § 103(b), 104 Stat. 1963 (codified at 20 U.S.C. § 954(d) (1990)).
310) *Ibid.* § 954(d)(1).
311) *Ibid.* § 954(j); *Ibid.* § 954(f)(3)(A).

청을 하였다.

　NEA 행위예술가 프로그램 심의위원회는 애초에 원고 등의 신청을 인용하였는데, 당시 NEA 위원장 존 프론마이어는 동 위원회에 재고를 요청하였지만, 다시 동 위원회는 원고 등의 신청을 인용하라는 권고를 하였다. 이 권고는 심의회의 논의에 붙여졌는데, 심의회 회합 전에 NEA를 비판하는 신문 사설이 공개되었다. 이에 심의회는 8월의 회합까지 판단을 연기할 것을 채택하였는데, 위원장이 개별적으로 각 위원을 6월에 투표하도록 하였기 때문에 원고 등의 신청에 대한 판단은 최종적인 것이 되었다. 결국 위원회의 권고에도 불구하고, 프론마이어 위원장은 4명의 행위예술가의 지원금 신청을 거절하였다.[312]

　Finley v. National Endowment for the Arts 판결[313]에서 'NEA 4인방'으로 알려진 4명의 행위예술가들은 NEA를 상대로 소송을 제기하였는데, 이는 품위 조항에 대한 전면적 도전으로, 쟁점은 예술 및 인문에 관한 연방기금법 제954조 d항 1호의 위헌성이다. 원고 측 청구 원인은 다음과 같았다. 첫째, 정치적 이유로 보조금을 거부함으로써 수정헌법 제1조에 위반하였다는 점, 둘째, NEA의 수권법에 명시된 기준 이외의 것을 근거로 하여 보조금 지급을 거부함으로써 법률상 절차에 따르지 않았다는 점, 셋째, NEA에 의하여 신청 사실이 공표됨으로써 프라이버시법에서 보장된 권리가 침해되었다는 점 등이다.

　1990년 개정으로 '품위 조항'이 채택된 이후, 전미예술인단체연합회(National Association of Artists' Organization, NAAO)가 소송에 참가했다. 원고 등은 모호성을 이유로 수정헌법 제6조를 근거로 하기 위해 주장을 변경하고, 제954조 d항 1호는 모호함으로 인하여 문언상 무효이고 수정헌법 제5조의 적법절차를 위반하고 있다고 다투었다. 또한 원고 등은 '품위와 존중' 조항은 불공정한 관점에 따른 차별이자 지나치게 광범위하므

---

312) Patti Hartigan, *Artists Lash Out at NEA*, Boston Globe, July 12, 1990, p. 74.
313) Finley v. National Endowment for the Arts, 795 F.Supp. 1457 (C.D. Cal. 1992).

로 수정헌법 제1조에 의해 무효라고 주장하였다. 원고 등은 '품위 조항'은 보조금을 신청하고자 하는 이에게 금지된 표현에 관한 공정한 통지를 부정하는데 상당히 애매모호한 입장을 취하고 있어, 해당 법률이 표현에 대한 위축효과를 지닌다고 주장하였다.

NEA 역시 질의절차에 기초하는 소송을 제기하였다. NEA의 주장에 따르면, 먼저 기관은 원고 등의 자유로운 표현의 자유를 침해하지 않았으며, 원고 등의 표현에 지원하는 것을 단순히 거절한 것에 지나지 않는다고 하였다. 수정헌법 제5조 위반의 점에 대하여는, 원고 등은 당사자 적격을 충족시키지 못한다고 하였다. 그러한 이유로 원고 등은 내용상의 위헌 주장을 하고 있을 뿐 적용면에서 위헌의 주장을 하고 있는 것이 아니라고 하였다. 또한 원고 등이 주장하는 모호성 및 지나치게 광범위하다는 주장에 대해 NEA는 동법의 해석에서 일체의 모호성을 배제하고 있는 것으로, 필연적으로 이러한 주장을 인정할 수 없다는 논리를 펼쳤다. 결국 문제된 법률은 원고의 표현의 자유를 침해하는 것이 아니라는 것이었다.

2) 하급심 판결

캘리포니아 연방지방법원은 해당 조항을 무효로 선언했다. 첫째, *Finley* 판결의 재판부는 품위 조항이 그 이전의 외설 서약과 같이 위헌적으로 모호하다고 판시하였다. 법원은 '품위'와 '다양한 시각'이란 재정지원 결정에 있어서 순전히 암시적이며 자발적인 지침이라는 NEA의 주장을 기각하였다.[314] 그 대신, 법원은 해당 조항이 NEA 지원 적격을 결정할 명시적 기준을 나타낸다고 하였다. 이 기준의 내재적 주관성으로 인하여, 해당 조항은 수정헌법 제5조의 적법절차 요청을 위반한다는 것이 법원의 의견이었다.[315]

---

314) *Ibid.*, pp. 1470-1471.
315) *Ibid.*, p. 1472.

또한 1심법원은 NEA의 새로운 지침이 위헌적으로 지나치게 광범위하다고 하면서, 지나치게 광범위한 법률은 보호되는 표현인지 여부를 불문하고 전반적으로 표현을 제한할 것이라고 설시하였다. 법원은, 해당 요건이 정부가 헌법에 합치되도록 규제할 수 있는 '외설적인(obscene)' 표현을 통제하는 것임을 주지하면서도, 또한 실질적인 정부의 간섭으로부터 명백하게 차단된 표현의 한 형태로서의 '불건전한(indecent)' 표현도 억압할 것임을 강조하였다. 품위 조항이 "수정헌법 제1조에 의하여 명시적으로 보호되는" 예술적 표현에까지 이르기 때문에, 법원은 해당 조항이 시행되어서는 안 된다고 판시하였다.316)

마지막으로, *Finley* 판결의 재판부는 정부에 의해 지원되는 예술에 있어 수정헌법 제1조에 의해 보호되는 새로운 이해관계를 선언하였다.317) 즉, 재판부는 최근의 연방대법원 선례를 검토하여, 정부는 많은 경우에 연방정부로부터 재정지원을 받는 표현을 제한할 수 있음을 인정하였다. 그러나 공교육에 대한 재정지원과 같이 '보호되는' 특정 영역에 있어서, 법원은 정부의 지원금이 비인기 표현을 억압하는데 사용되어서는 안 된다고 설시하였다. 학문적 표현과 예술적 표현 양자 모두 "민주사회의 문화적·정치적 생명력의 핵심에 도달한 것이기 때문에"318) 예술 지원 역시 교육 지원과 마찬가지로 정부의 '중립성'을 요구한다고 주장하였다.319) 따라서 품위 조항이 NEA 지원금에 대해 비중립적인 내용 기반의 제한을 강요하고 있다고 판시하면서, 재판부는 새로운 조건은 헌법 위반이라고 판시하였다.320) 예술가들의 손을 들어 준 이러한 연방지방법원의 입장은 연방항소법원(Ninth Circuit US Court of Appeals)에서 재차 확인되었다.

---

316) *Ibid.*, p. 1475.
317) *Ibid.*
318) *Ibid.*, p. 1473.
319) *Ibid.*, p. 1472.
320) *Ibid.*, p. 1476.

3) 연방대법원 판결

1998년, 연방대법원은 NEA가 지원금 결정을 할 때 "미국 공중의 다양한 신념과 가치에 대한 품위와 존중의 일반적 기준"을 고려하도록 하는 입법적 위임의 손을 들어주었다.[321] 연방대법원은 해당 사안을 이전의 *Rosenberger* 판결과 구별하였는데, 선례에서는 지원금 분배에 관한 경쟁적 절차가 없었다는 것을 이유로 들었다.[322] *Rosenberger* 판례에서 보조금은 "버지니아 대학의 교육 목적에 관계된" 모든 학생 단체가 수령할 수 있었다. 재판부는 다음과 같이 설시하였다.

"예술에 대한 재정지원이라는 맥락에 있어서, 다른 보조금의 경우와 대조적으로, 정부는 무분별하게 "민간 표현자들의 다양한 관점을 장려하지" 않는다. NEA에의 위임은 미학적 판단을 하는 것이며, NEA 지원에 있어 본질적으로 내용에 기반하는 '수월성' 기준은 *Rosenberger* 판례에서 문제된 보조금으로부터 그것을 차별화한다.[323]

나아가 연방대법원은 예술 지원에 내재하는 선별성은 이러한 활동을 "공적 혜택의 배분에 있어서 상대적으로 객관적인 보조금 배분에 관한 결정들"과 완전히 다르게 만든다고 하면서, *Hannegan* 판결에서 2종 우편 특권이 '모든 신문 및 기타 정기간행물'에도 가능했던 상황을 예로 들었다. 연방대법원은 NEA 지원금은 예술적 가치에 따라 수혜되는 것이며 절대적 중립성은 단순히 "상상조차 할 수 없는" 것이라고 주지하였다.[324] 정부의 특유한 역할을 언급하면서, 재판부는 정부가 후원자로서 행동할 수 있으며 이는 "표현의 직접적 규제나 형법적 제재를" 통해 할 수 없는 일이라고 설시하였다.[325]

---

321) National Endowment for the Arts v. Finley(1998), p. 576.

322) *Ibid.*, p. 586.

323) *Ibid.* (Rosenberger v. Rector and Visitors of the University of Virginia(1995), p. 834).

324) National Endowment for the Arts v. Finley(1998), p. 585 (Advocates for the Arts v. Thomson, 532 F.2d 792, 795-96 (1st Cir.), *cert. denied*, 429 U.S. 894 (1976)).

325) National Endowment for the Arts v. Finley(1998), pp. 587-588.

문제된 법률이 단순히 권고적이라고 보면서, 연방대법원은 피상고인들이 강조한 실제적인 관점 기반 차별의 위험이 가설적이라고 판시하였다. 그러나 대법원은 만일 정부의 지원이 "'시장으로부터 특정한 사상이나 관점'을 불러일으키고자 계산된 불균형적인 부담의 부과를 초래하였다면 해당 법률은 보다 절박한 헌법적 문제에 직면하였을 것"이라고 경고하였다.326)

연방대법원은 후술하는 *Brooklyn Institute of Arts & Sciences* 에서의 문제와 관련된 사례를 직면한 적은 없었는데, 그것은 특히 미술관에 관하여 정부가 헌법합치적으로 보조금을 지원할 수 있는 표현과 언론의 조건에 관한 것이다. 한편 *Rust* 판결에서 법원은 단지 대학 내 또는 "표현활동을 위하여 전통적으로 공공에게 개방된" 영역에서의 표현의 내용에 대한 정부의 통제에 대해 경고한 바 있다.327) 유사하게, *Rosenberger* 판결에서 법원의 판단은 버지니아 대학이 학생의 표현에 대한 제한된 공적 광장을 창출하였다는 사실에 근거하여 내린 결론이었다.328) 연방대법원 이외에, 하급심 법원들 역시 "전통적으로 가장 비규제적 표현에 대해 개방되어 있는" 공적 광장 영역에서의 관점 기반 차별은 위헌적이라고 일관되게 판시해 왔다.329)

특히, 연방대법원은 그럼에도 불구하고 법리의 역사적 뿌리를 제거한 맥락에서 광장(forum) 분석을 "기계적으로" 적용하는 것에 대하여 경고하였는데, 그것은 표현의 규제를 위한 원칙들을 "거리와 공원에" 배치하는 것이라고 하였다.330) 광장의 특징은 개방성이며, 예술 보조금은 광장분석의 대상이 될 수 없는 맥락의 하나라는 것이다. 연방대법원은 예술보조금의 핵심이라 할 '선별성'을 *Hannegan* 판결에서 "모든 신문 및 기

---

326) *Ibid.*, p. 587.
327) Rust v. Sullivan(1991), pp. 199-200.
328) Rosenberger v. Rector and Visitors of the University of Virginia(1995), p. 834.
329) General Media Communications, Inc. v. Cohen, 131 F.3d 273, 278-79 (2d Cir. 1997).
330) Arkansas Educational Television Commission v. Forbes, 523 U.S. 666, 672 (1998).

타 정간물'에 가능하였던 2종 우편 특권에 대한 접근 같은, 상대적으로 객관적인 공적 혜택의 분배 결정"이나 "학교의 강당이나 시립극장에의 접근권"과 구별하였던 것이다.331)

5. 판결의 함의 및 영향

1) 판결의 의미

Finley 판결에 이르는 일련의 사건에 대한 대응책으로 1990년 하원에서는 NEA의 예산 중 4만5천 달러332)를 삭감하는 개정안을 통과시켰다. 상원에서는 이 개정안에 외설적인 내용 및 소재를 포함하는 예술작품에 대한 지원을 금지하는 내용을 함께 포함시켰다. 여기서 '외설'에 대한 정의는 중대한 문학적, 예술적, 정치적, 과학적 가치를 담고 있지 않은 선정적 작품이나 프로젝트로 축약할 수 있다. 이후 NEA의 지원을 받은 프로젝트나 워크숍 등이 외설적이라는 평가를 받게 될 경우, 의장이 수혜자로부터 지원금을 돌려받을 수 있도록 하는 법안이 추가되었던 것이다. 이 사례는 다음과 같이 다양한 갈등 양상을 포함하고 있다고 볼 수 있다.333)

첫째, 정치적 측면으로는 보수와 진보의 갈등이다. '문화전쟁'은 1980년대 말부터 1990년대 초에 걸쳐, 미국에서 보수주의자 그룹과 진보주의자 그룹 사이에 벌어진 대대적인 문화적 논쟁을 말한다. 이 용어는 제임스 헌터(James Hunter)의 저서 『문화전쟁 : 미국을 정의하려는 노력』의 출간으로 인해 대중적으로 알려지게 되었고, 당시 공화당 대통령 후보였던

---

331) National Endowment for the Arts v. Finley(1998), p. 586 (Hannegan v. Esquire, Inc.(1946), p. 148).

332) 앞서 안드레 세라노의 전시 지원금에 포함된 만5천 달러와 메이플소프 전시에 투입된 3만 달러를 근거로 산출된 금액이다.

333) 김진아, "미국 문화, 그 기로에 서서 - NEA(국립예술진흥기금)를 둘러싼 논쟁 중심으로," 『미술이론과 현장』(서울: 한국미술이론학회, 2006), 제4권 제4호, 33-56쪽 참조.

패트릭 부캐넌(Patrick Buchanan)은 "이 나라에서는 지금 종교전쟁, 즉 냉
전만큼 중요한 '문화전쟁'이 일어나고 있고, 이것은 미국의 영혼을 위한
전쟁"이라고 부르짖으며 급변하는 문화 정체성의 위기 속에서 미국적
전통을 수호하고자 하였다. 문화전쟁은 문화예술에 대한 관련성 이외에
도, 교목제도의 폐지, 교육기관에서의 다문화주의 도입, 동성애자의 군
복무, 낙태, 총기 소지 등에 대한 허용 여부 등 다양한 논쟁적 측면을 포
함하는 문제로 당시 미국의 교육계와 문화계뿐만 아니라 정치계에서도
이와 관련한 대립 구도를 형성하였다. 특히 미술계에서 가장 뜨거운 화
제는 앞서의 세라노와 메이플소프의 작품전이 공공기금인 연방예술기금
(NEA)의 지원을 받아 개최되는 것이 타당한 것인지 여부에 대한 논쟁이
었고, 해당 전시들을 기점으로 다수의 미술 전시회와 음악회, 연극 등을
대상으로 NEA의 기금 지원과 관련된 분쟁이 이어졌다.

둘째, 미학적 측면에서는 신성모독이냐 예술 창작이냐의 갈등, 즉 예
술의 외연을 둘러싼 문제이다. 논쟁의 시작은 1989년 4월 5일 오줌 속에
담가 촬영한 세라노의 작품을 규탄하는 도널드 와일드몬(Donald Wildmon)
목사의 기사로부터 시작되었다. 목사는 "나는 평생 살면서 오늘처럼 이 나
라에서 일어난 예수에 대한 불경과 신성모독을 목격하리라고는 꿈에도
생각하지 못했다. 아마도 기독교인들에게 육체적으로 박해가 시작되기
전에, 우리는 이러한 광신에 대항하여 맞서 일어설 용기를 가져야 할 것
이다"라고 하였다.[334] 뒤를 이어 와일드몬 목사를 지지하는 편지가 국회
에 쏟아졌고, 이 사건은 종교 성상에 대한 모독과 관련한 사회문화적 쟁
점을 제기하며 정치적 논쟁으로 번지게 되었다. 또한 앞서 본 바와 같이
NEA의 기금을 보조받은 메이플소프의 회고전으로부터 정치계와 미술계
의 진보주의자들과 보수주의자들 간의 긴 싸움이 시작되었던 것이다.

셋째, 철학적 측면에서는 예술성과 도덕성의 갈등이다. 당시 신보수

---

334) 위의 논문.

주의는 예술에 대해서도 도덕주의적인 관점을 가지고 평가하였다. 그들은 많은 미술 작품이 부도덕한 내용을 표현하고 있다고 분개하였고 나아가 그러한 전시회가 연방정부의 재정으로 운영되는 예술지원기관의 후원으로 열린다는 사실에 더더욱 그러하였다. 그러한 보수주의자들은 워싱턴의 코코란 화랑이 메이플소프의 전시회를 취소하도록 압력을 넣었고, 더 나아가 노스캐롤라이나 출신 상원의원 헬름스는 미술에 대한 정부의 재정적 지원에 '도덕적' 기준을 부과하고 관련 지원 기관의 해체를 요구했던 것이다. 당시 헬름스 조항에 대해 예술가와 시민자유주의자 연맹은 "공공기금을 받은 작가는 몇몇 사람들이 자신의 작품을 좋아하든 비난하든 상관없이 창조를 위한 자유를 누릴 가치가 있다"고 반박하였다.[335]

넷째, 헌법적 측면으로는 검열과 후원의 구분 문제이다. 당시 보수적인 정치가들은 NEA의 임무가 미술관이 시민들을 위해 더욱 잘 봉사하도록 돕는 것임을 강조하며, NEA의 조치는 '검열'이 아닌 '후원'의 개념이라는 것을 거듭 강조하였다. 그러한 맥락에서 필립 크레인(Philip Crane) 하원의원은 "국회는 국민이 낸 세금으로 지원하는 미술에 대한 책임이 있다... 이는 '검열'이 아니다. 어느 누구도 미술가에게 그가 추구하는 것을 금지시킬 권리는 없지만 국민들은 자신들에게 무의미하거나 불쾌감을 주는 작품을 위해 세금을 낼 의무는 없을 것"이라고 말했던 것이다.

2) 판결의 영향

Lewitsky 판결 및 *Finley* 판결에도 불구하고, NEA와 그의 지원 결정은 계속되는 논쟁에 휘말렸다. 1992년 5월, NEA의 신임 위원장으로 선임된 래디스(Anne-Imelda Radice)는 MIT 및 버지니아대학교에서 열리는 전시회

---

335) 미술평론가 아서 단토(Arthur Danto)는 "취미의 문제에 있어 개개인들의 의견이 아무리 다르다고 해도 자유는 모든 시민들의 이익을 위하여 존재한다"고 하였다.

에 대한 지원금 지급에 거부권을 행사하였다. 해당 전시는 남녀의 생식기 이미지를 담고 있었기 때문이라고 알려졌다.336) NEA가 *Finley* 판결 이후에 지원금에 대한 심의를 거절하게 되자, 예술계는 다시 한 번 분노의 도가니에 휩싸였다. 미국 내에서 가장 오래된 출판사의 하나인 비컨 프레스(Beacon Press)는 이전에 결정된 지원금의 수령을 거절하였으며,337) 1993년, 현직 심의 패널인 시각예술펠로십(Visual Arts Sculpture Fellowship)은 전례 없는 항의의 의미로 해산하였다. 지원금 결정에 의해 타격을 받은 예술가들은 소송을 제기하겠다고 위협하였다.

1992년 11월 20일, 래디스 위원장은 3개의 동성애자 영화제에 대한 지원금을 거절함으로써 추가적인 불화를 유발시켰다. NEA는 이전에 동일한 영화제들을 지원했었다. 그러나 품위 조항을 언급조차 하지 않은 간결한 하나의 문장으로, 래디스는 지원금을 거절당한 당사자가 "예술적 수월성을 보여주지 못하였음"을 주장하였다. 해당 결정을 "마지막의, 필사적인 행동"이라고 부르면서, 많은 이들은 위원장이 미학적 이유가 아닌 정치적 이유로 해당 영화제의 지원을 거절하였다고 주장하였다.338)

한편, 1992년 11월 빌 클린턴 대통령의 당선과 함께, 예술계는 새로운 낙천주의와 갱신된 예술적 자유의 기운을 환호하며 맞아들였다. 많은 이들이 NEA에 대해 "질식할 것 같은 환경"의 종언을 축하했으며, 클린턴 행정부가 미국 내에 "문화적 르네상스"를 창출할 것이라고 주장하였다. 래디스 위원장은 NEA의 비상 자금의 90퍼센트를 지급한 후에야 사임하였으며, 1993년 회계연도에 9만 달러도 되지 않는 예산만을 남겨두고 떠났다.339)

---

336) Michael W. Walker, *Artistic Freedom v. Censorship: The Aftermath of the NEA's New Funding Restrictions*, 71 Wash. U. L. Q. 937, 954 (1993).

337) William H. Honan, *Endowment Head Draws Protest and Praise*, N.Y. Times, June 8, 1992, at C11.

338) Walker(1993), pp. 954-955.

339) *Ibid.*, p. 955.

기대했던 빌 클린턴 대통령이 선임되었지만, NEA를 둘러싼 격랑은 완전히 누그러지지 못했다. 선거운동 기간 당시 클린턴 후보자는 NEA 지원 예술에 대한 내용 기반 제한에 반대하였으며, NEA를 '비정치화'할 것을 맹세한 바 있었다. 그러나 이후의 인터뷰에서, 클린턴은 비록 그가 예술적 표현과 표현의 자유를 옹호하지만, "공적으로 지원되는 사업들은 대부분의 공동체가 공유하는 가치들을 반영하도록 노력하여야" 함을 믿는다고 밝혔는데, 일각에서는 그러한 "공동체적 가치"가 NEA의 지원 결정에 또 다른 그림자를 드리우도록 하는 위협이 되지 않을까 우려하기도 하였다. 문화예술 지원을 둘러싼 '문화전쟁'은 뉴욕 브루클린에서 그 정점에 이르게 된다.

III. 정치적·사회적 이유에 의한 검열 사례

1. 사건의 배경 및 사실 관계

1) 뉴욕시와 브루클린 미술관의 후원 관계

현대예술에 대한 거센 검열 논쟁을 촉발한 대표적인 사건은 1999년 뉴욕 브루클린 미술관을 중심으로 발생한 분쟁인 *Brooklyn Institute of Arts and Science v. City of New York* 판결340)이라 할 수 있다.

1823년 브루클린 하이츠(Brooklyn Heights)에 설립된 브루클린 도제도서관(Brooklyn Apprentices' Library)은, 1843년 브루클린 협회(Brooklyn Institute)로의 통합을 거치면서, 방대한 소장품에 대한 지역민들의 오랜 염원을 담아 수십 년간 소장품을 확장해 오며 그 위용을 갖추어 왔다. 1889년 뉴욕 주의회는 프로스펙트 파크(Prospect Park)의 일부에 미술관과 도서관 부

---

340) 64 F.Supp.2d 184 (E.D.N.Y. 1999).

지를 승인하는 법안을 통과시켰으며, 해당 부지를 명목상의 임대료를 대가로 "해당 미술관과 도서관을 브루클린의 공·사립학교들에 합리적인 모든 시간대에 무상으로 개방하여 접근 가능하도록" 할 뿐 아니라, "일반 공중에게 시장과 국장 등이 승인하는 조건에 따라 개방하고 접근가능하게 한다는" 조건으로 "교육적 목적으로 설립된" 법인에 임차해 주기로 결정을 내렸다.

특정 목적으로 브루클린 미술관을 설립하고 시의 공원부지를 사용하도록 승인해 준 주 입법 이외에, 시와 브루클린 미술관 간의 관계는 임대계약서에 의해 규정되었다.[341] 이러한 계약문서들은 부지의 사용 및 학생들과 일반 공중에 대한 미술관 접근성 요건 등에 있어서 일관되게 1889년 입법의 문언을 따르도록 되어 있었는데, 관련 규정에 따르면 미술관이 입법적으로 위임받은 목적을 수행하도록 관리되지 않을 경우 임대차계약은 해지되는 것이었다.[342]

미술관과 뉴욕시 간의 계약에는 "시는 미술관에 매년 미술관 건물의 유지에 필요한 금액 또는 법이 승인하거나 시가 예산으로 책정한 금액을 지급해야 한다"고 규정되어 있었다. 이는 미술관의 '방대한 소장품'에 대한 시의 예산 책정은 해당 보조금이 소장품의 유지관리, 경비, 기획, 교육서비스 및 냉난방 등에 충당되어야 함을 특정하는 것이다. 당시 시에 의해 할당된 보조금은 연간 7백2십만 달러에 육박하였으며 매달 분할하여 수령되었는데, 미술관 운영 예산의 약 28퍼센트에 해당하는 금액이었다.

미술관이 "기관의 장기적 의무에 부합하는 방식으로 기금을 관리해야" 한다는 것이 시의 입장이었으며, 그러한 입장은 시의 재산에 대한 미술관의 운영 목적에 반영되었다.[343] 뉴욕시 헌장(New York City

---

341) *Ibid.* pp. 186-187; Appellee's Brief, p. 5.

342) Appellant's Brief, p. 5; Brooklyn Inst. of Arts & Sciences(1999), p. 187.

343) Appellant's Brief, pp. 4-5.

Charter) 1110조에 따르면, 시장, 시의 문화국장 기타 시 공무원들은 "시의 재산, 기금 및 동산의 수탁인들"이며, 따라서 시에서 충당한 기금이 적절하게 관리되도록 보장할 책임을 지도록 되어 있었다.[344]

뉴욕시는 〈센세이션〉 전을 포함해, 어떠한 특정 전시회도 지원하도록 요청받은 바 없었다. 그보다는 시의 결산보고서와 예산요청서식을 통해 브루클린 미술관의 일반적 운영목적과 계획, 최근 또는 근간의 프로그래밍에 대한 상세, 교육프로그램에 대한 계획과 성과, 재정적 자료 등을 판단하도록 고안되어 있었다.[345]

2) 〈센세이션〉 전과 논란의 전개

150만점의 상설소장품 전시 이외에도, 브루클린 미술관은 정기적으로 특별전을 개최해 왔다. 사안에서 문제된 전시인 〈The exhibit, "Sensation: Young British Artists from the Saatchi Collection"〉(이하 〈센세이션〉 전)은 1999년 10월 2일부터 2000년 1월 9일까지 공개될 예정이었다. 〈센세이션〉 전은 찰스 사치(Charles Saatchi)가 소유한 소장품으로 이루어진 것으로, 1997년 런던 왕립예술학교에서 처음으로 전시되어 기록적인 관객을 유치하며 논란의 중심에 선 바 있었다.[346]

브루클린 미술관에 유치되는 전시 작품들의 종국적인 선정에 대한 책임자였던 아놀드 리먼(Arnold L. Lehman) 관장은, 런던에서 처음 〈센세이션〉 전을 보고 이를 뉴욕에 유치하기로 결정한 바 있었다.[347] 특정 예술 작품을 전시할 것인지 결정함에 있어서, 리먼 관장은 해당 작품이 잠재적으로 불쾌한 속성을 지녔다는 점을 고려하지 않았으며, 그가 고려했던 선정 기준은 예술가의 의도를 중심으로 그 자신의 전문적 판단, 작품

---

344) *Ibid.*, p. 5.
345) Brooklyn Inst. of Arts & Sciences(1999), pp. 189-190.
346) Appellant's Brief, p. 5.
347) *Ibid.*, p. 6; Brooklyn Inst. of Arts & Sciences(1999), p. 190.

의 맥락 등이었다. 리먼 관장은 〈센세이션〉 전에 소개된 작품들이 성적
으로 대담한 속성 등으로 '도전적'이라고 생각하였다. 그는 기획전을 통
해 현대미술의 대표주자로 성장한 데미언 허스트(Demian Hust), 레이첼
화이트리드(Rachel Whiteread), 세라 루커스(Sarah Lucas), 크리스 오필리
(Chris Ofili) 등 당시 영국 신진작가 40여명의 작품 90여점을 선보일 계획
이었다.[348]

리먼 관장이 가장 논쟁적으로 보고 전시회 개장 이전에 승인했던 작
품의 하나는 크리스 오필리의 작품 〈성모 마리아(The Holy Virgin Mary)〉
였다.[349] 해당 작품은 흑인인 성모 마리아의 오른쪽 가슴 옆에 코끼리
분뇨 덩어리를 배치하고 도색잡지에서 오려낸 여성의 신체 사진 조각을
주변에 배치한 것이었다. 1999년 9월 22일, 카톨릭 신자인 줄리아니 시장
은 전시회가 임박한 시점에서 〈성모 마리아〉가 공개될 것을 알게 되자
이에 대한 부정적인 의견을 전달했다.

줄리아니(Rudolph W. L. Giuliani) 시장은 "... 다른 누군가의 종교에 관
한 신성모독을 위해 정부의 보조금을 받을 권리는 인정되지 않는다. 따
라서 (아놀드 리먼) 미술관장이 정신을 차릴 때까지 우리는 브루클린 미
술관으로부터 지원금을 회수하기 위해 할 수 있는 모든 조처를 취할
것..."이라고 언급하였다. 그는 미술관의 임대차계약 위반 주장과 함께,
미술품 가치를 조작하기 위한 미술관과 전시작품의 소유자 찰스 사치,
크리스티 경매 간 음모론을 제기하기도 했다. 실제로 시는 가능한 자금
을 회수하려는 시도로, 브루클린 미술관에 의견을 보냈다.[350]

애초에 전시회의 '도전적인' 속성으로 인해 브루클린 미술관은 입장
료를 받기로 계획했는데, 17세 이하 청소년은 성인을 동반하지 않으면
입장이 금지되었다.[351] 시의 승인을 얻지 못하면 임대차계약을 위반하

---

348) Appellant's Brief, p. 6.
349) *Ibid.*
350) Appellee's Brief, pp. 11-12.

는 결과가 될 것이라는 시의 의견에 따라, 이러한 제한은 미술관이 아동
을 입장시키는 대신 경고문352)을 게시하고 부모의 지도를 권고하는 것
으로 결정되었다. 미술관이 초등학생에게 부적절하다고 간주되는 전시
회를 속행하기로 결정한 후, 줄리아니 시장은 미술관이 "시의 입법 및
시와의 임대차계약 등을 위반하였기에" 시의 지원을 중단하겠다는 성명
을 발표하였다.353) 또한 시장은 미술관의 이사회가 그의 책임을 다하지
못하였기에 교체되어야 함을 시사하였다.354) 1999년 9월 30일, 미술관이
법원에 시의 전시 불허 결정에 대한 예비적 금지명령을 구하는 소송을
시작한 지 이틀 후에, 뉴욕시는 뉴욕주 킹카운티 지방법원에 브루클린
미술관을 상대로 계약 위반에 따른 점유회복소송을 제기하였다.

2. 쟁점 및 판결의 내용

브루클린 미술관이 주장한 수정헌법 제1조 위반을 이유로, 연방지방
법원은 뉴욕시로 하여금 브루클린 미술관에 대한 재정지원을 철회하지
못하게 하는 예비적 명령을 내렸다. 법원은 미술관에 대한 보조금 철회
는 관점 기반의 차별이며 검열에 필적하는 것이라고 판시하였다. 법원은
다음과 같이 설시하였다.355)

"정부가 예술가들에게 혜택을 줄 의무는 없지만, 혜택의 거부를 통해
예술가로 하여금 표현의 자유와 정부의 지원 사이에서 선택을 하도록
해서는 안 된다. 다시 말해, '위험한 생각'을 탄압할 목적으로 보조금을

---

351) Appellant's Brief, p. 7; Ibid., pp. 9-10.
352) "본 전시의 내용은 충격, 구토, 혼란, 공포, 병적 도취감, 불안 등을 유발할 수
    있습니다. 고혈압, 신경장애, 심장질환 등을 앓고 계시다면 전시를 관람하기
    전에 의사와 상의해 주시기 바랍니다."
353) Appellant's Brief, p. 14.
354) Ibid.
355) Brooklyn Inst. of Arts & Sciences(1999), p. 200.

가지고 창작자들을 차별하여서는 안 된다.[356] 정부가 표현을 검열하고 정부의 요청을 들어주지 않는다고 불이익을 주기 위해 주요 미술기관의 생사를 위협하는 것만큼 심각한 헌법적 쟁점은 없다. 뉴욕 시가 미술관의 특정 전시를 문제삼아 그에 대한 공공기금 조달을 중지시킨 것은 수정헌법 제1조의 권리를 침해한 것이다."

나아가, 1심법원은 이 사안이 *Cuban Museum of Arts & Culture, Inc. v. City of Miami* 판결[357]과 유사하다고 보았다. 해당 선례에서, 마이애미 시는 쿠바 미술관과 체결했던 임대차계약의 갱신을 거부하지 못하도록 하는 명령을 받았는데, 법원이 마이애미 시가 수정헌법 제1조를 위반하였다고 판시했기 때문이다. 해당 사안에서 마이애미 시는 쿠바에 거주했거나 피델 카스트로를 비난하지 않았던 쿠바 예술가들의 전시회에 전시된 얼마간의 작품들에 대한 반대의 의사표시로서 임대차계약의 갱신을 거절하였는데, 마이애미에 거주하는 상당수의 쿠바인들이 이러한 작품들이 불쾌하다고 여겼다는 것이다. 법원은 마이애미 시의 임대차계약 위반에 대한 주장이 "부자연스럽다"고 보면서, 논란 중인 전시는 수정헌법 제1조에 의해 완전하게 보호된다고 판시하였다.[358]

Brooklyn Institute of Arts & Sciences 판결에서, 거손 판사는 '위헌적 조건 법리'에 관한 홈즈식(Holmesian)의 해석 여지를 좁히면서, 비록 어떤 이가 가치 있는 정부의 혜택에 대한 "권리"를 가지지 못한다고 하더라도 정부가 그러한 혜택을 부인할 때 의거해서는 안 되는 몇 가지 근거가 있다고 밝혔는데, 그러한 근거의 하나는 잠재적 수혜자에 의한 헌법적으로 보호되는 표현의 행사이다.[359] 법원은 브루클린 미술관에 대한 뉴욕시

---

356) Regan v. Taxation with Representation, 461 U.S. 540, 548(1983).
357) Cuban Museum of Arts & Culture, Inc. v. City of Miami, 766 F.Supp. 1121(S.D. Fla. 1991).
358) Brooklyn Inst. of Arts & Sciences(1999), p. 200 (Cuban Museum of Arts & Culture, Inc. v. City of Miami(1991), p. 1129).
359) *Ibid*.

의 운영 보조금을 미술관이 문제의 전시회의 지속 여부를 선택할 수 있
는 기부금의 성격으로 보지 않았다. 도리어 법원은, 미술관이 '표현의 자
유권 행사'와 '혜택의 수령' 사이에서 선택해야 할 입장에 놓일 수조차
없다고 하였다.360) 거손 판사는, 연방대법원의 선례에 따라서 이러한 방
식에 의한 혜택의 거절은 사실상의 불이익(penalty), 즉 실제로 "브루클린
미술관이 전시회를 개최하는 것에 제재를 과하는 것"에 해당한다고 보
았다.361) 미술관의 수정헌법 제1조에 따른 권리 행사의 효과는 억제되려
했으며, 따라서 뉴욕시는 "직접적으로 명령할 수 없는 결과를 만들어내
려" 했다는 것이다.362)

거손 판사는 뉴욕시의 (지원 거부) 목적은 미술관의 임대차계약 위반
이 아니라, 〈센세이션〉 전의 내용에 관하여 직접적으로 관여하겠다는 것
이며, 이것이 미술관의 표현에 대한 제한을 관점 기반의 차별이라고 결
정하는데 있어 "지배적 고려(controlling consideration)였다고" 설시하였
다.363) *Cuban Museum of Arts and Culture* 판결에서처럼, 지방법원은 자신
의 계약상 권리를 주장하려 했다는 뉴욕시의 주장을 부자연스러운 것이
라고 보았다.

뉴욕시는 〈센세이션〉 전이 사적으로 "납세자들이 지불할 필요가 없
는" 것으로 간주될 수 있다고 주장하였으나, 거손 판사는 이러한 주장을
"잘못된 추론"이라며 기각하였다.364) 거손 판사는 연방 납세자들은 실제
로 상당수가 불쾌하다고 생각되는 정기간행물의 우편비용을 지급하고
있으며, 주 납세자들은 해당 주에서 주립단과대학에 반하는 표현을 중단

---

360) *Ibid.*, p. 199.
361) 앞서 본 바와 같이 선스틴은 이러한 측면을 예술 후원과 표현의 자유 보호가
    교차하는 영역에 있어서 유의해야 할 쟁점의 하나로 강조하였다.
362) Brooklyn Inst. of Arts & Sciences(1999) (Perry v. Sindermann, 408 U.S. 593, 597
    (1972)).
363) *Ibid.*, p. 200 (Ward v. Rock Against Racism, 491 U.S. 781, 791(1989)).
364) *Ibid.*

했으면 하는 교수들의 급여를 지급한다는 점을 지적하였다. *Buckley v. Valeo* 선례365) 및 *F.C.C. v. League of Women Voters* 선례366)에 따라, 법원은 이 사례가 납세자들에게 특정 관점을 "지지하도록" 요구한다는 진술을 받아들이지 않았고, 이것이 표현을 억압하는데 대한 정당화가 될 수 없다고 하였다.367) 거손 판사는 미술관의 계약에는 뉴욕시가 잠정적 또는 영구적으로 전시회를 심의 또는 승인하도록 하는 어떠한 조항도 포함되어 있지 않으며, 해당 계약이 모든 전시회가 초등학생 관람가일 것을 요구하는 것도 아니라고 하면서, 미술관의 임대차계약은 뉴욕시가 전시회의 적합성이나 내용에 기반하여 운영보조금을 지급할 의무를 조건으로 하고 있지 않다고 설시하였다.

3. 판결의 분석

뉴욕 지방법원은 뉴욕 시에 대해 시 행정부가 불쾌하다고 여기는 사상에 대한 개별적 차별행위를 하는 것을 금하는 예비적 금지명령을 발하면서, 수정헌법 제1조는 정부의 보조금을 철회하도록 하는 어떠한 내용 기반 결정도 배제한다는 점을 놓치지 않고 언급하였다.368) 다만, 이 사례의 판결이 '정당한' 결정에 도달하였다고 가정하더라도, 시가 지원하는 특정 미술관에서 열린 특정 현대미술전에 전시된 특정 그림에 기초해서 이미 할당되어 운용중인 보조금을 철회하는 것은 관점 기반 차별을 구성한다고 하는 거손 판사의 의견은 충분한 설시가 이루어졌다고 보기 어렵다.369)

거손 판사는 시의 주장이 "터무니없는" 것이라고 기각하였는데, 시의

---

365) Buckley v. Valeo, 424 U.S. 1 (1976).
366) F.C.C. v. League of Women Voters, 468 U.S. 364 (1984).
367) Brooklyn Inst. of Arts & Sciences(1999), p. 201.
368) Brooklyn Inst. of Arts & Sciences(1999). p. 200; Appellant's Brief, pp. 56-57.
369) Caminiti(2000), p. 894.

주장은 만일 〈센세이션〉 전의 결과로서 미술관에 대한 재정지원을 감축하도록 허용되지 않는다면, 공중에게 수정헌법 제1조의 이름으로 지원하도록 요구되는 것에 한계가 없다는 것이었다.[370] "내용에 기반한 보조금 거절은 검열에 필적한다"는 시각을 논리적 극단까지 가져간다면, 시가 지원하는 광범위한 기반의 미술관은 이사진의 기분에 따라 쉽게 도색박물관으로 변용될 수도 있을 것이다. 이러한 시각에 따르면, 시는 대응에 무력해질 것이고 지원금이 사용되는 동안 단지 이를 지켜볼 수밖에 없게 된다. 법원은 이러한 가설을 희박한 가능성으로 보고, 그러한 상황은 현재의 사례와는 상당히 다른 사실관계들로부터 발생할 것이라고 판시하였다.[371] 법원은 또한 거의 흑백논리적 입장을 취하면서, 시는 미술관과 같은 표현의 특정 형태를 재정적으로 지원할 의무가 없으며, 일반적으로 모든 미술관의 재정지원을 중단할 권리를 가지고 있지만 하나의 특정한 미술관은 배제할 수 없다고 하였는데, 그 이유는 시가 불쾌한 콘텐츠를 전시하는 데 보조금을 사용하기로 결정했기 때문이라고 하였다.[372]

또한 이 사례가 선례들과 구별되어야 할 첫 유형이었음에도, 법원은 정반대를 암시했던 일련의 "불이익" 사례들에 근거를 두었다. 나아가, 평석가들은 거손 판사의 *Rust v. Sullivan* 판례 및 *FCC v. League of Women Voters* 판례[373]에 대한 취급이 조악하였다고 비판하였는데, 이러한 '지원되는 표현'에 관한 선례들은 의심의 여지없이 이 사례에 적용될 수 있으며 보다 광범위한 분석을 받아 마땅하다는 것이었다.[374]

그 외에도 거손 판사의 의견은 여전히 많은 미답의 질문들을 남겼다. 예를 들어, 브루클린 미술관의 변호사들이 주장한 것, 즉 시의 공무원들이 미술관에 지원금을 제공할 경우, 그들이 "소유주도 아니고, 도덕적 검

---

370) Brooklyn Inst. of Arts & Sciences(1999), p. 204.

371) *Ibid.*

372) *Ibid.*, pp. 201-202; Appellant's Brief, p. 57.

373) 468 U.S. 364 (1984).

374) Caminiti(2000), p. 895.

열관도 되지 않는다고" 한다면 누가 그 역할을 해야 하는가? 공공 재원
으로 운영되는 미술관은 그 지원금을 "소유"하는 것인가, 아니면 단지 수
탁자로서 공공에 대해 기금을 어떻게 사용하는지에 대한 책임이 있는
것인가? 만일 후자의 경우라면, 기관은 납세자의 금전을 사용하여 그들
의 가장 근본적인 신념을 훼손함으로써 공공에 대한 신탁의무를 위반할
권리가 없다.

　　대법원을 통해 명확하게 정의된 기준이 없는 상태에서, 특정 활동을
후원하지 않는 합법적인 결정을 차별적 의도를 가지고 특정 관점을 보
조하지 않는 경우와 구분짓는 경계를 식별하기란 매우 어렵다. *Brooklyn
Institute of Arts & Sciences* 판결은, 수정헌법 제1조는 공적 재원에 의해 운
영되는 미술관에 대한 지원을 철회하려는 어떠한 결정도 금지한다는 입
장을 근본적으로 고수하고 있다. 그러나 거손 판사의 분석은 지나치게
제한적이어서, 단지 시의 입장에서 관점 기반 차별의 존재라고 느꼈던
것만을 고려하였다. 미술관의 입장에서 받았던 "불이익"의 성격을 결정
하는데 있어, 재판부의 수정헌법 제1조에 대한 분석은 지원받는 미술관
에 대한 부담의 결정, 대안적 재원의 가용성, 기금의 수령이나 사용을 제
약할 필요성, 미술관이 달리 행사할 수 있었을 표현의 권리에 대한 행사
능력 등도 고려되었어야 한다.[375]

　　이와 같이 다양한 관점을 통해 '문화예술 지원'이라는 화두에 여전히
해답보다는 많은 물음표를 남기고 있음에도 불구하고, *Brooklyn Institute
of Arts & Sciences* 판결이 이후 관련 법정책 연구에 있어 의미있는 단초
를 제공하였다는 점은 분명하다. 나아가, 문화예술 지원을 둘러싸고 '전
쟁'으로까지 일컬어진 일련의 정치적 대립과 분쟁 양상을 통해, 관련 문
제들에 보다 전향적으로 접근하고자 하는 시각들이 등장하게 된다.

---

375) *Ibid.*, pp. 902-903.

4. 사례의 법정책적 함의: 문화예술 지원과 공적 담론의 중요성

예술의 목적은 우리 사회의 실정을 보여주는 것이며, 사회의 결점과 약점을 드러내는 것이다. 간단히 말해, 문화예술은 그 속성상 대화와 소통을 장려한다. 다원화된 우리 사회의 본질상, 일부 예술적 시각이 대부분은 아니라도 다수 국민의 취향에 맞지 않을 경우가 있음을 인정해야 한다. 그럼에도 불구하고, 우리가 하나의 목소리를 차단할 때마다, 우리 사회는 희소하고 귀한 무엇인가를 상실하게 되는 것이다.

정부는 어떻게 지원을 할 것인지, 진정으로 외설적인 표현을 규제할 수 있는지 등에 대한 이해관계를 가진다. 그러나 정부는 예술의 기준을 통제하도록 종용하는 다수에 저항하여야 한다. 모호하고 위협적인 '외설 서약' 또는 '품위 조항'만으로는 충분치 않다. 만일 정부가 적극적으로 예술계에 참여한다면, 실제로 그래야 한다면, 당파적이고 편협한 검열자가 아닌 중립적이고 편견 없는 후원자로서여야 한다.376)

쌍방적인 비방과 논쟁으로 점철된 만큼 전국적 파장을 일으켰던 브루클린 미술관 사례의 근저에는 예술과 민주주의 간의 관계에 대한 진지한 문제가 담겨 있다고 평가된다. 대부분의 법학자들이 미술관에 대한 시의 조처를 위헌적인 것으로서 비난하는 가운데, 공공정책 전문가 레바인은 양자 간에 수십 년 간 불안하고 비생산적인 관계가 계속된 상황에 대하여 정치가들과 예술가들이 그 책임을 나누어야 한다고 지적한다.377)

예술 이외의 일반적 정책 집행 과정에 있어서, 선출직 공무원들은 합리적인 공적 숙의 과정을 거친 이후에야 공적 자금에 관한 결정을 감독할 것이 기대된다. 즉, 먼저 관련된 모든 이들로 하여금 다양한 관점을 경청하고, 사실을 존중하며, 가능한 한 많은 공통분모를 찾을 수 있도록,

---

376) Walker(1993), pp. 955-956.
377) Peter Levine, "Lessons from the Brooklyn Museum Controversy," *Philosophy and Public Policy Quarterly*, 20(2) (2000), p. 19.

그리고 상대방의 인격을 공격하기보다는 그 주장을 검토하도록 해야 한다. 이를 민주주의 정치에 필요한 '숙의적인(deliberative)' 접근이라고 하는데, 예술가와 정치가들은 일련의 분쟁에서 보여주었던 것보다 더욱 '숙의적으로' 행동해야 할 필요가 있다는 것이 레바인의 주장이다.378) 하지만 숙의는 예술정책이 정상적인 정치적 대가관계 내에 속하는 경우에 있어서 비로소 유의미해진다. 브루클린 미술관 논쟁에서 양 측은 대조적 입장을 통해, 고도의 헌법적 원칙이 예술에 대한 재정지원 문제를 해결한다고 주장하였다. 그들이 옳다면, 대중도 선출직 공무원들도 특정한 예술작품 또는 예술정책 일반에 관한 일체의 사업적 숙의를 거치지 않을 것이다.

　한편, 당시 자유주의 시민단체들은 뉴욕시의 브루클린 미술관에 대한 대응을 위헌적 검열이라고 주장하였다. 미국시민자유연맹(American Civil Liberties Union, ACLU)은 미술관이란 담론과 표현에 전념하여야 하며 정부가 일단 그러한 기관을 지원하기로 결정하였다면 어떠한 작품이 전시되는지에 대한 결정에 영향을 미치기 위해 자금을 사용하면 안 된다는 것이다. ACLU는 줄리아니 시장에게 명시적으로 검열 혐의를 지웠는데, 일부는 더 나아가 예술에 대한 모든 층위의 정부 지원을 감축하려는 것을 "사실상의 검열 형태(de facto form of censorship)"라고 규정한 바 있었다.

　Brooklyn Inst. of Arts & Sciences 판결에서 재판부의 입장은 이러한 시민단체 측의 손을 들어준 것이다. 하지만 레바인은 헌법이 예술에 대한 지원을 최우선순위로 정부에 강요할 수는 없다고 한다.379) 실제로 연방대법원이 1998년 *NEA v. Finley* 판례를 통해 개별 예술가들이 그들의 작품 내용으로 인하여 연방 지원금 수령을 거부당해서는 안 된다고 판시하자, 의회는 단순히 예술가 개인에 대한 모든 지원금을 취소한 바 있다. 요컨대, 브루클린 미술관에 대한 줄리아니 시장의 입장이나 뉴욕 시의

---

378) *Ibid.*, p. 20.
379) *Ibid.*

조처가 헌법상 문제가 없다는 의미는 아니지만, "판결을 통해서 해결될 수 없는" 문제, 즉 수정헌법 제1조하에서 정부가 얼마나 유연할 수 있는지에 대한 법적 논의의 필요성에 주의를 환기할 필요가 있다는 것이다. 레바인은 미술관과 시의 입장에 대한 격론의 한 가운데에서, 실험적인 전위예술가들은 그들을 옹호하는 '검열 혐의'의 주장 뒤에 숨기보다는 문제된 의제를 드러내 놓고 소통하여야 할 것을 강조한다.[380]

대중에게나 선출된 지도자에게나 숙의를 통하는 것은 가치없는 다수결 원칙이나 정치적 결탁에 결과를 맡기는 것보다 유용한 방법이다. 숙의 과정에서 광범위한 관련 고려사항이 논의될 수 있고, 고정관념과 성급한 판단은 반박당하기도 하며, 만족스러운 절충안이 도출되기도 하기 때문이다. 나아가 예술 정책을 논의하는데 있어 숙의는 추가적인 이점이 있다. 정부가 논쟁적 예술을 지원하기로 결정하든 또는 그것을 회피하기로 결정하든, 누군가는 정부가 자신의 세금으로 자신을 대신해서 표현했다고 여겨지는 결과로 인해 비위가 상할 것이다. 그런데 공개 토론 기간 중에 반대의 입장을 표현할 수 있다는 것이 일종의 위안이 될 수 있다.

이러한 관점에서 브루클린 미술관 사례에서 대화 이전에 시장을 극도의 파시스트로 매도하고 공개적 인신공격을 하였던 일부 문화예술계 종사자들이나,[381] "스스로의 예술을 말로써 정당화하는 것은 화가가 할 일이 아니다"라고 했던 크리스 오필리의 견해처럼 일반 시민들에게 "넌 예술을 모르니까" 라는 식의 태도를 보이는 고립된 현대예술의 옹호자들, 그리고 선거 운동의 일환으로서 예술을 정치의 영역으로 몰아 간 줄

---

380) 레바인은 예술에 대한 재정지원 문제가 학교나 노숙자 보호소 등에 대한 예산 책정의 문제와 근본적으로 다르지 않으므로, 다수결 원칙, 현실적 타협, 전문가에 대한 위임, 건설적인 공적 숙의 등의 조합에 의해 해결되어야 할 문제라고 본다.

381) 오필리의 런던 에이전트 글렌 라이트(Glenn S. Wright)는 줄리아니 시장의 행동이 "전체주의적이고, 극우적이며, 나치정권하의 보복적 검열에 해당한다"고 하였다. Terry Teachout, *That Empty, Queasy 'Sensation'*, Wash. Post, Oct. 2, 1999.

리아니 시장의 입장 등은 우리가 숙의를 할 때 나타나는 그러한 종류의 행동이 아니다.[382] 따라서 브루클린 미술관과 뉴욕 시의 재정지원을 둘러싼 일련의 '전쟁'에서 얻을 교훈은, 우리가 예술에 대한 지원 문제에 있어서 의회에서나 또는 장외에서 관련 담론에 대한 숙의 과정을 갖지 못했다는 것, 따라서 이제 서로 다른 입장을 바라보는 '방식'을 전환해야 한다는 것이다.[383]

레바인은 특히 현대의 실험적 예술가들이 예기치 않은 작품들로 시민들을 깜짝 놀라게 하기보다, 숙의적 가치(deliberative values)에 보다 관심을 가지기를 촉구한다.[384] 이러한 민주주의적 기술은 순수예술을 더욱 고양할 것이며, 이는 뉴딜 정책의 사례에서부터 동시대 대지미술의 거장 크리스토에 이르는 미국 공공예술의 긴 전통에서 증명되어왔다고 한다. 나아가 예술가들은 민주주의적으로 소통할 때 반드시 의회나 연방대법원에서 하듯이 점잖고 합리적인 모습을 갖추어 말을 걸 필요도 없으며, 그들 특유의 수사법(rhetoric)이 부드럽지 않더라도 충분히 중요한 민주적 대화에 기여할 수 있다고 한다. 실제로, 이러한 방식이야말로 효과적인 참여적 행위예술이 될 수 있다.

WPA의 사례에서 보듯이, 국가의 지원은 예술가들로 하여금 그들의 자율성을 희생하지 않고 보다 광범위한 대중들과 건설적인 대화를 시작하도록 고무시킬 수 있다. 현대예술에 반영된 가치들을 좋아하지 않는 정치가들은, 재정지원의 중단한다고 협박할 것이 아니라, 예술가들에게 예비적 교섭을 제안해야 할 것이다. 정치가들의 입장에서, 상투적인 신조와 가치들을 좋아하지 않는 예술가들이 있다면, 그들이 예술계 내의

---

382) 정치철학자 구트먼과 톰슨의 기준에 따르면, 〈센세이션〉 전에 관한 공개토론은 '숙의적'이지 못하였다. Amy Gutmann & Dennis Thompson, *Democracy and Disagreement* (Cambridge, MA: Harvard University Press, 1996), pp. 199-229 참조.
383) Levine(2000), p. 25.
384) *Ibid.*

동료 구성원들 뿐 아니라 평균적인 시민들과 소통할 수 있는 방법을 찾아야 한다. 요컨대, 정치적 리더십과 전위예술, 양자가 달라지지 않는다면, 정치와 예술 간의 극적 만남은 일어나기 어려울 것으로 보인다는 것이 그의 결론이다.[385]

오랜 기간이 소요되는 대규모 공공미술 작업으로 유명한 대지미술가 크리스토(Christo Vladimirov Javacheff, 1935-2020)의 경우는 소통하는 예술가 유형의 좋은 사례이다. 그는 창작을 위해 건물을 포장하는데 필요한 허가를 얻기 위해, 기존에 자신이 진행했던 교신과 계획안, 환경영향평가서, 청원서 등 일체의 소통과 설득의 기록들을 취합하여 둔 것으로 잘 알려져 있다.[386] 아닌 게 아니라 때로는 아름답게 느껴지기도 하는 그러한 결과물들은 그의 예술작품의 일부로 여겨지기도 한다. 그러한 결과물들이야말로 한 예술가의 민주주의 공동체에 대한 정중한 참여를 기리는 결실이라 할 것이기 때문이다.

---

385) *Ibid.*, p. 26.
386) *Ibid.*, p. 25.

제4장

문화예술 지원의 중립성 제고를 위한

법정책적 모색

제1절 문화예술 지원체계 재정립을 위한 법제도설계의 필요성

국가가 국민의 공감대를 형성하는 문화진흥정책을 입안, 집행 및 평가함에 의해 문화국가로서의 발전에 노력해야 하는 것은 단순한 사실적 명령이 아니라 헌법 전문과 제9조 등에서 도출되는 헌법적 명령이고 국가목적규정이라는 측면에서 국가의 법적 의무이다. 이러한 국가의 의무가 어떠한 방법으로 어떠한 범위에서 이루어져야 하는지, 그 과정에서 정부가 어떠한 역할을 수행하여야 하는지가 문제되는데, 국가가 자율적 문화예술의 형성에 반하여 문화예술의 내용을 통제함으로써 국민 일반의 통합을 저해하는 사태가 발생하지 않도록 유념해야 할 것이다. 그러한 맥락에서, 국가는 문화예술 지원의 '중립성'에 의해 문화형성에 관한 정책의 입안과 집행 과정에서 일정한 한계를 가질 수밖에 없다. 본 장에서는 앞서의 논의를 바탕으로, 문화예술 지원에 있어 국가의 중립성 제고를 위한 법정책체계 모색을 시도한다. 먼저, 제1절에서는 구체적 법제도설계 방안을 모색하기 위한 전제로서 문화예술 지원을 위한 법제도설계의 필요성을 탐색하고, 이에 기초하여 그 방향성 및 구체적 방안을 모색한다.

Ⅰ. 복지국가적 정책 의제 설정의 미흡

1. 짧은 시민사회 전통으로 인한 정부 의존적 문화

서구 주요 국가들은 근대적 혁명을 겪으면서 시민사회의 전통을 발전시켜 왔으며, 제2차 세계대전 이후 복지국가적 전통에 입각한 예술 지원의 원칙을 수립한 것도 이러한 시민사회 전통의 연장선상에서 이해될 수 있다. 각국은 예술이 인간 사회에 미치는 긍정적 영향을 인정하여 사회적 (준)공공재의 하나라는 사회적 합의를 거치면서 각자에게 적합한 복지국가형 지원체계의 틀을 갖추어 나갔던 것이다.

반면 우리나라의 경우 상대적으로 시민사회의 전통이 미약하다는 점은 예술 지원에 있어서도 영향을 미친다. 일제 식민지 경험 및 전쟁의 여파를 거치면서 예술의 가치를 생각하기에는 경제적 생활조건이 열악하였고, 그러한 환경에서 복지국가적 예술 지원의 담론을 이끌어 낼 여유가 생겨날 수 없었다. 나아가, 수십 년간 계속된 권위주의 정권에서는 문화민주주의 실현을 추구하는 예술 지원 담론 대신 예술에 대한 규제 및 통제 문화가 우선하였으며, 예술은 체제 홍보를 통한 정권 유지 수단으로 기능하기도 하였다. 즉, 20세기 후반까지도 문화예술은 사실상 정부 정책 의제의 가장 외곽에 놓여있었다고 할 수 있다.[1]

국내에서는 1987년 민주화 운동 이후 민주 시민사회의 전통을 세워나가기 시작하였으며, 아울러 비약적인 경제 발전과 함께 시민사회는 문화예술의 가치를 인식하기 시작하였다. 이에, 선언적 수준의 문화복지는 실질적 의미의 문화복지를 향해 나아가게 된 것이다. 이와 같은 국면 전환에 있어서 주요한 계기가 된 것은 2005년 한국문화예술위원회의 출범으로, 이는 시민사회 전통의 초석을 마련한 상징적 의미를 지니는 것으로 평가된다. 예술위원회의 출범을 바탕으로 기존의 시민사회 가치에 반하는 문화예술 담론을 꾸준히 바꾸어 나갈 것이 기대되었고, 이러한 움직임을 통해 우리나라의 짧은 시민사회 전통을 보완해 나가며 '문화민주주의'의 가치에 점차 다가갈 수 있을 것으로 전망되었다.[2]

그러나, 문화예술계에 대한 정치적 영향 및 이에 따른 대규모 문화예술인 지원배제 사태의 발생은 다시 한 번 우리 문화예술 지원 법정책의

---

1) 전병태(2005), 68쪽.
2) 위의 보고서.

퇴보를 가져왔으며, 이는 문화예술 지원 정책에 있어 새로운 담론의 제
시를 요청하게 되었다.

2. 문화예술의 공공재적 측면 간과[3]

1970년대 이후 서구에서는 높은 실업률과 인플레이션, 경기 침체 등
전반적인 경제 환경 악화로 인하여 사회민주주의 복지국가 모델의 과도
한 국가개입정책에 대한 반성과 비판이 본격적으로 일어나게 되었고, 이
러한 경향은 영미권을 중심으로 신자유주의적 사회경제정책의 등장을
낳았다. 신자유주의는 작고 효율적인 정부를 지향하며 국가의 규제 완화
및 축소, 국영기업의 민영화, 세금 감소, 노동시장 유연화, 복지정책의
축소 등 자유주의 경제 논리에 바탕을 두고 있다.

우리나라의 경우, 수십 년 간 경제 개발이 국정의 최고 의제로서 집
중되어 온 과정에서 부지불식간에 사물과 현상을 경제적 논리로서 인식
하는 것이 보편화되었다. 특히 1997년 국가 경제 위기로 인한 국제통화
기금의 구제 금융 체제를 거쳐 2000년대 들어 계속되는 세계적 경기 침
체의 여파를 겪으면서, 국민의 삶은 위축되고 경제적 논리는 대중 일반
의 의식 구조에 더욱 확고히 자리를 잡게 되었다.

이에, 국내 문화정책의 외연에 '문화산업'이 적극적으로 자리하게 되
면서, 문화부의 예산은 이 부분에 집중된 측면이 있다. 국가적 차원에서
문화산업 진흥의 한 축을 담당하던 한국문화콘텐츠진흥원(현 한국콘텐
츠진흥원)[4] 등에 대한 대량 집중 지원은 그러한 단면을 보여준다. 신자

---

3) 이때 경제 중심 논리란 시장 지향성과 상치되는 개념이 아닌, 물질지향성을 의
  미한다.
4) 2001년 설립되어 문화콘텐츠산업 진흥을 위한 정책 개발 및 관련 지원 사업을
  수행하던 기관으로, 2009년 한국방송영상산업진흥원·한국게임산업진흥원·디지
  털콘텐츠사업단 등과 함께 한국콘텐츠진흥원으로 통합되었다.

유주의 노선을 따른다는 지적을 받았던 국민의 정부와 참여정부의 문화예술 정책 특징의 하나는 문화적 조건과 환경을 주로 경제적 관점에서 발전시키고자 한다는 점이었으며, 이러한 추세는 이후 이른바 '한류'의 성장과 함께 지속되어 온 경향이 있다.

이와 같이 경제 논리가 지배하는 사회에서는 문화예술 역시 경제 논리로 이해되기 쉬우며, 특히 순수예술의 경우 시장이 제한되어 있는 현실로 인해 대다수 국민들이 관련 지원에 대하여 효율성의 잣대를 사용하며 의문이나 회의를 품을 수 있다. 이러한 경향이 지배적인 국가사회에서 대중들은 앞서 살펴 본 예술의 가치를 제대로 이해하지 못하거나, 또는 이해하고 있다고 하더라도 이를 무시하기 마련이다. 경제적 측면이 강조되는 환경에서는 문화예술이 삶의 질을 개선하는 기본적인 동인으로서 적극적으로 활용되기 어려우며, 이는 다양한 문화예술 분야 간 조화로운 발전보다는 이윤 창출이 가능한 특정 분야에 지원이 편중되는 양상으로 전개됨으로써 결과적으로 문화적 다양성의 위축을 초래할 수 있다.

문화산업 또는 창조산업은 직접적인 부의 창출 이외에 사회구성원의 인간 가치를 창조력을 통한 문화 가치로 극대화함으로써 보다 나은 사회를 지향하고자 하는 문화민주주의 관점으로 접근하여야 한다. 이는 신자유주의적 가치가 지배하는 상황에서도 문화예술이 사회전반의 양극화 현상에 따른 계층 간 갈등 문제를 완화시키면서 국민의 삶의 질 제고를 이끌 수 있는 테제로서의 역할을 담당할 수 있다는 것을 함의한다.

유의할 것은, 문화시장의 지나친 경제 논리 중심의 흐름과 예술의 시장성을 높이는 것은 다른 문제라는 것이다. 후자의 경우 문화예술의 자생성 및 관련 생태계의 지속가능성을 높일 수 있으며, 이는 문화예술이 정부의 지원에 의존하지 않도록 하는데 중요한 역할을 한다. 결국, 지나친 시장 논리의 경계가 곧 정부실패에 대한 안이함을 낳을 수 있는데, 문화예술인 지원배제 사태 등 문화예술 행정의 실패는 이러한 맥락과 관련이 있다고 할 수 있다.

3. 예술시장에 만연한 불공정관행의 방치

문화예술시장은 고유한 고용노동 환경 및 그로 인한 계약관행에 있어서 다음과 같은 특징을 가지는 것으로 파악된다.[5]

첫째, 집단적·인적 기반의 근로 형태를 그 특징으로 한다. 즉, 문화예술인들은 주로 도제 시스템에 기반해 양성되므로 선후배 집단 간 위계질서가 견고하며, 공연의 준비 과정에서 다수 예술인들이 오랜 연습기간 동안 집단적으로 작업하면서 인적 기반의 공동체를 형성하게 되는 경우가 많다. 따라서 특정 문화예술계의 영역 안에서 한정된 동업자들과 밀접한 인간관계를 맺으며 작업을 수행하게 되므로 강력한 동업자 의식에 기반하여 거래가 이루어지며, 이러한 특성으로 인해 대다수 공연예술분야 시장 진입은 공개 채용 등의 선발 방식에 의하기보다는 인적 관계에 의해 소규모로 이루어지는 경향을 보인다.[6]

둘째, 위와 같은 특성으로 인해 문화예술계는 관행 중심의 거래 구조를 보인다. 문화예술계 고유의 집단적 특성뿐 아니라 예술 용역의 대체불가능성과 노동집약적 성격으로 인해 진입장벽이 높은 편이며, 예술인들 역시 자신의 전문 분야에 대한 자부심과 직업의식이 강하고 소속감이 발달되어 있다. 이로 인해 오랜 기간 동안 특정 문화예술시장 내부에 고유한 거래 관행이 자리를 잡게 되었는데, 불명확하고 불공정한 계약관계 또한 그 일부이다. 불공정한 계약관행이 고착화되면서, 법보다 관행이 우선되어 온 업계의 분위기로 인해 예술인들은 서면계약 체결을 주장하거나 계약사항 위반 시 분쟁해결에 적극적으로 대처하기 어려운 현

---

5) 이 부분은 강은경(2012), 150쪽 이하를 참조하여 정리하였다.
6) 2012년 실시된 한 여론조사에 따르면 공연예술계 진입경로는 인맥에 의한 비율이 가장 높은 것으로 나타났다. 김상철, "공연예술 노동자의 권리 확대를 위한 제도개선 방안," 『공연예술인의 노동환경 실태파악 및 제도개선을 위한 국회토론회 자료집』, 대한민국 국회, (2014. 7. 11.), 28쪽.

실이 계속되어 왔다.

셋째, 일반화된 고용의 불안정성이다. 문화예술인들은 정규직으로 고용계약을 맺는 경우가 상대적으로 드물며 공연예술시장의 일반적 취업 형태는 자유계약직에 해당하게 되는데, 자유계약직 공연예술인은 도급 또는 위임계약을 체결하게 되므로 근로계약자에게 해당되는 사회보험 혜택의 사각지대에 놓이게 된다. 특히, 기술지원인력으로 불리는 대다수 공연예술 스태프는 고용계약을 체결하지 않은 자유계약직에 해당되면서도 사실상 피고용인의 위치에 놓이는 특수고용 형태를 유지하고 있다. 따라서 이러한 자유계약직 공연예술인들이 사회보험 혜택을 받을 수 있는 법정책적 모색이 필요한 상황이었는데,[7] 이러한 맥락에서, 예술인의 취약한 경제상황과 사회안전망에서의 소외 등을 개선하고자, 그간 지속적으로 논의되어 오던 예술인고용보험 제도가 도입된 바 있다.[8]

넷째, 뿌리 깊은 구두계약 관행이다. 문화체육관광부가 실시한 『2018 예술인 실태조사』(2019)에 따르면 문화예술계에 만연한 구두계약 관행으로 서면계약 체결 경험이 있는 예술인은 37.3%에 그친 것으로 나타났다.[9] 관례적으로 계약서를 주고받지 않다보니 용역을 수행한 예술인의 권리가 제대로 보장되지 못하고 이로 인해 다양한 문제가 발생하게 되는 것이다. 또한 문화예술인들은 공동체 기반으로 활동하므로 당사자 어느 일방의 권리 주장이 어렵다. 즉, 인적 관계가 중요시되고 동업자 의식이 높아 계약을 문서화하고 권리와 의무를 명확하게 규율하는 것에

---

7) 서울행정법원 2014. 8. 1. 선고 2013구단8809 판결과 같이, 최근 이러한 취지에서 예술인의 사회보험 대상성을 넓게 해석하고자 하는 판례들이 나타나고 있다.
8) 단속적으로 활동하는 예술인 사회보장 확대를 위한 「고용보험법」 및 「고용보험 및 산업재해보상보험의 보험료징수 등에 관한 법률」 개정안이 2020년 5월 국회를 통과하여 12월부터 시행중이며, 제도의 안착을 위한 다양한 검토가 이루어지고 있다.
9) 2015년의 경우 서면계약 체결의 경험이 있는 예술인은 25.5%에 그쳤다. 문화체육관광부(2019), 24쪽.

익숙지 않으며, 기존의 구두계약 관행을 거스르는 것이 쉽지 않은 상황이다.

다섯째, 계약당사자 지위의 비대칭성이다. 신입자의 진입이 어려운 이른바 승자독식의 시장 구조를 가지는 공연예술분야에서는 위상이 다른 계약당사자 간에 협상력의 심각한 불균형이 존재한다. 즉 법의식이 높지 않은 예술인들에게 사업자가 일방적인 계약조건을 제시하고 이를 수용하게 하는 계약의 형태 등 불공정계약의 형태가 나타나기 쉬운 현실이며, 과점적 시장구조에 기한 협상력의 불균형 현상이 보편적으로 나타난다고 할 수 있다. 따라서 협상력의 차이를 좁히기 위한 방법의 모색10)이 절실하다.

여섯째, 인적 기반 분쟁해결의 보편화 및 대체적 분쟁해결수단(Altemative Dispute Resolution, ADR)의 발달이다. 즉, 법규나 계약보다 인적관계에 기반한 관행이 우선시 되는 공연예술계의 특성은, 수익 규모가 크지 않다는 경제적 측면과 결합하여, 당사자 일방 또는 쌍방의 양보에 의한 청구권의 포기나 화해 등 소송 이외의 '약한' 분쟁해결수단이 선호되는 현실을 낳았다. 나아가, 분쟁이 가시화된 경우라도 해당 예술분야에 마련된 특수한 조정이나 중재 제도 등 가능한 한 소송외적·우호적 방법에 의해 해결해 온 것이 국내외 공연예술계의 전통적 방식이었다.11)

이와 같은 특수한 거래 환경으로 인해 여느 영역 못지않게 불공정 거래 시정의 문제가 절실하였음에도 불구하고, 경제적 단위에 포섭되는 문화산업 분야를 제외한 문화예술계는 최근까지 관련 법정책의 사각지대에 머물러 있었다. 그러다가 관련 시정과 개선을 위해 2012년 「예술인

---

10) 영미 공연예술계에서는 전통적으로 동업조합의 단체협약 등에 의해 이러한 협상력의 불균형을 해소해 왔다. 강은경(2012), 155-158쪽.

11) 예컨대 저작권 관련 분쟁의 경우, 한국저작권위원회에 분쟁조정신청을 하면 위원회 내에 설치된 전담 조정부를 통해 전문적이고 간이하게 분쟁해결 지원을 받을 수 있다(저작권법 제112조 이하 참조).

복지법」이 제정되고, 후속 개정을 통해 불공정행위 금지(2014년) 및 서면 계약 의무화(2016년) 등 규제 관련 조항이 도입된 것이다. 그러나 여전히 문화예술계에서 터져 나오는 임금 체불 등 계약 위반 및 위계상의 권리 남용 문제는, 예술인 인권 보호와 시장 공정화에 대한 실질적인 법정책의 수요를 불러내 왔다고 할 수 있다.

II. 정부 주도형 지원으로 인한 관료주의 폐해

1. 문화예술 행정의 비전문성 및 관료주의

국내 문화예술 행정의 비전문성은 정통성이 취약한 권위주의 정권들에 의해 문화예술이 정권 또는 체제의 홍보수단으로 활용되면서, 이를 뒷받침하기 위해 비전문가인 관료가 중심이 된 문화예술 지원체계에서 비롯되었다고 할 수 있다. 특히 이러한 관료적 비전문성의 문제는 중앙보다 지역에서 뿌리 깊이 구조화된 문제로서 진행되어 왔다.

1995년 주민의 직접 선거에 의한 지방자치단체장 선출 이전까지 지역의 문화행사는 중앙정부로부터 파견된 임명직 단체장의 관점에서 이루어졌다. 그런데 단체장의 의도에 따라 이루어진 이러한 행사는 근본적으로 권위주의적이었고, 예술인들의 입장에서는 적극적 행사의 참여를 통해 시혜적 지원을 받을 수 있는 근거로 삼을 수 있어 지역의 예술단체들은 이른바 '관변조직'과 같이 운영되고 있었다. 이와 같이 관행적으로 지원을 받던 예술조직은 지역의 문화권력으로서 이들에 대하여 자치단체의 행사 주무부서인 문화부가 소홀히 다룰 경우 단체장으로부터 정치적 압력이 가해지기도 하였다.

중앙과 지방자치단체를 막론하고, 오랜 동안 문화 관련 부서의 직책은 비인기 보직으로서 인식되어 왔으며, 공무원 순환보직제로 인하여 의

욕적으로 문화예술 지원 행정을 위한 전문성 확보에 노력하기보다는 해당 업무의 계획 및 진행에 있어 기존의 관행대로 집행하려는 안이한 입장을 취하는 것이 일반적이었다. 임기 동안 복지부동하는 경향이 짙은 고위직 공무원의 경우에 비해 하위직의 경우 해당 직위에 머물러 있으면서 상대적으로 어느 정도 전문성을 확보하는 경우도 있었으나, 결국 상하급 공무원 간의 엄격한 위계구조라는 관료조직의 속성 안에서 하위직의 최초 기안 담당자는 자신의 의견을 적극적으로 개진하기 어렵게 되어 여전히 전문적 문화행정가를 양성하기에 어려운 구조였다고 할 수 있다.

관료조직의 비전문성은 지원 예산 규모의 산출 과정에도 드러난다. 문화예술 법정책의 수립 및 행정에 있어서는 그 특수성을 존중하여야 함이 필수적임에도, 무형적 가치를 지닌 예술의 지원 및 평가에 있어서까지도 계량적 지표를 선호하여 결과적으로 합리적인 평가를 하지 못하게 되는 것이다. 대표적인 예로, 중앙정부의 경우 문화부 내에서 자체적으로 전체 예산을 조정하는 것이 아니라 기획재정부의 담당부서에서 사업별로 심의 및 재심의를 하기에 실제적인 지원 정책의 방향성에 따라서 이루어지기보다는 예산 부처의 선호도에 따라서 사업 지원금이 결정되는 경우가 흔하다. 결과적으로 문화 부처는 전문적 운영계획 수립도 않은 채 예산 총액을 늘리기 위해 문화기반시설을 이른바 '건설 부처 방식' 대로 설립하려는 폐해가 나타나기도 하였다.

다만 이러한 기존의 국내 문화예술 행정은 1995년 주민에 의한 단체장 직접 선거 이후 상당한 변화를 맞이하게 된다. 단체장들에게 문화예술 행사 참여 주민의 숫자는 직접적인 득표와 연결되는 것으로 인식되어 담당 공무원들은 주민 참여를 독려하였으며, 이로 인해 지역 축제가 급속하게 양적 확대를 맞이하게 되었던 것이다. 단체장들의 주요 명분은 지역 주민의 단합과 지역 경제 활성화였는데, 새로운 명분은 새로운 행정 패러다임을 요구하였으며, 이로 인해 지원 행정의 전문성 문제가 공론화되기 시작하였다. 점차 관료 조직 내에서의 팀제 도입으로 결재 단계가 줄고 하위직 기안자의 전문성을 성과로 인정해 주는 사례도 나타났지만, 그럼에도 불구하고 관료주의적 비전문성의 특성이 사라졌다고 보기는 어렵다.

요컨대 기존에 만연했던 관료적 비전문성의 경향은 행정적 차원에서의 바람직한 예술 지원의 담론 형성을 저해해 왔다고 할 수 있다. 근래 이러한 예술 지원 사업이 지자체와 법적으로 독립된 재단법인에의 위탁을 통해 이루어지면서 이러한 관료적 비전문성이 점차로 완화되어 왔으며 이를 일반적인 현상이라 보기는 어렵다 하더라도, 아직까지 중앙과 지방을 막론하고 정책 행위자들의 충분한 참여와 공적 담론 과정이 보장되고 있다고 보기는 어려운 상황이다. 우리 사회가 문화예술 정책 수립의 민주적 투명성을 제고해 나가는 과정에서 중앙정부 차원에서 전문가 단체, 문화예술 시민단체와 함께 정책 결정을 해 나가면서 관련 네트워크를 생성해 간다면 이는 공무원들의 전문성 향상에도 기여할 것이다. 향후 이러한 민관협치의 문화거버넌스 형성에 더욱 주력하여야 하는 이유이다.

2. 팔길이 예술지원기관의 독립성 확보 문제

한국의 경우 참여정부가 출범하면서 '팔길이 원칙'에 대한 논의가 본격적으로 시작되었다. 이에 따라 2005년 8월 합의제 체제의 한국문화예술위원회(이하 예술위)가 새로이 설립되었음에도 불구하고, 기존 문화예술진흥원 시절부터 계속된 기금지원사업의 특성상 공급자 위주의 선별적 지원이 그대로 나타났고, 지원금 선정과정에서의 투명성과 형평성의 문제도 제기되었다. 뿐만 아니라, 합의제를 권력의 상징적 장치로 인식한 일부 위원 간의 갈등은 민간에 의한 전문적이고 평온한 문화정책을 기대하던 정부로부터의 불신을 불러 일으켰다. 나아가, 예술위는 문예진

흥기금을 둘러싼 법적 공방에 발전적 대안을 제시하지 못했고, 기금 고
갈에 대비한 신규 기금 창출 노력을 등한시하여 예술 진흥을 위한 안정
적 재원 확충에 있어서도 한계를 보였다.

구조적으로는 예술위의 예산 결정과 정책의 최종 결정이 문화체육관
광부를 넘어서 기획재정부의 공공기관 운영방법론에 묶여 있는데다가,
이를 적용함에 있어 예술 진흥이라는 특수성 범위는 인정되지 않았으
며,12) 특히 평가제도 운영에 있어 다른 기관과 유사하게 국정감사, 감사
원 감사, 문화부 감사, 자체 및 기타 감사, 내부평가, 외부평가가 실시되
고 이러한 평가 기준은 수익성과 실적 위주로 평가되는 일반 공공기관
의 평가 기준이 그대로 적용되어 온 실정이다.

이처럼 문화부와 예술위 사이의 실질적 관계가 소속기관 성격에서
행정적 관리 감독 대상으로 그 기능만 축소된 채 새로운 방향을 구체적
으로 협의하는 통로를 가지지 못하게 됨에 따라,13) "실망스럽게도 위원
회는 사실 크게 무슨 일을 할 수 있는 구조가 아니라는" 회의적인 견해
들14)과 함께, 예술위를 대통령 직속기관으로 격상시키거나,15) 이를 기존
의 문예진흥원 체제로 회귀시키자는 의견16)이 제시되는 등 다양한 논의
가 이루어졌다.

예술위에 대한 비판의 기저에는 예술지원기관으로서의 독자적인 자
율성 확보에도, 공공기관으로서의 책임성 확보에도 미흡했던 예술위의

---

12) 박종관, "1기 문화예술위원회의 성과와 반성 – ARKO 비전 2010과 예술지원재정
을 중심으로," 『예술지원정책 릴레이 토론회: 제1기 한국문화예술위원회의 성
과와 과제 자료집』, 문화체육관광부·한국문화예술위원회, (2008. 7. 11.), 40쪽.
13) 전효관, "1기 위원회의 구조적 여건과 대안," 위의 자료집, 50쪽.
14) 박신의, "'성장통'으로서의 1기 위원회의 지원사업 방향과 성과," 위의 자료집,
61쪽.
15) 성기조, "문화예술위원회를 대통령 직속으로," 『한국논단』(서울: 한국논단, 2009),
제236권, 165-167쪽.
16) 정진수, "문화예술위원회를 즉각 문예진흥원으로 환원하라!" 『새 정부의 문화
예술정책: 문화예술기구 및 단체개혁 어떻게 할 것인가?』(파주: 집문당, 2008).

상황에 대한 예술계의 각성과 반성이 반영되어 있다. 정책결정권이 민간으로 이양되었다는 상징성이 그 범위를 넘어서서 존중되는 실제 제도로서도 유효해야 하는[17] 것은 자명하다. 위원회 설립 후 10여 년이 지난 시점에서 진흥원에서 제기된 예술지원의 자율성 문제가 위원회 체제에서도 근본적으로 해결되지 않았던 점을 상기할 때, 이제는 자율성 대 책임성, 독임제 대 위원회 등의 단선적인 대립적 틀에서 벗어나 소통하고 조정하며 자율성과 책임성을 동시에 확보할 방안이 무엇인지에 대한 보다 구체적이며 복잡한 단계의 논의로 넘어가야 하는 시점인 것이다.

문화예술활동의 지원에서 가장 큰 비중을 차지하는 것은 문화예술진흥기금 지원이다. 문예진흥기금의 지원심의제도와 관련하여 그동안 심의과정의 공정성과 투명성, 심의위원의 선정 및 구성, 심의방법의 측면에서 현장예술계가 많은 불신을 보내고 그에 따라 수많은 논란이 제기되었던 것이 사실이다. 예컨대 문화예술계 내의 장르 이기주의, 표피적인 심사 등으로 지원 사업 선정에 대한 많은 논란이 지속되어 왔다.

이에 따라 문화부와 예술위는 2008년 지원심의 불공정성 논란이 있었던 '위원·소위원 지원심의위원 추천제도'를 폐지하고, '전문심의관제'를 2010년에 시범 도입한 바 있으나, 별다른 성과는 없었던 것으로 보인다.[18] 이후 정권이 교체될 때마다 진영논리에 의한 위원 구성으로 인한 자율성 침해 및 편파성 논란 등 지속적으로 지원 관련 갈등을 노출해 오다가, 2016년에는 중립성 기관을 표방하고 탄생한 예술위가 문화예술인 '지원배제'의 실행 기관이었다는 점이 밝혀지면서[19] 문화예술계를 충격

---

17) 박종관(2008), 41쪽.
18) 한승준, 『주요국의 문화예술단체 지원방식 연구』(세종: 문화체육관광부, 2011), 4쪽.
19) 사건의 발단은 2016년 10월 10일, 더불어민주당 도종환 의원실이 보도자료를 통해 이른바 '문화예술계 블랙리스트'가 실제로 존재함을 밝히면서였다. 도종환 의원실 보도자료, "청와대 예술위 심사 개입 및 블랙리스트, 예술위 회의록 통해 사실로 밝혀져," 2016. 10. 10.

에 빠뜨리고 국내 문화예술 지원에 있어 중립성 원칙의 적용 문제에 대한 논의가 다시금 제기되면서 예술위의 재탄생을 촉구하게 된 것이다. 이후 문화체육관광부 등을 중심으로 예술위의 자율성을 공고히 하는 방향의 문화예술정책을 모색하고 있으나, 여전히 국가의 정치적 개입을 차단할 수 있는 구체적 제도개선 방안이 마련되지 못하고 있다.[20] 예술위의 자율성을 확보하고 지원의 중립성 원칙에 부합하는 실효적인 제도개선 방안을 마련하기 위한 다각적 검토와 사회적 논의가 필요한 상황이다.[21]

3. 국공립 예술기관 운영의 비효율성 문제

우리나라의 경우 최근까지 중앙의 문화예술기관을 중심으로 국공립 예술단체를 재단법인화하여 정부로부터 독립시키고, 민간 전문극장장 체제를 도입하여 과거 침체된 국공립 공연장 및 예술단체들의 활동에 있어 상당한 개선을 이루었다. 그러나 여전히 대부분 관 주도형으로 운영되고 있는 기본적인 상황은 변함이 없다고 할 수 있다. 특히 다수의 지방 문화예술회관들은 단체장의 업적으로 건립된 이후, 이를 운영할 전문인력 또는 프로그램의 부재 등을 이유로 사실상 방치되어, 공공기금이 투입된 시설의 가동률이 극히 부진하다는 문제점이 지속적으로 노정되어 왔다.[22]
이러한 공연장 부실 운영 현황의 원인은 다양하겠지만, 무엇보다도

---

20) 관련 모색으로는, 문화예술계 블랙리스트 진상조사 및 제도개선위원회, 「문화예술계 블랙리스트 진상조사 및 제도개선위원회 백서 제3권: 블랙리스트 방지를 위한 제도개선 종합보고서」(세종: 문화체육관광부, 2019) 참조.
21) 박민권, 장웅조 공저, "문화예술위원회와 문화체육관광부 관계 변화 속에 나타난 자율성과 책임성 연구," 『문화정책논총』(서울: 한국문화관광연구원, 2020), 제34권 제1호, 100쪽.
22) 다만 최근 한국문화예술회관을 중심으로 지역문화예술회관에 대한 컨설팅을 제공하고 한국문화예술교육진흥원 등 중앙 기관과의 연계 프로그램을 활성화하는 등 기존 문제를 개선하기 위한 노력이 경주되는 점은 고무적이라 하겠다.

이들 공연장의 주요 콘텐츠라 할 수 있는 소속 예술단체의 운영구조가
비효율적이라는 문제를 간과할 수 없을 것이다. 중앙정부가 지원하는 국
공립 공연장은 물론, 기초와 광역 지방자치단체가 운영하는 문화예술기
관까지 포함할 경우 국공립예술기관에 지원되는 지원금의 규모는 상당
한 금액에 이른다.

문제는 이와 같이 국민(주민)의 세원을 바탕으로 상당한 규모의 공적
자금이 투입된 이들 기관이 고유의 예술활동을 통해 투입된 재원에 상
응하는 바람직한 결과를 산출하였는지 여부이다. 영국을 비롯한 유럽의
주요 국가에서의 지원금 대비 공연 현황만으로 비교해 보아도, 상대적으
로 국내 국공립극장 전속단체들의 활동이 침체되어 있음을 알 수 있다.
특히 공연예술단체라는 조직의 특수성을 반영한 행정이 아닌, 지자체를
위한 형식적 대관(對官) 업무에 상당한 자원을 투입해야 하는 현실은 자
체 공연 콘텐츠 개발을 어렵게 하고 비효율적 운영구조를 심화시켜 때
로는 예술단 운영에 회의적인 시각을 낳기도 하였다. 이른바 '고비용 저
효율'로 요약되는 기존 국공립 예술단체의 부실한 활동은 지금까지 다양
한 기회에 다양한 주체들로부터 지적되었으며, 경영 부실의 주된 이유는
아래의 세 가지로 논의되어 왔다.[23]

첫째, 경직된 관료조직의 문제이다. 현재까지 국내에 상당수의 문예
회관이 건립되었는데,[24] 이들 대부분이 자치단체에 의해 직접 운영되고
있으며 직영 체제 문예회관의 책임자는 사무관급의 지방행정직 공무원
들인 경우가 많았다. 둘째, 전문 인력 부족으로 인한 운영의 비전문성을
들 수 있다. 대부분의 공연장이 기획, 홍보, 관객 유치, 교육 등을 담당할
전문 인력이 부족한 실정으로 시, 군, 구 등 소단위 기초자치단체일수록

---

23) 전병태(2005), 83쪽.
24) 문화체육관광부에 따르면, 2020년(2019년 말) 기준 등록공연장(「공연법」 제9조
에 따라 관할 지자체에 등록한 공연장)은 1,101개소, 문화예술회관은 256개소
로, 지난 20여 년간 꾸준히 증가하는 추세이다.

이러한 문제는 더욱 심각하다. 셋째, 대부분의 공연장은 그 예산구조상 전체 예산 중 시설 유지와 인건비가 대부분을 차지하여 공연사업비에 투입되는 비율이 저조한 편이다. 나아가 자치단체나 단체장들의 축제성, 일회성, 또는 전시성 프로그램에 많은 예산을 배정하는 이른바 대중주의적 예산 운용 역시 공연장 부실화의 한 원인이 되고 있다.

요컨대, 예술단체 및 공연장 등의 운영이 부실한 이유로는 단체 설립 취지와 목적의 모호함, 물리적 접근성의 문제, 「정부예산회계법」에 의한 경직된 예산 운용 등의 원인도 간과할 수 없지만, 무엇보다도 팔길이 원칙의 작동을 어렵게 하는 정치적 논리와 비전문성의 근원이 되는 관료주의 문화는 국내 문화예술기관 운영의 비효율성 초래에 있어 주요 원인이라 하겠다.

Ⅲ. 예술가의 창조성에 대한 정부 지원의 효과

1. 예술가의 창조성과 정부 지원의 상관성

문화예술경제학에서는 전통적으로 일반적 경제학 이론에서 제시되는 선례를 따라왔다. 즉, 대부분의 문화경제학자들은 외적 동기만 중요하다는 가정이 현실을 보다 잘 설명할 수 있다고 믿으며, 예술인들도 소득이나 부의 극대화를 목적으로 행동한다는 극단적 가정이 자주 설정된다. 상대가격효과는 예술계의 창조성에도 적용된다. 이와 같은 접근법은 행동의 변화원인을 우연이나 선호 등에서 찾지 않으므로 상당한 설득력을 가지며 실증적으로 분석 가능한 가설을 세울 수 있다는 장점이 있다. 반면, 대부분의 문화예술인 및 예술사가, 관련 전문가 층에서는 창조적 예술이란 내적 동기부여가 된 사람들에 의해서만 만들어질 수 있다고 믿는다. 즉, 대부분의 예술가들은 금전적 보상 때문에 예술활동을 한다는 명제를 부인하는 경향이 있다.

창조성을 전문적으로 연구하는 심리학자들에 의하면 두 가지 관점이 중요하다. 첫째, 창조성은 내적 동기에 의해 생성된다는 가정이다. 이에 따르면, "내적 동기는 창조적 사고를 촉진하는데 도움이 되는 반면, 외적 동기는 그 반대의 효과를 낳는다"는 것이며,[25] 이러한 결과는 예술적 창조성에도 적용된다. 둘째, 체계적인 보상은 위 실험결과와 반대로 창조적인 활동을 촉진시킨다는 것이다. 일단 보상이 주어지면 그것이 더 이상 제공되지 않을 때에도 창조적 행위로 이어진다는 것이다.

다만 문화경제학자들과 심리학자들은 개인 차원에서 나타나는 창조성에 주목할 뿐 총량적 또는 사회 전체적 차원의 창조성은 무시하는 경향이 있다. 즉, 기존의 연구는 제도적인 수요 측면과 정부의 정치조직이 예술적 창조성과 연계된 방식에 관심을 가지지 않았다. 이에, 프라이는 아래와 같이 외적 동기와 내적 동기의 극단적 인식 사이에서 균형을 유지하면서 개인적 차원에서 나타나는 예술적 창조성의 공급을 모색하였고, 이를 통해 예술정책과 관련 있는 결과들을 고찰하였다.

2. 예술적 창조성 제고를 위한 수요 측면의 조건

수요 측면을 살펴보기 위한 근본적인 주제는 국가가 제도적으로 어떻게 조직되어 있는가의 문제이다. 기본적인 의사 결정은 주어진 법적 환경에서 정치경제적 균형에 의해 결정되기 때문이다. 정치체제와 관련된 두 가지 측면이 각각 예술지원에 어떠한 영향을 미치는지 살펴볼 필요가 있다.

첫째, 국민의 민주주의적 참정권 정도, 즉 권위주의인지 민주주의인

---

25) Teresa M. Amabile, "From Individual to Organizational Innovation," in Kjell Gronhang & Geir Kaufmann, (eds.), *Innovation: A Cross-Disciplinary Perspective* (Oslo: Norwegian University Press: 1988), p. 154.

지의 문제이다. 이에 관하여 프라이는 먼저, 민주주의 체제보다 권위주의적 체제에서 질적으로 보다 다양한 예술이 존재한다고 한다. 민주주의 국가의 정부는 국민의 통제하에 놓여있기 때문에 '평균적 예술취향'에 집중하는 반면, 권위주의 체제하에서는 통치자의 예술적 취향에 따라 예술의 질이 매우 다양해 질 수 있다.[26] 한편, 민주주의 체제와 비교할 때 권위주의 체제에서의 예술 정책은 창작지원을 받는 예술의 종류가 양적으로 다양하지 못하다는 특징을 갖는다. 전체주의 통치자들은 권력 유지를 위해 국민들에게 자신의 영향력을 관철시키려 하고 반정부적 예술가나 예술활동의 지원은 회피한다. 민주주의 국가에서는 다양한 관점과 형태의 예술을 허용하지만, 현실적으로 '공식적' 예술정책을 따르는 예술가나 예술단체가 정부로부터 재정지원을 받기가 더 수월한 것이 사실이다. 이러한 이유로 인해 민주주의 국가에서도 예술가의 자기검열 현상이 흔히 나타난다.

둘째, 정치적 의사 결정의 분권화 정도이다. 중앙집권화된 정부는 공공재와 공공서비스의 독점적 공급자인 반면, 분권화된 구조에서는 국민과 기업이 선택 가능한 다양한 공급 주체들이 존재한다. 이러한 제도적 차이는 예술 공급에 큰 영향을 미친다. 즉, 중앙집권화 국가의 경우 공식적 예술정책을 따르는 예술가 및 예술단체는 정부 재량에 따라 상당한 지원을 받게 되는데, 그 과정에서 최소한 국가의 요구사항을 충족시켜야 하며 이로 인해 예술적 자유가 축소된다. 결과적으로 대도시에 위치한 주요기관들이 정부로부터 대규모 지원금을 수령하게 되며, 이른바 '뛰어난 예술'에 들지 못하는 예술가와 예술단체는 공적 지원을 받기가 매우 어렵거나 사실상 불가능하다. 한편 연방제에서는 예술가들이 지리적으로 이동을 하면서 정부 지원을 받을 수 있는 대안이 존재한다. 예컨

---

26) 민주주의 체제에서 엘리트들이 선호하는 예술지원 방식과 권위주의 체제에서 통치자들이 선호하는 예술지원 방식의 차별점으로, 후자에서는 예술적 취향의 역선택(adverse selection)이 발생한다는 점을 들 수 있을 것이다.

대 수백 개의 소국으로 이루어진 독일 신성로마제국하에서 자유와 지원
을 동시에 누렸던 실러와 모차르트나, 르네상스 시기 비슷한 환경의 이
탈리아에서 활동했던 다빈치나 미켈란젤로 등이 좋은 예이다. 예술가와
후원자 모두 예술가들이 얼마든지 다른 곳에서 좋은 조건으로 예술활동
을 할 수 있다는 것을 알았기에 예술가가 후원자에게 지나치게 예속되
는 일은 없었던 것이다.

3. 개별적 창조성을 결정하는 공급 측면의 요인

예술가 개인의 창조성을 위한 동기부여에 관하여 프라이는 심리학적
요소를 도입하여 내적 동기와 외적 동기를 체계적으로 연계한 '강요이
론'을 제시한 바 있다.[27]

프라이에 따르면, 외부적 개입이 내부적 동기 부여에 미치는 영향을
분석하는 강요이론은, 외부적 보상보다 주로 내적 유인에 의해 크게 영
향을 받는 개인의 창조성이라는 주제에 적용가능하다.[28] 외부적 개입은
금전적 보상과 비금전적 보상으로 나뉘는데, 이는 보상의 잠재비용
(hidden cost of rewards)[29] 및 인지적 평가이론(cognitive evaluation theory)
이라는 심리적 효과에 근거한다. 이에 관한 선행 연구에 따르면,[30] 충분
한 동기를 지닌 사람들이 일할 때 그들에게 보상을 제공하는 것은 그들
의 내적 동기 형성을 저해하는 경향이 있는데, 이는 외부적 유인이 도입

---

27) Bruno S. Frey, *Not Just for the Money: An Economic Theory of Personal Motivation*
(Cheltenham: Edward Elgar Pub, 1997). 프라이는 이러한 새로운 시각의 도입으로
문화예술경제학 및 문화정책을 설명하는데 기여하였다고 평가된다.

28) *Ibid.*, pp. 13-14.

29) *Ibid.*, pp. 14-16.

30) 강요이론은 프라이에 의해 1997년 경제학에 도입되었다. 심리학적 실험의 결
과 이외에, 실제 사례들을 포함하는 광범위한 실증연구 결과에 관하여는 Bruno
S. Frey & Reto Jegen, "Motivation Crowding Theory: A Survey of Empirical
Evidence," *Journal of Economic Surveys*, 15(5) (2001) 참조.

되어 내적 동기 부여가 더 이상 필요하지 않기 때문이다. 이러한 심리학
적 관계를 일반적으로 '구축효과(crowding-out effect)'라고 한다.[31] 반대
로, 외부적 개입이 내부적 동기를 불러일으키는 경우도 있는데, 이를 '구
인효과(crowding-in effect)'라고 한다. 일반적으로 영향을 받는 사람이 개
입을 우호적으로 느끼면 구인효과가, 개입을 억압적으로 느끼면 구축효
과가 발생한다는 것이 심리학자들에 의해 증명된 바 있다.

강요이론은 기존 경제학의 핵심으로 대변되던 상대가격효과와 상반
된 주장을 담고 있는데, 가격 또는 금전적 보상의 상승이 노력 또는 노
동의 투입을 감소시키는 상황이 존재한다는 것이다. 통제받는다는 인식
이 커서 구축효과가 강하게 나타날 수 있는 조건으로는 정부 지원의 증
가가 특정한 성과를 달성했을 때에만 가능한 경우와, 정부가 예술가들을
획일적으로 대우하는 경우를 들 수 있다.[32] 전자의 경우 즉각적 피드백
은 내적 동기는 물론이고 예술의 혁신에도 해롭다. 창조성을 제대로 펼
치려면 시간이 필요하며, 만일 개별적 행동에 따라 지원이 제공된다면
창조성은 저해될 것이다. 후자의 경우 기본적으로 예술가들은 제각기 독
특하기 때문에, 자신을 획일적으로 대하려는 모든 시도에 거부반응을 보
인다. 예술에 대한 정부 지원이 이러한 다양성을 고려하지 않는다면 창
조성은 저해될 수밖에 없을 것이다.[33]

4. 지원의 중립성 제고를 통한 창조성 보호 필요성

이상의 논의가 시사하는 것은, 시장이야말로 창조성을 고취시킬 수

---

31) B. S. Frey(1997), pp. 17-18; 24-25.
32) Ibid., pp. 25-33. 따라서 특정한 예술적 성과를 조건으로 하는 지원이나 지원받
는 수혜자 다수를 정치적 이념 등에 따라 획일적으로 취급하는 것은 창조성을
구축하는 주요 원인이 된다.
33) 문화예술 정책에 있어서 전자를 '시간 원칙', 후자를 '다양성 원칙'이라고도 한다.

있는 제도이며, 전체적으로 정부의 정책이 예술적 창조성을 고취시키고 지원하는 방향으로 적절하게 작동하지 않는다는 점이다. 여러 조건하에서 정부 지원은 문화적 활동의 혁신을 저해하는 경향이 있으므로, 최소한 정부 지원이 중립적이기만 하다면, 즉 창조성이 영향을 받지 않도록 내버려 둔다면, 많은 것을 얻을 수 있다는 것이 프라이의 견해이다. 그는 민간 예술후원자나 예술전문가들은 예술가들의 혁신 역량에 우호적 조건을 제공할 준비가 되어 있으며, 예술기관에 대한 세금 면제와 같은 간접적 공공지원은 예술적 창조성에 있어 놀라운 사례들을 창출해 왔다는 점을 지적한다.

다만, 이와 같은 문화예술 지원의 중립성 요청이 곧 정부 지원의 감소나 중단을 의미하는 것은 아니다. 프라이의 창조성을 위한 정책적 권고는 정치가나 행정관료들이 스스로 창조성을 기획할 수 있다고 생각해서는 안 된다는 것이다. 문화예술의 생명인 창조성은 불시에 찾아오는 것이기 때문이다.[34] 따라서 정부는 직접지원보다 예술적 창조성에 바람직한 제도와 조건을 구축하는 데 매진하여야 한다. 이러한 예로는 예술시장을 활성화시킬 수 있는 규정들을 마련하고, 예술활동의 성과에 대해 예술가들에게 적절한 재산권을 설정해 주며, 예술의 국제적인 교류를 촉진하는 등의 업무를 들 수 있다.

정부 지원에 대해서 프라이의 강요이론이 전통적 문화경제학과 뚜렷하게 다른 부분은 동기를 유발하는 공공보조금에 대한 시각이다. 주인-대리인 이론에 의한 기존 경제학 관점에 따르면 효율적 지원을 위해 예술적 성과와 지원 사이에 밀접한 관계가 있어야 한다. 반면 강요이론에 따르면, 자신의 창의력을 실험하고 개발할 수 있는 재량권이 예술가에게 주어지는 것이 중요하다. 정부의 지원이 예술가의 행동을 지원조건으로 규정한다면, 예술가들의 창조성은 '구축될' 것이기 때문이다.

---

34) Albert O. Hirschman, *Exit, Voice, and Loyalty: Responses to Decline in Firms, Organizations, and States* (Cambridge: Harvard University Press, 1970), p. 80.

요컨대, 정부는 예술가들이 혁신적 예술을 생산하도록 내적 동기를 고취시키는 역할을 민간주체가 맡을 수 있도록 하는 유인의 부여 방식을 통하여 예술적 창조성을 제고할 수 있다.

제2절 문화예술 지원체계 재정립을 위한
법제도설계 방향

Ⅰ. 문화예술 지원을 위한 법제도설계의 기본 방향

1. 문화법정책의 토대로서의 '중립적 후원주의'

1) '지원하되 간섭하지 않는다'는 정책이론적 기조

이 절에서는 전술한 문화예술 지원을 위한 법제도설계의 필요성을 바탕으로, 현재의 국내 사회에 적합하게 제안된 문화예술 지원의 방향성을 도출하여 국내 현실에 적합한 구체적 법제도설계 방안을 제안하고자 한다. 중앙정부에 대한 지나친 의존으로 팔길이 원칙에 따른 중립적 거리가 유지되지 않았으며 종종 극단적인 정치적 개입에 따라 지원정책이 이루어졌던 우리나라에 향후 정립될 지원체계는, 직접지원 일변도인 현행 체계에서 벗어나 중장기적으로 정부에 대한 의존도를 감소시킬 수 있도록 문화예술의 시장성을 제고하고 창작과 유통과 향유의 선순환을 통한 문화예술 생태계의 자생성과 지속가능성을 구축할 수 있는 방향으로 견인되어야 한다.

무엇보다도, 새로운 지원체계의 기본 방향은 앞서 살펴본 헌법의 문화국가 원리 내지는 문화지향성에 따라 문화예술의 자율성과 다양성을 반영하고 표현의 자유를 존중하는 것이 되어야 하며, 정치적 영향 등에 불편부당한 모습, 즉 "지원하되 간섭하지 않는" 중립적 모습이 되어야 할 것이다. 본 연구에서는 이를 문화예술 지원에 있어서의 '중립적 후원주의(Arm's Length Patronage)'로 명명하고자 하며, 이하에서 '중립적 후원주의'의 개념을 정립하고, 이를 실효적으로 구현할 법제도설계를 통해 공정하고 민주적인 중장기적 관점의 문화예술 거버넌스 체계를 논의해 볼 것이다.

'지원되는 예술표현' 영역은 법철학적으로는 자유주의와 후견주의가 교차하며, 기본권의 영역에서는 자유권적 기본권과 사회적 기본권이 교차하는 다층적 영역인 만큼, 국가의 입장에서 양자를 조화롭게 구현할 대안적 개념을 모색해 온 것은 당연한 것이었다. 그러한 노력의 주목할 만한 예로, 리처드 탤러(Richard Thaler)와 캐스 선스틴(Cass Sunstein)이 2003년 공동논문을 통해 '자유주의적 후견주의'의 개념을 제안한 것을 들 수 있다.[35] 이하에서는 정책 방향으로서의 '중립적 후원주의'와 비교할 점이 있다고 생각되는 '자유주의적 후견주의'의 개념 및 유용성에 대해 일별해보고, 필자가 제안하는 '중립적 후원주의'와의 이동(異同)에 관해 살펴보고자 한다. 이와 같은 사전적 논의는, 향후 논의할 새로운 문화예술 지원체계의 정책이론적 기반을 튼튼히 하고, 나아가 문화예술 정책영역의 중심에 우리 헌법의 근본적 가치가 자리하고 있음을 다시 한번 확인시켜 줄 것이다.

2) '자유주의적 후견주의'의 문화정책적 가능성

21세기에 들어서면서 행동경제학은 인간행동 및 사고에 관한 실증과학의 연구성과를 기반으로 규범적 정책분야를 개척하였고, 축적된 실증자료를 활용해 '넛지(nudge)'라는 처방적(prescriptive) 분야를 개척해 왔다. 넛지라는 명칭은 탤러와 선스틴의 동명의 저서(2008)[36]에서 비롯된 것으로, '(특히 팔꿈치로) 슬쩍 옆구리를 찌른다'는 의미를 가지며 강제나 직접적 규제 없이 행동을 유도하는 심리적·사회적 행동유인기술을

---

35) Richard H. Thaler & Cass R. Sunstein, "Libertarian Paternalism," *American Economic Review*, 93(2) (2003), pp. 175-179.

36) Richard H. Thaler & Cass R. Sunstein, *Nudge: Improving Decisions about Health, Wealth, and Happiness*, revised and expanded ed. (New York: Penguin Books, 2009).

의미한다. 이들은 넛지를 이용한 정부 개입을 '자유주의적 후견주의 (Libertarian Paternalism)'로 명명하고, 새로운 후견주의(New Paternalism) 내지 연성 후견주의(Soft Paternalism) 철학에 의해 이에 대한 정당화를 시도했다. 또한 넛지가 전통적 정책에 비해 비용은 줄이고 효과는 높이면서도 선택의 자유를 늘려주는 새로운 정책도구라고 주장하였다.[37]

탤러와 선스틴은 "정책대상자들을 더 행복하게 만들 방법에 의해 그들의 선택에 영향을 줄 목적으로 선택되었을 때" '후견적' 정책이 취해졌다고 정의한다.[38] 기존의 학자들은 강압적 측면이 수반된다는 이유로 '후견주의'의 의미를 부정적으로 받아들여 왔지만, 이들에 따르면 반드시 그런 것만은 아니라는 것이다.[39] 즉, 당사자들을 더 행복하게 만들 방법으로 그들의 선택에 영향을 주기 위한 정책이 수행될 때, 강압적 측면이 개입되지 않을 수 있다는 것이 행동경제학자들의 주장이다. 그들은 이러한 종류의 후견주의를 '자유주의적 후견주의'라 명명하면서, 궁극적으로 그것이 "선택의 자유를 보호하면서도 공적·사적 기관 모두 그들의 복지를 증진하는 방향으로 사람들을 이끌 것이라고" 주장한다.[40]

탤러와 선스틴에 의하면 자유주의적 후견주의의 접근은 "가장 열렬한 자유주의의 지지자들조차도 수용 가능한" 것이다.[41] 한편, 논평가들은 이들의 자유주의적 후견주의 개념에 대해 진정하게 '자유주의적'이지

---

37) 선스틴은 2014년 또 한 권의 넛지 관련 서적 『와이 넛지(Why Nudge)?』를 출간, 자유주의 경제학자 J. S. Mill(1859)의 『자유론』을 기반삼아 넛지의 철학적 세계인 '자유주의적 후견주의'를 치밀하게 합리화하고 있다. 이 책은 2003년 탤러와의 공동논문 이후 지속되어 온 넛지 관련 논쟁들에 대한 선스틴의 종합적 답변이다.

38) 그들은 후견주의의 정의에서 "더 나은 상태"의 의미를 본래 "가능한 한 객관적으로 측정 가능한 것"으로 정의하였으나 차후에 보다 추상적인 표현, 즉 "사람들을 행복하게 만드는 방식의 선택에 영향을 주려 하는 방향"으로 수정하였다.

39) Thaler & Sunstein(2003), p. 175.

40) *Ibid.*, p. 179.

41) *Ibid.*, p. 175.

도, 진정하게 '후견주의적'이지도 않음을 지적하며,[42] 그것이 용어상의 모순을 포함한다고 비판하기도 한다.[43] 이에 대해 탤러와 선스틴은 '넛지'를 독단적 이론가들로부터 상식을 되찾아주는 '전략'으로 기술하면서, 이 전략의 '자유주의적' 측면은 "기본적으로 사람들은 그들이 원하는 것을 자유로이 선택할 수 있고, 또한 원한다면 바람직하지 않은 기존 상태로부터 자유의지로 빠져나올 수 있어야 한다는" 간단한 요소에 있다고 한다.[44]

프리드먼의 이론을 차용해 탤러와 선스틴은 "자유주의적 후견주의자들은 사람들이 '자유로이 선택할 수 있도록' 촉구하며, 선택의 자유를 유지 또는 증가시키는 정책을 설계하고자" 노력하는 것이라고 표현한다.[45] 특히, 그들은 후견주의의 개념을 자유주의에 의해 변형함으로써 무엇보다 자유 보호의 측면을 강조하는데, "자유주의적 후견주의자들은 사람들이 그들의 길을 쉽게 갈 수 있게 하고자 하며, 자유를 행사하고자 원하는 이들에게 부담을 주는 것을 원하지 않는다"고 덧붙인다.[46] 그들에 의하면 후견주의적 측면은 "사람들이 더 오래, 건강하게, 풍요롭게 살도록 하기 위해 그들의 행동에 영향을 미치고자 하는 선택설계를 정당화"한다는 주장에 있다. 결과적으로 "자유주의적 후견주의는 상대적으로 약하고 부드러우며 비침해적 유형의 후견주의로, 선택적 요소가 차단되거나 방해되거나 심각한 부담으로 이어지지 않음"을 강조한다.[47]

탤러와 선스틴의 주장은 윤리적 호소를 통해 주목을 끄는 데는 성공

---

42) Daniel Hausman & Brynn Welch, "Debate: To Nudge or Not to Nudge," *Journal of Political Philosophy*, 18(1) (2010), pp. 123-136.

43) Gregory Mitchell, "Libertarian Paternalism is an Oxymoron," *Northwestern University Law Review*, 99(3) (2005), pp. 1245-1277.

44) Thaler & Sunstein(2009), p. 5.

45) *Ibid.*

46) *Ibid.*

47) Thaler & Sunstein(2003), p. 175.

했지만, 상대적으로 실행가능성과 검증가능성이란 관점에서의 논리적 토대는 빈약하다고 평가되기도 한다.[48] 무엇보다도 자유주의적 후견주의의 개념을 국가와 문화예술 간 정책 실제에 그대로 가지고 오기 어려운 이유는, 그것이 기본적으로 후견주의의 입장에 서 있다는 것이다. 이는 자유주의 전통을 가진 미국 사회와 달리 국가주의적 전통을 지닌 국내에서는, '문화국가 개념'의 맹목적 추종을 경계하는 것과 같은 맥락에서, 후견주의의 개념을 그대로 수용하기에는 무리가 있기 때문이다.

다만 본 연구에서는 공공서비스 제공 영역 가운데서도 정책 주체들의 자율성 요청이 특별한 의미를 갖는 문화예술 영역에 있어서, 정책도구로서의 '선택설계(choice architecture)'의 유용성에 대한 주의를 환기하고자 한다. 즉, 미국과 철학적·정책적 전통이 다른 국내 환경에서는 '넛지' 이론의 규범적 논쟁에 집착하기보다는 실용적 측면에 초점을 맞추어 법제도설계에 응용할 필요가 있을 것으로 보인다. 법리적으로 표현의 자유를 존중하면서도 정책 비용을 낮추고 그 효과를 높이는 기술적·처방적 도구로서의 '넛지'는 전통적 정책수단을 보완할 수 있는 유용한 수단들을 제공해 줄 수 있을 것으로 생각되기 때문이다.

2. 민간부문 참여와 시장 활성화를 통한 중립성 제고

1) 직접지원 방식에서 시장 활성화로 단계적 비중 전환

문화예술을 지원함에 있어서는 다양한 접근방식이 있는데, 다양한 지원의 방식은 크게 다음의 몇 가지로 구분할 수 있다.

첫째, 정부에 의한 직접지원 방식이다. 우선 국가 또는 지방정부는 예술단체를 직접 운영할 수 있다. 실제로 음악, 연극, 무용 등 분야별로 국립예술단과 각 지자체 소속 예술단이 운영되고 있다. 이러한 단체들은

---

48) 이재민, "Sunstein의 '자유주의적 온정주의'와 '행동주의적 규제 제1원칙'의 실행가능성," 『재정정책논집』(대전: 한국재정정책학회, 2016), 제18집 제3호, 73쪽.

자체적으로 경비의 일부를 충당하기는 하지만 예술의 수월성 제고를 위하여 관객 유치에 실패하더라도 존속하게 되므로 역설적으로 질적 향상에 대한 지속적 노력이 부족하게 될 수 있다.[49] 또한 관료주의와 비전문성에 따른 운영의 비효율성이 초래될 수 있다. 나아가, 국공립 예술단체에 대해서도 점차 경제적 자립도의 요청이 높아지는 경향이다. 또 하나의 대표적인 직접지원 방식은 보조금의 공여이다. 우리나라의 경우 예술위를 통해 순수예술 분야의 예술가나 예술단체에 직접 보조금을 지급하고 있으며, 그 외에도 한국예술인복지재단 등 문화체육관광부 산하 기관들과 각 지자체 해당 기관이 관련 기능을 기관의 목적에 맞게 수행하고 있다. 앞서 국내에서 수혜자 선정과정의 공정성과 투명성에 대한 논란이 계속되어 왔음을 살펴보았는데, 그러한 맥락에서 특히 정부 지원이 직접적인 재정지원 형태로 이루어질 때 지원 수단의 효과성 검토에 대한 요구가 높아짐을 알 수 있다.

둘째로, 민간 기부를 통한 간접지원의 방식이다. 정부는 비영리기관에 대한 기부나 기여의 대가로 개인이나 기업에 세금을 환급해주므로 간접지원 형식이 된다. 이러한 정책은 문화예술 공급자에게 열려있는 가능성의 범위를 적극적으로 확장하는 방향에 초점이 맞추어진 것이며, '미징수된' 세금을 통한 지원은 '조세지출'이라고도 불린다. 한편, 문화예술에 대한 간접지원 유형은 문화기관의 책임자가 가지는 의사결정 권한에 대하여 영향력이나 제약조건을 부과하는 상황을 초래하기도 한다. 그러한 맥락에서 슈스터를 비롯한 다수 학자들은 금전적인 지원, 특히 현물 기증의 경우 취득된 예술품의 기증자가 부과한 규제 등을 없애야 한다고 주장한 바 있다.

셋째로, 문화예술의 시장성 제고, 즉 시장 기반 조성 및 활성화를 통한 문화예술 지원 방식이다. 이러한 방식은 정부조직이 예술적 산출에

---

49) 소병희, 『문화예술경제학』(서울: 율곡출판사, 2012), 431쪽.

대해 평가할 필요가 없다는 장점을 가지며, 창작·제작 개선을 위한 기반 조성, 예술창작자들을 위한 유통 환경 및 조건의 개선, 예술수요자의 접근권을 제고하는 환경의 조성 등을 목표로 한다. 이를 위해서는 직접적 재정지원보다 예술인들에 대한 기본적인 지위를 인식하고 이에 적합한 다양한 시장경제활동의 기회를 부여하는 것이 중요할 것이다. 또한 문화예술기관에 대한 정부의 규제와 조건 가운데 과도하거나 중복적인 것은 축소 또는 폐지될 필요가 있다. 나아가, 교육 및 훈련 과정에 대한 지원을 통한 긍정적 외부효과 창출은 국민의 문화적 평등권을 실현할 뿐 아니라 예술시장의 관객개발 측면에서 장기적 정당성을 가진다.

국가의 개입으로 인한 창의성 위축 내지 정부실패를 우려하는 입장에서는 직접지원보다는 간접지원, 나아가 시장의 기반 구축과 유통 활성화를 통한 문화예술 지원 방식을 선호하게 된다. 실제로, 지속되는 전 세계적 경기침체 극복 및 문화예술 부문 지속가능성 제고 등을 위하여[50] 주요 국가들은 직접 개입을 줄이고 시장적 요소를 확대한 문화복지 모델을 설계해 나가고 있다. IMF가 제시한 기존 OECD 회원국의 현황 조사 결과[51] 우리나라 문화예술 분야 1인당 지출 금액이 19개 회원국 중 가장 낮은 수준에 해당한다는 사실은 국내 문화예술 지원방식의 패러다임 전환이 필요함을 시사한다. 이러한 문화예술 실태와 최근의 '지원배제 사태' 관련 논란 등 국내외 정책 환경을 고려할 때, 현재의 직접지원 중심의 문화예술 정책 운영에서 향후 민간부문 활성화를 통한 정책수단의 변

---

50) 2020년 초 전세계를 강타한 감염병 확산 사태가 장기화됨에 따라 문화예술계에 전반적·지속적 위기상황이 초래되었으며, 향후 시장 환경의 불확실성에 대응할 지속가능한 생태계 모색이 우선적 논의 과제로 부상하였다.

51) OECD 전체 19개 회원국 중(2010년 기준, 스위스는 2009년) 1인당 문화예술 분야 지출금액이 높은 국가는 프랑스($630.8), 아이슬란드($486.6), 덴마크($464.2)의 순으로, 낮은 국가는 스위스($48.3), 한국($50.2), 체코($65.7)의 순으로 나타났다. 1인당 문화예술 분야 평균 지출금액은 $228로 우리나라 1인당 지출금액의 약 4.5배에 이른다.

화를 단계적이고 적극적으로 추구해 나가야 할 절실한 필요성을 도출할 수 있다.

2) 창작 활성화를 전제로 하는 시장 활성화 도모

문화예술 시장의 경제적 측면에는 다른 시장의 경우와 근본적으로 다른 특징들이 나타난다. 그러한 현상이 나타나는 이유는, 제2장에서 논의한 바와 같이, 모든 문화예술활동이 시장의 출발점이자 종착점인 예술가의 창작 활동에 근거하고 있다는 데서 비롯된다. 따라서 예술시장의 성장은 결코 거래의 활성화만으로 달성될 수 없고, 반드시 창작의 활성화를 전제로 해야 한다는 점이 간과되어서는 안 된다. 이는 입법자 또는 법 적용자 입장에서 보면 법적·제도적 규제를 설계 또는 집행하는데 있어 거래법 측면과 저작권법 측면을 통합하는 안목이 필요하다는 것을 의미한다.[52]

생산 단계에 있어 이러한 특징은 시장 전반에 영향을 미치게 되며, 이와 같은 시장의 제한적 역할 때문에 시장에서 이른바 '보이지 않는 손'이 순기능을 발휘하는 것은 극히 예외적인 경우에 불과하기에, 국가나 지방자치단체 등 공공부문이 적극적으로 창작 활동을 지원해야 할 필요성을 낳는 것이다. 다만 공공지원의 최우선 기준은 순수한 교환 가치가 아니라 다른 창작 활동에 대한 파급력과 다양성 또는 실험성의 확보가 되어야 한다. 문화예술 부문에서 '시장성'이란 가치는 '공공성'과 대립하지 않는다고도 보는데, 우리 헌법상 문화국가 원리 내지 헌법의 문화지향성은 창작 단계뿐 아니라 유통 단계에도 동일하게 적용되기 때문이다.[53]

이와 같은 문화예술 시장에 대한 국가의 역할은 이미 우리 헌법에서

52) 이준형, "문화예술 시장과 법적·제도적 규제: 경매 시장과 추급권에 관한 최근 프랑스의 논의를 중심으로," 『문화정책논총』(서울: 한국문화관광연구원, 2008), 제20집, 85쪽.
53) 위의 논문.

천명하고 있는 것이며, 구체적으로는 우리 헌법 제119조 제1항[54]이나 제23조 제1항[55]이 아닌, 제22조[56]와 전문(前文)[57]에서 이를 선언하고 있는 것이다. 헌법재판소도 「영화법」 제26조에 따른 국산영화의무상영제가 직업의 자유와 헌법상의 경제 질서에 반하는지 여부를 다루면서 동 제도가 "개봉관의 확보를 통하여 국산영화의제작과 상영의 기회를 보장하여 국산영화의 존립과 발전의 터전을 마련하여 주기 위한 것으로······ 그 제한 목적의 정당성과 방법의 적정성이 인정될 뿐 아니라······ 과잉금지의 원칙에 반하여 직업의자유의 본질적 내용을 침해한 것이라 할 수 없다고" 하였다. 또한, "헌법 제119조 제2항의 규정은 대한민국의 경제질서가 개인과 기업의 창의를 존중함을 기본으로 하도록 하고 있으나, 그것이 자유방임적 시장경제질서를 의미하는 것은 아니다. 따라서 입법자가 외국영화에 의한 국내 영화시장의 독점이 초래되고, 국내 영화의 제작업은 황폐하여진 상태에서 외국영화의 수입업과 이를 상영하는 소비시장만이 과도히 비대하여질 우려가 있다는 판단하에서, 이를 방지하고 균형있는 영화산업의 발전을 위하여 국산영화의무상영제를 둔 것이므로, 이를 들어 헌법상 경제질서에 반한다고는 볼 수 없다"고 판단한 바 있다.[58]

이러한 맥락에서, 본 장의 제3절에서는 문화예술 지원체계 재정립을 위한 법제도설계 방안으로 문화예술 시장 기반 조성과 활성화 지원 방향을 구체화함에 있어서, 각각 창작 부문과 유통 부문을 분리하여 논의하고자 한다.

---

54) 제119조 ①대한민국의 경제질서는 개인과 기업의 경제상의 자유와 창의를 존중함을 기본으로 한다.
55) 제23조 ①모든 국민의 재산권은 보장된다. 그 내용과 한계는 법률로 정한다.
56) 제22조 ①모든 국민은 학문과 예술의 자유를 가진다. ②저작자·발명가·과학기술자와 예술가의 권리는 법률로써 보호한다.
57) "우리 대한국민은······ 자율과 조화를 바탕으로 자유민주적 기본질서를 더욱 확고히 하여 정치·경제·사회·문화의 모든 영역에 있어서 각인의 기회를 균등히 하고, 능력을 최고도로 발휘하게······할 것을 다짐하면서······"
58) 헌법재판소 1995. 7. 21. 선고 94헌마25 결정.

II. 표현의 자유와 중립성의 기초로서의 문화민주주의

1. 정책 지향으로서의 문화민주화와 문화민주주의

1) 문화민주화와 문화민주주의의 의의

정책담론으로서의 문화민주화(democratization of culture)는 문화와 문화활동이 모든 사람들에게 개방되어야 함을 강조하면서, 주로 고급문화에 대한 대중의 접근을 확대시키려는 노력("the best for the most")을 의미한다. 즉, 모든 사람이 문화권을 갖는 만큼, 문화가 일부 계층만을 위하여 존재하여서는 안 되고 다수를 위해 존재함으로써 이른바 '민주화'가 이루어져야 한다는 입장이다.59)

복지국가의 출현으로 인한 교육의 확대는 문화예술 감상과 문화적 활동 참여를 통해 문화민주화가 현실화되는데 결정적 작용을 한 것으로 평가된다. 문화민주화는 역사적으로 낭만주의에 그 뿌리를 두고 있으며, 영국의 BBC나 예술위원회 등 문화적 제도의 창설을 낳았다. 이후 각국은 예술작품의 순회 전시, 지역 문화예술센터 건립, 입장권 가격 인하, 예술교육 프로그램 활성화 등과 같은 새로운 마케팅 수단을 통해 문화민주화를 실현해 왔다.

문화민주화는 중심(center)에서 주변(periphery)으로 문화 관련 정보가 전이되는 커뮤니케이션 모델에 기초하고 있으며, 이러한 전이 과정은 주로 중앙집권적 시스템에 의해 하향적 방식으로 이루어지므로 정부의 역할은 주로 '지원' 또는 '촉진'에 초점이 두어진다. 문화민주화 패러다임은 고급예술에 대한 접근가능성의 제고에 초점을 두므로 결과적으로 모든 사람들이 고급예술을 함께 누릴 수 있도록 하는 결과의 평등(equality of outcome)과 함께, 이를 후대에 원형 그대로 보존하여 전수하는 것을 중

---

59) 서순복, "문화의 민주화와 문화민주주의의 정책적 함의," 『한국지방자치연구』 (구미: 대한지방자치학회, 2007), 제8권 제3호, 29-30쪽.

요시한다.

문화민주화는 고급문화와 그렇지 않은 문화를 구분, 기존 소수계층이 향유하는 문화인 고급문화가 좋은 문화라는 가치판단을 전제하고 있으므로 엘리트주의(elitism)의 기본적 아이디어에 기초한다고 할 수 있다.[60] 따라서 고급예술이 주로 생산 및 소비되는 기존의 대형 문화예술기관을 중심으로, 전문가들에 의해 미학적으로 인정되고 수월성이 담보된 전문예술이 문화의 주류가 된다는 점을 인정하는 입장이라고도 할 수 있다.

한편, 문화민주주의(cultural democracy)는 고급문화에 대한 접근을 강조하기보다 국민들이 다양한 문화활동을 주체적으로 수행할 수 있는 문화환경의 조성에 초점을 두는데, 이는 다양한 국민들이 스스로 문화활동을 할 수 있도록 문화법정책을 추진하는 것을 의미한다.[61] 1976년 유럽 문화장관회의를 통해 촉진된 개념인 '문화민주주의'를 추구하는 문화정책은, 정부 정책의 우선적 목표가 고급문화를 지원 및 유지하는 것이라는 견해에 반대하며, 대중주의가 고급문화를 위협한다고 하는 문화민주화 전략에도 반대한다.

문화예술활동의 자유로운 개인적 선택을 중요시하는 문화민주주의 개념은 창의성의 표현, 삶의 질과 관련된 문제에서 자기결정권, 지속적인 교육, 지역사회 개발, 범사회적 의사결정에서 서로 의견을 나누고 참여할 수 있는 능력 등을 위한 제반 여건을 개선하는 새로운 방법으로 일컬어진다.[62] 따라서 문화시장에서 다양한 형태의 문화들이 생성되는 '문화다양성(cultural diversity)'을 중요한 법정책 가치로 삼기 때문에 정책결정과정의 비집권화를 지향하며, 개인 또는 다양한 사회집단에 의해 이루

---

60) 그러나 문화민주화를 주장하는 입장에서는 기존 문화예술이 전문 예술가 중심이어서 발생한 문화소외현상에 주목, 고급문화는 결코 부르주아 문화가 아니며 고급문화의 향유가 차별의 결과로 이어져서는 안 된다는 점을 역설한다. 위의 논문.

61) 김창규(2014), 764쪽.

62) 서순복(2007), 31쪽.

어진 문화적 선택을 방해하지 않고 이를 더욱 활발하게 공급할 수 있도록 공급 구조나 정보 배분에 규제를 가하기도 한다. 즉, 실험적 문화 생산을 위한 획일적 또는 독점적 공급 구조에 대한 '규제' 정책과 관련된다.[63]

문화민주주의 패러다임은 중심에서 주변으로 향하는 커뮤니케이션 모델에 기초한 문화민주화와 달리, 독립적 단위들의 연결에 기반한 네트워크형 커뮤니케이션 모델에 기초하고 있다. 따라서 소비자는 수동적 수용자가 아니라 활동적 역할자로 인식되고, 국가의 역할은 문화예술인과 일반인을 포함하는 활동적 문화인들에게 자유로운 환경을 조성해 주기 위해 노력하는 것이다.

문화민주주의는 기존의 정형화된 틀을 거부하므로 공연장 등 전형적 예술기관에서 이루어지지 않는 비공식적 문화활동을 모두 포함하며, 작품의 미학적 질보다는 정치적·민족적·사회적 동등성을 우선적으로 고려한다.[64] 문화민주주의는 예술 참여와 경험을 중요시하여 모든 이들이 일상생활에서 창조적인 활동을 할 소양(creative mind)이 있다고 보기 때문에 개개인의 문화적 역량(cultural competence)을 강화할 필요가 있다고 보는 점에서 기회의 평등(equality of opportunities)을 강조하며, 같은 맥락에서 대중주의(populism)의 아이디어에 기초한다.[65]

2) 정책 관점으로서의 양자의 관계

두 가지 정책 관점을 두고, 학자에 따라서는 문화민주화의 한계에 대한 대안적 개념으로 문화민주주의가 등장했다고 보면서 정책 관점으로서의 문화민주화는 그 유용성을 다한 것으로 보기도 한다.[66] 반면, 이러

---

63) 김민주, 윤성식(2016), 94쪽.
64) 서순복(2007), 32쪽.
65) 문화엘리트주의자들은 문화민주주의를 주장하는 사람들을 대중주의자로 칭하면서, 지리적·인종적·성적·민족적 동등성 개념에 집착한 결과 예술의 질을 희생시키고 있다고 주장하기도 한다. 위의 논문, 30-31쪽.
66) 또한 문화의 민주화 노력의 정책적 한계를 극복하기 위한 대안으로 등장한 평

한 입장을 비판하면서 문화민주화 개념이 문화민주주의에 논리적으로 선행되는 것이라는 주장도 있다. 즉, 문화민주화와 문화민주주의는 공통적으로 문화 활동에서 배제된 사람들의 문화활동을 보장하고 넓히는데 그 지향점이 있으며, 다만 실현과정에서 차이가 존재할 뿐이라는 것이다.[67]

문화민주화에 대해 비판하는 입장에서는 그 기초적 아이디어가 엘리트주의적 특성이 강하다는 점에 주목한다. 그러나 문화민주화 패러다임의 핵심은 문화에 대한 '접근성(accessibility)'이며, 특히 경제적 약자로서 문화 향유에서 소외된 이들에게 문화에 대한 접근이 가능하도록 보장하는 것이 중요하다. 그러므로 엘리트주의적인 사상에 기초한다고 해서 이를 무시한다면 문화정책의 주요한 목표 중 하나를 배척하는 것이다. 나아가, 오늘날 각국의 정책 실제는 문화민주화를 반드시 엘리트주의 사상에 기초한 것으로 보기 어려운 측면도 있다.

생각건대, 민주주의 가치와 연결된 문화민주화와 문화민주주의 패러다임은 공통적으로 교육적 배경, 인종, 성별, 지역적 한계 등에 무관하게 문화예술에 참여 내지 향유할 수 있어야 한다는 '문화적 균등성'을 강조한다는 점에서 공통된다. 따라서 후자가 전자의 대안이라기보다는, 양자는 상호 그 내용을 수용하고 동시에 보완하는 관계에 있으며 다만 실현 방식이나 정책 지향에서 그 초점을 달리하는 것으로 보는 입장이 타당하다고 할 것이다. 그 결과로서 문화와 민주적 가치의 결합에서 비롯된 문화정책의 상위목표로서의 문화에 대한 접근성 강화 및 문화다양성의 보장이 도출되는 것이다. 즉, 문화민주화의 지향점으로서의 "모든 사람을 위한 문화(Kultur für alle)"와, 문화민주주의의 지향점으로서의 "모든 사람에 의한 문화(Kultur von allen)"는 상호보완적인 개념으로 이해되어야 한다.[68]

등주의적 개념이 바로 문화민주주의라고 한다. 위의 논문, 24쪽.

67) 김민주, 윤성식(2016), 95쪽.

68) 대표적 사례로, 오늘날 독일의 문화민주주의는 68운동 속에서 대두된 '사회문

다만, 민주주의 전망의 확산 및 심화와 더불어 문화법정책의 비중이 문화민주화에서 문화민주주의로 이행이 이루어지는 것이 자연스러운 경향이라 하겠다. 문화민주주의는 문화법정책이 구체화되는 단계에서 정책의 주도권을 국가가 하향식으로 행사하는 방식을 벗어나 문화적 활동에 비전문가와 일반인이 적극적으로 참여하고, 정책의 주요 변수는 탈중앙화 방향으로 이행하기 때문이다.[69] 다만, 창조된 문화가 보존되고 보호되지 않으면 인류의 유산으로 남을 수 없다는 문화 고유의 본질에 비추어 두 정책 기조 중 하나의 일방적 우월성을 고집할 필요는 없을 것이다.[70]

특히, 문화예술 지원에 대한 중립성 제고 및 표현의 자유 보호의 측면에서, 문화민주주의 정책이 더욱 설득력을 가진다는 점은 의심할 여지가 없다. 현대예술과 대중 간의 간극을 극복하고 문화예술에 대중을 접근하도록 하는 것이 문화정책의 화두라 할 때, 국가가 예술가를 지원한다면 예술가가 생산하는 작품과 그 방식에 직접적으로 영향을 미쳐도 된다는 것인지, 아니면 간섭 없는 지원이 되어야 하는 것인지의 문제에서 등장한 개념이 바로 문화민주주의라 할 수 있기 때문이다.[71]

화(Soziokultur)'의 전통을 바탕으로 문화민주화와 문화민주주의를 동시에 추구하는 모습을 보인다. 따라서 대형 문화예술기관을 중심으로 하는 고급 문화예술의 대중화 정책과, 아마추어의 예술 참여와 경험을 중요시하는 문화정책이 병행되고 있다. 최미세, 곽정연, 조수진 공저, "독일 예술경영과 문화민주주의: 베를린 필하모니를 중심으로," 『독일언어문학』(서울: 독일언어문학연구회, 2015), 410쪽.

69) 김창규(2014), 765쪽.

70) Yves Evrard, "Democratizing Culture or Cultural Democracy?" *The Journal of Arts Management, Law & Society*, 27(3) (1997), p. 172.

71) 같은 취지로, 서순복(2007), 38쪽.

2. 국민의 문화적 참여권 확대를 통한 중립성 제고

1) 포괄적 정책하위체계로서의 공적 담론 영역

오늘날 문화 개념의 외연 확대 및 문화예술 정책 대상의 변화에 따라, 정책 대상이자 동시에 문화적 기본권 특히 문화적 참여권의 주체로서의 국민의 비중은 점차로 증가하고 있다. 현대 민주주의 국가에서 국민은 정책 행위자로서 정책과정에 활발하게 참여하고 있는데, '문화민주주의' 지향의 법정책 패러다임과 함께 문화정책 행위자 간 관계에 대한 주요 모형 가운데 '다원주의 모델'이 이러한 모습을 잘 설명한다.

다원주의는 엘리트주의와 달리 다수 세력 간 경쟁과 균형을 강조한다. 소수의 지배세력이나 정치적 영향력에 의해 정책과정이 주도되기보다는 다양한 세력에 대한 분권 및 참여가 강조된 구조이다.72) 다원주의의 이론적 기초는 이익집단 이론이므로 다양한 세력이란 곧 다양한 이익집단을 말한다. 정책과정에서 이익집단의 활동은 개인의 목소리만으로는 정책 과정에 영향을 미치지 못하는 한계를 극복할 수 있는 기회를 제공함으로써, 시민들의 정치활동을 활성화시키고 효과적인 활동이 되도록 기여하는 역할을 한다. 오늘날 이익집단의 활동이 활발한 다원주의 사회에서 정책과정은 소수 엘리트에 의해 주도되기보다는 다양한 세력 간 집단적 영향력에 기반한 게임으로 이루어진다.73)

특히 다원주의 사회에서는 이익집단과 의회의 위원회, 해당 관료조직 간 동맹, 이른바 '철의 삼각(iron-triangles)'을 형성하여 정책을 주도하기도 하는데, 철의 삼각이란 행위자로 구성된 정책하위체계(policy subsystem)의 하나로, 정책영역별로 다양한 모습을 보인다.74) 정책영역만큼 다양한

---

72) 정정길 외(2010), 235-238쪽.
73) 김민주, 윤성식(2016), 145쪽.
74) 정정길 외(2010), 240-241쪽에서는 이를 다원주의론의 하나인 하위정부모형
 (Subgovernment Model)으로 설명하면서, '철의 삼각'이라는 개념이 부정적 의미

하위체계가 형성되어 있으므로 다원화된 세력에 의해 정책과정이 지배된다고 할 수 있는 것이다. 가장 포괄적인 의미의 정책하위체계는 행위자들이 자신을 위해 정책이슈를 토론하고 설득하며 흥정하는 포럼이라고 할 수 있는데, 이는 민주주의 국가에서 '공적 담론 영역(public discourse domain)'으로서 표현의 자유가 활성화되는 영역으로 볼 수 있다.[75]

2) 직접민주주의와 문화예술에 대한 공공지원

문화예술과 민주주의의 관계는 논란이 많은 주제이다. 대부분의 사람들은 예술 관련 사안에 관한 결정은 문화 엘리트의 몫이며 일반 시민들에게 맡겨서는 안 된다고 믿는다. 예술인들과 경제학자들은 물론, 심지어 다른 분야에 있어서 소비자 주권주의를 찬성하는 학자들마저 이러한 입장에 공감하는데,[76] 그 이유는 문화예술의 수월성 후퇴에 대한 우려, 즉 문화예술에 대한 공공지원의 수준이 상당히 낮아질 것이라는 추측 때문이다. 한편, 프라이는 실증적 분석을 통해, 적어도 민주주의가 상당히 발전한 국가에서는 이러한 관점이 타당하지 않음을 밝힌 바 있다.[77] 특히 문화예술에 관하여 민주주의하에서 시민자치의 실현 형태로 볼 수 있는 주민투표를 대상으로 분석하였다는 점이 주목된다.

프라이는, 안정적 직접민주주의 체계를 갖추고 있는 스위스의 자료를 활용하여 두 가지 질문, 즉, 직접민주주의의 투표자들은 예술에 대해 차별적 태도를 보이는지 및 예술에 대한 주민투표는 예술의 질적 수준을 떨어뜨리는지에 대한 해답을 찾고자 하였다.[78] 결론적으로 주민투표를 통해 평균 수준의 시민들이 예술에 관련한 결정을 내리면 부정적 결과가 나오리라는 예상과 달리, 스위스의 경우 예술에 대한 공공지출 지지

를 담고 있는 것에 비해, '하위정부'는 보다 중립적 의미를 지니고 있다고 한다.
75) 이에 관한 상세는 제3장 제3절 참조.
76) B. S. Frey(2003), p. 127.
77) *Ibid.*, pp. 128-136.
78) *Ibid.*, p. 128.

도가 낮은 것도 아니었고, 고급예술이 무시되지도 않았다. 평균 수준의 유권자들은 문화엘리트보다 낮은 수준의 취향을 가지고 있으며 이것이 낮은 수준의 예술로 이어질 것이라는 기존의 예상이 위 실증분석에서 들어맞지 않은 이유는, 예술에 대해 일반적으로 예상되는 효과를 압도하는 '상쇄효과'로 인한 것임이 밝혀졌다.

구체적으로는, 첫째로 주민투표에 앞서 존재했던 토론과정 때문이었다.[79] 이 과정에서 투표자들은 새로운 관점과 대안을 알게 되고 이것은 투표자의 선호에 영향을 준다. 특히 기호재이자 경험재, 정보재의 성격을 띠는 예술의 경우 투표 이전 단계의 활발한 토론이 결정적으로 중요하다. 실제로, 피카소의 작품 구매와 관련하여 투표 이전에 열린 강도 높은 토론은 '교육적 기능'을 담당했다. 관심이 부족하거나 경제적 이유로 예술에 관여한 경험이 없다고 하더라도 투표가 임박해지면서 실시된 토론의 결과로 예술에 대한 주민들의 인식 수준이 높아지는 것이다. 따라서 정치적 사안에서 나타나는 '투표의 역설'[80]은 극복되고, 투표자들은 토론에 개인적으로 참여하게 되면서 형성하게 된 의견을 통해 기꺼이 예술에 대한 공적 지출을 지지하게 된다.

두 번째로 문화적 안건에 대하여 '나쁜' 결과가 나타나지 않은 이유는 낮은 비용과 관계된다.[81] 일반적으로 공적 토론을 주도하는 사람들은 예술에 호의적인 사람들이며 예술 지원에 반대하는 이들은 군이 자신의 견해를 드러내지 않는 것이 유리하다고 판단하게 된다. 결국 주민투표에서 반대하는 사람들은 공식적으로는 재정적 이유로 반대하는 경향이 있으며, 특정 예술작품에 대한 공공지출의 경우 부담을 어떻게 나누는지가

---

79) *Ibid.*, pp. 137-138.

80) 다운스(Anthony Downs)의 '투표의 역설'(1957)에 따르면 공공재 효과로 인해 시민들이 충분한 정보를 얻기 위해 노력하고 선거와 투표에 참여할 유인은 거의 없다. 정치적 토론의 공공재적 특징은 '사적' 의사결정 문제로 전환되는데, 대다수 시민은 '개인적으로' 토론에 참여하게 되기 때문이다.

81) B. S. Frey(2003), p. 138.

중요해진다. 이러한 맥락에서, 세금 부담이 낮을수록 지원에 대한 찬성률은 높아지게 된다.

프라이의 실증분석만으로 직접민주주의 제도하의 국민들이 예술을 재정적으로 지원할 준비가 되어 있다는 점을 일반화하는 데는 한계가 있을지 모른다. 그럼에도 불구하고, 위의 분석이 적극적 소비자로서 국민의 문화적 참여권 확대의 당위성 및 이에 수반되는 교육의 중요성을 강화해주는 측면은 부인할 수 없을 것이다. 문화예술 법제에 관련된 각종 공청회 및 토론회 등은 정책 과정상 국민의 참여권을 제고할 수 있는 긍정적인 장치라 할 수 있다.

Ⅲ. 문화예술의 수월성 제고와 공공성 확대의 조화

1. 정책 준거로서의 수월성 제고와 공공성 확대

1) 수월성 제고와 공공성 확대의 의의

문화법정책에서 논의되어 온 수월성과 공공성의 개념은 엘리트주의(elitism)와 대중주의(populism)라는 문화에 관한 기초담론에 뿌리를 둔 것이다. 예술창조와 예술향유의 차이, 전문가와 아마추어의 차이가 존재한다는 엘리트주의적 관점에서는 예술의 질적 측면인 심미성이 최우선이다. 또한 엘리트주의는 예술가 위주이며, 전통적인 예술분야 위주이며, 상류층 후원자 위주이다. 엘리트주의적 관점에서는 예술의 수월성(excellence)을 우선적 가치로 삼으며, 그러한 속성을 보존하고 전수하는 것을 문화법정책의 주요한 준거로서 삼는다.

반면, 대중주의는 엘리트주의를 속물주의이며 보수적이고 비민주적이라고 비판한다. 대중주의적 관점에서는 예술창조와 예술향유에 있어서 접근 기회는 균등해야 하며 전문가와 아마추어는 별다른 차이가 없다고 주장한다. 이러한 시각은 예술창조와 예술향유에 누구나 참여할 수 있어야 한다는 입장에 근거한다. 대중주의는 전통성보다는 다원성을 강조하고 사용자와 소비자 위주이며 예술의 광범위한 보급과 다양한 문화 욕구에 대한 충족 위주의 입장이다. 대중주의적 관점에서는 예술 자체의 고유한 속성에 주목하기 보다는 사회 안에서의 예술의 역할과 분배의 공정성 등에 대하여 고민하게 되므로 예술의 공공성(publicness)에 우선적 가치를 부여하게 된다.[82]

일찍이 레이몬드 윌리엄스는 수월성과 접근성이라는 양대 가치가 사실상 "해결되지 않는 모순(an unresolved contradiction)이자, 궁극적으로 영국 문화정책의 본질적 딜레마"임을 날카롭게 지적한 바 있다.[83] 그는 기존의 예술에 대한 인식 변화 없이는 수월성과 접근성이 근본적으로 양립될 수 없음을 단언하면서, 진정한 의미의 접근성은 예술에 대한 새로운 인식을 기반으로, 단순히 향유자로서 기존 예술에 대한 소비적 차원의 경험이라는 소극적 접근성뿐만 아니라 문화의 생산수단에 대한 접근성이 함께 고려되어야 함을 역설하였다.[84] 윌리엄스의 관점을 채택한다면, 결국 정책 현실에 있어 수월성과 접근성을 어떻게 접목시킬 것인가의 문제는 문화예술에 대한 인식을 어떻게 규정할 것인가의 문제로, 접근성을 기존의 고급예술에 대한 접근이라는 소극적 관점에서 볼 것인지 아니면 문화생산수단에 대한 접근성을 포함하는 적극적 관점에서 볼 것인지에 따라 달라진다고 할 수 있다.

---

82) '수월성'에 대응하는 가치개념으로 문화예술 향유의 접근성(accessibility)이나 공정성(fairness) 등이 거론되기도 하는데, 기존 문화정책에서는 '공공성'이 보다 광범위한 가치개념으로 자리매김되어 왔다. 다만 공공성 개념의 외연을 고려할 때, 보다 정확히는 '예술적 공공성'에 대한 '사회적 공공성'에 가까울 것이다.

83) R. Williams(1983), p. 226.

84) R. Williams, "Culture is Ordinary," in G. Bradford, M. Gary & G. Wallach, (eds.). *The Politics of Culture: Policy Perspectives for Individuals, Institutions and Communities* (New York: The New Press, 2000), pp. 16-19.

2) 정책적 접근으로서의 양자의 관계

이러한 윌리엄스의 통찰력 있는 지적에도 불구하고, 현대 영국 문화 예술 지원에서 수월성과 접근성은 적어도 정책적 수사 차원에서는 양립 가능한 가치로서 강조되어 왔으며, 수월성은 예술가의 고유영역으로, 접근성은 향유자 내지 소비자로서의 일반인의 영역으로 분리하여 인식하는 이분법적 관점을 견지해 온 것으로 평가된다. 다만, 「왕립헌장」에 제시된 예술위원회(ACE)의 정책 목표는 사실상 영국의 문화정책이 케인즈의 설계 이래로 수월성 존중을 기반으로 한 문화민주화 측면의 정책기조에 무게중심을 두고 발전해 왔음을 시사한다.[85] 수월성의 원칙을 고수함으로써 예술의 질적 탁월성을 향상시키는 것과 평등한 분배를 우선시함으로써 모든 국민에게 균등한 기회를 제공하는 것 사이의 합의 도출은 매우 어려운 일로, 각국은 이를 위하여 시행착오를 거치며 정책적 절충점을 모색해 왔다.

국내에서도 정부가 문화예술 지원정책을 추진한 이래 선택과 집중을 추구하는 수월성의 원칙을 따를 것인지 또는 그보다 공평한 분배를 강조할 것인지의 문제는 지속적으로 제기되어 왔다. 가령 참여정부 시절에는 수평적 문화를 지향하고 권위주의를 타파하기 위해 공평한 분배를 지향했다면, 문화예술의 경쟁력을 강화하고 지원의 효율성을 제고하기 위해 선택과 경쟁을 유도하는 방식을 추구하였던 시기도 있었다. 요컨대 우리나라의 경우에도 정책 기조로서는 최고의 예술을 누구에게나 접근이 가능하게 한다는 절충주의적 입장을 견지하고 있다고 평가된다.[86]

---

85) 1946년 이래 영국 문화정책을 주도해왔던 잉글랜드 예술위원회는 「왕립헌장」을 통해 "예술에 대한 지식, 이해, 활동을 진흥하는 것"과 "예술에 대한 잉글랜드 주민들의 접근성을 제고하는 것"을 핵심적 역할이자 정책목표로서 제시하고 있다. ACE(Arts Council England), *Achieving Great Art for Everyone (aka. Pink Book)* (London: Arts Council England, 2011).

86) 김창규(2014), 763쪽.

2. 수월성 제고와 공공성 확대를 통한 공정성 강화

1) 표현의 자유 보호와 공공자원의 공정한 분배

수월성과 공공성의 관점은 문화예술 지원의 중립성을 제고하는 구체적인 선별성의 준거로서 작용하기도 한다. 수월성 측면의 기준과 공공성 측면의 기준은 각각 지원의 내용적 공정성 및 형식적 공정성 개념과 연동시켜 설명되기도 한다.

첫째, 수월성 측면의 기준은 문화예술 지원 공정성을 '정치적 독립성' 측면에서 바라보는 관점(Producer-Oriented Perspective)을 의미한다. 이 관점은 문화예술 분야 자체가 예술가만의 독창적이고 자유로운 창의성을 기반으로 삼는 특수성을 지닌다는 점을 기본 전제로 하고 있다.[87] 정부 및 국가의 정치적 간섭이 배제되는 '팔길이 원칙'이 지켜져야만 '예술가의 표현의 자유' 및 '예술작품의 수월성' 향상을 위한 조건이 보장되며, 이것이 곧 예술 지원의 공정성을 의미한다고 보는 입장을 대변한다고 할 수 있다. 따라서 이 관점은 예술 지원의 결정을 예술가 및 예술작품의 창작자의 입장에서 접근하는 것으로 해석할 수 있다.[88]

문화영역에 대한 정부의 적극적 관심이 수반되면서 예술 지원에 있어 정부의 정치적 목적성과 문화영역의 특수성이 상충되는 경향이 가시화되었고, 기존의 예술계에서는 이를 문화예술 분야의 자율성(autonomy)이 위축되는 '총체적 위기'로 인식하고 공공예술지원에 있어 정부의 목적이나 정치적 간섭을 최대한 배제하는 '팔길이 원칙'이 지켜져야 한다고 주장해 온 것이다. 영국의 경우, 신노동당 정부 시절 예술의 사회적 효과 및 공헌을 강조하는 문화정책이 영국 문화정책 역사상 최대의 재정지원을 기록하였음에도 정부가 예술을 정치적 도구로 활용하였다는

---

87) 양현미, 『문화예술지원의 공정성 제고를 위한 기초연구』(서울: 한국문화관광연구원, 2010), 88쪽.
88) 위의 보고서.

비난을 피하지 못하였다. 최근 팔길이 원칙의 실효성에 대한 논의가 제기되고 있음에도[89] 영국, 미국, 캐나다 등에서는 '팔길이 원칙'이 지켜지는지 여부를 문화예술 지원의 공정성으로 인식하는 경향이 강하다.

둘째, 공공성 측면, 즉 문화예술 지원 공정성을 '공공자원의 공정한 분배'라는 측면에서 바라보는 관점(Consumer-Oriented Perspective)이다. 이러한 관점은 정부 및 국가의 예술 지원금을 공공자원(public resource)으로 규정하고, 이를 가능한 많은 이들이 공평하게 누릴 수 있어야 한다는 평등주의적(egalitarian)인 입장을 전제로 하고 있다.[90] 이 관점에서 문화예술 지원의 공정성을 논하는 경우, 논의의 핵심은 공공자원의 '분배의 기준'을 어디에 놓을 것인지의 문제로 소급된다. 즉, '공공자원의 공정한 분배'의 기준은 성별, 인종 등 사회계층 및 지역의 격차에 대한 고려로 논의되는 경향이 많다. 따라서 이 관점은 공공예술 지원의 결정을 예술가보다는 관객, 즉 향유자 입장에서 접근하는 것으로 해석할 수 있다.[91]

이러한 관점은 예술계를 대변하는 담론이라기보다는, 오히려 문화예술 분야를 국가가 제공하는 공공서비스 분야의 일환으로 인식하고, 그 재원의 분배기준 및 분배과정에 있어서의 공정성을 논의하는 것으로 특징지어진다. 따라서 예술을 여타 공적서비스 영역과 차별화되는 특수한 영역으로 바라보는 시각을 가지지 않는 대부분의 일반 시민이나 국가의 정책입안자들은 이러한 관점에서 예술 지원의 공정성을 논의하는 경우가 많다. 이 관점에서 예술지원의 공정성을 논의하는 이들은, 문화예술의 특수성을 부인하는 것은 아니나, 예술이 가지고 있는 보다 포괄적인

---

89) 영국과 영연방을 중심으로 다수 국가들이 '팔길이 원칙'을 공공예술지원의 기준으로 삼는다고 하지만 실제로는 예술지원기관이 정부로부터 완벽하게 독립적인 경우는 거의 없으며, 이전에는 정치적 독립성을 어느 정도 보장받았다 하더라도 최근에는 점진적으로 정부의 정치적 간섭이 늘어나고 있는 추세라는 지적 등이다. Madden(2009), pp. 12-13.

90) 양현미(2010), 89쪽.

91) 위의 보고서, 91쪽.

사회경제적 공헌도 및 영향에 대한 고려가 예술 지원 결정에 반영되어
야 한다고 주장한다.[92]

2) 양방향 공정성 제고를 위한 원칙과 규약의 구축

한편, 영국예술위원회에 의해 이루어진 선행연구에 따르면, 문화예술적
수월성(Artistic Excellence) 제고를 위해서는 위험감수(risk-taking), 혁신
(innovation), 예술성 계발(artistic development)과 같은 전문 예술가 관련 원칙
(Arts Professionals Related Principles)이 고려되어야 하며, 수혜범위 확대(Out
reach)를 위해서는 공정성(fairness), 접근성(accessibility), 포용성(inclusiveness),
다양성(variety)과 같은 공공성 관련 원칙(Public Related Principles)이 고려되어
야 한다.[93]

또한 영국예술위원회는 2007년 문화예술 지원의 공정성 제고를 위한
연구사업인 '예술논쟁(The Arts Debates)'을 통해 「공정성 헌장(Fairness
Charter)」을 제안한 바 있다.[94] 당시 '팔길이 원칙'에 기초하는 영국예술
위원회의 재원 분배가 완벽히 공정하지는 않다는 의견이 지배적이었는
데, 이를 극복하기 위해 공정성 헌장 제정이 요청되었던 것이다.[95] 「공
정성 헌장」의 내용으로는 첫째로 장르별로 차별 없는 재원의 분배
(Funding a wide range of art forms proportionately), 둘째로 지역별로 차별
없는 재원의 분배(Dividing funds equally across geographical regions), 셋째
로 전문적 수준에 따른 차별 없는 재원의 분배(Proportionate allocation of
funding across levels of professionalism), 넷째로 인종이나 계층 간 차별 없

---

92) Jamie Cowling, "Introduction and Summary," *For Art's Sake? Society and the Arts in
   the 21st Century* (London: Institute for Public Policy Research, 2004), pp. 1-13.
93) Opinion Leader, *Arts Council England: Public Value Deliberative Research* (London:
   Opinion Leader and ACE, 2007), p. 4.
94) Catherine Bunting, *The Arts Debate - Arts Council England's First-Ever Public Value
   Inquiry: Overview and Design* (London: ACE, 2006).
95) 이는 '형식적 공정성' 논의에 해당한다고 할 수 있다.

는 재원의 분배(Proportionate allocation across ethnic groups)가 제시되었으
며,[96] 해당 연구는 공정성의 판단에 있어서 통계나 계량화된 수치에 의
존하는 것이 아니라 보다 질적인 접근을 통해야 할 것을 강조한 바 있다.

3년에 걸쳐 이루어진 위 연구사업은 공개 설문조사가 진행되던 시기
에는 예술계 및 일반시민들로부터 긍정적인 반응을 얻었으나, 결과보고
서 발행 직후 영국예술위원회에서 공연예술기관에 대한 지원의 삭감을
발표함으로써 효과적으로 정책에 반영되지 못하였다. 다만 영국의 사례
를 참고하여, 국내에서도 수월성 평가와 함께 공공성의 확대 측면을 반
영한 문화예술 지원의 공정성 관리 매뉴얼 제작과 함께 관련 교육 프로
그램 등을 개발할 필요가 있을 것이다.

IV. 협치의 상호작용으로서의 문화예술 거버넌스 구현

1. 새로운 문화정책 주체로서의 문화예술 거버넌스

1) 민관협력체제 구축을 통한 공공서비스 패러다임 전환

시민사회의 발달과 정보통신기술의 발전에 힘입어, 오늘날 정부와 시
민은 상호 동반자적 관계에 놓여있으며, 시민은 정부 정책을 그대로 수
용하기보다는 동반자로서 및 주인의식에 따른 책임감을 가지고 국정관
리에 협력 및 참여한다. 이제 정부의 일방적 조직 관리로 문화정책이 자
연스럽게 실현될 것이라는 기대는 환상에 불과한 시대가 되었다. 문화정
책의 실현에 관한 관리 과정은 정부가 스스로의 한계를 인정하고, 시민
은 주인의식을 자각하는 지점에서 시작된다. '거버넌스'가 강조되는 것
은 정부가 공공서비스의 공급과 결정을 독점적으로 주도해 온 전통적

---

96) 양현미(2010), 81쪽 참조.

조직관리 패러다임에서 탈피하여 '민관협력체제(Public-Private Partnership)' 구축을 통해 효율적이고 효과적이며 책임성 있는 공공서비스를 제공하기 위함이라 할 수 있다.

거버넌스는 20세기 후반에 들어서 본격화된 외부 환경의 변화에 대한 국가의 적응방식이며, 국가가 시장, 시민사회의 제반 사회적 행위자들을 어떻게 조정하고 협력할 것인지에 초점을 두고 있다. 거버넌스 논의의 중심은 그러한 협력적 조정을 할 수 있는 국가의 능력 보유 여부와, 국가가 다른 행위자들과 연결되는 방법에 있다. 아울러 정책주체들이 자신의 목적 달성을 위하여 어떻게 서로의 이해관계를 조정하고 네트워크를 관리하는지도 주요한 개념 요소로, 협력과 자치의 관점에서 다양한 종류의 네트워크와 파트너십 관계가 관심 대상이 된다.[97] 따라서 '거버넌스'란 정부와 시민사회, 시장으로 대변되는 사회의 주요 자율적 행위자들이 그들의 관계를 지배하는 규칙과 구조, 그들이 함께 다루어야 할 쟁점들을 결정하기 위하여 공식적·비공식적 협상과 협력을 통해 상호작용하는 일련의 과정 또는 구조화된 체계로 정의할 수 있다.[98]

2) 문화예술 거버넌스의 의의 및 유용성

이러한 거버넌스 개념에 기초하여 '문화예술 거버넌스'를 정의한다면, 문화예술영역에서 선의의 결과가 있을 것이라는 국가, 시장, 시민사회의 신뢰를 바탕으로 상호 네트워크를 통해 이루어지는 공동의 문제해결방식 또는 문화예술에 대한 협력적 조정방식이라 할 수 있을 것이다.[99] 문화예술 거버넌스 구축은 구체적으로 다음과 같은 유용성을 낳는다.[100]

첫째, 문화정책의 전문성과 실효성의 제고이다. 문화정책에 필요한

---

97) 정정길 외(2010), 259-260쪽.
98) 김민주, 윤성식(2016), 308쪽.
99) 김흥수, 『축제와 문화거버넌스』(파주: 한국학술정보, 2007), 45쪽 및 49쪽.
100) 김민주, 윤성식(2016), 310-312쪽 참조.

행정적·정책적·예술적 지식과 시민들의 문화 실태 등에 관한 정보는 문화예술 거버넌스의 주요 주체인 정부, 예술시장, 시민사회영역에서 공급되는데, 시민들이 정책현장에서 겪는 문제에 대한 요구와 지지 등이 단순한 '웅성거림'이 아닌 유효한 '목소리'로 전환되는 구조적 틀의 역할을 하는 것이 문화예술 거버넌스라 할 수 있다. 둘째, 조직관리를 통해 그 산출물인 문화정책에 대한 '순응'을 높일 수 있다. 정책 집행에서 주요 과제의 하나인 정책대상자들의 순응을 확보하는 방법의 하나는 문화정책의 형성 또는 집행 과정에 정부의 전담조직 외부의 관련자들을 참여시키는 것이다. 결과물에 대한 불만을 줄이고 상대적으로 순응이 높아지도록 하는 역할을 하는 것이 문화예술 거버넌스라는 측면에서, 이를 문화민주주의 요소의 제고라고도 볼 수 있다. 셋째, 문화정책이 그 자체의 목표 달성이 아닌, 정권의 장악이나 대중에 대한 특정 이념의 주입을 위한 수단으로 사용되는 '정치적 도구화'를 방지하는 기능을 한다. 문화예술 거버넌스의 구축은 상호 감시의 기능을 낳게 되므로, 문화정책이 정치적 도구로 전락하는 것을 예방할 수 있다.[101]

국내의 경우 공공부문 주도 및 공급자 중심 예술지원체계의 기본 구도에서 민간영역과 예술현장은 구조적으로 배제되고 있으며, 수직적 관료제의 지원체계상 민간 및 예술현장 주체들은 협치와 거버넌스의 공식적 주체로 참여하지 못하고 지원사업의 수혜자나 문화향유자로서 자리매김되어 온 상황이므로, 문화예술 거버넌스의 구축이 더욱 절실한 상황이라고 하겠다.

---

101) 다만 문화정책도 정책의 하나로서 정치적 협상과 갈등 및 타협의 산물로서 만들어지는 것이기에 기본적인 정치성을 띠는 것은 당연하며, 이때의 '정치적 성격'이란 민주시민으로서 스스로의 이익을 대변하는 '목소리'를 내는 활동을 의미하므로 민주주의 사회에서 필요한 건전한 활동이다.

2. 문화예술 거버넌스 체계 구축을 통한 중립성 정립

1) 문화예술 거버넌스를 통한 '지원배제 사태'의 극복

문화예술 지원의 중립성 원칙이 극단적으로 훼손된 이른바 '지원배제 사태'는 정책주체를 중앙정부에 독점시킴으로써 문화예술 거버넌스를 무시하는 행위로 볼 수 있다. 즉, '블랙리스트(지원배제 명단)'가 일종의 권력의 통치술로서 문화정책을 지배하는 상황에서, 통치권력의 지시에 따라 문화예술인들을 정치적으로 구별 짓는 도구가 되는 '블랙리스트'는, 문화예술 거버넌스를 무력화시키고 조롱하는 행위가 된다.[102] 문화예술 거버넌스는 블랙리스트 사태 이후 예술의 현장을 중시하고 예술가의 자율성과 독립성을 강화하는 방향으로 예술정책의 패러다임을 전환시키는 데 있어 가장 중요한 개념으로 여겨진다.

다만, '지원배제 사태'가 드러난 이후 문화적 재난의 시간을 딛고 예술현장 복원 및 예술정책 재정립을 위한 필수불가결한 주제로서 공적 담론의 장에 등장하고 있는[103] '거버넌스' 개념은 그 중요성만큼이나 접근하기 난해한 문제로 여겨지는데, 그 이유는 국가의 예술정책과 예술현장 간의 신뢰 회복이 전제되어야 하기 때문이다.[104] 이러한 측면에서 문화예술 거버넌스는 단순히 '민관협치'라는 통상적인 문법에 해당되는 것 이외에도, 특수한 차원의 고려가 전제되어야 한다. 그러한 맥락에서, 문화예술 거버넌스의 기술 안에는 예술가들의 자율성과 독립성을 인정하

---

102) 이동연, "새 정부 예술정책의 혁신에서 거버넌스의 의미와 실천,"『새 정부 예술정책 토론회: 제3차_예술정책 거버넌스 재정립 자료집』, 문화체육관광부·한국문화관광연구원, (2017. 7. 27.), 8쪽.

103) 이윤경, "문화, 체육, 관광 정책 중장기 아젠다,"「국민 삶의 질 향상을 위한 문화체육관광정책의 성찰과 향후 과제의 모색 토론회」, 한국정책학회 외, (2017. 3. 30.); 문화연대, "문화정책의 근본적 전환을 위한 혁신과제,"「문화정책의 대안모색을 위한 연속토론회_제4차」, 문화연대, (2017. 3. 2.) 등.

104) 이동연(2017), 8쪽.

면서도 그들을 '예술정책의 법제도와 재원'이라는 행정체계 구조 안으로 견인해야 하는 필요의 경제학을 내장하고 있다고 표현되기도 한다.[105] 즉, '협치의 상호작용'으로서의 문화예술 거버넌스 과정에서 문화관료들은 예술가들을 이해하고, 예술가들은 문화관료들을 이해하는 대화와 협상의 공감대가 형성되어야 하는데, 이것이 현실적으로 지난한 문제이기에 문화예술 거버넌스 역시 현실화하기 어려운 속성을 갖게 된다.

2) 문화예술 거버넌스를 통한 지원체계 설계 방향

이상의 논의를 바탕으로, 새로운 예술정책의 패러다임을 마련하기 위해 문화예술 거버넌스를 어떤 방식으로 개선할 것인지 관련 문제점과 실천과제를 중심으로 검토해 볼 필요가 있다.

첫째, 문화예술 거버넌스의 철학과 담론에 대한 지속적인 논의가 필요하다. 국가의 문화정책에서 민간 예술인들이 참여의 파트너로 적극 고려되기 시작한 지 얼마 되지 않은 시점에서, 형식적 수준을 넘어서는 거버넌스 체계 구성이 새로운 정책 의제가 되기 위해서는 문화예술 거버넌스의 개념, 특수성, 유형, 방식 등에 대한 국내외 사례 연구 및 예술가들에 대한 정보 제공 등 보다 근원적인 연구가 이루어져야 한다. 거버넌스의 문제는 문화정책의 새로운 패러다임 전환에 있어서 최우선적인 정책 의제이기 때문이다.[106]

둘째, 문화예술 거버넌스의 매개의 구심점은 예술가가 되어야 한다. 지원배제 사태 전후를 불문하고 일반적으로 예술가들은 스스로 지원정책에서 배제된다고 생각하고, 지원정책이 공정하지 않다고 인식한다고 밝혀졌다. 국가의 예술 지원 정책에서 예술가들에 대한 기회와 혜택만큼 예술가 스스로의 노력과 적극적 활동이 요구되는 것은 분명하지만, 문화예술 거버넌스는 궁극적으로 예술의 수월성과 예술의 사회적 가치의 확

---

105) 위의 글.
106) 위의 글, 15쪽.

산을 위한 공동의 노력이라는 관점에서 예술가가 거버넌스 매개의 중심에 서야 하는 것이다. 이는 국가가 지원정책을 수립하기에 앞서, 예술가들과 충분하게 대화하고 그들이 현장에서 원하는 것이 무엇인지를 경청하는 것, 그리고 예술가를 매개로 국가의 예술정책과 국민의 예술향유가 잘 만날 수 있도록 장을 마련해주는 것을 요체로 한다. 따라서 예술 거버넌스의 매개의 중심에 예술가를 위치시키기 위해서는 새로운 예술지원 체계의 수립, 예술지원 사업의 선별과 확장이라는 일련의 과정에 예술가들을 협치의 주체로 삼는 것부터 시작해야 한다.

  셋째, 문화예술 거버넌스의 장, 공적 담론의 장에 참여하는 주체들은 상호 이해관계를 조절하고 합의하는 대화의 미덕과 윤리를 가지고 있어야 하며, 공존과 상생의 마인드를 가지고 있어야 한다. 문화예술 거버넌스는 위계적 질서가 아닌 서로의 다른 역할을 수행하는 수평적 네트워크이며, 공동체 유사성을 지닌다. 문화예술 거버넌스에서 정책을 수립하고 예산을 집행하는 문화관료와 이를 간접적으로 수행하는 광역과 기초 지방자치단체의 문화재단, 그리고 문화예술 단체들과 예술기획자, 정책 전문가 및 개별 예술가 모두 예술의 장 안에서 위계적인 관계에서 벗어나 예술정책의 제고를 위해 모인 운명공동체의 구성원이기 때문이다.[107]

  넷째, 예술 거버넌스는 예술가들을 위한 것일 뿐 아니라 지역 문화분권의 실현을 위해서도 중요한 실천과제로 인식되어야 한다. 무엇보다 바람직한 예술지원체계를 구현하기 위한 중앙 - 광역 - 기초 자치단체 간 기능배분이 명확하게 설정되어야 하며, 이러한 기반아래 구성주체별 업무의 분장과 역할기능이 상호 협력적으로 수행되어야 한다. 이를 구체적으로 실현하기 위해서 지역문화진흥을 위한 안정적인 기반을 확보하고, 한국문화예술위원회 - 광역문화재단 - 기초문화재단 간의 역할분담을 분명히 하며, 문화정책의 파트너로서 예술생태계의 자생력 및 협력체계를

---

107) 위의 글, 16쪽.

강화할 것이 요구된다.

마지막으로 예술 거버넌스의 체계 안에 기업의 참여와 역할을 제고할 필요가 있다. 문화정책의 주체로서 지역 네트워크 강화와 함께 예술 생태계의 활력을 위한 시장 - 기업의 파트너십 육성이 긴절하다. 해외 주요 국가들의 예술지원 체계에서 민간 기업의 참여가 주요 역할을 담당하고 재원의 부담 수준도 상당한 반면, 한국의 예술지원은 정부와 지방자치단체 등 공공기관이 대부분을 부담하는 구조이다. 문화예술 거버넌스가 예술가에게 더 좋은 지원 환경을 마련하고 사회적 참여와 기여를 높이려는 목표를 달성하기 위해서는 거버넌스 체계 안에 기업의 역할과 책임을 강화하는 방향이 고려되어야 한다. 이를 위해 한국메세나협의회와의 논의는 물론, 정부 차원에서 기업이 예술 거버넌스에 참여하는 데 필요한 조치를 적극적으로 모색할 것이 요구된다.[108]

---

108) 위의 글, 19쪽.

제3절 문화예술 지원체계 재정립을 위한 법제도설계 방안

Ⅰ. 1단계: 지원금 배분 정책 과정상의 중립성 제고

1. 지원 기관의 구성 및 운영상의 자율성 확보

1) 임원의 임면에 관한 검증 및 외부 통제의 도입

비교법적으로 팔길이 예술지원기관의 구성 및 운영을 검토해 볼 때, 임면과 통제가 전반적으로 행정부 주무부처 장관에 의해 좌우되는 예술 위의 체계는 전체적 권력 구조의 관점에서 다소 독특한 것으로 평가된 다. 우선, 예술위는 임원 임면 권한이 행정부에 있다는 점에서 각각 장 관에게 최종 결정권이 있는 영국예술위원회(ACE)와 대통령에게 최종 결 정권이 있는 미국 연방예술기금(NEA)과 공통점을 갖는다. 이 때 행정부 에 의한 임원의 임면과 별개로 지원업무를 수행하는 행정직원의 임면은 기관에 위임함으로써, 공공재원에 기반을 두고 운영되는 기관의 구조에 서 비롯되는 정치적 책임성과, 전문화된 기관의 활동영역에 대한 관료적 책임성이 공존하게 된다.[109]

그러나 정치적 책임성의 확보를 위한 대통령 및 장관의 임면 권한은 정치적 개입의 우려로부터 자유로울 수 없다.[110] 이러한 정치적 임용에 따른 폐해를 시정하기 위하여 2004년 「정부산하기관관리기본법」에 이어 2007년 이를 대체하는 「공공기관의 운영에 관한 법률」이 제정·시행됨으

---

109) 신복용(2012), 83쪽.
110) 임원의 '정치적 임용'은 많은 공공기관의 문제를 유발하는 원인이다. 정치적 임용은 공공기관의 책임경영체제를 심각하게 훼손하는 구습으로 반드시 시 정되어야 한다는 점에 대해서는 국민적인 합의가 이루어졌다고 해도 과언이 아닌데, 문화예술계 역시 예외는 아니다.

로써 임원 후보자를 추천하는 임원추천위원회가 설치된 바 있다. 임원추
천위원회의 구성에 관한 조항을 살펴보면, 「공공기관의운영에관한법률」
제29조 제7항 및 시행령 제23조 6항에 따라 추천위원회의 운영과 임원의
선임 등에 필요한 사항은 공공기관의 정관 또는 내규로 정하도록 되어
있고,111) 「문화예술진흥법」 시행령 제28조 제1항에는 이를 장관이 위촉
하도록 명시되어 있다.112) 이와 같이 예술위 위원 및 위원을 추천하는
임원추천위원회 위원의 임면권을 모두 장관이 보유하고 있는 것은 구조
적인 측면에서 임원의 정치적 임명을 통제하기 위하여 설치된 임원추천
위원회가 여전히 장관의 정치적 영향력 아래에 있다는 것을 의미한다.

반면, 미국의 경우 최종 임면권은 대통령에게 있지만 상원의 조언과
동의를 얻어야 하므로113) 의회의 권력이 임면과정에서 대통령의 권한을
적절하게 견제할 수 있는 구조라 할 수 있다.114) 영국의 경우 공공기관
의 임면에 관한 외부 통제를 담당하는 공직임용감독관실(Office of the
Commissioner for Public Appointments, OCPA)115)이 존재한다. 공직임용감
독관은 왕에 의해 임명된 비정부 소속 비공무원으로서 임면에 관한 실
행지침(Code of Practice)을 발행하며, 임원 임면 과정에 감독관을 파견하
고, 임면 과정에 제기된 민원을 조사하며, 임면 과정에 대한 정기적 감사

---

111) 「공공기관의 운영에 관한 법률 시행령」 제23조(임원추천위원회의 구성 및 운
영) ⑥법 또는 이 영에 규정된 사항 외에 추천위원회의 구성 및 위원의 제척·
기피·회피제도 등 추천위원회의 운영과 임원의 선임 등에 관하여 필요한 사
항은 공기업·준정부기관의 정관 또는 내규로 정한다.
112) 「문화예술진흥법 시행령」 제28조(위원추천위원회의 구성 등) ①법 제23조제2
항에 따른 위원추천위원회는 20명 이상 25명 이내의 위원으로 구성하되, 위원
은 문화체육관광부장관이 다음 각 호의 어느 하나에 해당하는 자 중에서 위
촉한다.
113) 20 U.S.C. § 954(b)(1).
114) NEA 위원장의 직속 자문기구인 연방예술위원회(National Council on the Arts,
NCA)의 시민위원 구성 역시 대통령의 임면과 상원의 조언 및 동의로 이루어
진다. 20 U.S.C. § 955(b)(1)(C).
115) 영국 공직임용감독관실 누리집 참조.

를 진행하고 이에 관한 결과를 연간보고서로 발행한다.[116]

　요긴대, 팔길이 예술지원기관의 임원 임면 권한은 대부분 행정부에 있으나 영미의 경우 이를 통제하는 기구를 별도로 두고 있다. 예술위의 경우 임면 통제 기구의 구성권도 행정부가 지니고 있어 임면에 대한 실질적 통제 기제로서 한계가 있을 것으로 판단된다. 임면 제도의 공정성은 예술지원기관의 신뢰성 확보를 위한 가장 기본적인 요소이므로, 영국의 공직임용감독관실과 같은 독립된 기관 또는 대의기관인 의회 소속의 임면감독기구가 각 공공기관의 임면 과정을 감독하는 외부 통제 방식을 고려할 필요가 있다.

　나아가, 문화예술의 자율성 및 지원 절차의 공정성 가치 실현을 위하여 위원장 선출을 「공공기관의 운영에 관한 법률」에 의한 방식이 아닌 독립성을 보장하기 위한 별도의 체계로 구성해야 한다는 요청이 있었는데, 최근 이를 반영하여 민간의 참여적 요소를 제고하는 입법이 이루어진 것은 고무적이다. 즉, 개정 「문화예술진흥법」은, 예술위 위원장을 임원추천위원회에 의한 복수 추천 후 문화체육관광부장관이 임명하는 방식에서 전환하여 위원 중에서 호선하도록 하는 한편, 위원회의 안정적 운영을 위하여 위원장과 위원의 임기를 3년으로 하고, 위원의 결원으로 위촉된 보궐위원의 임기를 전임자 임기의 남은 기간으로 하는 등 제도 운영상 나타난 일부 미비점을 개선·보완한 바 있다.[117] 문화예술에 대한 정치적 영향을 최소화하기 위해서는 이와 같이 보다 근본적인 체계 전환에 의해 자율성과 공정성이 보장될 수 있는 위원회 조직 구성을 지속적으로 모색할 필요가 있다.

---

116) 위의 자료.

117) 2020. 6. 9 개정(2020. 9. 10 시행) 「문화예술진흥법」 제24조(위원장 등) ② 위원장은 위원 중에서 호선(互選)한다. 제25조(위원의 임기) ① 위원장과 위원의 임기는 3년으로 하되, 한 차례만 연임할 수 있다. ② 문화체육관광부장관은 위원이 결원되면 보궐위원을 위촉하여야 하며, 보궐위원의 임기는 전임자 임기의 남은 기간으로 한다.

2) 정책 및 예산 결정 구조상의 자율성 제고

예술위의 경우 국고 출연 이외에 복권기금이 포함된 문예진흥기금이 주요 재원을 구성하는데,[118] 기금 적립금 감소 현상과 함께 매년 복권위원회에서 결정되는 복권기금의 유입으로 인하여 전체적 재원의 안정성은 취약한 구조를 띠고 있다. 예술위의 예산 편성은 문화체육관광부 - 기획재정부 - 국회의 심의 과정을 거치게 되는데, 문예진흥기금 모집 중단으로 인한 기금 고갈 현상을 타개하기 위해 도입된 복권기금의 예산 편성 심의·조정은 복권위원회, 기획재정부, 국회가 담당하고 있다.

한편, NEA의 경우 매년 의회의 세출 승인을 받기 때문에 단기적 정책 과제나 정권 교체에 따라 예산의 변동을 겪어왔지만, 재정상의 책임을 지는 대신 운영상의 자율성을 확보하고 있다. 즉, NEA는 조직 목표와 연계된 예산 편성을 상향적으로 실시하여 사후에 그 달성 여부를 의회로부터 평가받고 있다. ACE의 경우에는 경상예산의 급속한 감소 추세 하에서 행정비용 절감 등 조직 개혁을 추진해 왔는데, 예산 운영을 부처별로 할당 및 관리하도록 함으로써 문화미디어스포츠부(DCMS)와 ACE가 계약을 통해 사전적으로 목표와 전략을 공유하고 결과를 조정하고 있다. 한편, 국고보조금과 복권기금은 별도의 법에 의해 운영되며 사업상 목적과 회계 처리도 별개이나, 운영의 책임을 모두 DCMS가 맡고 있어 ACE의 사업 안에서 국고사업과 복권기금 사업 연계가 가능하도록 설계되어 있다.

우리나라의 경우 문화예술진흥이라는 특정 목적을 달성하기 위한 안정적인 재원 형성 목적으로 설치된 기금이 복권기금과 복합적으로 연결되면서 예산 편성상의 자율성 측면에서 다음과 같은 문제점이 지적된다.

---

118) 문예진흥기금은 1973년 7월 「문화예술진흥법」 제정에 의해 '기초예술 진흥'을 위해 마련된 유일한 재원으로서 기존 영화관과 극장 등의 입장권 수익 6% 내외를 기금으로 조성하도록 하였으나, 2003년 헌법재판소 위헌결정(헌재 2003. 12. 18. 2002헌가2)으로 모금제도가 폐지되면서 2004년부터 모금이 중단되었고, 이후 기금 고갈 문제가 지속적으로 제기되어 온 바 있다.

첫 번째 문제점은 지원의 예산 편성 및 정책 결정 과정에서 다수 주체에 의해 심의를 거치게 되고 관련 법률의 적용을 받으면서 지원 예산과 이를 기반으로 하는 정책 결정 모두 사전에 그 자율성이 상당히 제약된다는 점이다.[119] ACE의 경우 국고보조금과 복권기금으로 운영되지만 두 재원 모두 DCMS와 ACE 간의 관계에서 형성된다. 즉, 「왕립헌장」을 통해 ACE에 권한이 위임되며 운영의 책임은 DCMS가 진다. 반면, 예술위는 「공공기관의 운영에 관한 법률」와 「문화예술진흥법」에 따라 각각 기획재정부와 문화체육관광부가 일정 부분씩 기금 운용과 사업의 책임을 지고 있어, 책임 범위가 모호하고 예산 수립 과정에서 정치적 영향력이 개입되거나 문화예술의 특수성이 간과될 우려가 있다. 「문화예술진흥법」에 「공공기관의 운영에 관한 법률」 제40조 제4항[120]에 상응하는 내용의 조항을 삽입하여 ACE의 경우와 같이 주무부처와 예산을 협의하되 그 책임은 주무부처가 지는 방안을 검토할 필요가 있다.[121]

두 번째 문제점은 복권기금 비율의 증가로 인한 지원 사업 설계의 제한이다.[122] 복권위원회는 법정 배분사업 뿐만 아니라, 주거안정사업·소외계층복지사업·문화예술사업 등 복권사업을 총괄하는 기구이다.[123] ACE

119) 박종관(2008), 40쪽.
120) 「공공기관의 운영에 관한 법률」 제40조(예산의 편성) ④제2항의 규정에 따라 편성·제출한 예산안은 이사회의 의결로 확정된다. 다만, 다른 법률에서 공기업·준정부기관의 예산에 관하여 주주총회나 출자자총회 등 사원총회의 의결이나 제23조의 규정에 따른 기금운용심의회의 의결 등 별도의 절차를 거치도록 한 경우에는 이사회 의결후 이를 거쳐 확정하고, 준정부기관의 예산에 관하여 주무기관의 장의 승인을 거쳐 확정하도록 한 경우에는 이사회 의결을 거친 후 주무기관의 장의 승인을 얻어야 한다.
121) 「문화예술진흥법」 제30조 제1항 5호의 위원회의 문화예술진흥기금 관리·운영에 관한 사항과 「국가재정법」 제74조의 기금운용심의회의 기능은 사실상 중복되어 있다.
122) 신복용(2012), 87쪽.
123) 복권기금 공익사업을 관장하는 중앙행정기관들이 매년 복권기금 사용계획을 제출하면 복권위원회가 계획을 검토 및 심사함으로써 복권기금 배분액이 결

의 경우 복권기금의 관리는 DCMS가 담당하고 있기 때문에 국고 보조금
과 복권기금 모두 ACE와 DCMS 간의 관계에서 조정되는 반면, 우리나라
의 경우 복권기금 운영은 기획재정부와 복권위원회가 책임을 맡고 있어
지원 사업 설계가 제약을 받을 수밖에 없는 구조이다.

　세 번째 문제점은 정책 목표에 따른 지원 사업과 예산 계획을 수립하
는 과정에서 적절한 제도적 조정장치가 없다는 점이다.[124] 문예진흥기
금 적립금 잔액은 거의 고갈에 이르렀음에도 안정적 수익구조가 부재한
가운데 복권기금에 대한 의존도는 지속적으로 높아지고 있다. 그러나 복
권기금은 그 배분이 법정된 것이 아니라 매년 복권위원회의 예산결정에
의해 하향적으로 결정되는 구조이므로 위원회에 법적 예산편성 권한도
없고, 일시적으로 문화복지 의제가 강조되어 예산이 증가하더라도 이는
정치적 결정에 의해 얻어진 결과로 지속적 안정성을 담보할 수 없다. 또
한 「문화예술진흥법」 제35조 제2항은 문화체육관광부장관이 성과 목표
및 평가 기준을 정하기 전에 위원회와 협의해야 한다고 규정하고 있지
만 이러한 사전 협의를 구체화할 제도적 방안은 마련되어 있지 않다. 반
면 ACE는 성과 목표와 예산이 수립되기 이전에 '지원금 협약'을 통해 사
전에 조정할 수 있는 제도적 장치를 가지고 있다. 이러한 계약 관리
(contract management)는 주무부처와 준계약 또는 완전계약 관계를 맺는
것으로서, 목표가 주무부처와 공동으로 정해지고, 기관의 대표가 정해진
목표에 사후 책임을 지는 것을 의미한다.[125]

　요컨대, 예술위의 예산편성 구조를 ACE, NEA와 비교할 때, 위원회의

　　정되며, 매년 배분액 확보를 위한 관련 부처 간 경쟁이 상당하다. 소외계층이
　　나 지역주민 등과 같은 특정한 전략 대상을 목표로 추진되는 복권기금사업의
　　특성상 문화예술사업보다는 복지사업에 가깝기 때문에 복권기금예산의 자율
　　성은 제한될 수밖에 없다.

124) 신복용(2012), 87쪽.
125) OECD, *Distributed Public Governance: Agencies, Authorities and other Government
　　Bodies* (Paris: OECD, 2002), p. 13.

예산 편성은 매년 불안정한 승인 과정을 거쳐야 하나 NEA처럼 상향적 예산편성의 자율성을 확보한 것도 아니고, ACE처럼 국가 문화정책 방향에 부합하도록 통제받는 대신 중장기적 예산을 확보하거나 사전에 조정하는 제도적 장치가 있는 것도 아닌 상황이다. 영미 사례를 참고하여 예산편성 과정의 자율성 확보 장치를 모색, 문화예술의 발전을 위하여 예술지원기관이 독창적이며 실험적인 사업을 추진할 수 있도록 하여야 할 것이다.

2. 지원 정책 과정상의 공정성 및 투명성 제고

1) 지원 심의 절차 공정화를 위한 입법적 보완

이를 위해서는 먼저 기존 입법에 대한 보완을 통한 지원 심의 절차의 구체화 작업이 요청된다. 특히 중앙정부로 대변되는 국가의 직접지원을 중추적으로 시행하는 팔길이 지원기관인 예술위의 근거 법률, 즉 「문화예술진흥법」을 통한 입법적 개선이 중요하다. 무엇보다도 '지원배제 명단' 실행의 주체가 되었던 예술위의 '중립성 기관'으로서의 위상을 견고히 하고자, 「문화예술진흥법」의 상당 부분을 차지하고 있는 예술위 관련 규정의 체계를 개정할 필요가 있다. 즉, 예술위 운영의 중립성을 제고하기 위하여 「문화예술진흥법」상 위원회의 구성, 위원회의 직무상 독립과 기능 등을 세밀하고 명확하게 구성할 필요가 있다.

또한 현행 문화예술인에 대한 각종 기금지원 관련 규정은 기금지원 심사를 하는 위원의 자격, 의결정족수, 신분 보장 등 위원회 구성 및 심사절차에 관한 규정만 있을 뿐 심사 불공정을 규제하거나 국가 등 외부 세력이 개입한 경우의 제재 규정이 발견되지 않는데, 창작기금 지원 등의 심사과정에서 공정성을 제고할 수 있는 내용이 보완될 필요가 있다. 현행법상 심사 관련 규정으로는 「문화예술진흥법」 제28조[126)와 제29조[127) 정도를 들 수 있는데, 그 외에 국가 등 외부인의 심사과정 개입이나 위원의 심사 불공정을 금지하는 규정은 없으며, 이를 위반하는 경우 처벌하는 규정도 없다.

기타 문화 영역의 지원 관련 법률로 「영화 및 비디오물의 진흥에 관한 법률」은 영화진흥기금을 마련하여 영화진흥위원회를 통해 기금을 지원하고 있다. 그러나 이 법에서도 심사 공정에 관한 규정은 제13조에만 포괄적으로 규정되어 있을 뿐[128] 심사 불공정에 관한 규정이나 이를 위반하는 경우 처벌규정은 없다. 따라서 심사의 공정성 제고를 위한 구체적이고 실효적인 규정을 추가할 필요가 있다. 또한 「문화산업진흥기본법」은 문화산업 분야의 창업, 제작, 투자 등을 지원하는 법률로 제31조에 한국콘텐츠진흥원의 설립 근거규정이 있으나 심사 공정성 확보에 관한 규정은 마련되어 있지 않다.[129] 이들은 문화산업 분야에 관련성이 높은 법률들이지만 '문화예술계 지원배제 사태'를 초래한 심사의 불공정성과 관련, 지원의 중립성 제고 측면에서 보완 및 개선이 필요하다고 하겠다. 나아가 문화예술, 영화 분야와 함께 지원배제의 주요 대상이 되었던 도서 분야의 경우, 「출판문화산업진흥법」상 「문화예술진흥법」이 예술위의 위원의 직무상 독립을 규정한 것에 상응하는 규정이 마련되어 있지 않다. 나아가, 동법은 출판진흥원 원장 및 이사의 직무상 독립성에 관한 규정조차 두고 있지 않아, 입법적 보완의 필요성은 더욱 크다고 하겠다.[130]

---

126) 제28조(관여 금지) 위원회의 위원은 본인 또는 「민법」 제777조에 따른 친족관계인 자의 이해와 관련 있는 사항에 관하여는 심의·의결에 관여할 수 없다.

127) 제29조(위원의 직무상 독립 등) ①위원회의 위원은 임기 중 직무상 외부의 어떠한 지시나 간섭을 받지 아니한다.

128) 제13조(위원의 직무상 독립과 신분보장) ①영화진흥위원회 위원은 임기 중 직무상 어떠한 지시나 간섭을 받지 아니한다.

129) 한국콘텐츠진흥원은 '우리만화연대'를 좌파단체로 낙인찍어 소속회원들을 기금 지원에서 배제한 바 있다.

130) 판례는 세종도서 선정·보급사업을 위탁한 문체부 장관이 세종도서 사업의 일반적인 운영 방침뿐만 아니라 그 구체적인 선정절차와 선정기준 등에 관해서도 출판진흥원을 지휘·감독하고 필요한 처분을 할 권한은 가지고 있음을 확인

　　다만, 위와 같이 기존의 개별 기금지원 관련 법률에 기금지원 심사과정상 국가권력 개입을 금지하고 심사 불공정 금지에 관한 규정을 두는 방법의 경우, 기금지원 관련 규정은 기본적으로 절차 또는 복지 관련 규정이므로 여기에 규제조항이나 처벌조항을 삽입하여 처벌의 수위를 높이는 것에 관해 법체계상 정합성의 문제가 제기될 수 있다.131) 또한 기금지원 관련 규정이 여러 법률에 산재해 있어 일일이 찾아 확인해야 하는 난점도 있다. 따라서 문화예술 지원의 공정성을 담보하고 문화예술계 불공정행위를 포괄적으로 규제하기 위한 법률로 가칭 「문화예술공정화에 관한 법률」을 제정, 해당 법률에 불공정행위의 하나로 심사불공정을 포함한 국가권력이나 외부의 개입을 금지하는 일반규정을 두고, 정부 및 산하기관의 기금지원 심사에 전반적으로 적용할 수 있도록 하는 방안을 생각해 볼 수 있을 것이다.

　　한편, '문화예술계 지원배제 사태' 이후 문화예술 지원의 중립성을 제고하고자, 2017년 2월 국회 교육문화체육관광위원회 소속 더불어민주당 유은혜 의원 등에 의해 '정치적 견해' 등에 따른 문화예술인 지원배제를 방지하기 위한 내용의 「문화기본법」132) 개정안이 발의되었고, 같은 해 10월 국회 본회의를 통과함으로써 지원의 평등성을 제고하는 입법이 이루어졌다.133) 이러한 입법적 조처로, 차별받지 않는 문화적 활동을 규정한 「문화기본법」 제4조134)에 특히 정치적 중립성, 즉 지원의 불편부당성

　　한 바 있다. 서울고등법원 2018. 1. 23. 선고 2017노2425, 2017노2424(병합) 판결.

131) 복지에 관한 내용과 공정 거래를 위한 규제 관련 내용이 단일 법률(「예술인복지법」)에 규정되어 단일한 기관(한국예술인복지재단)에서 관련 업무가 진행되고 있는 실례가 없는 것은 아니다.

132) 「문화기본법」은 문화 관련 법안의 준거가 되는 기본법으로 2013년 12월 제정되어 2014년 3월부터 시행되었고, 국민의 문화적 권리, 예술가의 권리, 문화정책의 원칙 등이 체계적으로 규정되어 있다.

133) 이른바 '문화예술계 블랙리스트 방지법'으로 알려지기도 했다.

134) 제4조(국민의 권리) 모든 국민은 성별, 종교, 인종, 세대, 지역, 정치적 견해, 사회적 신분, 경제적 지위나 신체적 조건 등에 관계없이 문화 표현과 활동에

을 강조하는 규정이 마련되었다는 의미가 있다고 하겠다.

2) 지원 결정 과정에서의 공적 담론 및 숙의적 접근 확대

앞서 살펴 본 스위스의 직접민주주의 사례는 문화예술에 관한 중요한 정책적 시사점을 던져주었다. 어떠한 방식으로든 유권자인 시민들이 경제적 부담을 수반하는 문제에 관여하면서 어느 정도의 지역자치가 이루어지는데, 이 때 정책 결정을 잘 행사하도록 마련되는 소통과 교육의 절차는 문화예술 정책과정에 있어 의미있는 부분을 차지한다. 관련 절차를 통해 대부분의 시민들은 해당 안건을 지역 차원에서 더 잘 인식하게 되고, 그 결과 투표 이전에 실시되는 토론이 보다 잘 이루어질 수 있게 되는 것이다. 다만, 직접민주주의의 전통이 길지 않은 국가의 경우 주민투표의 도입에 신중을 기하여야 할 것이며, 공적 광장에서 이루어지는 정책 참여는 작은 커뮤니티, 즉 기초 지방자치단체 차원의 예술 관련 현안에서부터 시작하는 것이 바람직하다.

이와 같은 문화예술 안건에 대한 투표는 국가 차원에서도 실시될 수 있는데, 관련 과정에서 해당 문화예술 안건에 대한 숙의(deliberation) 과정이 이루어지도록 충분한 시간을 가질 수 있는 지가 성공의 관건이 될 것이다. 단지 안건을 제시하고 유권자들로 하여금 성급하게 결정을 내리도록 촉구하는 것은 바람직하지 못하다. 그보다 유권자들이 세금 부담을 포함하여 각종 찬반 의견을 접하도록 해야 한다. 그러한 토론에서는 예술전문가들이 중요한 역할을 담당할 것이며, 그들이 자신의 예술활동에 대해 잘 설명함으로써 예술 지원에 대하여 긍정적 방향으로 건강한 논의를 이끌 수 있다면 유권자들은 찬성표를 던지게 될 것이다.[135]

서 차별을 받지 아니하고 자유롭게 문화를 창조하고 문화 활동에 참여하며 문화를 향유할 권리(이하 "문화권"이라 한다)를 가진다. 〈개정 2017.11.28.〉
135) 이러한 맥락에서 레바인은 예술가들이 시민들에게 자신의 작품에 대해 설명하여야 한다고 주장한 바 있다. 제3장 제3절 참조.

정책 결정 시 공적 담론과 소통 기회 보장으로 정책행위자 간 합의를 찾아가는 이러한 방법은 시민들이 직접 접하는 공공미술의 존치 여부를 결정하는 사례 등에서 유용하며, 국내에서도 여론에 의하여 공공미술의 운명이 결정되는 경우가 종종 나타나 왔다.136) 그러나 대부분 사전에 충분한 소통과 합의 형성에 의해 이루어진다기보다 사후적인 찬반론에 의한 여론의 형성으로 관련 결정이 이루어지는 경향이 있어, 아직까지 문화예술에 관한 효과적인 정책과정이 구현되지 못하고 있는 것으로 보인다. 향후 문화예술계 지원배제 사태를 겪은 문화예술위원회 등 팔길이 지원기관의 심의 기준 및 관련 과정에 대한 메타 결정적 사안에 있어 공적 담론의 절차가 개입될 것이 절실하게 요청된다고 하겠다.

팔길이 지원기관의 일종인 미국의 연방예술기금(NEA)의 경우, 지원 심의를 담당하는 위원회의 구성에 있어 일반 시민위원을 별도로 두고, 그 임기를 6년으로 하여 직권위원(2년)이나 의장(4년)보다도 장기로 설정한 점 등은 시사적이다.137) 국내에서 이와 같은 취지를 반영한 사례로 서울시가 2016년 9월 관련 조례를 통해 도입한 '근로자이사제(현 노동이사제)'를 들 수 있다. 서울시는 2017년 7월 서울연구원에 근로자 이사를 처음 임명하였고 관련 조건을 충족하는 문화예술기관에도 이 제도를 도입한 바 있다.138) 노동조합이 이사를 선임해 이사회에 파견하는 근로자

---

136) 2017년 5월 개장한 '서울로 7017' 고가공원과 옛 서울역사 사이를 헌 신발 3만 켤레로 뒤덮은 설치 작품 〈슈즈트리〉를 놓고 시민들 사이에서 환경 및 미학적 관점의 격렬한 논란이 이루어진 사례를 들 수 있다. 서울시 산하 공공미술 자문단과 협의 없이 고가공원 관리책임부서와 작가가 설치업체와 수의계약을 한 점과, 작가가 대가 없이 일방적으로 재능기부한 작품이란 사실이 드러나면서 국내 공공미술 제도 전반의 모순에 대해 되돌아보는 계기가 되었다. 한겨레, "2017년 미술계 결산," 2017. 12. 26. 참조.

137) 20 U.S.C. § 955(c).

138) 「서울특별시 노동이사제 운영에 관한 조례」에 따르면, 원칙적으로 정관 또는 내부규정에 따른 노동자 정원이 100명 이상인 공사 등에 노동이사를 도입하도록 하고 있으며(제4조 제1항), 광주광역시(2017. 11), 경기도(2018. 11), 인천

이사제는 근로자 특유의 지식과 경험을 살려 현장의 목소리를 반영할 수 있다는 장점이 있는 반면 경영권 침해 우려도 있어 찬반론이 대립되는데, 소통 과정을 통한 갈등 비용을 줄일 수 있다는 측면 이외에도 예술 전문성을 반영할 수 있다는 측면에 있어서 강점이 있어 향후 문화예술계에서의 적극적 활용이 기대되고 있다.[139]

3. 지원기관에 대한 감사 및 성과평가 제도 효율화

1) 팔길이 지원기관에 대한 감사 제도

예술위는 그 사업의 감사 및 평가 제도의 구조에 관하여 정보의 연계성 측면에서 주요 국가의 사례와 차이점이 발견된다. 영국의 ACE와 미국의 NEA의 경우 감사 및 평가 제도를 유기적으로 결합하여 행정비용을 절감하고, 각종 정보의 효율적인 결합을 통해 기관의 운영에 대한 정확한 정보를 생산하는 구조를 설계하는데 초점을 맞추고 있다.

감사제도에 있어 영미의 팔길이 지원기관과 예술위의 차이점 중 하나는, 기본적으로 영국과 미국의 경우 감사원의 소속이 입법부형인 반면 한국은 집행부형이라는 것이다.[140] 하지만 문제의 본질은 감사원의 소속에 있는 것이 아니라 감사 정보 간 연계가 없다는 것이다. 예술위의

광역시(2018. 12), 경상남도(2019. 5), 경기도 부천시(2019. 7), 부산광역시(2019. 8), 울산광역시(2019. 11) 등에서 서울시 모델을 기초로 관련 조례를 제정한 바 있다.

139) 헌법 제119조 제2항은 '경제 주체간의 조화를 통한 경제민주화'를 규정하고 있는데, 공동운명체로서 노사가 함께 주인의식을 갖고 협치를 실현시키는 단초를 제공한 것이 노동이사제라는 측면에서 이는 헌법 정신을 실현하는 것으로도 볼 수 있다.

140) 미국, 영국, 캐나다, 호주, 뉴질랜드, 덴마크 등은 입법부형을, 한국, 스웨덴, 스위스, 터키 등은 집행부형을, 독일, 프랑스, 일본 등은 독립형을 채택하고 있다. 김영조, "국회의 국정감사제도의 문제점과 개선방안,"『사회과학연구』(서울: 상명대학교 사회과학연구원, 2005), 제21권 제1호, 14쪽.

경우 국회, 감사원, 기획재정부, 문화체육관광부, 자체 감사 이외에[141)
기획재정부, 문화체육관광부, 자체 평가 등 다수의 감사와 평가가 상이
한 주체에 의해 연계성 없이 운영되고 있다. 기관 감사와 평가가 다수
주체에 의해 중복적으로 실시되다 보니, 단순한 개별 평가의 취합 방식
으로 이루어지거나 평가 본질에 대한 왜곡, 평가관련 기관 간 평가업무 협
조 미흡, 평가업무 부담에 따른 평가 기피, 평가 결과의 소극적 활용, 평가
의 지나친 타율성 등이 나타나 문제점으로 지적되고 있다.[142) 뿐만 아니
라 감사와 평가의 외부 주체가 문화부를 넘어서 국회·감사원·기획재정부
등의 일반적 운영방법론에 묶여 있다 보니 이를 적용 및 평가함에 있어
타 기관과는 다른 예술 진흥 측면의 특수성은 인정되지 않고 있다.[143)

또한 다수의 감사와 사업 평가가 중복적으로 실시되고 있고, 그 결과
에 대한 연계성이 없기 때문에 예술위의 사업 담당자는 여러 평가를 위
한 정보를 생산하기 위하여 많은 시간과 비용을 할애하여야 한다. 이러
한 현상이 지속될 경우 극단적으로는 '예술을 위한 예술(arts for arts'
sake)'이 아닌 '평가를 위한 예술(arts for evaluation's sake)'의 지향 현상이
나타날 수 있다. 즉 산술적 평가가 용이한 사업이나 평가 정보를 생산할
수 있는 기획력을 갖춘 단체 및 기획이 선택될 가능성이 높아질 것이며,
결국 이러한 다수의 중복된 평가정보의 생산은 실질적 사업성과의 저하
로 이어질 가능성이 높다.

---

141) 예컨대 국회와 감사원 간에는 결산검사보고서와 특정 사안에 대한 감사결과
    보고서 외에는 감사정보의 교환이 없다. 감사 기능의 효율화를 위해서는 국
    회와 감사원 간에 감사정보를 교환하거나 개발 또는 협력해야 한다. 위의 논
    문, 17쪽.
142) 이윤식 외, "통합성과관리를 위한 평가결과활용방안에 관한 연구," 『정책분석
    평가학회보』(서울: 한국정책분석평가학회, 2005), 제15권 제4호, 215쪽.
143) 박종관(2008), 41쪽.

2) 팔길이 지원기관에 대한 성과평가 제도

예술위는 그 성과평가 방식에 관하여도 영미의 경우와 차이점이 발견된다. 미국의 경우 2010년 「정부업무수행성과 현대화법(Government Performance and Results Modernization Act)」에 근거, 개별 기관과 중앙정부의 전략 목표의 연계에 따라 분기별 성과 관리와 함께 조직 관리를 위한 여러 담당관을 설치하고 비효율적 보고시스템을 개선하여, 전체적으로 기존의 목표 - 성과 연계에서[144] 목표 - 과정 - 성과 연계를 통한 지속적 모니터링 체계, 즉 관리적 차원의 제도 개선을 모색하고 있는 것으로 평가된다.[145]

한편, 같은 시기 영국에서는 보수당과 자유민주당의 연립정부가 구성되면서 세입 확보를 통한 재정 안정 대신 지출 삭감을 통한 재정 건전화 정책을 추진하게 되고, 2010년 하향적으로 운영되던 종래의 공공서비스 협약(Public Service Agreement)에 따른 성과관리제도 대신 부처별 사업계획(Departmental Business Plan)에 의한 지출검토(Spending Review) 방안을 발표하였다. 이에 따라 부처의 행정비용을 절감할 구조 개혁이 기관별 최대 현안으로 부각되었고 이를 위한 성과 관리의 중요성이 강조되어 왔다고 할 수 있다.[146]

이에 비해 전술한 예술위에 대한 성과평가는 목표와 연계된 선택적 성과평가라기보다는 기관의 총체적 평가체계를 형성하고 있으며, 지속적 성과 관리라기보다는 매년 정기적으로 실시되는 일회적 성과평가에 가깝다. 비교법정책적으로 볼 때, ACE와 NEA가 각각 DCMS와 의회로부터 단일 평가를 받고 있는 것과 달리, 예술위는 기재부, 복권위원회, 문화부 등으로부터 복수 평가를 받고 있어, 예술위에 대한 각종 평가는 지나치게 다수이고 비효율적이며 각 정보 간 연계성이 부족하다. 평가의

---

144) 1993년 제정된 「정부업무수행성과법(Government Performance and Results Act)」에 따른 것이다.
145) 신복용(2012), 79쪽.
146) 위의 논문.

과도한 부담은 결국 기관의 자율성을 저하시킬 뿐만 아니라, 수혜 대상
의 성과에 대한 과도한 계량평가로 이어질 수밖에 없으며, 행정적 문서
작성에 대한 경험이 부족한 대부분의 예술인들에게 있어 실질적인 부담
의 가중으로 이어질 수밖에 없다. 법적으로 평가에 대한 책임이 규정되
어 있다면, 각 평가주체 간의 적극적인 협업을 통한 평가정보의 공유와
함께, 평가범위의 명확한 설정에 대한 논의가 필요한 시점이다. 아울러
평가에 관한 역할을 분담하여 각종 평가비용을 줄이는 한편, 적절한 모
니터링과[147] 성과평가의 조정 방안 모색이 필요하다.

요컨대, 예술위를 둘러싼 감사와 평가 제도는, 일회적·의례적 연중행
사의 성격에서 벗어나 조직의 운영에 실질적 도움을 주는 영역별 모니
터링 및 컨설팅의 성격을 지향해야 한다.[148]

Ⅱ. 2단계: 예술가 권리 보장을 통한 창작 기반 구축

중립성 원칙의 정립 차원에서 예술활동의 창조성 및 자율성 확보의
위한 기초가 되는 것이 바로 예술가의 경제적 지위 보장 및 고용·노동 환
경의 안정성 확보라 할 수 있다. 각국은 이를 위한 법제도적 모색을 경
주해 왔는데, 이를 국내 법제도 개선에 참고로 삼을 수 있을 것이다.

---

147) 감시제도로도 불리는 모니터링(monitoring)이란 특정 문화예술단체가 수행하
기로 한 지원사업에 있어서 정부가 선정한 제3자가 현장에 참여하여 관찰하
고 그 결과를 일정한 보고형태로 알리는 행위이다. "지원은 하되 간섭은 하지
않는다"는 '팔길이 원칙'을 단편적으로 이해하여 모니터링을 일종의 '간섭행
위'로 간주할 우려가 있으나, 모니터링은 공공기금으로 지원되는 사업의 결과
를 검증하는 하나의 방법이며, '팔길이 원칙'에 근거를 둔 것이다. 류정아,
『문화예술 지원정책의 진단과 방향 정립』(서울: 한국문화관광연구원, 2015),
103쪽.

148) 임학순, 한국문화예술위원회 역할 정립에 관한 조사 연구(서울: 한국문화예술
위원회, 2012), 67쪽.

1. 직업인으로서의 '예술가'의 경제적 지위 보장

1) 주요 국가의 예술가 지위에 관한 법제

1980년 유네스코 제21차 총회에서 채택된 「예술가의 지위에 관한 권고」(Recommendation concerning the Status of the Artist)는 예술이 한 사회의 문화적 정체성과 정신적 유산을 풍요롭게 하고 사회통합 증진에 기여한다는 인식을 토대로, 국가가 자유로운 예술활동을 보장하기 위한 입법적, 행정적 수단을 강구해야 한다는 점을 규정하고 있다. 국가는 훌륭한 예술가를 양성하기 위해 다양한 교육과정을 마련해야 하고, 독립 예술인들의 일정 소득과 사회안전망을 보장해야 하며, 예술인들이 노동조합·협회 등 기구를 조직해 정책과정에 참여할 권리를 실현할 수 있도록 해야 한다. 박물관·미술관 등 인프라를 건립하고 공공·민간분야의 예술인의 직업창출을 지원해야 하며, 국제노동기구(ILO)의 근로기준(근로시간, 유급휴가, 주휴 등) 실현을 위한 법적인 보호 장치를 마련해야 한다.[149]

유네스코의 1980년 권고안은 각국에서 다양한 형태로 구현되었는데, 캐나다, 퀘벡, 리투아니아, 모로코, 그리고 우리나라는 예술가의 지위 보장을 위한 별도의 법률을 제정하였으며, 크로아티아, 슬로베니아, 토고 등의 정부는 예술가가 문화부에 등록할 경우 건강보험, 연금, 실업수당 등 사회안전망을 제공하는 제도를 운용한다.[150] 기타 일본은 예능인 연금제도를, 이탈리아는 비정규직 예술인을 위한 별도의 통합적 사회보험제도를, 네덜란드는 예술인의 최저수입을 보장하는 방향의 제도를 운영하고 있다.[151]

---

149) UNESCO(1980).

150) Garry Neil, *Full Analytic Report on the Implementation of the UNESCO 1980 "Recommendation concerning the Status of the Artist"* (Paris: UNESCO, 2015), p. 5.

151) 이에 관한 상세는 김수갑, "예술가의 사회적 지위 보장을 위한 법제 연구," 『법학연구』(청주: 충북대학교 법학연구소: 2013), 제24권 제2호, 319-321쪽.

캐나다는 위 권고를 수용하여 1992년 국가(연방) 차원의 「예술가지위법(Status of the Artist Act)」[152]을 제정한 최초의 국가이다. 이 법은 캐나다의 예술가들과 의식 있는 정치인들의 오랜 노력의 결과로 평가되는데,[153] '예술가와 제작자 간 전문적 사안에 관한 특별재판소(Canadian Artists and Producers Professional Relations Tribunal, 약칭 CAPPRT)'의 설립을 명문화하면서 법안은 1995년 완전한 효력을 발휘하게 되었다. 캐나다의 「예술가지위법」은 예술가와 제작자 간 업무관계를 다루는 제2부가 핵심이라는 점에서 '예술가'라는 특수직업인에 대한 노동관계법의 성격이 강하다는 특징을 지닌다.[154] 동법상 예술가의 정의는 창작자(미술, 연극, 문학 또는 음악 작품의 저자, 또는 시청각작품의 전체감독을 맡은 자), 실연자 및 예술작품의 창조에 기여하는 모든 인력을 포괄적으로 규정하고 있다는 점(동법 제6조 2항 (b))과,[155] 예술단체와 제작자 간의 묵시적 관행이었던 예술가 연합의 단체협상권을 명문화한 것도 특징이다.[156]

한편, 대륙법계인 독일과 프랑스에서는 예술가의 경제사회적 지위 신장의 문제를 사회보장 내지 복지의 문제로 취급해 왔다고 할 수 있다.

독일의 경우 1981년 「예술가사회보험법(Küstlersozialversicherungsgesetz, KSVG)」[157]을 제정, '근로자성'을 강조하지 않고 예술가를 위한 사회보험

---

152) 정식 명칭은 「예술가의 지위 및 예술가와 제작자의 업무관계에 관한 법률」이다.
153) 「예술가지위법」의 제정과 관련한 역사적 과정에 대해서는 박영정 외, 『예술인 정책 체계화 방안연구』(서울: 한국문화관광정책연구원, 2006), 82-83쪽 참조.
154) 위의 보고서, 15쪽.
155) 또한 동법 제18조 (b)에서는 독립적인 사업자(예술가)로서 1) 그 작품을 청중 앞에 전시 또는 제시하는 행위로 일정한 지불을 받고 있으며 다른 예술가에 의해 예술가로 인정되는 자, 2) 예술가의 관행에 따라 예술가가 되고 있는 과정에 있는 자, 3) 예술가 협회의 구성원인 자 중 어느 하나에 해당하는 자로 구체화하고 있다.
156) 박영정(2006), 92쪽. 이렇듯 연방과 주 차원의 「예술가지위법」이 노동관계 개선에 많은 영향을 주고 있음에도 캐나다 예술가들은 세제 관련법제의 개선, 지원 규모의 확대, 기부금의 손비처리 범위 확대, 평균임금의 확보, 저작권법의 개선 등을 오히려 더 중요하게 생각한다고 나타난 점은 시사적이다.

제도를 정비하였다. 1972년의 '자유 예술가의 경제상황조사'와 1975년의 '예술가 직업의 경제적·사회적 상황에 관한 연방정부 보고서'를 통해 독립의 예술가가 여타 분야의 고용된 노동자에 비하여 열악한 생활환경에 있다는 것이 명확해 진 것이 그 계기가 되었다.[158] 한편, 「예술가사회보험법」을 둘러싼 헌법적 문제들 가운데 하나로, 예술가사회세를 부과받게 된 다수의 사업자, 즉 출판사, 음반회사, 광고대행사, 화랑 등이 예술가사회세의 실시가 자신들의 기본적 권리를 침해한다고 하여 연방헌법재판소에 헌법소원을 제기하였는데,[159] 1987년 4월 8일 연방헌법재판소는 그 결정에서 「예술가사회보험법」을 합헌으로 판단하고, 기본법 제3조 제1항의 법 앞의 평등을 언급하였다.[160]

독립된 예술가를 '노동자성' 여부로만 접근하는 것은 적절치 않은데, 기존의 형식적 노동자 개념을 따르는 한 예술가는 자영업자의 범주로 자리매김 될 수밖에 없기 때문이다. 하지만 독일 연방헌법재판소의 판단은 예술가와 시장에 송출하는 자와의 관계로부터 사용자의 사회보험료 일부 부담을 정당화 했다는 점에서 의미가 있다고 평가된다. 즉, '노동자'라는 틀에만 고집하지 않고 '예술가'라는 새로운 범주를 사용자와의

---

157) 「예술가사회보험법」의 정식명칭은 「독립의 예술가 및 저술가를 위한 사회보험에 관한 법률(Gesetz über der selbständigen Sozialversicherung der Künstler und Publizisten)」이다.

158) Hugo Finke, Wolfgang Brachmann, Willy Nordhausen, *Künstlersozialversicherungsgesetz Kommentar*, 2., völlig neubearbete Auflage, C. H. Beck, München, 1992, S. 34. (김수갑 (2013), 308쪽에서 재인용).

159) *Ibid,.* S. 35. (위의 논문에서 재인용).

160) "....... 예술가나 저술가는 대체불가능한, 즉 일신전속적인(höhstpersöliche) 용역을 제공한다. 그 용역은 자신의 업무의 관객이나 매수자를 찾아내기 위하여 독특한 방법으로 시장에 송출되지 않으면 안 된다. 이 관계는 확실히 공생적인 특징을 갖추고 있다. 그것은 문화사상의 특별한 영역을 의미하고 그로부터 전형적으로 경제적으로 곤란한 독립의 예술가와 저술가의 사회적 보장에 대해서 사용자가 피용자에 대해서 책임을 지는 것과 같이 시장에 송출하는 자(Vermakter)의 책임을 기대하는 것이다."

관계에서 규정하고 창조했다는 점은 획기적인 것이었다고 말할 수 있다.

한편, 프랑스 역시 예술가에 대한 사회보장제도를 견고하게 구축해 왔는데, 이는 크게 공연영상 분야의 비정규직 예술가를 위한 특별한 실업보험제도인 이른바 '앵테르미탕' 제도(Assurance chômage des Intermittents du Spectacle)와 개인적 예술활동을 하는 작가, 즉 저작권료를 받는 예술가들을 위한 사회보장체계로 운영되고 있다.161) 프랑스의 문화예술인은 법적 신분에 따라 피용자와 자영업자로 구분되며, 각각의 제도에 의해 공적 연금제도의 혜택을 받을 수 있다. 피용자는 여타 민간부분 피용자와 동일하게 취급되며, 자영업자는 관련 직군 중 자유전문직 영역에 포함된다. 프랑스는 문화예술종사자를 위한 사회보장그룹인 오디앙스(Auduens)를 운영하고 있다.162)

2) 현행 「예술인 복지법」의 한계 및 개정 필요성

2011년 제정되어 2012년 공포된 「예술인 복지법」은 예술인의 직업적 지위와 권리의 법적 보호 및 예술인의 복지 증진을 위한 법률이다. 예술인은 전형적인 근로계약을 체결하는 경우가 적어 노동법의 보호를 받기 어렵고, 근로능력이 있는 청년 계층이 많다보니 최저생계지원 등의 복지 혜택을 받기도 쉽지 않다. 2011년 안타깝게 운명을 달리한 시나리오 작가·감독 故최고은 씨 사건 등으로 인해 복지 사각지대에 놓인 예술인의

---

161) 이에 관하여는 박영정 외(2006), 94-104쪽; 이영리, "프랑스의 예술인 사회보장제도," 「플랫폼」(인천: 문화재단, 2012), 통권 35호, 28-33쪽 등 참조.

162) 은퇴 및 질병 보충보험 서비스를 담당하는 '오디앙스'는 '공연예술훈련보험(AFDAS)'과 함께 국가의 감독 없이 노사 동수 대표로 구성된 기관이라는 점이 주목할 만하다. 즉, 정부 개입보다는 노사 간 협의로 많은 결정이 이루어지는데, 이는 그만큼 예술가 복지에 대한 사회적 합의와 예술가들의 인식이 성숙해 있다는 증거로 볼 수 있다. 정안나, 예술인 고용보험 토론문, 『새 정부 예술정책 토론회: 제1차_예술인 복지정책』, 문화체육관광부·한국문화관광연구원, (2017. 7. 7.), 36쪽.

권리 보장이 필요하다는 문제의식이 높아지면서 법 제정에까지 이르게 되었다.

「예술인 복지법」은 지원의 대상이 되는 '예술인'의 정의를 포함하여 '예술인 복지'를 위한 다양한 규정이 포함되어 있고, 지속적인 개정을 통하여 특히 '공정거래'에 관한 규정이 강화되었다. 즉 「예술인 복지법」은 복지와 공정에 관한 내용을 모두 규정하고 있어, 예술인의 권리 보호, 문화예술 거래의 공정화 제고, 문화예술 지원 심사의 공정성 제고 등 다양한 측면의 모색이 가능하다. 이러한 현행 「예술인 복지법」은 다음과 같은 한계와 개선 필요성을 지닌다.

첫째, 예술가의 복지에 대한 전반적인 원칙과 체계가 명확하지 않다. '예술인 복지'가 국가의 시혜적인 복지인지, 예술가의 권리에서 유래하는 것인지에 대한 명확한 관점이 부족하다. 예술인 복지는 사람으로서의 권리뿐만이 아니라 예술가가 지닌 가치에 따른 헌법상의 특별한 권리보장을 실현하기 위한 제도로 해석하는 것이 바람직하다.163) 이와 관련하여 가장 우선적으로 예술가의 권리 목록과 내용을 명확히 설정할 필요가 있다.

둘째, 예술가의 권리 보장의 관점을 우선하여 먼저 예술가의 개념을 확장적으로 규정하고, 복지의 대상으로서의 예술가의 개념을 특정하여 규정할 필요가 있다. 현행 「예술인 복지법」에도 예술가의 지위와 권리 등에 관한 규정이 있지만, 이는 구체적 권리 규정이라기보다 선언적 규정에 가깝다. 예컨대 동법 제2조 제2호는 복지의 대상으로서의 예술가의 범위를 경력과 활동을 증명할 수 있는 사람으로 규정하고 있는데, 실제로 불공정계약의 위험에 노출되어 보호가 필요한 신진 예술가들은 보호 대상에서 제외되어 해당 규정의 적용을 위해서는 예외적으로 예술가의 개념을 별도로 규정할 필요가 있다.

---

163) 이에 관하여는 제2장 제1절 참조.

셋째, 예술가의 직업적 특성을 고려한 실질적인 사회보장 제도의 강화가 필요하다. 예술가는 대부분 특정 조직에 속하여 상시적인 보수를 받는 조직 구성원으로 활동하는 것이 아니라, 특정 예술활동과 관련한 계약을 통하여 예술활동을 한다. 따라서 때에 따라 지속적으로 예술작품 발표활동을 하다가도, 오랜 기간 동안 창작을 위한 준비 작업을 하기도 하며, 이러한 예술 노동의 단속적(斷續的) 특성은 예술가의 실업급여에 대한 필요성을 강하게 제기한다. 이러한 맥락에서 「예술인 복지법」 제정 이후로 그 필요성이 지속적으로 논의되었던 예술인고용보험 제도가 2020년 도입되었는데, 이는 독자적인 제도가 아니라 2025년까지 완성을 목표로 하는 전국민 고용보험 정책의 일환이라는 점을 염두에 두고, 전체 사회보험 정책의 개선 방향성을 추적하면서 제도의 위상 및 역할에 대해 지속적으로 검토 보완해 나가야 할 것이다.[164]

넷째, 예술가가 일상적으로 경험하는 예술활동에 있어서 공정한 계약의 정착을 위해서는 공정계약과 관련한 제도의 강화가 필요하다. 「예술인 복지법」에서 공정계약과 관련된 규정이 강화되고 문화예술 분야의 표준계약서가 순차적으로 개발되어 보급 중이나,[165] 처벌규정이 미흡하고 표준계약서의 적용은 여전히 권고사항에 불과하며 공정한 계약의 집행을 위한 제도적 장치가 미흡하기 때문이다. 현행 문화예술공정위원회는 법률상 위원회가 아닌 문화체육관광부의 '문화예술용역 관련 불공정행위 심사지침'에 의거한 위원회로서 활동범위와 권한에 제약이 있어 그 실효성이 문제된다.[166]

---

164) 제도적 안착을 위해 예술계, 고용노동부와 근로복지공단, 문화체육관광부와 한국예술인복지재단 등 관련 주체들이 협력하여 신속하고 합리적으로 대응할 수 있는 구조를 수립 및 운영하는 것이 중요하다. 허은영, 『예술인고용보험제도 운영지원방안 연구』(서울: 한국문화관광연구원, 2020), 123쪽.

165) 한국예술인복지재단 누리집 참조.

166) 동 지침에 의거, 2014년 7월 분야별 전문가 9인으로 설립되었던 '금지행위심사자문위원회'의 명칭이 변경된 것이다. 구성 및 운영은 2015년 6월 제정된

다섯째, 예술가의 복지는 예술가의 권리보장이라는 헌법규정의 실현을 위한 것이므로, 「예술인 복지법」을 예술가의 권리보장법 또는 예술가의 권익보장법 등으로 확대하는 방안에 대한 검토가 필요하다. 국내 예술가 중에서 저작권 수익을 가진 비율은 매우 일부에 불과하고 재산권 위주의 저작권 보호만으로는 불충분하며, 보다 전반적·체계적인 예술가의 권리 보호에 관한 법률이 필요하다. 최근 사회 이슈가 된 '문화예술계 지원배제 사태'와 '문화예술계 성폭력 사태' 등을 통해 문화예술계의 구조적 문제가 적나라하게 드러나면서, 예술인의 지위와 권리 보장에 대한 요청이 계속되고 있는 상황이다.

이와 관련하여, 2019년 4월 발의된 「예술인권리보장법」(안)은 '예술 표현의 자유', '성평등 예술환경 조성', '예술인의 직업적 권리'에 대해 법으로 명시함으로써 예술인에 대한 권리 침해 행위를 처벌할 근거를 제시하고, 예술인의 권리 침해 사건에 대한 심의·의결기구인 예술인권리보장위원회와 성희롱·성폭력피해구제위원회를 통해 사건에 대한 조사를 맡는 예술인보호관을 두는 것을 내용으로 한다. 이는 긴박한 시대 전환에도 여전히 제도적 사각지대에 위태롭게 방치된 예술인들의 사회안전망을 마련하기 위한 최소한의 구제 조치로서 평가된다.[167]

여섯째, 「예술인 복지법」은 예술인 복지 지원을 통하여 예술인들의 창작활동을 증진하기 위한 법으로 문화예술용역거래의 공정화에 관한 규정만 있을 뿐 심사 불공정과 관련한 규정은 전혀 없다. 공정화 규정을 위반한 경우도 시정조치를 하도록 되어 있고 이에 따르지 않는 경우에 한하여 과태료가 규정되어 있을 뿐 지원 심사의 공정성 제고를 위한 근

「문화예술공정위원회 운영규정」(문체부 예규)에 따른다.

167) 동 법률안은 2020년 5월 20대 국회 마지막 법제사법위원회에 간신히 제출됐지만 국회의 파행 운영 및 정치권의 무관심으로 인해 20대 국회에서 통과되지 못했다. 20대 국회에서 대폭 수정된 이 법률안은 21대 국회에 들어 문화예술계 1호 법안으로 다시 발의됐고, 여전히 소위원회에 계류된 채 새해를 맞이했다.

거로 삼기에 부적합하다. 지원의 중립성 제고의 측면에서 관련 보완 및 개선이 절실한 부분이다.

요컨대, 예술인 복지는 이념적으로는 폭넓은 지지를 받지만, 정책적으로 구현하기는 매우 난해한 영역이다. 직업 예술인을 어떻게 정의할 것인지, 예술 분야의 고용형태가 통상적으로 어떠한지, 자유계약직이나 자영업자(self-employed)의 경계가 어디까지인지에 대해 합의된 기준이 없고, 1인 창작이 많은 순수예술분야, 단체활동을 많이 하는 대중예술분야 또는 대규모 외주 작업이 많이 이루어지는 분야 등 근무 환경이 상호 이질적이라는 문제가 있기 때문이다. 관련 문화행정 담당 부처의 형태나 중앙·지방정부의 권한 배분도 국가별로 양상이 달라 비교가 어려운 것으로 파악되며,168)「예술인 복지법」과 관련해 다양한 쟁점이 논의되고 있다. 예술활동의 인정 범위, 한정된 재원 안에서 제공될 복지혜택의 수준, 자영업과 유사한 근로활동이 이루어지는 분야에서 실업보험의 수정 및 적용 방법 등 개념의 설정부터 구체적인 실천방안까지 논의를 통해 찾아 나가야 할 부분이라 하겠다.169)

2. 예술활동의 성과에 대한 적절한 보상 체계 설정

1) 창작자의 저작권 보호 실질화

우리 법체계상 예술가의 저작권 보호는 주로 저작재산권에 초점을 두고 있다. 또한 저작재산권의 양도에 따라 추가로 창출되는 부가가치는 저작재산권을 소유한 권리자에게 전적으로 귀속하는 것으로 되어 있다. 한편, 예술가는 예술작품의 부가가치 창출에서 가장 큰 기여를 하는 사람으로, 저작재산권을 양도받아 소유하고 관리하는 사람보다 훨씬 더 큰

---

168) UNESCO(Garry Neil)(2015), p. 3.
169) 정인영, "문화예술 분야 입법 동향,"『경제규제와법』(서울: 서울대학교 공익산업법센터, 2017), 제10집 제1호, 94쪽.

가치를 창출하는 창조의 근원이다. 예술가가 예술작품을 창작하는데 투입된 시간·노력·창조성은 단순히 해당 작품의 창작에만 국한되는 것이 아니라, 예술가로 성장하기까지의 교육과 노력 등이 반영되어 있기 때문이다. 예술활동의 경우 극히 일부의 경우를 제외하고는 투입한 비용과 노력을 금전적으로 보상받는 경우가 불가능한 구조임에도 불구하고 사회에 미치는 긍정적 파급효과는 매우 크기 때문에 헌법은 예술가의 권리를 특별히 보장하고 있다. 따라서 헌법 규정의 실현을 위하여 「저작권법」은 다음과 같은 보완을 통해 예술가의 권리를 실질화하고, 국가의 문화예술 지원의 효율성을 제고할 수 있을 것이다.

첫째, 「저작권법」의 목적을 산업의 발전에만 두지 말고, 저작자가 창출한 기여에 상응하여 권리를 보호할 수 있도록 '창작자 우선 원칙'을 명확히 할 필요가 있다. 이러한 취지를 반영하여 문화체육관광부가 제안하고 있는 분야별 표준계약서에는 저작재산권의 양도 시 2차적저작물의 이전이 당연히 수반되지 않도록 규정하고 있는데, 이러한 창작자 보호 취지가 충분히 인식 및 확산되도록 하는 장치를 마련할 필요가 있다. 이와 함께 공모전이나 경연대회 등에 제출한 예비예술가·신진예술가의 작품에 대한 저작권 보호 지침을 보다 명확히 하여, 작품에 대한 정당한 저작권의 보호가 이루어질 수 있도록 하여야 한다.

둘째, 추급권(Resale Right; Droit de Suite) 제도[170] 등 문화예술인의 고용노동 환경의 개선을 위하여 논의되어 온 권리와 제도에 대한 입장을

---

170) 추급권은 1920년 프랑스에서 최초로 입법화되면서, 'Droit de Suite'이라는 용어로 사용되었다. EU와 미국, 영국, 오스트레일리아 등지에서는 'Artist Resale Right', 'Artist' s Resale Royalty', 'Resale Royalty Right(RRR)' 등으로 불리고 있으며, 독일에서는 'Folgerecht', 중국에서는 '추속권(追續權)' 또는 '연속권(連續權)', 일본에서는 '추구권(追求權)' 또는 '추급권(追及權)'으로 알려져 있다. 국내의 경우 '미술가 재판매 로열티'보다는 '추급권'이란 용어가 많이 쓰이고 있다. 이혜민, "예술인 복지를 위한 추급권(Droit de Suite) 도입에 대한 국가별 사례 연구" (서울: 서울대학교 박사학위논문, 2017), 15-16쪽.

명확히 하여 예술인의 생존권을 보호하고 관련 현장의 혼선을 줄일 필요가 있다. 복제물이 아닌 '원본'에 그 가치를 두는 미술작품의 경우, 일반적으로 예술가는 작품의 가치가 상승한다고 해서 직접적인 혜택을 누리는 것은 아니다. 관련 보상은 콜렉터, 딜러, 투자자, 화랑, 경매회사 등 미술시장에서 이루어지고 있는데, 지속적으로 저작권 수입의 확보가 가능한 음악이나 출판 등의 분야와 비교했을 때 상대적으로 형평성 측면의 문제를 제기할 수 있다. 프랑스의 경우 1920년 작품의 원본이 재판매될 때마다 생기는 수익의 일정 부분을 작가와 그 가족에게 할당하는 양도불가능(inalienable)한 권리인 '추급권'을 최초로 법제화한 바 있다.[171] 이후 각국은 추급권을 경쟁적으로 도입해 운영해 왔으며, 유럽연합을 중심으로 현재 약 90여 개국이 도입 혹은 도입 추진 중이다.[172]

추급권의 일반화된 적용은 미술작가들의 권리를 제고하고 복지를 강화할 수 있는 측면과 함께, 각국의 작가들에 대한 불평등한 대우를 종식시키고 미술시장의 조화로운 발전을 촉진하는 효과가 있다. 다만, 지난 2007년 한·EU FTA 협상에서 우리 측 입장을 반영하여 추급권 도입이 유보된 바,[173] 선결적으로 국내 미술시장에 있어 최소한의 기반 구축이 요청된다. 특히 국내에서 '재판매' 되는 작품들의 규모를 정확히 예측할 수 있는 재판매 현황 연구와 신뢰할 수 있는 가격 정보 공개 시스템 마련 등이 선결되어야 한다. 또한 도입 시 비용과 편익을 정확히 분석하고 국

---

171) 위의 논문, 19쪽.

172) 이에 관한 상세는 위의 논문, 74-77쪽. 2001년 9월 21일 「유럽연합지침(Directive 2001/84/EC)」과 2006년 6월 13일 「유럽공동체 미술가 재판매권 규정(European Communities Artist's Resale Right Regulations S.I. No. 312 of 2006)」을 통해 유럽연합(European Union; EU) 국가들의 관련 법제 조화가 이루어진 바 있다.

173) 다만 이 자체가 긍정적인 측면도 있음을 인정하여 2년 후 재검토하기로 합의한 바 있다. 「대한민국과 유럽연합 및 그 회원국 간의 자유무역협정」(한글본) 제10장(지적재산) 제10조(예술가의 예술저작물에 대한 재판매권), 산업통상자원부 한·EU FTA 관련 누리집.

내 실정에 적합한 모델로 설계될 필요가 있다.

셋째, 중장기적으로 국가는 보다 체계적인 저작권관리시스템의 구축으로 창작자를 비롯한 저작재산권자들의 확인 및 이들에 대한 지급이 투명하게 이루어질 수 있는 기반을 마련하여야 한다. 아울러 저작재산권 양도 시 협상력의 차이로 인한 불공정을 방지하기 위해 그 내용과 한계를 규정할 필요가 있다. 예컨대, 저작재산권 양도 이후에 발생하는 부가가치의 증가분의 일부를 저작자에게 귀속할 수 있는 근거조항 마련을 위하여 표준계약서 등에 저작재산권 양도의 단서조항을 고려할 수 있다. 나아가, 최근 비대면 문화예술시장의 확대에 따라, 이에 부응할 새로운 저작권관리시스템에 대한 모색이 시급한 상황이다.

2) '작가보수제도'의 설계 및 도입

2014년 9월 문화체육관광부가 선순환 미술환경 조성을 위한 '미술진흥 중장기 계획'을 발표하면서[174] 미술작가의 자생력 강화를 위한 작가보수제도와 표준계약서를 도입한다고 예고한 이래,[175] 미술계 안팎에서 작가보수제도(Artists' Fees)와 관련한 논의가 집중적으로 이루어져왔다. 2017년 9월 국공립 미술관 6개를 대상으로 시범운영에 들어간 이후, 문화체육관광부는 창작의 대가에 대한 체계적 기준 및 산정 방식을 마련하고자 현장과 다양한 소통을 통해 시행착오를 줄일 수 있는 방안을 지속적으로 모색해오고 있다.

작가보수제도는 작가가 공공미술이나 지자체의 전시행사 등에서 작품을 제작할 경우 창작노동에 따른 대가를 제공하는 제도를 의미하는

---

174) 문화체육관광부, 『미술진흥 중장기 계획(2014-2018)』(세종: 문화체육관광부, 2014), 7쪽. 관련 내용은 다시 '미술로 행복한 삶'을 표방하는 『미술진흥 중장기 계획(2018-2022)』으로 이어져, 분야별로 추진 중이다.

175) 문화체육관광부 시각예술디자인과 보도자료, "문체부 미술품거래정보 온라인 제공시스템 구축 추진," 2014. 9. 25.

바, 그동안 대다수 작가들이 전시회에 참여하고서도 일부 제작지원비 외
에는 인건비를 지원받지 못하였던 현실로 인해, 제작지원비 외의 대가를
지불하여 미술작가들의 권익을 보호하고자 하는 예술인 복지 차원의 의
미를 담고 있다. 정부차원에서 '작가보수제도'에 대한 구체적 논의를 시
작했다는 것은 고무적이지만, 작가보수제도의 필요성과 설계에 대한 비
교법적 조사[176] 및 관련 숙의 과정을 거치지 않으면 자칫 제도의 현실성
이 떨어져 가시적인 환경 조성에 그칠 위험도 있다. 따라서, 작가보수제
도는 미술시장 전체의 입장에서 모색되어야 하며, 장단점 및 해외 사례
에 대한 체계적 분석을 통하여 국내 미술계의 실정에 맞는 제도를 구축
해야 할 것이다. 그러한 맥락에서, 작가보수제도의 도입을 위한 정책적
제언은 다음과 같다.[177]

첫째, 표준계약서 관행의 정착이 수반되어야 한다. 미술시장에서는
당사자들 사이에 서면계약 작성의 관행이 형성되어 있지 않은데, 작가보
수제도가 실시되기 위해서는 이러한 관행부터 바꾸어야 할 것이다. 표준
계약서의 시행을 강제할 수 없기 때문에, 지침으로서의 의미를 갖추기
위해서는 작가와 기획자들이 예상 가능한 범위 내에서 활동할 수 있도
록 작가보수제도의 내용을 담고 있는 공정한 표준계약서 도입을 안정화
시킬 필요가 있다.[178] 이는 시간이 걸리더라도 홍보, 계몽 및 교육을 통
하여 가능할 것이며, 동시에 계약 인식의 향상을 위한 미술교육 프로그

---

176) 각국은 대체로 작가보수제도에 대해서 별도 법령으로 구체적인 기준을 제시
     하거나 강제하는 대신 표준계약서나 약관의 형태로 보수지급 근거를 마련하
     면서, 금액 설정 기준은 저작권법상 권리의 일부로서 논의하고 있다. 관련 해
     외 동향에 대하여는 이재경, "미술계 작가보수제도(Artists' Fee)에 대한 법률적
     접근과 정책적 제언," 『법학논총』(광주: 조선대학교 법학연구원, 2015), 제22권
     제2호, 11-30쪽.
177) 위의 논문, 30-32쪽 참조.
178) 다만 관련 연구용역 추진 등 모색에도 불구하고 미술시장 내 이해관계자 간
     갈등으로 미술 분야 표준계약서 제도화는 상대적으로 난항을 겪었으며, 2019
     년 3월 문화체육관광부 고시로 11종이 배포되어 있다.

램의 개발 및 보편화도 뒤따라야 할 것이다.

둘째, 미술계 내의 자치단체에 의한 인증제도 등의 활용이 요청된다. 국가에서 미술계 작가보수제도에 대한 법령을 제정하여 이를 제도적으로 강제하는 것은 계약자유의 원칙에 대한 강력한 제한이 되며, 관련 타당성 논란으로부터 자유로울 수 없을 것이다. 그렇다면, 미국 미술계의 자치단체인 WAGE의 인증제도와 같이 비강제적이면서도 경제적·사회적 효과를 사실상 이끌어내는 방안이 가장 적절한 방법이 될 것으로 보인다.[179] 다만 우리나라의 경우 미국의 경우처럼 대표성을 지니는 자치단체가 존재하는지 의문이며, 단순히 특정 단체의 대표성 여부를 넘어서서, 인증제도 운영의 공정성 및 효율성을 둘러싼 논란을 해결하는 제도적인 뒷받침이 선행되어야 한다. 선진국의 제도에 대한 비교법적인 연구가 심화되어야 하는 까닭도 여기에 있다.

셋째, 무엇보다 보수 산정 기준 문제를 해결해야 한다. 미술작가들이 노동에 대한 대가를 지급받고 미술작가의 법적 지위를 제도적으로 보장하기 위해서는, 외국의 사례들과 같이 분배금에 대한 기준이 구체적으로 규정되어야 할 것이다. 그러나 국내에서는 작가보수제도에 대한 논의가 시작된 지 오래지 않고 관련 법규가 정비되지 못한 상황이므로, 새로운 법제도가 정착되기 전까지는 현행 법령상 작가보수제도의 금액 기준으로서 유추적용하거나 또는 참고할 만한 내용이 있는지 살펴보아야 할 것이다. 예컨대, 「최저임금법」은 제1조에서 "근로자의 임금의 최저수준 보장"을 목적으로 하고 있으므로 동법의 보호대상이 되기 위해서는 보수를 지급받으려는 작가가 「근로기준법」상 근로자여야 하고 작품을 전

---

179) 뉴욕의 비영리 예술단체 WAGE(Working Artist for Greater Economy)는 전시기획단체 등을 대상으로 최저보수기준을 제시하여 인증하는 프로그램을 운영하고 있다. 연간 총 운영예산이 $500,000를 넘지 못하는 'Floor' 단계를 포함, 3단계 14개 영역으로 구분하고 있으며, 위반의 경우에 법률적 제재는 없다. 상세는 관련 누리집 참조.

시하는 주체가 「근로기준법」상 사용자여야 한다.[180]

　　그러나 작가로서는 「근로기준법」상 관련 규정들을 유추 적용할 경우의 득실 및 이해관계를 실질적으로 따져 볼 필요가 있을 것이다. 사용자와의 종속관계로부터 자유로워야 하는 예술가의 입장이 아닌 '근로자'의 입장에 처하게 된다면 법률적 지위의 보장을 떠나 사회적 지위는 오히려 열악해질 가능성도 있기 때문이다. 즉, 예술가를 피용자 내지 근로자로 확정적으로 상정하여 무조건적으로 근로사용관계를 인정하게 되면 그에 따른 상당한 예외[181]를 인정해야 하는 문제점이 있으며, 노동법상 기본 법리를 작가보수제도를 포함한 미술작가들에게 그대로 적용하는 것은 논란의 소지가 있다.[182] 따라서, 「근로기준법」상 최저임금 관련 규정을 기계적으로 적용하기보다는, 고용노동부장관의 고시에 따른 '최저임금액'만 별도로 준용하되 그 준수 여부에 대하여 권고사항에 머물게 한다면 제도의 초기 정착 단계에서는 어느 정도 실효적일 것으로 보인다. 캐나다의 CARFAC와 미국의 WAGE 사례 역시 법률적·직접적인 강제가 아니라 관행 또는 인증 시스템을 통하여 간접적으로 그 효과를 거두고 있다는 점은 작가보수제도의 도입을 논의하는 국내에 시사하는 바가 크다.[183]

---

180) 이는 「근로기준법」상 근로계약의 체결이 필요하다는 의미이며, 예술가들이 제공하는 근로가 어떠한 성격인지에 대해서는 아직 다툼이 많다. 「근로기준법」상 사용종속관계가 성립한다고 인정될 경우, 「최저임금법」 제5조 이하 및 벌칙(제28조), 양벌규정(제30조), 과태료(제31조) 등을 작가보수제도에 적용할 수 있으며, 미지급 임금 부분에 대해서 「근로기준법」 제37조, 제38조 및 제3장(제43조 내지 제49조)에 따른 구제수단을 활용할 가능성도 열리게 된다.

181) 연예인과 기획사 간 상대적으로 명백한 종속관계가 존재하는 대중문화예술 분야도 「대중문화예술산업발전법」이라는 특별법에 의해 규율되는 상황으로, 사용종속관계의 존부가 불확실한 영역을 노동법제의 영역으로 포섭시키려는 논리에는 무리가 따를 수 있다.

182) 미술생산자모임, "아티스트피 FAQ 4,"『2015년 미술생산자모임 2차 자료집』, 10쪽.

183) CARFAC(Canadian Artists' Representation; Le Front des Artistes Canadians)은 1968년

한편, 보수 산정 기준 설정에 있어 「저작권법」상 저작물 사용료도 참고할 수 있다. 배우의 출연 시간이나 가수의 가창곡 수에 비례해 출연료를 책정하는 공연계의 관행에 비추어, 출품작의 수량에 비례하여 작가보수제도상 최소한의 금액 기준을 설정할 수 있을 것이다.[184] 다만 출품작 수에 비례하여 저작권료를 지급하는 방식이 작가보수제도에 무난하게 적용될 수 있는지 여부는 신중하게 판단해야 한다. 출품작 수가 아닌 작품의 예술성이나 작가의 인지도에 따라 저작권료 분배 비율이 높을 경우도 있고, 그 반대의 경우도 가능하기 때문이다. 따라서 분야의 특성을 고려하여, 분배에 있어 출품작 수에 비례하는 방식 외에 저작물에 대한 다른 요소들, 예컨대 작품의 가격이나 크기, 미술사적 가치 등도 적절하게 고려할 수 있는 종합적인 기준을 설정해야 할 것이다.

3. 공정한 예술생태계 조성을 통한 창작 역량 제고

1) 표준계약서 세분화 및 보급 확대를 통한 계약 문화 조성

표준계약서는 특정 산업계에 필요한 전문적인 내용을 정형화하여 새로운 진입자들도 쉽게 사용할 수 있도록 하는 표준양식으로서의 일종의 견본계약서를 말한다.[185] 계약자유의 원칙상 표준계약서의 사용 자체에 법적 구속력이 있는 것은 아니지만, 현행법상 표준계약서를 사용할 경우 문화예술용역 계약에 있어 「예술인 복지법」이 규정하는 서면계약을 체

캐나다 시각·미디어예술가들에 의해 자치적으로 결성된 연방정부 인증 비영리단체로, 미술가들의 이해관계를 대변하고 미술가들이 창작의 결과물 및 용역에 대해 공정한 보수를 받는데 기여하고 있다. 1968년 이래 매년 '최저 보수 체계표'를 제시해 왔는데, 이는 권고 사항에 불과하고 법적 구속력은 없다. 관련 누리집 참조.

184) 김준기, "합리적인 미술인보수 지급제도 마련을 위해: 전시 출품작에 '저작권 사용료'를 지불하라!" 「Art in Culture」, 2015. 2. 9.

185) 강은경(2012), 218쪽.

결한 것으로 간주된다.[186]

문화예술계 종사자들은 폐쇄된 시장구조 내에서 밀접한 인적 관계에 기반한 동업자 의식의 발달로 서면계약을 체결하지 않는 것이 당연한 관행이 되어왔다. 또한 대다수 예술가들이 자유계약직으로 활동하고 있어, 정규직에게 보장되는 「근로기준법상」의 4대보험이 적용되지 않고 불안정한 노동환경에 처해 있다. 나아가 예술가들이 관련 사업자와 용역제공계약을 체결할 경우 계약 당사자 간 협상력의 불균형으로 인해 불공정한 계약 관행이 이루어질 수밖에 없었다. 이에, '문화예술분야 표준계약서'가 예술인의 협상력을 담보하여 계약당사자 간 대등한 입장에서 공정한 계약을 체결하도록 하는 것을 목적으로 하여 개발 및 제안된 것이다. 다만 표준계약서의 성격상 이의 사용은 권고사항에 불과하므로, 불공정한 거래 관행을 개선하기 위하여 2016년 「예술인 복지법」 개정에 의해 문화예술용역 관련 서면계약 체결이 의무화되고, 법 제정 당시부터 규정되었던 표준계약서의 개발과 보급이 구체화된 것이다.[187]

이러한 맥락에서, 문화체육관광부는 공연예술분야를 시작으로[188] 영

---

186) 제4조의4(문화예술용역 관련 계약) ① 문화예술용역과 관련된 계약의 당사자는 대등한 입장에서 공정하게 계약을 체결하고, 신의에 따라 성실하게 계약을 이행하여야 한다. ② 제1항에 따른 계약의 당사자는 다음 각 호의 사항을 계약서에 명시하여야 하며, 서명 또는 기명날인한 계약서를 서로 주고받아야 한다. 1. 계약 금액 2. 계약 기간·갱신·변경 및 해지에 관한 사항 3. 계약 당사자의 권리 및 의무에 관한 사항 4. 업무·과업의 내용, 시간 및 장소 등 용역의 범위에 관한 사항 5. 수익의 배분에 관한 사항 6. 분쟁해결에 관한 사항.

187) 제5조(표준계약서의 보급) ① 국가는 문화예술용역 관련 계약의 당사자가 대등한 입장에서 공정하게 계약을 체결할 수 있도록 문화예술 분야에 관한 표준계약서를 개발하고 이를 보급하여야 한다. ② 국가와 지방자치단체는 제1항에 따른 표준계약서를 사용하는 경우 「문화예술진흥법」 제16조에 따른 문화예술진흥기금 지원 등 문화예술 재정지원에 있어 우대할 수 있다.

188) 공연예술 분야의 경우 2013년 창작예술인의 저작권 등을 중심으로 한 창작계약서, 「근로기준법」을 적용받지 못하는 실연예술인을 대상으로 한 출연계약서, 무대제작 관련 기술지원인력을 대상으로 한 기술지원계약서 등 총 3종의

화, 대중예술, 문학, 만화, 시각예술 등 예술분야 및 직종별로 다양한 표준계약서를 개발하고 한국예술인복지재단을 통해 이의 보급을 추진해 왔으나,[189] 아직까지 문화예술계에 계약문화에 대한 인식 및 표준계약서의 활용률은 높지 않은 것으로 보인다. 이러한 상황의 개선을 위해서는, 한편으로 고등교육(예비예술가 대상) 및 재교육(현업예술가 대상) 현장에서 예술가의 권리 및 계약에 대한 교육 및 관련 인식이 확대될 필요가 있다. 다른 한편으로, 현재 개발된 표준계약서에서 더 나아가, 이를 예술분야와 직종에 따라 더욱 세분화 및 구체화하여 그 실효성을 높일 필요가 있다. 시장 현실에 맞는 현실화 작업이 이루어지지 않은 상태에서 표준계약서 제도를 섣불리 의무화하는 것은 자칫 계약자유의 원칙을 침해하고 문화예술 현장에서 혼란과 불합리를 초래할 우려가 있음을 유념해야 한다.

2) 문화예술 거래 공정화를 위한 법제도의 실효성 보완

예술가의 인권 보장 및 그에 기초한 다양한 복지 정책이 중요함은 두말할 나위 없지만, 그것만으로는 지속가능한 문화예술 생태계의 구현에 부족하다. 근본적으로 예술시장과 정부지원 과정의 불공정한 구조를 바로잡는 것이 필요하다. 국가권력이나 외부인이 문화예술인에 대한 기금지원 심사의 중립성을 침해하는 것을 금지하고 불공정 심사를 규제하는 것만큼이나, 문화예술계에 뿌리 깊은 불공정관행의 시정을 위해서도 꾸준한 노력이 경주되어야 한다. 문화예술계 자체 토양이 바로 선 이후에야 비로소 외부적인 영향력이나 자기검열의 우려에서 자유로워질 수 있을 것이기 때문이다. 따라서 문화예술 생태계의 공정화에 대한 요청은 결국 국가의 문화예술에 대한 바람직한 지원체계 정립을 위한 노력의 일환이라 할 것이다.

표준계약서가 개발되어 보급되어 왔다.
189) "표준계약서의 보급," 한국예술인복지재단 누리집.

공정하고 지속가능한 예술생태계의 조성을 위하여 반드시 필요한 절차 중 하나는 예술사업자의 예술가에 대한 불공정행위를 금지하는 것이다. 즉, 국가의 간섭 배제와 함께 문화예술 분야의 시급한 과제는 거래관계에서 나타나는 지나친 위계나 협상력의 불균형에서 비롯되는 각종 불공정행위의 시정이다. 이는 현행 「예술인 복지법」상 '불공정행위 금지제도'의 취지이기도 하다.190) 한편, 불공정행위 금지제도도 예술가 권리보호의 중요한 측면이지만, 그 본질은 경제법적 영역으로 예술인 '복지' 사업과 상이하므로 해당 제도가 「예술인 복지법」에 규정되어 있는 것이 체계적이지 않다는 비판이 있으며, 이 때문에 불공정행위 금지 제도를 「예술인 복지법」에서 분리하여 독립적으로 입법화하자는 요청도 제기되어 왔다.

따라서 이와 같은 문화예술계의 불공정행위를 규제하기 위한 입법의 형식과 내용으로는 기존 「예술인 복지법」 등 개별 법률을 개정하는 방안과, 포괄적 단행법을 제정하는 방안, 그리고 양자의 법률에 모두 관련 규제를 두는 방안 등을 생각할 수 있다.191) 특히 기존의 「예술인 복지법」에 규정되어 있는 단편적 불공정행위 시정조항만으로는 보호의 사각지대에 놓인 예비·신진 예술가들에 대한 충분한 보호방안이 될 수 없기에, 향후로 제정될 관련 법률은 문화예술 창작물 거래과정에서 협상력이 열악한 지위에 있는 젊은 창작자에게 발생하는 각종 불공정행위를 시정하는데 주안점을 두어야 할 것이다. 젊은이들에게 문화예술에 대한 열정을

---

190) 기존의 법체계에서 포착하지 못하는 예술가의 독특한 사회적·경제적 지위로 인해 별도의 보호 필요성이 제기되었고 이를 반영한 것이 「예술인 복지법」상 불공정행위 금지제도이다. 예술사업자의 불공정행위 금지제도의 목적은 「독점규제 및 공정거래에 관한 법률」에서와 같은 공정경쟁 보장을 넘어서는, 예술가의 자유로운 예술창작활동과 정당한 이익의 보장이라 할 것이다.
191) 강신하, "블랙리스트소송의 법적 의미와 재정지원심사제도의 개선방향," 「블랙리스트 문제의 법적 제도적 개선방안 모색 토론회 자료집」, 대한민국 국회, (2017. 3. 8.), 17쪽.

되살리기 위해서는 창작활동을 장려하고 다양한 불공정 행위를 막을 수 있는 법률의 제정이 필요하다.

불공정행위 금지제도를 단행 법률로 독립시킨다면, 준사법적인 사안을 의결할 수 있는 위원회의 설치가 관건일 것이다. 불공정행위에 관한 심의·의결은 전술한 「예술인권리보장법」(안)에서 규정될 '예술인권리보장위원회'의 기능으로 일원화하는 것도 가능할 것이다. 나아가 문화예술계에서 일상적으로 일어나는 저작권 탈취 등 수익 분배의 불균형, 성명표시권 등 저작인격권 침해, 저작권대리중개업체의 횡포 등 만연한 불공정관행을 근절하기 위해서는 서면계약서의 작성은 물론, 협상력의 열위에 있는 젊은 문화예술인을 보호하고 불공정행위를 감독하는 '예술인보호관' 제도를 통해 예술인 권리침해행위 사건의 일부로서 담당하게 할 수 있다.[192] 이러한 위원회의 위상을 강화하여 공정거래위원회에 준하는 권한을 가지고 규제와 처벌을 할 수 있도록 하는 법제도적 보완이 시급하다. 직접적 복지 관련 규정만으로는 문화예술계에 누적된 현안을 해결하는데 한계가 있을 수밖에 없다.[193]

Ⅲ. 3단계: 문화예술의 시장성 제고를 통한 자생성 확보

시장 활성화 정책을 통한 접근법은 직접지원의 방식에 비해 재정적 부담을 크게 필요로 하지 않으며, 또한 정부조직이 예술적 산출에 대해 평가할 필요가 없다는 장점을 가지는 것으로 평가된다.[194] 문화예술 시

---

192) '예술가보호관제도'와 같은 옴부즈만 제도가 제대로 작동하기 위해 입법 또는 집행 과정에서 고려되어야 할 선결 문제에 관한 논의로, 홍성수, "예술가 권리보호제도에 대한 몇 가지 제언," 『새 정부 예술정책 토론회: 제2차_예술가의 권익 보장을 위한 법 제정방안 자료집』, 문화체육관광부 외, (2017. 7. 21.), 26쪽 이하.
193) 이에 관하여는 전술한 예술인권리보장법에 관한 논의 참조.

장 활성화 정책은 앞서 논의한 창작 활성화 및 유통 활성화와 함께 진행
되어야 하며, 특히 유통 및 시장 활성화는 언제나 예술가를 통한 창작
활성화를 그 기반으로 해야 한다. 시장 활성화 정책은 여러 가지 측면에
서 시도될 수 있지만, 여기에서는 크게 예술단체 운영 자율성 제고를 통
한 생산 측면의 효율화, 문화예술 제작 환경의 개선을 위한 재원의 다각
화, 예술수요자가 용이하게 접근할 수 있도록 하는 예술 경영의 전문화
등으로 나누어 살펴본다.

1. 국공립 예술기관의 법인화를 통한 자율성 강화

1) 공공예술기관 법인화의 개념 및 필요성

오늘날 공공부문과 민간부문 사이의 경계는 점차 모호해지고 있어,
양자를 구분하는 기준을 찾기가 어려워지고 있다. 공공부문과 민간부문
의 영역 구분과는 별개로, 특정 공공서비스를 정부가 직접적으로 제공할
것인가 또는 간접적 방식으로 전환할 것인가는 공공부문 개혁에서 매우
중요한 문제이다. 1980년대 이후 정부 개혁을 주도한 다수 선진 국가들
은 과거 정부부처에서 담당하던 서비스 전달 기능을 자율성 있는 다양
한 집행기관으로 전환하여 왔다. 공공서비스의 제공방식은 정부에 의한
'직접적 제공방식'과 '간접적 관리방식'으로 구분할 수 있는데, 이 중 간
접적 관리방식에는 민영화 방식과 공공기관화 방식이 있다.[195] '민영
화'란 소유권 자체가 민간으로 이전되어 정부의 관여 여지가 거의 없어
지는 것을 말하며, '공공기관화'란 소유는 정부가 하되 서비스의 생산은
민간인이 수행하는 것을 말한다. 결국 공공서비스의 공급주체는 크게 정

---

194) B. S. Frey(2003), p. 116.
195) 한승준, "예술 공공기관 법인화의 성과에 관한 시론적 연구: 세종문화회관 법
   인화 사례를 중심으로," 『행정논총』 (서울: 서울대학교 한국행정연구소, 2010),
   제49권 제4호, 307쪽.

부기관,196) 공공기관,197) 민간기관으로 구분할 수 있다.

모든 공공기관은 각 근거법에 따른 법인에 해당되지만, 그 가운데 특정한 개별법에 의해 설립 근거가 명시된 기관들을 특수법인이라 한다. 행정안전부는 정부 기능의 민간 이양을 위해서 특정 기능을 수행하는 정부기관을 특수법인화한 뒤, 이들을 공공기관화 해 나가는 방식을 활용하고 있다. 따라서 공공기관화는 법인화의 하위개념으로 이해할 수 있는데, 법인화란 중앙정부 혹은 지방정부의 행정기관이 공공적 성격의 민간기관으로 바뀌는 것을 뜻한다.198) 법인화 과정에서 기관의 법적 위상이 재단법인으로 전환되고, 구성원의 신분도 공무원에서 민간인으로 변경될 뿐 아니라, 기관의 운영 원리가 경쟁, 성과, 수익 중심의 시장주의 원리로 전환된다. 우리나라는 정부부처 부속기관의 운영효율화와 행정책임성 향상을 위해 1999년에 책임운영기관제도를 도입하였으나 지정된 기관들의 자율성과 책임성이 크게 개선되지 못했다는 비판이 제기되어 왔다.199) 이와 더불어 책임운영기관이 아닌 부속기관에 대해서도 정부부처 부속기관의 법인화 논의가 제기되어 왔다.200)

법인화 찬성의 이론적 배경은 문화예술 지원에 있어서 정부의 역할에 관한 '팔길이 원칙'에 근거한다. 즉, 정부는 공공예술 활성화를 위해 재정적 지원은 최대화하되 운영 간섭은 최소화하여 독립성의 원칙을 보장해야 한다는 주장이다.201) 1980년대 영국과 미국을 중심으로 '작은 정

---

196) 정부기관에는 정부부속기관, 정부기업, 책임운영기관 등의 형태가 있다.

197) 공공기관이란 정부의 투자·출자 또는 정부의 재정지원 등으로 설립·운영되는 기관으로서 「공공기관의운영에관한법률」 제4조 제1항 각호의 요건에 해당하여 기획재정부장관이 지정한 기관을 의미한다.

198) 한승준(2010), 308쪽.

199) 책임운영기관 제도는 정부 주도형 예술 지원의 문제점을 단기적인 관점에서 개선해 나갈 수 있는 대안이 될 수 있으나, 예술기관의 자율성과 독립성 강화 측면에서 중장기적으로는 비영리예술법인으로 전환해 나갈 필요가 있다.

200) 박석희, "정부기관 법인화의 행정책임성 문제: 농림수산분야 소속기관 사례," 『한국조직학회보』(서울: 한국조직학회, 2010), 제7권 제2호, 120쪽.

부'의 필요성에 대한 관심이 높아지면서 대두된 신공공관리론에서는, 정부실패의 근본적 원인이 공공기관의 독점적 지위에 있다고 규정하고, 공공기관을 통한 공공서비스의 공급독점은 공공서비스 생산과 전달체계의 비효율성 문제를 불러일으킨다고 지적한다. 즉, 고전적 관료조직이 과도한 형식주의와 절차주의로 낮은 성과를 가져 온 것에 주목하여 경쟁과 시장기제의 도입을 강조하는 입장이다.[202]

국내에서도 1997년 IMF 관리체제로 들어가면서 '작은 정부론'이 대두되어 공공부문의 개혁이 강력하게 추진되었는데, 관련 개혁의 핵심은 정부의 기능을 축소하고 대신 민간시장의 기능을 확대하여 책임성과 성과를 강조하는 것이었다.[203] 이에 따라 공공부문의 기능을 민간부문으로 이양하는 조치들이 가속화되었으며, 문화예술 분야에서도 국공립 공연장과 그 전속단체의 비효율적 운영에 대한 민영화 논란이 가시화되었다. 이러한 맥락에서 정부는 2000년 예술의전당을 특별법인화하고, 같은 해 국립발레단·국립오페라단·국립합창단을, 2010년 국립현대무용단을, 2011년 국립극단을 비영리 재단법인으로 순차 전환하였다. 서울시의 경우 1999년 세종문화회관의 법인화에 이어 2005년 세종문화회관 전속 서울시립교향악단이, 경기도의 경우 2004년 경기도 문화의 전당의 법인화 이후 2009년 경기도립예술단 4개 단체가 법인화되었다. 현재 국립현대미술관과 국립중앙극장은 책임운영기관으로 유지되고 있다.

한편, 이러한 공공예술기관의 법인화에 대해서는 학자들 간에 찬반론이 팽팽히 맞서 왔다. 법인화 찬성론자들은 선진국의 공공예술기관들이 대부분 법인 형태를 띠고 있으며, 법인화를 통해 전문성 확보, 예산의 탄

---

201) 송혁규, 백보현 공저, "공공극장 법인화에 따른 운영성과 분석: 세종문화회관 사례를 중심으로,"『예술경영연구』 (서울: 한국예술경영학회, 2017), 제43집, 188쪽.

202) 한승준(2010), 306쪽.

203) 정광렬, 곽동철, 양지연 공저,『공립문화시설의 민간위탁 평가 및 개선방안 연구』(서울: 한국문화관광정책연구원, 2003), 1쪽.

력적 운영을 통한 예술의 질 증대, 자율성과 창의성 제고 등의 성과를 가져올 수 있다고 주장하고 있다.[204] 반면, 법인화 반대론자들은 법인화가 예술의 공공성과 예술성 훼손, 시민의 예술향유권 저해, 순수공연예술의 위축 등의 문제를 초래할 수 있다고 주장하고 있다.[205] 나아가 실제 법인화 이후 경영 자율성이 강화되었는지 혹은 공공성이 축소되었는지 등의 이슈에 대해서도 이해당사자의 입장에 따라서 상이한 주장들이 제기되고 있는 실정이다. 공공예술기관들의 법인화 성과에 대한 체계적인 분석과 평가를 수행할 필요가 있으며, 이에 기초하여 향후 공공예술기관 법인화 정책 추진에 실효성을 기하여야 할 것이다.

2) 공공예술기관 법인화 사례에 대한 평가

기존에 국내 법인화 및 공공예술기관 법인화 관련 선행연구들은 행정학 분야를 중심으로 주로 법인화의 필요성과 찬반론, 법인화 관련 국내외 사례와 선정기준 등을 위주로 이루어져 왔으며, 법인화 이후의 성과를 분석하는 연구는 상대적으로 부족하였다. 또한 공공예술기관 법인화에 관한 문화예술 분야 연구들은 대부분 법인화된 기관들에 대한 객관적 자료를 토대로 성과를 분석하기보다는 긍정적 성과 혹은 부정적 결과가 발생할 것이라는 전망적 연구를 수행한 경향이 있었다. 관련 연구를 수행함에 있어서는 공공예술조직의 서비스전달체계로서 준정부관

---

204) 박신의, "문화예술시설의 공공성과 경영효율성, 어떻게 접근할 것인가?" 『가을 정기학술대회 자료집』, 한국문화예술경영학회, 2009. 12.; 김중현, "국악관현악단의 운영상 문제점과 발전방안: 국·공립 단체를 중심으로," 『음악과 문화』(서울: 세계음악학회, 2010), 제23권; 송혁규, 백보현(2017) 등.

205) 조선령, "공공미술관 법인화를 둘러싼 정치학," 『문화과학』(서울: 문화과학사, 2010), 제61호; 이용관, "한국 공공문화시설의 경영환경 이슈: 재정자립도 문제를 포함하여 공공극장을 중심으로," 『한·일 예술경영&문화정책 학술대회 자료집』, 한국문화예술경영학회, 2015. 9.; 신상철, "프랑스 박물관 법인화와 박물관 경쟁력의 쟁점," 『가을 정기학술대회 자료집』, 한국문화예술경영학회, 2009. 12. 등.

료제형과 공공기관형 간의 지배·운영구조 및 성과효율성의 차이에 대
한 비교 작업이 필요하며, 아울러 공공예술조직의 성과효율성 및 타당
성을 적절하게 반영하기 위한 지표의 개발이 이론적·실천적 차원에서
시급한 것으로 보인다.[206] 아래 일부 연구의 경우 법인화된 개별 기관
을 법인화 이전과 이후로 비교분석하였는데, 법인화의 효과를 객관적
통계자료나 독자적 지표 등을 활용하여 분석하였다는 점에서 의의를
가진다고 하겠다.[207]

　기존의 공공예술기관 법인화 관련 연구들이 객관적 자료에 근거한
법인화 효과를 체계적으로 분석하지 못한 측면이 있었음을 감안, 국내
공공예술기관 중 가장 먼저 법인화가 이루어진 세종문화회관의 법인화
효과를 통계 자료를 활용하여 효율성, 전문성, 공공성의 3가지 측면에서
시계열적으로 검토한 선행연구에 따르면, 세종문화회관은 법인화 이후
인력운영 및 재정자립도에 있어서 그 효율성이 향상된 것으로 분석되었
다.[208] 다만 예술단체의 인력감소효과, 재정자립도 목표치 달성, 출연금
감소수준, 수입의 근거 등의 측면에서 본다면 세종문화회관의 법인화는
당초에 기대했던 수준의 운영효율성을 달성하지는 못한 것으로 보인다.
또 다른 선행연구는 법인화의 쟁점이었던 예술성, 공공성, 효율성 등 3
가지 범주를 중심으로 총 5가지 성과분석 기준에 따른 세종문화회관의
법인화 사례를 살펴보았는데, 분석 결과 법인화 이후 공공극장의 공공
성, 예술성, 효율성 측면은 대체적으로 성장한 것으로 나타났다.[209] 이러

---

206) 박통희, "공공예술조직의 서비스전달체계와 예술성·공공성·효율성: 1957년 창
　　단 이후 2016년까지 서울시립교향악단의 변화를 사례로," 『한국조직학회보』
　　(서울: 한국조직학회, 2016), 제13권 제2호, 33쪽.
207) 기존의 공공예술기관 법인화 관련 연구들은 특정 연도만을 분석했거나, 재정
　　등 특정 요인 중심의 분석을 하였다는 점에서 일반화의 측면에서 한계가 있
　　는 것으로 보인다.
208) 한승준(2010), 324-325쪽.
209) 송혁규, 백보현(2017), 204-205쪽.

한 결과는 법인화에 대한 반대의견은 지나친 우려였다는 점을 반증하는 것이며, 법인화는 극장의 효율적인 운영을 위해 적절한 정책수단이라는 점을 확인하고 있다.

별도의 조례에 근거해 세종문화회관으로부터 독립한 서울시립교향악단의 경우, 공공예술단체의 예술성이 공공성 및 효율성의 토대라는 전제 하에 재단법인화가 예술성에 미친 영향을 분석한 선행연구가 있다. 이에 따르면, 단독 재단법인으로의 전환이 교향악단의 예술성 증진에 크게 기여했음을 일관되게 보여주고 있으며, 교향악단의 예술성의 기반인 단원의 예능도 향상은 신공공관리적 혁신이 충실하게 이루어진 결과임을 확인하고 있다.210) 신공공관리적 혁신의 방안으로 단독 재단법인화의 핵심은 예술감독을 책임자로 한 교향악단의 자율성 강화이다. 교향악단의 자율성 강화를 위해 이원적 지배·운영구조를 채택하였고, 예술감독이 오디션을 토대로 계약임용제와 성과급 및 연봉제를 원칙대로 시행하였으며, 그 결과로 예술성이 획기적으로 향상된 것이다.211) 이러한 결과는 지배구조의 차원에서 정부관료제로부터 단체의 자율성 강화, 그리고 운영구조의 차원에서 경영부문으로부터 예술부문의 자율성 강화에서 비롯된 것이라고 평가된다.

선행연구들은 공공예술기관 법인화 논쟁에 대한 객관적 평가를 시도하였다는 점과 공공예술기관의 법인화를 통해서는 일반 공공기관의 법인화와는 차별화된 성과가 발생한다는 시사점을 도출하였다는 점에서 의의가 있으나, 단일 기관만을 사례로 선정하여 분석하였고 일부 자료의 경우 법인화 이전과 이후를 비교하지 못하였기에 연구결과의 일반화에

---

210) 곽성희, 박통희 공저, "서울시립교향악단의 재단법인화와 예술성," 『한국행정학보』(서울: 한국행정학회, 2016), 제50권 제2호, 120쪽.

211) 위의 논문, 121쪽. 다만, 예술적 수월성 제고를 위한 예술단체의 자율성 확보라는 목표와 별개로, 노동자로서의 단원 개개인의 고용안정성 측면 등에서 관련 평정제도의 적합성에 관하여는 논란이 있다.

는 한계가 있다. 향후 국가나 지방자치단체 차원에서 국내 모든 공공예술기관들을 대상으로 한 법인화 전후 시계열적 비교분석을 통해서 공공예술기관의 법인화 성과를 보다 체계적으로 파악할 필요가 있을 것이다. 다만, 문화예술의 자율성과 지원의 중립성 확보를 주된 근거로 하는 기관의 법인화가 예술성, 공공성, 운영효율성 측면에 있어서 전반적으로 우수한 모델이라는 것이 실증되었다는 점을 주목하여야 할 것이다.

2. 민간의 문화예술 참여에 대한 경제적 유인 제공

1) 민간부문 문화예술 후원 활성화 관련 법제 현황

우리나라는 문화예술 분야의 후원을 활성화하기 위하여 일명 '메세나(mecenat) 법' 이라고도 불리는 「문화예술후원 활성화에 관한 법률」을 제정하여 2014년 7월부터 시행해 왔다. 동법의 도입 취지는 여타의 사회복지 분야에 비해 문화예술 분야의 기부가 매우 적은 현실에서 기업의 예술 지원을 유도하여 정부의 공공예산 부담을 경감하고 문화예술 분야 고용창출에 기여하고자 하는데 있다. 동법은 문화예술후원 활성화에 대한 국가 및 지방자치단체의 책임규정을 두어 문화예술후원단체를 육성, 지원할 수 있는 근거조항을 마련하였으며, 「조세특례제한법」, 「지방세특례제한법」 및 관련 법률이 정하는 바에 따라 문화예술후원단체에 대한 조세지원의 근거를 마련하였다는 점에서 의의가 있다.[212]

문화예술을 활성화시키기 위한 직접적인 보조금 성격인 정부의 공공지출은 국가경제 및 재정상황에 연동된다는 한계가 있기에, 간접적인 보

---

212) 「문화예술후원 활성화에 관한 법률」의 제정 이전 민간의 문화예술 후원에 대한 적극적 세제지원을 골자로 하는 다양한 '메세나법'(안)이 국회에 상정된 바 있다. 이들은 같은 취지의 2003년 프랑스 입법을 모델로 삼아 민간의 문화예술 후원을 적극 제고하려 한 것으로, 2013년 제정된 법률의 내용과는 상당히 다른 것이었다. 당시 이러한 불완전한 입법은 문화예술계에 크게 실망감을 안겨 준 바 있다.

조금 역할을 하는 세제지원을 통해 문화예술의 지속 성장을 보장할 필요가 있다.[213] 현행 문화예술의 공급자 내지 수요자를 위한 세제혜택은 고용창출투자 세액공제, 창업중소기업의 세액감면, 비영리법인 수익사업 고유목적사업준비금 이입시 손금산입, 미술품 구입에 대한 손금산입 등 대부분이 종전에 여타의 산업이나 업종에 적용되던 세제혜택에 문화예술 관련 업종을 추가하는 형태의 지원으로, 이는 실질적인 문화예술 후원 활성화를 위한 세제혜택이라기보다는 소극적인 성격의 세제지원에 해당한다.[214] 따라서 문화예술 분야에 관련된 현행 세제 현황과 시행 중인 후원 관련 법제를 종합적으로 검토하여, 실질적인 예술 후원 활동을 유인하기 위한 문화예술의 공급자 및 수요자 관련 세제지원 사항을 각각 도출할 필요가 있다.

문화예술기관의 운영, 소유, 상속·증여 등의 활동과 관련된 '공급자'에 대한 세제지원 사항은 현행 세법상 「법인세법」, 「상속세 및 증여세법」, 「개별소비세법」, 「조세특례제한법」, 「지방세법」, 「관세법」 등 여러 개별법에 규정되어 있다. 구체적으로, 「법인세법」에서는 문화예술을 공급하는 비영리 문화예술법인에 대한 고유목적사업준비금을 손금산입 할 수 있도록 하고 있으며, 문화산업전문회사가 배당가능이익의 90% 이상을 배당한 경우 배당액을 소득공제하여 법인세 부담을 줄여주고 있다(「법인세법」 제51조의2 제1항 제7호).

「상속세 및 증여세법」에는 문화재 자료 등을 공공박물관에 유증 또는 상속 후 기증할 경우 비과세규정을 두고 있다(법 제12조). 「개별소비세법」에서는 박물관이나 미술관 등에 진열하거나 교재용으로 사용하는 물품을 구입할 경우 개별소비세를 조건부 면제하며, 「조세특례제한법」에

---

213) '징수되지 않은(uncollected)' 세금을 통한 지원은 '조세지출(tax expenditure)'이라고도 불린다. B. S. Frey(2003), p. 118.
214) 김노창, 배형남 공저, "문화예술 분야 조세지원제도의 문제점과 개선방안," 『조세연구』(서울: 한국조세연구포럼, 2014), 제14권 제2호, 168쪽.

는 1) 공연사업에 대한 고용창출투자 세액공제, 2) 공연산업 관련 창업중소기업에 대한 세액감면, 3) 공연산업(자영예술가 제외)을 영위하는 중소기업에 대한 특별세액 감면, 4) 공익사업용토지 등에 대한 양도소득세 감면, 5) 외국인투자기업이 공연시설운영업, 공연단체 등을 운영하는 경우 법인세 등의 감면 규정, 6) 영상컨텐츠 제작비용 세액공제(법 제25조의6) 등을 두고 있으며, 「지방세특례제한법」상으로도 과세특례 규정 등을 두고 있다.215)

　개인 또는 기업이 문화예술을 소유·향유하거나 문화예술에 대한 기부 활동과 관련된 '수요자'에 대한 세제지원 사항은 현행 「법인세법」, 「소득세법」, 「부가가치세법」 및 「조세특례제한법」 등에 규정되어 있다. 구체적으로, 「법인세법」에는 기부금에 대한 손금산입, 문화접대비에 대한 추가적인 손금산입 및 기업의 미술품 구입에 대한 손비인정 규정 등이 있고, 「소득세법」에는 문화예술 신용카드 사용액에 대한 개인의 소득공제, 서화 및 골동품에 대한 양도가액 6천만 원 미만 비과세 및 국내 생존작가 비과세 규정을 두고 있으며, 「부가가치세법」에서는 예술창작품에 해당하는 재화, 프리랜서 작가의 용역, 저작권 용역 등에 면세 혜택을 주고 있다.

---

215) 「지방세특례제한법」 제52조(문화·예술 지원을 위한 과세특례) ① 대통령령으로 정하는 문화예술단체가 문화예술사업에 직접 사용하기 위하여 취득하는 부동산에 대해서는 취득세를, 과세기준일 현재 문화예술사업에 직접 사용하는 부동산에 대해서는 재산세를 각각 2021년 12월 31일까지 면제한다.
「지방세특례제한법」 제44조의2(박물관 등에 대한 감면) ① 대통령령으로 정하는 박물관 또는 미술관에 사용하기 위하여 취득하는 부동산에 대해서는 취득세를, 과세기준일 현재 해당 박물관 또는 미술관에 직접 사용하는 부동산(해당 시설을 다른 용도로 함께 사용하는 경우에는 그 부분은 제외한다)에 대해서는 해당 부동산 취득일 이후 해당 부동산에 대한 재산세(「지방세법」 제112조에 따른 부과액을 포함한다)를 2021년 12월 31일까지 각각 면제한다.

2) 민간부문 문화예술 후원 활성화를 위한 세제지원 개선 방안

위와 같은 상황에서, 현행 문화예술 분야 세제지원의 문제점에 기초하여 민간부문 문화예술 후원 활성화를 제고하기 위한 개선 방향을 살펴보면 다음과 같다.

첫째, 기업이 근로자의 문화복지 수준을 높일 수 있도록 기업이 문화예술활동에 지출한 복리후생비의 명문화가 필요하다. 즉, 문화예술활동에 관한 복리후생비를 현행 「법인세법」 시행령 제45조 제1항에 규정하고 있는 직장체육비, 직장문화비, 직장회식비 등의 항목에 추가하도록 하는 개선이 요구된다.[216] 둘째, 기업이 근로자들의 정서적 안정 등의 목적으로 구입한 미술품의 손금산입 한도의 현실화 필요성이 있다.[217] 실질적으로 기업의 미술품을 활용하여 근로자들의 생산성 향상에 기여하도록 하는 방향의 제도개선이 필요한데, 관련 지적에 따라 기존 「법인세법」상 손금한도액이 2021년도부터 기존 500만원에서 1,000만원으로 현실화된 것은 고무적이다.[218] 셋째, 전문예술법인의 고유목적사업준비금에 대한 손금 범위의 확대를 검토할 필요가 있다. 도서관, 박물관, 문화예술법인은 80%의 손금산입 특례 적용이 이루어져 있는데, 현행 「조세특례제한

---

216) 기업들이 그 근로자에게 공연, 전시, 경기 등을 관람하게 하고 이에 대한 지출을 손비처리 하는데 있어서 과세관청이 인정하지 않는 사례가 다수 있으며, 법인세 손금처리가 불가하다는 국세청 질의 회신 등이 있어 관련 현장에 혼동이 있어 왔기 때문이다.

217) 설문조사 결과 미술품 구입 시 손금으로 처리할 수 있는 적정한 금액으로 1,000만 원 이하라고 답한 기업이 74.25%이며, 1,000만원 초과의 경우에도 손금을 계상하는 것이 바람직하다고 답변한 기업은 24.75%로 나타났다. 김노창, 배형남(2014), 181쪽.

218) 「법인세법」 시행령 제19조(손비의 범위) 법 제19조제1항에 따른 손비는 법 및 이 영에서 달리 정하는 것을 제외하고는 다음 각 호의 것을 포함한다. 17. 장식·환경미화 등의 목적으로 사무실·복도 등 여러 사람이 볼 수 있는 공간에 항상 전시하는 미술품의 취득가액을 그 취득한 날이 속하는 사업연도의 손금으로 계상한 경우에는 그 취득가액(취득가액이 거래단위별로 1천만원 이하인 것으로 한정한다).

법」에서와 같이 재정상황이나 운영여건이 어느 정도 갖추어진 단체에 한정하기보다는 전문예술법인·단체 전체에 대해 그 수익사업에서 발생하는 소득에 대해 고유목적사업준비금의 100%를 손금산입 하도록 하여, 제도의 효과성을 높이고 해당 단체가 공공사업을 원활히 수행하도록 세제지원을 하는 방안에 대해 검토해 볼 만하다.[219] 그 외에도 노동생산성 향상과 직결되는 기업 내 복지증진시설 범위에 문화예술시설을 추가할 필요가 있으며, 직업과의 직접관련성이 없는 기업의 문화예술 관련 교육훈련비에 대한 세액공제 지원도 필요하다.[220]

세제지원은 문화예술 분야의 사적공급을 촉진시킬 뿐만 아니라 수요 증대 측면에서 그 어느 지원방법보다 시장친화적이고 효과적이라 할 수 있다. 그럼에도 불구하고 기존의 세제지원에서 간접지원 방식의 형평성 문제가 지속적으로 제기되어 온 것은, 국내 문화예술 분야 세제지원 제도가 공급자 중심으로 이루어져 있으며, 혜택 대상 또한 매우 제한적이거나 현실적이지 않은 한계가 있기 때문이다.[221] 또한 수요자 중심 세제

---

219) 「조세특례제한법」 제74조(고유목적사업준비금의 손금산입특례) ① 다음 각 호의 어느 하나에 해당하는 법인에 대해서는 2022년 12월 31일 이전에 끝나는 사업연도까지 「법인세법」 제29조를 적용하는 경우 같은 조 제1항제2호에도 불구하고 해당 법인의 수익사업(이 항 제4호 및 제5호의 경우에는 해당 사업과 해당 사업 시설에서 그 시설을 이용하는 자를 대상으로 하는 수익사업만 해당한다)에서 발생한 소득을 고유목적사업준비금으로 손금에 산입할 수 있다.
　4. 「도서관법」에 따라 등록한 도서관을 운영하는 법인
　5. 「박물관 및 미술관 진흥법」에 따라 등록한 박물관 또는 미술관을 운영하는 법인
　6. 정부로부터 허가 또는 인가를 받은 문화예술단체로서 대통령령으로 정하는 법인
220) 김노창, 배형남(2014), 182쪽 및 185쪽. 나아가, 현행 영상컨텐츠 제작비용 세액공제(「조세특례제한법」 제25조의6)는 방송프로그램, 영화, 애니메이션에 국한되어 있는데, 클래식, 무용, 뮤지컬, 연극 등 공연예술에 확대할 필요가 있을 것이다.
221) 연수현, 『문화예술활동 활성화를 위한 문화생활비 세제지원 연구』(서울: 문화

지원 중 대표적인 제도인 기부금 소득공제의 경우에도, 개인 기부금 세액공제 제도의 복잡한 체계로 인해 기부자로 하여금 기부금액에 대한 세제혜택을 직접적으로 기대하기 어렵게 만들고 기부의욕을 고취시키지 못하고 있다. 따라서 세제지원을 통한 간접지원의 대상을 개별 문화생활 향유자를 중심으로 인식하려는 적극적 노력이 필요하다.[222]

이에 따라 직접적인 보조금 성격인 정부의 '공급자 직접지원'에서 간접적인 보조금 역할을 하는 문화비 세제지원을 통한 '수요자 간접지원'으로의 패러다임 전환이 필요하며, 이러한 문화예술활동 지원을 통해 문화예술의 지속적인 성장을 보장하는 문화예술 분야의 선순환 구조를 정착시키고 그 자생력을 강화해야 한다는 목소리가 높아지고 있다.[223] 관련 차원에서 그간 문화비 소득공제와 관련한 「소득세법」 개정안이 국회에서 수차례 발의된 바 있는데, 2017년 8월 기획재정부는 세법 개정안을 통하여 도서 구입비·공연 관람비에 대한 신용카드 소득공제를 신설, 정부의 문화예술 분야에 대한 지원의지를 피력한 것으로 평가받은 바 있다.[224]

근로자에 대한 세제지원은 필연적으로 세수 감소를 수반하게 하지만, 해당 근로자들이 문화비 지출액을 늘림으로 인하여 문화예술 분야 단체 및 기업의 사업수입 등이 증가하게 되며 이로 인한 경제 효과가 세수 손실액보다 크게 나타날 수 있다. 따라서 세수 감소액 뿐만 아니라 근로자의 세제 감소에 따른 지출 및 기부 증가, 그에 따른 문화단체의 사업수입 증가에 따른 생산 유발효과, 부가가치 유발효과, 고용·취업 유발효과

관광연구원, 2017), 13쪽.
222) 유럽대륙과 영미권 주요 국가의 세제지원 사례에 대하여는 위의 보고서, 20-33쪽.
223) 위의 보고서, 40쪽.
224) 「조세특례제한법」 제126조의2(신용카드 등 사용금액에 대한 소득공제) 제2항 제3호 참조. 2017년 12월 위 개정 이후 후속 개정을 통해 「출판문화산업 진흥법」 제2조 제3호의 간행물 및 「공연법」 제2조 제1호의 공연 이외에 「신문 등의 진흥에 관한 법률」 제2조 제1호에 따른 신문, 「박물관 및 미술관 진흥법」 제2조 제1호 및 제2호에 따른 박물관 및 미술관 사용분까지 그 혜택이 확대되었다.

등의 포괄적 계량분석을 통한 경제효과 및 기타 세수 증가 효과까지 종합적으로 고려하여 정책효과를 산출함으로써, 정부 부담이 적은 공제제도보다 정책적 목적을 효율적으로 달성할 수 있는 공제제도를 적극적으로 고려할 수 있는 계기를 마련해야 할 것이다.[225]

한편, 자영업자 등 사업자들의 탈루된 현금 매출분의 세원 양성화를 위해 도입되었던 신용카드 등 사용금액에 대한 소득공제는 현재 그 정책적 목적의 달성을 거의 이루었기 때문에 향후 그 공제의 수준이 대폭 축소되거나 폐지될 수 있으므로, 문화예술 분야 역시 이에 대비하여야 한다. 즉, 국민의 문화생활 향유권을 신장하고, 문화예술산업을 간접적으로 지원하는 역할로서 문화예술비 지출액 자체로서 경비인정을 하고 세제지원을 하는 방법을 모색해야 한다.[226]

요컨대, 「문화기본법」에 명시된 국민의 '문화적 권리'를 향유할 수 있도록 장기적으로 문화생활 범위를 점진적으로 확대해야 할 것이며, 무엇보다 이제 시작 단계에 있는 소비자 세제지원 정책 대상에 관한 다양한 한계를 극복하는 방안을 모색하여야 한다. 그러한 의미에서, 도서구입비와 공연관람비에만 한정해 부여하던 세제지원 혜택이 2019년 하반기부터 미술관·박물관 입장료까지 확대된 점은 고무적이다. 다만, 문화예술 활동 촉진을 위한 전반적 지원정책이 되기 위해서는, 고소득자에게 혜택이 돌아가는 것을 막기 위해 미술관·박물관 입장료에 있어서 그 대상을 총 급여 7천만 원 이하자로 제한한 점에 대하여 추가 검토가 필요하다. 즉, 단순히 전체적인 산술적 효과만으로 정책을 추진하기보다는 소득공제가 세액공제에 비해 고소득자에 상대적으로 유리한 점,[227] 저소득층의

---

225) 연수현(2017), 110쪽.
226) 위의 보고서, 110-111쪽.
227) 소득이 높아질수록 전체 소비지출액 중 문화서비스에 대한 지출 구성비가 오히려 낮아지는 현상이 나타난 것은, 어느 정도 고소득자에게도 문화생활에 대한 유인책이 제시되어야 함을 방증한다.

경우 소득공제 또는 세액공제로 세제혜택이 주어진다 하더라도 문화비 지출 증가율이 크지 않을 것이라는 점 등 소득재분배 효과를 고려해야 한다. 또한, 면세점 이하에 있는 근로소득자와 근로소득자 이외의 자는 세제혜택 대상에서 제외되므로 문화생활비 근로소득 세제지원이 문화향유권 신장을 위한 해결책이 될 수 없다.228) 대상과 혜택에 대한 다각적인 접근과 모색이 필요한 시점이다.

3. 문화예술 분야 역량 강화를 위한 예술경영 기반 구축

1) 예술의 산업화 가능성과 정책 대상으로서의 '예술산업'

2006년 예술경영지원센터의 설치 이후 국내에서도 예술경영의 기반 구축 지원에 대한 정부의 노력이 가시화되었다고 볼 수 있다. 다만, 그 계기로서 2004년 새예술정책 비전에서 제시되었던229) '예술의 산업화'라는 명제는 최근까지 뚜렷한 정책 의제로 자리매김하지 못하였다고 할 수 있는데, 그 이유의 하나는 이를 '예술의 상업화'와 동일시하면서 극단적 경계심을 보여 온 문화예술계 구성원들이 상당히 존재한다는 점과 관련되어 있다.230) 연혁적으로 이는 19세기 산업혁명이 본격화되면서 영국 산업노동자들의 취향을 겨냥하여 확산되기 시작한 대량문화 또는 대중문화가 반성적 이성을 정수로 삼는 '문화'와 도구적 이성의 선봉인 '산업' 사이의 바람직하지 못한 결합을 확산하는 기제로 작동하고 있음을 경고하기 위해서 시작된 움직임이었다. 당시 미국의 문화산업에서 확인

---

228) 연수현(2017), 111쪽.

229) 이에 관한 상세는 예술경영지원센터, 『2015 예술산업 미래전략 연구보고서』 (서울: 예술경영지원센터, 2016), 10-13쪽 참조.

230) '예술'과 '산업'의 결합은 역사적으로 낯선 것이었다. 예술의 산업화가 수반하는 위험성을 경계하기 위해서 아도르노와 호르크하이머는 2차대전 직후 '문화산업(Culture Industry)'이라는 용어를 고안해 낸 바 있다. T. Adorno & M. Horkheimer, *Dialectic of Enlightenment* (London: Verso, 1947/2016).

한 것은, 독일의 나치즘에 따른 대중 조작과 동원이 다소 부드러운 형태로 되풀이되고 있다는 점이었기에, '문화산업'은 후기 자본주의 사회의 대중 기만 매체로서 부정적 외부효과를 일으키는 것으로 비판받았다.

20세기를 거치면서 아도르노가 '문화산업' 개념을 통해 제시한 분석들이 일정한 한계가 있다는 것은 분명해졌으며,[231] 문화산업 개념은 더 이상 부정적인 함의가 아닌 중립적인 의미를 갖는 용어로 전 세계에서 널리 활용되고 있다. 그럼에도 불구하고, 우리나라 예술정책의 새로운 의제로서 '예술의 산업화'라는 테제를 설정한다고 할 때, 아도르노 등 프랑크푸르트학파가 제시한 통찰은 가볍게 취급되어서는 안 될 것이다. 예술의 산업화가 모든 예술은 경제적 가치 추구를 위해 상업화의 운명을 피할 수 없다거나 상업화의 길로 적극 들어서야만 한다는 전체주의적이고 도구주의적인 명제로 이어진다면, 이는 문화적으로 파괴적인 결과를 낳을 공산이 크기 때문이다.

따라서 '예술의 산업화' 지원정책은 전체주의적인 관점에서의 예술의 상업화를 목표로 삼아서는 안 되며, 경제적 가치와 더불어 문화적 가치와 사회적 가치 등 예술의 모든 가능성을 고려하는 가운데 "시장성 있는 일부 예술분야에 대해서는 보조금보다는 투자적 지원으로 정책방향을 전환한다는" 맥락에서 구상될 필요가 있다.[232] 예술의 산업화는 "전문화와 분업화를 통한 효율성 향상과 시장규모의 확장을 통해서 예술 관련 영역을 확장시킨다는 것을 의미하는 것으로 궁극적으로는 예술가가 창작활동에만 전념할 수 있는 환경을 조성하려는 것"이라는 정의 역시 같은 맥락에 있다고 하겠다.[233] 예술의 산업화가 '모든 예술의 상업화'가

---

231) 정종은, "영국 창조산업 정책의 형성: 개념들의 변천에 관한 고찰," 『문화정책논총』 (서울: 한국문화관광연구원, 2013), 제27권 제1호, 128-130쪽.
232) 정종은, "'예술의 산업화' 지원정책을 위한 비즈니스 모델 연구: 예술 스타트업의 사례를 중심으로," 『예술경영연구』(서울: 한국예술경영학회, 2017), 제43집, 159-160쪽.
233) 예술경영지원센터(2016), 33-34쪽.

아닌, '예술의 특정 영역에 대한 산업적 지원의 도입'을 추진하는 것이라고 할 때, 정책 대상으로서의 예술의 특정 영역을 어떻게 규정할 것인가라는 문제가 제기된다. 「문화산업진흥기본법」이나 「콘텐츠산업진흥법」 등 문화산업 관련법이 매우 포괄적인 개념 규정을 담고 있기 때문에 기존의 예술 관련법과의 사이에서 '예술산업'이라는 독자적인 영역을 위상 짓기가 쉽지 않기 때문이다. 그러한 맥락에서, 예술산업을 기존의 기초예술 부문과 문화콘텐츠산업 부문의 중간 영역으로 자리매김하고자 하는 선행연구[234]는 설득력이 있다.

이와 같이 최근 국내에서 활발히 논의되고 있는 예술의 산업화 담론은 본 연구에서 제안하는 문화예술 분야 역량 강화를 위한 예술경영 기반 구축과도 유사한 방향에 있다고 하겠다. 다만, 본 연구에서는 문화예술의 자율성과 지원의 중립성 제고를 위해서 궁극적으로 문화예술 시장이 자생능력을 갖추어야 한다는 의미에서 시장 활성화 방안을 모색하고자 한다. 다시 말해 특정 영역에 대한 전략적 산업화 모색이라기보다는 전반적인 경영효율화라는 의미에서 기초예술 분야에 예술경영적 기법을 적절히 도입 및 적용하려는 것이다. 그러한 의미에서, 기존의 이른바 '문화산업' 내지는 '문화콘텐츠산업'과 관련하여 구축되었던 법과 제도를 예술산업 전반의 시장 기능 강화를 위하여 그대로 차용할 수는 없을 것으로 사료된다. 공공재적 특성을 지니는 순수예술 내지 기초예술 분야는 실용성이나 오락성의 측면이 있으며 대량생산이 용이한 대중예술 또는 콘텐츠와는 그 속성을 달리하기 때문이다. 그러한 맥락에서, 예술의 산업화 관련 법제는 문화예술계에 대한 충분한 이해를 바탕으로 마련될 것이 긴절하다고 하겠다.

---

234) 정종은(2013), 160-161쪽.

2) '예술의 산업화'를 위한 법·제도 개선 방향

이상에서 논의한 문화예술 분야의 시장성 제고를 위한 간접지원, 즉 투자지향형 지원 정책으로서의 이른바 '예술의 산업화' 모색을 위해서는, 무엇보다도 기존의 예술정책과의 정합성을 고려한 '예술산업 정책'의 지속적 추진이 필요하다. 이를 위해서는 관련 정책 및 프로그램에 대한 주의 깊은 선별을 통한 단계적 추진이 필요하며, 이는 장르별 발전 단계에 따라 달라질 수 있다. 예술의 산업화는 '예술창작' 단계에서 '시장형성' 단계, '산업형성' 단계, '문화향수 증대' 단계를 거쳐 '예술에 대한 자원 재투입' 단계로 진행될 수 있는데, 국내 문화예술계는 대체로 '예술창작' 단계에 머물러 왔으며 미술품 유통·소비, 공연 관련 상품 판매 등 일부 영역이 '시장형성' 단계인 것으로 평가된다.[235] 따라서 아래와 같이 시장 형성에 필요한 다양한 제도적 인프라를 구축하는 일이 우선되어야 하며, 이 과정에서 도출된 장단점을 분석하여 선별적 지원 및 고도화를 고려하는 접근이 필요하다.

첫째, '예술산업'에 특화된 입법체계의 구축이 이루어져야 한다. '예술산업'이라는 부문영역에 대한 개념 규정을 포함하는 가칭 '예술산업진흥법(안)'은 예술상품의 육성보다는 용역, 즉, 사람 중심으로 이루어져야 하며, 창작 - 투자 - 제작 - 유통 - 소비 등 단계별 산업정책에 필요한 개별 과제의 발굴이 명시되어야 한다. 예컨대 투자부문의 경우 크라우드펀딩 등 투자 활성화 관련 내용, 유통부문의 경우 기획·매개업의 전문화·활성화 관련 내용, 소비부문의 경우 소비 이해력을 제고시켜 소비를 진작시킬 수 있는 생활예술 활성화 등의 내용을 꼽을 수 있을 것이며,[236] 넓게는 관련 개별 법규를 통한 불공정 거래행위 규제나 규제 완화와 관련된 시장환경 조성에 대한 내용과의 조응성도 고려하여야 한다. 이러한

---

235) 박종웅, 『예술의 산업화를 위한 법·제도 방안 연구』(서울: 한국문화관광연구원, 2015), 63쪽.
236) 예술경영지원센터(2016), 136-137쪽.

법률은 국내적 상황에 적합한 예술의 산업화를 모색하는 중장기적 계획의 기반이 되도록 하여야 한다.

둘째, '예술산업'에 관한 통계 및 정보 기반 구축이 마련되어야 한다. 예술 관련 시장현황을 파악하기 위해 이미 수행중인 '예술인 실태조사', '문화향수 실태조사' 등과 연계된 통계 개발 및 실태조사가 필요하며, 예술인력시장, 예술투자 및 연구개발 현황, 예술유통 등 특화된 통계 생산이 요청된다. 현재 문화예술과 관련된 다양한 종류의 통계가 주기적으로 생산되고 있으며 대표적인 예로 '미술시장 실태조사'와 '공연예술 실태조사'를 들 수 있지만, 여전히 활용상 한계를 지닌다.[237] 영화산업 분야에서는 영화진흥위원회의 영화관입장권통합전산망이라는 플랫폼을 통해 영화 작품별 매출액, 관객 수 등 실시간 성과를 공개 및 관리하고 있어, 일찍이 명확한 시장 현황 파악을 기반으로 한 투자 유치에 용이한 구조를 구축한 바 있다. 문화예술 분야에서도 예술경영지원센터를 주축으로 공연예술통합전산망(Korea Performing Arts Box Office Information System: KOPIS)을 통한 예술 분야 통계 수집을 시도해 왔지만, 시행된 지 수년이 지났음에도 예술시장의 특수성으로 인해 상대적으로 정착이 미흡한 것으로 평가된다. 향후로 보다 구체적인 산업적 정보의 축적이 필요하며, 기존에 정부에서 진행해 온 정기적 예술시장 실태조사 이외에 예술 부문영역별로 산업적 관점에서 접근하는 조사연구가 활발하게 이루어질 필요가 있다.[238]

셋째, 전문인력 양성을 위한 교육 기반의 확장이 요청된다. 현재 예

---

237) '미술시장 실태조사'의 경우 승인 통계가 아니며 산출 영역인 창작과 관련된 현황이 없고 유통과 소비 중심으로 이루어져 있어 미술시장의 전체 현황을 부분적으로만 확인할 수 있다. 특히 시각예술 관련 통계는 화랑, 갤러리의 정보공개 거부감 때문에 신뢰도 있는 정책정보를 생산하기 어려운 상황이다. '공연예술 실태조사'의 경우 창작, 유통, 소비와 관련된 정보를 모두 가지고 있는 승인 통계나 개선할 여지를 가지고 있다. 박종웅(2015), 64쪽.
238) 예술경영지원센터(2016), 117쪽.

술경영지원센터 등 문화체육관광부 산하의 다양한 기관을 통해 예술부문별 전문화를 위한 재교육이 시행되고 있지만, 예술작품의 창작, 제작, 유통, 가공 등 전 과정에 걸쳐 예술산업에 특화된 교육과정과 컨설팅, 인큐베이팅 시스템과 창업·취업 관련 인프라의 보강이 요청된다.[239] 나아가, 현업 예술인으로서의 재교육 이전에, 각급 예술대학 등 고등교육 기관에서도 예술경영 또는 예술법에 관련한 기초 소양의 학습이 이루어지도록 하여 계약 체결 등 시장에서의 예술가의 역할에 대비하도록 하여야 한다. 특히 이러한 교육 인프라는 결국 예술가나 예술기업의 인식 전환에 영향을 미쳐, 중장기적으로 예술시장에 뿌리깊은 불공정관행을 불식시키는데도 역할을 할 수 있을 것이다.

넷째, 영역별 분업화 및 전문화를 통한 균형잡힌 시장기반 구축이 필요하다. 현재 국내 예술분야별로 창작·제작 건수가 큰 격차를 보이고 있어 관객규모 등 그에 따른 시장성의 격차도 상당하다. 또한 공연예술 유통영역에서 입장권을 판매하는 유통 플랫폼이 일부 민간 기업의 독과점으로 운영되는 등 시장 불균형이 심화되고 있는 추세이다. 소비단계에서도 순수예술보다는 영화나 대중음악에 관객선호 및 소비행태가 편향되어 있어, 예술분야 산업화를 위해서는 각 영역별 분업화 및 전문화를 통한 유통체계 구축을 유도하여야 한다.[240] 이를 위해서는 기존의 창작활동집단 성격의 예술단체를 넘어서 홍보, 마케팅, 머천다이징, 권역별 국제교류 등에 전문화된 예술기업을 집중적으로 육성할 필요가 있다. 예술의 가치를 확장할 수 있도록 하는 기획·매개 분야 육성 및 구조적 개선을 통해 예술가들은 창작활동에 전념할 수 있고, 이는 창작·제작능력의 제고로 이어질 것이다.[241] 이를 위해서는 유통 채널 및 방법의 다각화를

---

239) 위의 보고서.
240) 위의 보고서, 91쪽.
241) 예컨대, 미술시장에서 유통단계의 공정성 및 투명성이 제고된다면 작품의 진본성에 대한 신뢰가 구축될 수 있으며, 이는 결국 예술가들에 대한 안정된 창

통해 유통 부문의 독과점 현상을 개선하고, 관객 개발을 위한 전문적인 홍보마케팅 및 국제교류 역량 강화를 위한 전문인력 양성에 관한 정책이 수반되어야 한다.[242]

결국, 예술산업 육성의 목적은 예술시장의 양적·질적 확대를 통해 예술의 자생력을 강화하고, 예술의 사용가치 확장을 통해 예술시장을 확장하며, 유통 영역 기능 확대를 통해 예술생태계의 유기적 연계 및 선순환을 추구하는 것으로 요약할 수 있다. 이는 궁극적으로는 예술의 자율성과 창조성을 강화할 수 있도록 문화예술과 국가의 관계를 정립하는 것이라 하겠다.

〈표 4-1〉 문화예술 지원체계 재정립을 위한 법제도설계

구분	공적 지원의 방법	공적 지원의 주요 내용
1단계 방안	지원금 배분 정책 과정상의 중립성 제고	지원 기관의 구성 및 운영상의 자율성 확보
		지원 정책 과정상의 공정성 및 투명성 제고
		지원기관에 대한 감사 및 성과평가 제도 효율화
2단계 방안	예술가 권리 보장을 통한 창작 기반 구축	직업인으로서의 '예술가'의 경제적 지위 보장
		예술활동의 성과에 대한 적절한 보상 체계 설정
		공정한 예술생태계 조성을 통한 창작 역량 제고
3단계 방안	문화예술의 시장성 제고를 통한 자생성 확보	문화예술기관 법인화를 통한 자율성 강화
		민간의 문화예술 참여에 대한 경제적 유인의 제공
		문화예술 분야 역량 강화를 위한 예술경영 기반 구축
종합적 방향성	중립적 후원주의("지원하되, 중립적으로 후원한다")	

작기반 조성으로 이어질 것이다. 그러한 맥락에서, 원작에 대한 개요와 이력의 확인은 예술 자체를 풍요롭게 하고 예술이 산업으로 발전하기 위해서 매우 중요한 전제조건이라 할 수 있다.

242) 예술경영지원센터(2016), 38쪽.

제5장
결론

Ⅰ. 연구의 요약

문화예술과 국가의 관계는 후원의 역사이며 또한 검열의 역사라 할 수 있다. 국가가 후원자로서 나타날 때 국가와 문화예술 간의 관계는 법철학적으로 자유주의와 후견주의가 충돌하는 이중적 속성을 지니며, 이는 문화예술의 자율성을 보호하는 동시에 문화예술을 진흥·육성할 수 있는 후원체계의 모색이라는 다소 상반된 정책적 과제를 제기한다고 할 수 있다.

국가의 문화예술 지원에 있어서의 '중립성 원칙'은 공공재적인 문화예술 분야에 대한 국가의 지원이 필수적 과제가 된 현대국가에서 국가와 문화예술 간 관계에 있어서 모색되어야 하는 법정책 원칙으로서 그 가치가 있다. 문화예술에 대한 공공지원에 있어 요청되는 '중립성 원칙'은 국가의 불개입 영역인 종교와의 관계에 있어서의 중립성과는 다른 개념으로, 자유권적 기본권과 사회권적 기본권이 교차하는 문화헌법의 영역에 관련된다고 하겠다.

비교법적으로 문화와 국가의 관계에 있어서 대륙법계의 이론은 연관테제와 자율테제의 입장으로 분류되며, '문화국가 원리'는 전자에 속하는 대표적 이론이다. 한편, 영미법계에서는 문화의 자율성을 최우선적 가치로 보는 자율테제의 시각에서 출발한다. 표현의 자유를 기반으로 한 근대적 예술가상이 등장한 이후로, 국가의 문화예술에 대한 역할은 검열자 내지 규제자, 소비자, 후원자 등이 혼재되면서 다양한 양상으로 전개되어 왔다.

복지국가적 의제의 하나로 문화예술이 정책 대상이 된 이래로 문화예술과 국가의 관계는 각국의 철학적 전통과 정책 환경에 따라 다양한 모습을 보여 왔는데, 샤트란과 맥커히의 연구 이후, 문화예술에 대한 국가 지원의 유형은 중앙정부의 막강한 계획과 영향력이 돋보이는 프랑스의 설계자(architect) 모델과 정부의 영향으로부터 상대적으로 자유로운 '팔길이' 기관으로 상징되는 영국과 영연방의 후원자(patron) 모델로 대별되어 왔다. 다만, 20세기 후반부터 각국은 기존의 유형들로부터 상호 수렴 현상을 보이고 있는데, 시장주의에서 출발한 미국의 경우에도 다양한 정부 지원을 시행하고, 국가주의의 전형인 프랑스의 경우에도 민관 협치를 확대해가고 있으며, 세계적 경제 위기와 다문화 사회의 갈등은 새로운 문화정책 모델의 제안을 더욱 촉구하고 있다. 또한 전통적으로 촉진자, 후원자, 설계자, 기술자 등의 유형으로 뚜렷이 구분되던 것에서 벗어나, 21세기 지식기반 경제에 있어 문화에 대한 국가의 역할은 약한 '관리자' 유형을 띄어야 한다는 주장이 힘을 실어가고 있다.

본 연구에서는 다양한 논의 가운데 특히 '후원자로서의 국가'에 중점을 두고 문화예술과 국가의 관계를 탐색하였다. 이에 관한 근본적 정책 담론은 문화예술에 대한 국가 지원의 정당성에 관한 것으로, 학자들은 크게 국가주의와 시장주의의 입장으로 나뉘나, 국가의 문화예술 지원 현상이 보편화된 오늘날의 논의는 문화적 권리 및 문화 개념의 외연 확장과 함께 진행되어 온 지원의 대상 관련 논의 이외에, 지원의 정도와 방법, 그리고 지원의 원칙으로서의 중립성 보호 등에 초점을 두고 이루어지는 경향이다.

한편, 독일에서 형성되어 국내 헌법학계와 판례를 중심으로 사용되어 온 '문화국가'의 개념에 대하여는 그 수용 여부에 논란이 있으나, 결국 '문화국가' 개념 및 그 원리의 핵심은 헌법의 문화지향성을 의미하는 것으로, 현행 헌법은 분명한 문화지향성을 지니고 있는 것으로 해석된다고 본다. 헌법재판소는 각종 기본권 조항 등을 통해 문화국가 원리가 구현된다고 설시한 바 있으며, 문화적 기본권의 목록은 양적·질적으로 확장되어 가는 추세이다. 나아가, 헌법재판소는 결정문에서 국가가 어떤 문화현상에 대하여도 이를 선호하거나, 우대하는 경향을 보이지 않는 '불편부당의 원칙'이 가장 바람직한 정책으로 평가받고 있다고 하면서, 문화국가에서의 문화정책은 그 초점이 문화 그 자체에 있는 것이 아니라 문화가 생겨날 수 있는 문화풍토를 조성하는 데 두어야 한다고 설시한 바 있다. 즉, 우리 헌법재판소는 문화국가 원리의 정책적 구현이 '중립성'에 있음을 분명하게 천명하고 있다.

2차 세계대전 이후 국가의 역할이 확장되면서, 각국이 고유의 상황과 정책 환경에 적합한 문화예술 지원 모델을 모색해 온 가운데 주목되는 것은 영국의 사례이다. 자유방임적 시장주의에서 출발한 영국의 경우, 케인즈의 복지국가 모델이 출범하면서 지원을 통한 국가의 정치적 영향력을 희석하기 위하여 고유의 중립성 원칙으로서 "지원하되 간섭하지 않는다"는 '팔길이 원칙(Arm's Length Principle)'을 도입하여 시행해 왔다. 영국예술위원회는 이러한 결과로 나타난 '중립성 기관(Arm's Length Council)'으로, 영국 문화법정책 집행의 구심점이 되어왔다.

이에 반해 문화예술을 시민의 것으로 보아 연방국가 차원의 문화정책을 알지 못했던 미국의 경우, 주로 예술의 자율성을 보호하려는 소극적 시각에서 문화예술과 국가에 관한 논의가 전개되어 왔다. 공적 지원이 본격화된 1960년대 이후 꾸준한 검열 관련 분쟁이 발생하면서, 학자들은 지원의 대상이 되는 문화예술의 표현의 자유 영역에서의 위상 정립과 함께 법적 분쟁 영역에서 바람직한 준거점을 모색해 왔는데, 이는 표현의 자유 영역의 부분 영역으로서 '지원되는 예술표현(subsidized art speech)'이라는 독특한 법리로 발전하였다. 이른바 '문화전쟁'을 겪은 이후, 특히 표현의 자유가 활성화되어야 하는 문화정책 영역에 있어서는 정치가와 예술가, 시민 등 다양한 정책주체들에 의한 공적 담론(public discourse)과 숙의(deliberation)의 과정이 필요하며, 이를 통해 문화예술 지원과 관련된 갈등과 충돌을 예방할 수 있을 것이라는 법정책적 권고를 낳았다.

우리나라의 문화예술 지원체계는 문화예술위원회의 도입 등으로 인해 제도적으로는 후원자 국가유형인 영국과 유사하나 제도의 운영에 있어서는 설계자 국가 유형인 중앙정부 중심의 프랑스의 거버넌스 체계와 유사성을 지니고 있다는 것이 일반적 견해이다. 국내에서는 참여정부 시기인 2005년 중립성 기관으로서 문화예술위원회가 출범해 문화예술진흥기금을 운영하며 문화예술인들을 지원해 왔는데, 기관 운영 자율성 및 지원심사 과정의 공정성에 대한 우려가 상존해 왔다.

최근 공론화된 이른바 '문화예술인 지원배제 사태'는 문화체육관광부 산하의 중립성 기관들이 제 기능을 하지 못한데서 비롯된 것으로 그에 대한 반성 및 전향적 성찰이 요청되었다. 그러한 가운데, 해당 사건에 대한 대법원과 헌법재판소의 판례를 통해, 문화예술과 국가에 대한 헌법적 원칙으로서의 문화국가 원리와 문화예술 행정의 준칙으로서의 팔길이 원칙, 그리고 표현의 자유와의 관계 등에 있어서 문화예술 지원에 대한 사법적 준거가 마련된 것은 법정책적 측면에 있어서 중요한 함의를 가진다.

이와 같은 상황에서, 국내 문화예술 분야의 자율성과 공정성을 제고하고 문화예술인에 대한 정치적 영향력을 배제할 수 있는 법제도적 장치의 모색이 시급한 상황이며, 이는 향후 지속가능한 문화예술 생태계를 조성하기 위한 구체적인 법정책의 모색과도 같은 맥락이라 하겠다.

문화예술 지원체계 정립을 위한 기본방향은 '중립적 후원주의'에 입각한 지원체계의 구축이며, 그것은 예술가들의 표현의 자유와 공공기관의 자율성을 구현하는 것을 근본적 목적으로 삼는다. 특히 이러한 중립성 제고에 있어 문화정책적 담론으로서 의미가 있는 논점의 하나는 민주주의에 관한 것이다. 고급문화에 대한 접근을 강조하는 '문화민주화'

에 비해, '문화민주주의'는 국민들이 다양한 문화활동에 주체적으로 참여하면서 공적 담론을 통한 적극적 정책주체로서 등장할 수 있는 기반으로 작용한다. 다만, 창조된 문화가 보존되고 보호되지 않으면 인류의 유산으로 남을 수 없다는 문화 고유의 본질에 비추어 문화민주화와 문화민주주의의 정책기조는 보완적으로 구현되어야 한다.

국내에서 권위주의적 국가주의가 노정되어 온 현실적 한계를 감안할 때, 국가에 의한 직접적인 재정지원보다는 장기적으로는 시장 활성화에 의한 간접지원 형태의 비중을 증가하여야 한다. 직접적인 보조금 배분에 있어서도 다양한 층위의 정책행위자들이 참여할 수 있는 장치를 반영하는 선택형 설계를 모색하고, 이러한 법제도적 장치에 의해 정책 다양성과 자발적인 공정성이 보장될 수 있도록 하는 문화예술 지원체계 재정립이 필요하다. 이와 같은 '중립적 후원주의'를 통해, 문화정책의 전 세계적 동향인 분권과 협치, 문화민주주의적 요소를 반영하는 것은 물론, 국내 예술시장의 자생성 및 지속가능성을 제고할 수 있을 것이다.

Ⅱ. 연구의 시사점 및 제언

본문에 소개된 국내외 현황과 사례 검토를 통해 국가의 문화예술 중립성 문제는 우리나라뿐 아니라 각국에 공통적인 정책과제로 자리매김되어 왔음을 알 수 있다. 그동안 우리나라를 비롯한 대부분의 국가들은 문화예술이 가진 사회·경제적 가치를 인정하고, 다양한 접근을 활용한 공적 개입을 통해서 문화예술의 진흥을 도모해 왔다. 이는 문화를 시민의 것으로 인식하여 국가가 개입하지 않는다는 기본 입장으로 시작한 영미법계 국가를 포함하는 것으로, 문화예술에 대한 정부 차원에서의 개입은 국가별로 역사와 정치, 경제, 사회적 환경이 다른 만큼 다양한 양태로 전개되어 왔다.

이와 같이 문화예술 지원이 현대 복지국가의 의무로서 당연시되어 왔다고는 하지만, 국가사회를 막론하고 지원의 태양에 관해 고민했던 바는 지원에 있어서 '불편부당성', 즉 '중립성'을 유지하는 것이 현실적으로 쉽지 않다는 측면에 있다. 국가가 '창조성'의 다른 이름이라 할 문화예술의 본령으로서의 '자율성'을 존중하면서 정책결정자로서 역할을 해 온 모범적 사례를 찾아보기 어려운 이유이다. 각국은 문화예술 지원의 중립성이라는 가치를 위해 다양한 법정책 원칙과 수단을 통해서 해결책을 모색해 왔지만, '팔길이 원칙'을 포함해, 아직까지 보편적으로 공유할만한 대안이나 해결책은 찾기 어려운 것이 현실이라고 해야 할 것이다.

국가와 문화예술의 관계에서 각자 뚜렷한 개성과 차이를 보이면서 문화법정책 모델을 제시해 온 프랑스, 독일, 영국, 미국 등 서구의 주요 국가들조차 각자의 출발점이었던 대륙법계와 영미법계, 시장주의와 국가주의, 문화민주화와 문화민주주의의 흑백논리식 구분을 포기하고, 변화하는 정책 환경에 유연하게 대처하면서 실효성 있는 문화법정책을 운영하고자 시행착오를 거듭하고 있다. 이 가운데 일찍부터 사회적 예술과 문화민주주의의 가치를 통해 분권과 협치의 바람직한 유형을 제시해 온 독일의 사례는 유럽 통합과 영국의 유럽연합 탈퇴 이후에 더욱 주목되고 있다.

나치 독재와 세계대전 이후 통합을 위한 문화 개념의 도구화에 대한 반성으로 '문화국가' 개념을 정점으로 하여 문화와 국가에 관한 치열한 논의를 계속해 왔던 독일의 경우, 21세기 시민사회에 적합한 문화민주주의 모델을 정착시켜, 상대적으로 안정된 분권적 결정 모델을 통해 문화예술기관에 적합한 문화정책의 방향성을 제시하고 있는 점은 귀감으로 삼을 만하다. 더 나아가, 각국은 보편화 된 다문화사회를 아우를 수 있는 '문화다양성' 개념과 경제적 효과성으로 이어지는 지속가능한 '문화도시'의 개념을 실천적으로 모색하고 있다.

각국이 정책 패러다임의 격변을 겪고 있는 21세기의 복잡한 환경에서 문화예술과 국가 간에 바람직한 관계 모델을 정착시켜 '문화예술계 지원 배제 사태'와 같은 불상사가 재발하지 않도록 하여야 한다. 이는 법과 정책이 서로에게 책임을 미룰 수 없는 현실을 웅변하며, 우리는 여기에서 법 이론과 실천적 정책 분야가 교차하면서 지속가능한 문화예술 생태계를 위한 법정책 개념의 필요성에 도달하지 않을 수 없다. 아울러, 국내외적으로 중립성 원칙 실행의 어려움과 국가 재정의 고갈로 인해 문화예술의 공적 지원에 대한 회의적인 의견이 증가하는 가운데, 궁극적으로는 정책행위자 간의 개방과 참여를 통한 민관협치의 모델을 이끌어내는 것만이 중립성 원칙의 현실적 한계를 극복하고 헌법의 문화지향성에 걸맞은 문화예술 생태계의 지속가능성을 담보해 줄 수 있다고 보인다.

　본 연구에서 제안한 정책의 개별 과제를 구체적으로 추진함에 있어, 다수 국민과의 공적 담론 형성은 물론이고, 무엇보다 문화예술 법정책의 분야별로 법학 및 정책 전문가, 예술 전문가 등 융합적 요소를 고려한 통섭적 전문가 집단의 '숙의'에 의한 정책 모색이 긴절하다. 정부는 정책을 하달하는 기존의 역할에서 벗어나, 정책네트워크의 '조성자(facilitator)' 이자 문화예술 거버넌스 정책행위자 간 '조정자(coordinator)'로서 정책 과정에 문화예술의 특수성을 반영할 수 있는 충분한 소통과 담론의 계기를 마련하고, 인내와 관용에 기반하여 우리나라 고유의 정치·경제·사회적 맥락에 적합한 공공지원의 모델을 구축해 나가야 할 것이다.

참고문헌

〈국내문헌〉

[단행본]

강윤주·심보선 외. 『생활예술』. 파주: 살림, 2017.

강은경. 『공연계약의 이해』. 서울: 오래, 2012.

계희열. 『헌법학(상)』. 서울: 박영사, 2002.

구광모. 『문화정책과 예술진흥』. 서울: 중앙대학교 출판부, 1999.

국회사무처 예산정책국 역(平井宜雄). 『법정책학: 법제도설계의 이론과 기술(法政策學: 法制度設計の理論と技法)』. 제2판. 서울: 대한민국 국회, 2003.

권영성. 『헌법학원론』. 파주: 법문사, 2005.

김광억 외. 『문화의 다학문적 접근』. 서울: 서울대학교출판부, 1998.

김민주·윤성식. 『문화정책과 경영』. 서울: 박영사, 2016.

김세훈 외. 『새 정부의 문화예술정책』. 파주: 집문당, 2008.

김정수. 『문화행정론』. 개정판. 파주: 집문당, 2010.

김철수. 『한국헌법사』. 서울: 대학출판사, 1988.

_____. 『신헌법학개론』. 제4판. 서울: 박영사, 1981.

김흥수. 『축제와 문화거버넌스』. 파주: 한국학술정보, 2007.

박광무. 『한국문화정책론』. 파주: 김영사, 2010.

백승길·이종승 공역(E.H.J. 곰브리치). 『서양미술사』. 서울: 예경, 1994.

성낙인. 『헌법학』. 제8판. 파주: 법문사, 2008.

소병희. 『문화예술경제학』. 서울: 율곡출판사, 2012.

오세혁. 『법철학사』. 제8판. 서울: 세창출판사, 2012.

오승종. 『저작권법』. 제4판. 서울: 박영사, 2016.

이흥재 역(伊藤裕夫 외). 『예술경영과 문화정책』. 서울: 역사넷, 2002.

임상오 역(後藤和子). 『문화정책학: 법 경제 매니지먼트』. 서울: 시유시, 2004.

장영수. 『헌법학』. 서울: 홍문사, 2002.

전광석. 『한국헌법론』. 서울: 집현재, 2014.

정상조·박준석. 『지적재산권법』. 서울: 홍문사, 2011.
정정길 외. 『정책학원론』. 서울: 대명출판사, 2010.
정종섭. 『헌법학원론』. 제11판. 서울: 박영사, 2016.
정철현. 『문화정책』. 서울: 서울경제경영, 2015.
조홍식. 『사법통치의 정당성과 한계』. 제2판. 서울: 박영사, 2010.
한국문화경제학회. 『문화경제학 만나기』. 파주: 김영사, 2001.
한국문화예술법학회. 『문화예술법의 현주소』. 대구: 준커뮤니케이션즈, 2014.
한국법정책학회. 『법정책학이란 무엇인가: 이론과 실제』. 서울: 삼영사, 2015.
허 영. 『한국헌법론』. 숲訂13판. 서울: 박영사, 2017.
홍성방. 『헌법학』. 서울: 박영사, 2003.

[논문]

강동욱. "법정책학의 의의와 과제." 『법과정책연구』(아산: 한국법정책학회, 2014),
    제14집 제2호.
강손근. "근대 예술 개념의 성립에 관한 연구." 『철학논총』(서울: 새한철학회, 2011),
    제65호.
곽성희·박통희. "서울시립교향악단의 재단법인화와 예술성." 『한국행정학보』(서
    울: 한국행정학회, 2016), 제50권 제2호.
김노창·배형남. "문화예술 분야 조세지원제도의 문제점과 개선방안." 『조세연구』
    (서울: 한국조세연구포럼, 2014), 제14권 제2호.
김민주. "문화정책의 이론적 논거와 유형." 『사회과학연구』(부산: 경성대학교 사
    회과학연구소, 2015), 제31권 제3호.
김성필. "법정책학의 개념정립을 위한 시론적 고찰." 『법과정책연구』(아산: 한국
    법정책학회, 2001), 제1집.
김수갑. "헌법상 문화국가 원리에 관한 연구." (서울: 고려대학교 대학원 박사학
    위논문, 1993).
_____. "한국에 있어서 문화국가 개념의 정립과 실현과제." 『문화정책논총』(서
    울: 한국문화관광연구원, 1994), 제6집.
_____. "문화국가를 위한 법체계 검토." 『문화정책논총』(서울: 한국문화관광연
    구원, 2007), 제18집.
_____. "예술가의 사회적 지위 보장을 위한 법제 연구." 『법학연구』(청주: 충북
    대학교 법학연구소: 2013), 제24권 제2호.
김수인. "사회적 구성체로서의 예술 창의성 개념에 대한 고찰: 순수예술개념의

형성과 무용의 편입과정을 중심으로." 『대한무용학회논문집』(서울: 대학무용학회, 2017), 제75권 제1호.

김연진. "문화기본법 제정의 의미와 과제." 『한국정책학회 하계학술 발표논문집』(서울: 한국정책학회, 2013).

김영조. "국회의 국정감사제도의 문제점과 개선방안." 『사회과학연구』(서울: 상명대학교 사회과학연구원, 2005), 제21권 제1호.

김인춘. "한국의 비영리영역: 문화예술 부문." 『동서연구』(서울: 연세대학교 동서문제연구원, 2001), 제13권 제1호.

김정수. "좀비예술가와 벌거벗은 임금님: 우리나라 예술지원정책에 대한 비판." 『문화정책논총』(서울: 한국문화관광연구원, 2016), 제30권 제1호.

_____. "문화예술 공적 지원에 대한 검토와 재성찰: 경기문화재단의 문예진흥지원사업을 중심으로." 『문화정책논총』(서울: 한국문화관광연구원, 2008), 제20권 제20호.

김준기. "합리적인 미술인보수 지급제도 마련을 위해: 전시 출품작에 '저작권 사용료'를 지불하라!" 「Art in Culture」, 2015. 2. 9.

김중현. "국악관현악단의 운영상 문제점과 발전방안: 국·공립 단체를 중심으로." 『음악과 문화』(서울: 세계음악학회, 2010), 제23권.

김진아. "미국 문화, 그 기로에 서서 - NEA(국립예술진흥기금)를 둘러싼 논쟁 중심으로." 『미술이론과 현장』(서울: 한국미술이론학회, 2006), 제4권 제4호.

김창규. "문화법정책의 이론과 실제." 『법과정책연구』(아산: 한국법정책학회, 2014), 제14집 제3호.

_____. "문화 시장 활성화와 법제 개선 방향." 『문화정책논총』(서울: 한국문화관광연구원, 2008). 제20집.

김평수. "문화공공성과 저작권: 저작권강화의 정당성에 대한 비판적 연구" (서울: 한국외국어대학교 박사학위논문, 2010).

노기호. "법정책학의 개념정립을 위한 시론적 고찰." 『법과정책연구』(아산: 한국법정책학회, 2001), 제1집.

류시조. "한국 헌법상의 문화국가원리에 관한 연구." 『헌법학연구』(서울: 한국헌법학회, 2008), 제14권 제3호.

박균성. "문화에 관한 국가의 개입과 지원." 『법학논총』(용인: 단국대학교 법학연구소, 2006), 제30권 제2호.

박민권·장웅조. "문화예술위원회와 문화체육관광부 관계 변화 속에 나타난 자율성과 책임성 연구." 『문화정책논총』(서울: 한국문화관광연구원, 2020), 제34권 제1호.

박석희. "정부기관 법인화의 행정책임성 문제: 농림수산분야 소속기관 사례." 『한국조직학회보』(서울: 한국조직학회, 2010), 제7권 제2호.

박성호. "지적재산권에 관한 헌법 제22조 제2항의 의미와 내용." 『법학논총』(서울: 한양대학교 법학연구소, 2007), 제24집 제1호.

박종현. "헌법상 문화국가원리의 구체화와 헌법재판에서의 적용: 헌재 2014.4.24. 2011 헌마659 등 결정에 대한 검토와 더불어." 『헌법학연구』(서울: 한국헌법학회, 2015), 제21권 제3호.

박진우. "BBC의 지배구조 변화를 통한 정치적 독립성에 대한 고찰." (서울: 한양대학교 대학원 석사학위논문, 2012).

박통희. "공공예술조직의 서비스전달체계와 예술성·공공성·효율성: 1957년 창단 이후 2016년까지 서울시립교향악단의 변화를 사례로." 『한국조직학회보』(서울: 한국조직학회, 2016), 제13권 제2호.

변무웅 역(Dieter Strempel). "'법정책'의 개념에 관하여. 그 연혁, 의미 및 정의." 『법과 정책연구』(아산: 한국법정책학회, 2001), 제1권.

서순복. "문화의 민주화와 문화민주주의의 정책적 함의." 『한국지방자치연구』(구미: 대한지방자치학회, 2007), 제8권 제3호.

서헌제·정재곤. "캐나다의 예술가지위법에 관한 연구." 『법학논문집』(서울: 중앙대학교 법학연구원, 2006), 제30집 제2호.

선우영·장지호. "지방자치단체의 예술지원에 관한 고찰." 『지방정부연구』(부산: 한국지방정부학회, 2010), 제14집 제3호.

성기조. "문화예술위원회를 대통령 직속으로." 『한국논단』(서울: 한국논단, 2009), 제236권.

송혁규·백보현. "공공극장 법인화에 따른 운영성과 분석: 세종문화회관 사례를 중심으로." 『예술경영연구』(서울: 한국예술경영학회, 2017), 제43집.

송호영. "문화예술법 서설: 문화예술법제의 범주, 연구현황 및 연구방향." 『법학논고』(대구: 경북대학교 법학연구원, 2012), 제39집.

신복용. "예술지원기관의 자율성에 관한 비교연구." (서울: 서울대학교 행정대학원 석사학위논문, 2012).

양현미. "공공미술로서 미술은행 재정립 방안 연구." 『문화정책논총』(서울: 한국문화관광연구원, 2017), 제31권 제1호.

양혜원. "문화예술지원체제 변동연구: 한국문화예술위원회의 설립을 중심으로." (서울: 서울대학교 행정대학원 석사학위논문, 2006).

오양렬. "한국의 문화행정체계 50년: 구조 및 기능의 변천과정과 그 과제." 『문화정책논총』(서울: 한국문화정책개발원, 1995), 제7집.

이명구. "예술의 자유에 대한 헌법적 보장과 한계." 『법학논총』(서울: 한양대학교 법학연구소, 2000), 제17권.

이석민. "문화와 국가의 관계에 관한 헌법학적 연구." (서울: 서울대학교 대학원 석사학위논문, 2007).

_____. "국가와 종교의 관계에 관한 연구." (서울: 서울대학교 대학원 박사학위 논문, 2014).

이시우. "문화복지의 헌법적 의미와 그 입법정책적 과제." 『헌법학연구』(서울: 한 국헌법학회, 1999), 제5권 제2호.

_____. "헌법상 문화국가개념의 의미: 문화복지 개념의 정립을 위해." 『사회과 학논총』(서울: 서울여자대학교 사회과학연구소, 1996), 제2집.

이윤식 외. "통합성과관리를 위한 평가결과활용방안에 관한 연구." 『정책분석평 가학회보』(서울: 한국정책분석평가학회, 2005), 제15권 제4호.

이영리. "프랑스의 예술인 사회보장제도." 『플랫폼』(인천: 인천문화재단, 2012), 통권 35호.

이인호. "문화에 대한 국가개입의 헌법적 한계: 한글전용정책의 헌법적 문제점을 포함하여." 『공법연구』(서울: 한국공법학회, 2015), 제43집 제1호.

이재경. "미술계 작가보수제도(Artists' Fee)에 대한 법률적 접근과 정책적 제언." 『법학논총』(광주: 조선대학교 법학연구원, 2015), 제22권 제2호.

이재민. "Sunstein의 '자유주의적 온정주의'와 '행동주의적 규제 제1원칙'의 실행 가능성." 『재정정책논집』(대전: 한국재정정책학회, 2016), 제18집 제3호.

이종수. "문화기본권과 문화법제의 현황 및 과제." 『공법연구』(서울: 한국공법학 회, 2015), 제43집 제4호.

이준형. "문화예술 시장과 법적·제도적 규제: 경매 시장과 추급권에 관한 최근 프랑스의 논의를 중심으로." 『문화정책논총』(서울: 한국문화관광연구원, 2008), 제20집.

_____. "국가에 의한 예술지원의 법적 문제점." 『법학논문집』(서울: 중앙대학교 법학연구원, 2006), 제30권 제1호.

이혜민. "예술인 복지를 위한 추급권(Droit de Suite) 도입에 대한 국가별 사례 연 구." (서울: 서울대학교 박사학위논문, 2017).

전광석. "헌법과 문화." 『공법연구』(서울: 한국공법학회, 1990), 제18집.

전 훈. "공공서비스활동에서의 중립성원칙." 『공법학연구』(서울: 한국비교공법 학회, 2007), 제8권 제2호.

정광호·최병구. "문화격차 분석과 문화바우처 정책설계." 『지방정부연구』(부산: 한국지방정부학회, 2010), 제10집 제4권.

정용준. "BBC 공론장 모델에 대한 역사적 평가." 『방송통신연구』(서울: 한국방송학회, 2015), 제91호.

정인숙. "한국 문화예술 지원 정책의 팔길이 원칙 이념과 실현의 문제: 박근혜 정부의 블랙리스트 사건을 중심으로." 『언론정보연구』(서울: 서울대학교 언론정보연구소, 2017), 제54권 제3호.

정인영. "문화예술 분야 입법 동향." 『경제규제와법』(서울: 서울대학교 공익산업 법센터, 2017), 제10집 제1호.

정종은. "영국 창조산업 정책의 형성: 개념들의 변천에 관한 고찰." 『문화정책논총』(서울: 한국문화관광연구원, 2013), 제27권 제1호.

_____. "예술위원회의 역할 및 기능에 대한 비교 분석: 영국, 미국, 캐나다, 호주의 사례." 『문화정책』(서울: 한국문화정책학회, 2014), 제1집.

_____. "'예술의 산업화' 지원정책을 위한 비즈니스 모델 연구: 예술 스타트업의 사례를 중심으로." 『예술경영연구』(서울: 한국예술경영학회, 2017), 제43집.

정종섭. "21세기 법치국가의 법률복지 방향과 제도 설계." 『법과사회』(서울: 법과사회이론학회, 2012), 제43호.

_____. "국가의 문화유산보호의무와 고도의 보존." 『법학』(서울: 서울대학교 법학연구소, 2003), 제44권 제3호.

정홍익. "정부와 문화예술의 관계: 문화정책의 정치경제학과 자가성찰적 비판." 『문화예술』(서울: 한국문화예술진흥원, 2001), 8월호.

전 훈. "공공서비스활동에서의 중립성원칙." 『공법학연구』(서울: 한국비교공법학회, 2007), 제8권 제2호.

조선령. "공공미술관 법인화를 둘러싼 정치학." 『문화과학』(서울: 문화과학사, 2010), 제61호.

조용순. "문화콘텐츠의 제작·유통·이용에 관한 법·제도 연구 - 저작권법 및 문화산업 관련법을 중심으로." (한양대학교 대학원 박사학위논문, 2008).

조홍식. "민주주의와 시장주의." 『법학』(서울: 서울대학교 법학연구소, 2004), 제45권 제4호.

_____. "법에서의 가치와 가치판단: 원고적격의 규범학." 『법학』(서울: 서울대학교 법학연구소, 2007), 제48권 제1호.

주효진·장봉진. "문예진흥기금 확보방안에 관한 연구." 『한국자치행정학보』(군산: 한국자치행정학회, 2017), 제31권 제2호.

최대권. "문화재보호와 헌법." 『법학』(서울: 서울대학교 법학연구소, 2003), 제44권 제3호.

최미세·곽정연·조수진. "독일 예술경영과 문화민주주의: 베를린 필하모니를 중심으로." 『독일언어문학』(서울: 독일언어문학연구회, 2015).

최보연. "창의교육에서 문화교육으로: 영국 신노동당 및 보수·자민당 연합정부 간 문화예술교육 정책변동에 관한 비판적 고찰." 『문화경제연구』(서울: 한국문화경제학회, 2015), 제18권 제1호.

최송화. "법과 정책에 관한 연구 - 시론적 고찰." 『법학』(서울: 서울대학교 법학연구소, 1985), 제26권 제4호.

한승준. "예술 공공기관 법인화의 성과에 관한 시론적 연구: 세종문화회관 법인화 사례를 중심으로." 『행정논총』(서울: 서울대학교 한국행정연구소, 2010), 제49권 제4호.

_____ 외. "문화예술지원 거버넌스 체계에 관한 비교 연구: 영국, 프랑스, 한국 사례를 중심으로." 『행정논총』(서울: 서울대학교 한국행정연구소, 2012), 제50권 제2호.

허 권. "유네스코 예술가지위에 관한 권고의 배경과 시사점." 『법학논문집』(서울: 중앙대학교 법학연구원, 2006), 제30집 제2호.

홍준형. "법정책학의 의의와 과제 - 법정책학의 구축을 위한 시론." 『행정법연구』(서울: 행정법이론실무학회, 2000), 제6호.

[연구보고서]

김세훈 외. 『문화분야 법제 정비 방향 연구』. 서울: 한국문화관광연구원, 2007.

김연진. 『문화기본법 제정안 연구』. 서울: 한국문화관광연구원, 2013.

김재환. 『노동이사제의 공공부문 도입 현황과 공공기관 도입 논의』. 서울: 국회입법조사처, 2019.

대통령자문 정책기획위원회. 『한국문화예술위원회 설립: 현장예술인, 예술정책의 중심에 서다』. 대통령자문 정책기획위원회, 2008.

류정아. 『문화예술 지원정책의 진단과 방향 정립』. 서울: 한국문화관광연구원, 2015.

문화예술계 블랙리스트 진상조사 및 제도개선위원회. 『문화예술계 블랙리스트 진상조사 및 제도개선위원회 백서』. 세종: 문화체육관광부, 2019.

문화체육관광부. 『선순환 미술환경 조성을 위한 미술진흥 중장기 계획(2014-2018)』. 세종: 문화체육관광부, 2014.

_____. 『미술로 행복한 삶: 미술진흥 중장기계획(2018-2022)』. 세종: 문화체육관광부, 2018.

_____. 『2018 예술인 실태조사』. 세종: 문화체육관광부, 2019.

박신의. 『기초예술 활성화를 위한 법·제도적 지원방안 연구』. 서울: 국회문화관광위원회, 2005.

박영정 외. 『예술인 정책 체계화 방안연구』. 서울: 한국문화관광정책연구원, 2006.

박종웅. 『예술의 산업화를 위한 법·제도 방안 연구』. 서울: 한국문화관광연구원, 2015.

박찬호. 『문화산업지원법제에 관한 비교법 연구』. 서울: 한국법제연구원, 2006.

양현미. 『문화예술지원의 공정성 제고를 위한 기초연구』. 서울: 한국문화관광연구원, 2010.

연수현. 『문화예술활동 활성화를 위한 문화생활비 세제지원 연구』. 서울: 문화관광연구원, 2017.

예술경영지원센터. 『2015 예술산업 미래전략 연구보고서』. 서울: 예술경영지원센터, 2016.

_____. 『2020 전문예술법인·단체 백서』. 서울: 예술경영지원센터, 2020.

이영욱. 『문화헌장 제정 의의』. 서울: 한국문화관광정책연구원, 2005.

임학순. 『한국문화예술위원회 역할 정립에 관한 조사 연구』. 서울: 한국문화예술위원회, 2012.

전병태. 『예술지원의 원칙과 기준에 관한 연구』. 서울: 한국문화관광정책연구원, 2005.

전 훈·정상우. 『유럽의 문화법제에 관한 비교법적 연구 2: 창의적인 도시문화조성과 현대예술보급을 위한 정책지원』. 서울: 한국법제연구원, 2008.

정광렬. 『문화국가를 위한 헌법 연구』. 서울: 한국문화관광연구원, 2017.

정광렬·곽동철·양지연. 『공립문화시설의 민간위탁 평가 및 개선방안 연구』. 서울: 한국문화관광정책연구원, 2003.

최보연. 『주요국 문화예술정책 최근 동향과 행정체계 분석연구』. 서울: 한국문화관광연구원, 2016.

한승준. 『주요국의 문화예술단체 지원방식 연구』. 세종: 문화체육관광부, 2011.

허은영. 『예술인고용보험제도 운영지원방안 연구』. 서울: 한국문화관광연구원, 2020.

홍기원. 『문화정책의 유형화를 통한 비교연구』. 서울: 한국문화정책관광연구원, 2006.

[토론회 등 자료집]

국가인권위원회배움터. 「문화의 눈으로 헌법 다시보기 세미나」. 2005. 7. 27.

대한민국 국회. 「블랙리스트 문제의 법적 제도적 개선방안 모색 토론회」. 2017. 3. 8.

_____. 「공연예술인의 노동환경 실태파악 및 제도개선을 위한 국회토론회」. 2014. 7. 11.
문화연대. 「문화정책의 대안모색을 위한 연속토론회: 제4차_문화정책의 근본적 전환을 위한 혁신과제」. 2017. 3. 2.
문화예술계 블랙리스트 진상조사 및 제도개선위원회. 「1차 대국민 경과 보고」. 2017. 9. 18.
_____. 「제2차 블랙리스트 재발방지 및 공정한 문화예술정책 수립을 위한 분야별 현장토론회」. 2017. 9. 21.
문화체육관광부·한국문화예술위원회. 「예술지원정책 릴레이 토론회: 제1기 한국문화예술위원회의 성과와 과제」. 2008. 7. 11.
문화체육관광부·한국문화관광연구원. 「새 정부 예술정책 토론회: 제1차_예술인 복지정책」. 2017. 7. 7.
_____. 「새 정부 예술정책 토론회: 제2차_예술가의 권익 보장을 위한 법 제정 방안」.
_____. 「새 정부 예술정책 토론회: 제3차_예술정책 거버넌스 재정립」. 2017. 7. 27.
미술생산자모임. 「2015년 미술생산자모임 2차 토론회」. 2015. 3. 29.
한국문화예술경영학회. 「한·일 예술경영&문화정책 학술대회: 한·일 공공 문화예술기관의 예술경영과 문화정책」. 2015. 9. 11/12.
_____. 「가을 정기학술대회: 공공성 논쟁, 새로운 패러다임으로_국공립문화예술시설의 공공성과 경영효율성」. 2009. 12. 11.
한국정책학회 외. 「공동기획세미나: 국민 삶의 질 향상을 위한 문화체육관광정책의 성찰과 향후 과제의 모색」. 2017. 3. 30.

[누리집(웹사이트)]

국가법령정보센터   https://www.law.go.kr/
문화체육관광부   https://www.mcst.go.kr/
예술경영지원센터   https://www.gokams.or.kr/
e-나라지표   https://www.index.go.kr/
한·EU FTA   https://www.fta.go.kr/eu/
한국문화관광연구원   https://www.kcti.re.kr/
한국문화예술교육진흥원   https://www.arte.or.kr/
한국문화예술위원회   https://www.arko.or.kr/

한국문화예술회관연합회   https://www.kocaca.or.kr/
한국예술인복지재단   http://kawf.kr/
한국저작권위원회   https://www.copyright.or.kr/
한·EU FTA   https://www.fta.go.kr/eu/
헌법재판정보   https://search.ccourt.go.kr/

〈외국문헌〉

[단행본]

Abbing, Hans. *Why Are Artists Poor?: The Exceptional Economy of the Arts* (Amsterdam: Amsterdam University Press, 2002).

Adler, Judith. *Artists in Offices: An Ethnography of an Academic Art Scene* (New Brunswick: Transaction Books, 1979).

Adorno, Theodor. & Horkheimer, Max. *Dialectic of Enlightenment* (London: Verso, 1947/2016).

Baumol, William J. & Bowen, William G. *Performing Arts: The Economic Dilemma* (Cambridge: The M.I.T. Press, 1968).

Bell, Clive. *Civilization: An Essay* (Middlesex: Penguin Books, 1947).

Cummings, Milton C. Jr. & Katz, Richard S. (eds.). *The Patron State: Government and the Arts in Europe, North America and Japan* (New York: Oxford University Press, 1988).

DiMaggio, Paul J. *Nonprofit Enterprise in the Arts: Studies in Mission and Constraint* (New York: Oxford University Press, 1987).

Fishman, James J. & Schwarz, Stephen. *Nonprofit Organization*, 3rd ed. (New York: Foundation Press, 2006).

Fiss, Owen M. *The Irony of Free Speech* (Cambridge, Mass.: Harvard University Press, 1996).

Frey, Bruno S. *Not Just for the Money: An Economic Theory of Personal Motivation* (Cheltenham: Edward Elgar Pub, 1997).

_____. *Arts & Economics: Analysis & Cultural Policy*, 2nd ed. (Heidelberg: Springer-Verlag, 2003).

Gerstenblith, Patty. *Art, Cultural Heritage, and the Law: Cases and Materials*, 2nd ed.

(Durham, North Carolina: Carolina Academic Press, 2008).

Goldstein, Robert J. *Political Censorship of the Arts and the Press in Nineteenth-Century Europe* (London: Macmillan, 1989).

Gray, Clive. *The Politics of the Arts in Britain* (Basingstoke: Macmillan, 2000).

Gutmann, Amy & Thompson, Dennis F. *In Democracy and Disagreement* (Cambridge, MA: Harvard University Press, 1996).

Heilbrun, James & Gray, Charles M. *The Economics of Art and Culture: An American Perspective* (Cambridge; New York: Cambridge University Press, 1993).

Hewison, Robert. *Culture and Consensus: England, Art and Politics since 1940* (London: Methuen, 1995).

Hirschman, Albert O. *Exit, Voice, and Loyalty: Responses to Decline in Firms, Organizations, and States* (Cambridge: Harvard University Press, 1970).

How, Douglas. *A Very Private Person: The Story of Izaak Walton Killam and His Wife Dorothy* (Trustees of the Estate Late Dorothy J. Killam, 1976).

Hutchison, Robert. *The Politics of the Arts Council* (London: Sinclair Browne, 1982).

Ivey, Bill. *Arts, Inc.: How Greed and Neglect Have Destroyed Our Cultural Rights* (Berkeley: University of California Press, 2008).

Keynes, J. M. *Essays in Persuasion: The Collected Writings of John Maynard Keynes*, Vol. IX. Moggridge, D. (ed.). (London: Macmillan/St. Martin's Press, 1972).

_____. *The Collected Writings of John Maynard Keynes*, Vol. XXVIII. Moggridge, D. (ed.). (New York: Macmillan/Cambridge University Press, 1982).

Keynes, Milo. (ed.). *Essays on John Maynard Keynes* (Cambridge, England: Cambridge University Press, 1975).

Merryman, John H., Elsen, Albert E. & Urice, Stephen K. *Law, Ethics, and the Visual Arts*, 5th ed. (Frederick, MD: Kluwer Law International, 2007).

Mill, J. S. *Autobiography and Literary Essays: The Collected Works of John Stuart Mill*, Vol. I. Robson, John M. & Stillinger, Jack. (eds.). (Toronto: University of Toronto Press, 1981).

Milton, John. *Areopagitica and of Education*. Sabine, George. H. (ed.). (Appleton-Century-Crofts, Inc, 1951) [1644].

Mundy, Simon. *Cultural Policy: A Short Guide* (Strasbourg: Council of Europe, 2000).

Price, Monroe E. *Television: The Public Sphere and National Identity* (Oxford: Clarendon Press, 1996).

Sax, Joseph L. *Playing Darts with Rembrandt: Public and Private Rights in Cultural*

Treasures (Ann Arbor: University of Michigan Press, 2001).

Schuster, J. M. Davidson. *Supporting the Arts: An International Comparative Study* (Washington, D.C.: Policy and Planning Division, National Endowment for the Arts, 1985).

Shattock, Michael. *The UGC and the Management of British Universities* (Buckingham: Society for Research into Higher Education/Open University Press, 1994).

Skidelsky, Robert. *John Maynard Keynes: Fighting for Britain 1937-1946*, Vol. 3 (London: Macmillan, 2000).

Sunstein, Cass R. Why *Nudge?: The Politics of Libertarian Paternalism* (New Haven: Yale University Press, 2014).

Tatarkiewicz, Wladyslaw. J. Harrell, (ed.). *History of Aesthetics*, Vol. 1 (Warszawa: PWN, 1970).

Thaler, Richard H. & Sunstein, Cass R. *Nudge: Improving Decisions about Health, Wealth, and Happiness*, revised and expanded ed. (New York: Penguin Books, 2009).

Thorsby, C. David & Withers, Glenn A. *The Economics of the Performing Arts* (Hampshire: Gregg Revivals, 1993).

Tribe, Laurence H. *American Constitutional Law*, 2nd ed. (New York: Foundation Press, 1988).

Williams, Raymond. *The Sociology of Culture* (New York: Schocken Books, 1981).

_____. *Keywords: A Vocabulary of Culture and Society*, revised ed. (New York: Oxford University Press, 1983).

_____. *Culture and Society: 1780-1950* (New York: Columbia University Press, 1983).

Wolf, Thomas. *Managing A Nonprofit Organization*, updated twenty-first-century ed. (New York: Free Press, 2012).

[논문]

Amabile, Teresa M. "From Individual to Organizational Innovation." in Gronhaug, Kjell. & Kaufmann, Geir. (eds.). *Innovation: A Cross-Disciplinary Perspective* (Oslo: Norwegian University Press: 1988).

Basso, Antonella & Funari, Stefania. "A Quantitative Approach to Evaluate the Relative Efficiency of Museums." *Journal of Cultural Economics*, 28(3) (2004).

Bezanson, Randall P. *The Government Speech Forum: Forbes and Finley and Government Speech Selection Judgments*, 83 Iowa L. Rev. 953 (1998).

_____. *The Manner of Government Speech*, 87 Denv. U. L. Rev. 809 (2010).

_____. & Buss, William G. *The Many Faces of Government Speech*, 86 Iowa L. Rev. 1377 (2001).

Blocher, Joseph. *School Naming Rights and the First Amendment's Perfect Storm*, 96 Geo. L.J. 1 (2007).

Brittan, Samuel. "Keynes's Political Philosophy." in Backhouse, R.E. & Bateman, B.W. (eds.). *The Cambridge Companion to Keynes* (Cambridge: Cambridge University Press, 2006).

Caminiti, Danielle E. *Brooklyn Institute of Arts & Sciences v. City of New York: The Death of the Subsidy and the Birth of the Entitlement in Funding of the Arts*, 10 Fordham Intell. Prop. Media & Ent. L.J. 875 (2000).

Chartrand, Harry H. "POSTSCRIPT to The Arm's Length Principle & the Arts: An International Perspective-Past, Present & Future (1985) & Funding the Fine Arts: An International Political Economic Assessment (2001)." Compiler Press (2016).

_____. & McCaughey, Claire. "The Arm's Length Principle and the Arts: An International Perspective: Past, Present and Future." Compiler Press (originally in Cummings, M.C. Jr. & Schuster, J. Mark Davidson. (eds.). *Who's to Pay? for the Arts: The International Search for Models of Support* (New York: American Council for the Arts, 1989)).

Chávez Aguayo, M. A. "An Arts Council: What For? An Historical and Bibliographic Review of the Arm's Length Principle for Current and Future International Implementation." *Knowledge Politics and Intercultural Dynamics Actions, Innovations, Transformations* (Barcelona: United Nations University & CIDOB, 2012).

Cummings, Milton C. Jr. "To Change a Notion's Cultural Policy: The Kennedy Administration and the Arts in the United States, 1961-1963." in Mulcahy, Kevin V. & Swaim, C. Richard. (eds.). *Public Policy and the Arts* (Boulder: Westview Press, 1982).

Cunnane, Kristine M. *Maintaining Viewpoint Neutrality for the NEA: National Endowment for the Arts v. Finley*, 31 Conn. L. Rev. 1445 (1999).

Evrard, Yves. "Democratizing Culture or Cultural Democracy?" *The Journal of Arts Management, Law & Society*, 27(3) (1997).

Frey, Bruno S. & Jegen, Reto. "Motivation Crowding Theory: A Survey of Empirical Evidence." *Journal of Economic Surveys*, 15(5) (2001).

Gey, Steven G. *Why Should the First Amendment Protect Government Speech When the Government Has Nothing to Say?* 95 Iowa L. Rev. 1259 (2010).

Goodwin, Craufurd D. "The Art of an Ethical life: Keynes and Bloomsbury." in Backhouse, R.E. & Bateman, B.W. (eds.). *The Cambridge Companion to Keynes* (Cambridge: Cambridge University Press, 2006).

Grampp, William D. "Rent-Seeking in Arts Policy." *Public Choice*, 60(2) (1989).

Hausman, Daniel & Welch, Brynn. "Debate: To Nudge or Not to Nudge." *Journal of Political Philosophy*, 18(1) (2010).

Kreimer, Seth F. *Allocational Sanctions: The Problem of Negative Rights in a Positive State.* 132 U. Pa. L. Rev. 1293 (1984).

Langsted, Jørn. "Double Strategies in a Modern Cultural Policy." *The Journal of Arts Management, Law, and Society*, 19(4) (1990).

Levine, Peter. "Lessons from the Brooklyn Museum Controversy." *Philosophy and Public Policy Quarterly*, 20(2) (2000).

Lewis, Gregory B. & Brooks, Arthur C. "A Question of Morality: Artists' Values and Public Funding for the Arts." *Public Administration Review*, 61(1) (2005).

Mahaffey, Leslie Cooper. *"There Is Something Unique ⋯ about the Government Funding of the Arts for First Amendment Purposes":* An Institutional Approach to Granting Government Entities Free Speech Rights, 60 Duke L.J. 1239 (2011).

Mangset, Per. "The Arm's Length Principle and the Art Funding System: A Comparative Approach." Conference presentation, *ICCPR 2008* (Istanbul: Yeditepe University, 2008).

Mitchell, Gregory. "Libertarian Paternalism is an Oxymoron." *Northwestern University Law Review*, 99(3) (2005).

Mulcahy, Kevin V. "Cultural Patronage in Comparative Perspective: Public Support for the Art in France, Germany, Norway, and Canada." *The Journal of Arts Management, Law, and Society*, 27(4) (1998).

Peacock, Alan. "Economics, Cultural Values and Cultural Policies." *Journal of Cultural Economics*, 15(2) (1991).

_____. "Keynes and the Role of the State." in Crabtree, D. and Thirlwall, A.P. (eds.). *Keynes and the Role of the State: the Tenth Keynes Seminar held at the University of Kent at Canterbury, 1991* (New York: St Martin's Press, 1993).

Post, Robert C. *Subsidized Speech*. 106 Yale L.J. 151 (1996).

Quinn, Ruth-Blandina M. "Distance or Intimacy?: The Arm's Length Principle, the British Government and the Arts Council of Great Britain." *International Journal of Cultural Policy*, 4(1) (1997).

Redish, Martin H. & Kessler, Daryl I. *Government Subsidies and Free Expression*. 80 Minn. L. Rev. 543 (1996).

Schauer, Frederick. *Comment, Principles, Institutions, and the First Amendment*. 111 Harv. L. Rev. 84 (1998).

Sheldon, H. Nahmod. *Artistic Expression and Aesthetic Theory: The Beautiful, the Sublime and the First Amendment*. 1987 Wis. L. Rev. 221 (1987).

Shur, Luba L. *Content-Based Distinctions in a University Funding System and the Irrelevance of the Establishment Clause: Putting Wide Awake to Rest*. 81 Va. L. Rev. 1665 (1995).

Skidelsky, R. *John Maynard Keynes: Fighting for Britain 1937-1946*. Vol. 3 (London: Papermac, 2000).

Stephan, Paul B. III. *The First Amendment and Content Discrimination*. 68 Va. L. Rev. 203 (1982).

Stone, Geoffrey R. *Content Regulation and the First Amendment*. 25 Wm. & Mary L. Rev. 189 (1983).

Sullivan, Kathleen M. *Unconstitutional Conditions*. 102 Harv. L. Rev. 1413 (1989).

Sunstein, Cass R. *Why the Unconstitutional Conditions Doctrine is an Anachronism (With Particular Reference to Religion, Speech, and Abortion)*. 70 B.U. L. Rev. 593 (1990).

_____. "Culture and Constitution." in Rothfield, Lawrence R. (ed.). *Unsettling "Sensation": Arts-Policy Lessons from the Brooklyn Museum of Art Controversy* (New Brunswick: Rutgers University Press, 2001).

_____. & Thaler, Richard H. "Libertarian Paternalism." *American Economic Review*, 93(2) (2003).

Taylor, Andrew. "'Arm's Length but Hands On'-Mapping the New Governance: The Department of National Heritage and Cultural Politics in Britain." *Public*

Administrations, 75(3) (1997).

Taylor, Charlotte H. *Hate Speech and Government Speech*. 12 U. Pa. J. Const. L. 1115 (2010).

Towse, Ruth. "Achieving Public Policy Objectives in the Arts and Heritage." in Peacock, A. & Rizzo, I. (eds.). *Cultural Economics and Cultural Policies*. (Dordrecht: Kluwer Academic Publishers, 1994).

Upchurch, Anna R. "John Maynard Keynes: The Bloomsbury Group, and the Origins of the Arts Council Movement." *International Journal of Cultural Policy*, 10 (2) (2004).

_____. "Keynes's Legacy: An Intellectual's Influence Reflected in Arts Policy." *International Journal of Cultural Policy*, 17(1) (2011).

Walker, Michael W. *Artistic Freedom v. Censorship: The Aftermath of the NEA's New Funding Restrictions*, 71 Wash. U. L. Q. 937 (1993).

Wyszomirski, Margaret. J. "Federal Cultural Support: Toward a New Paradigm?" *Journal of Arts Management, Law and Society*, 25(1) (1995).

_____. "Shaping a Triple-Bottom Line for Nonprofit Arts Organizations: Micro-, Macro-, and Meta-Policy Influences." *Cultural Trends*, 22(3/4) (2013).

Zimmer, Annette & Toepler, Stefan. "Cultural Policies and the Welfare State: the Cases of Sweden, Germany, and the United States." *The Journal of Arts Management, Law, and Society*, 26(3) (1996).

Williams, Raymond. "Culture is Ordinary." in Bradford, G., Gary, M. & Wallach, G. (eds.). *The Politics of Culture: Policy Perspectives for Individuals, Institutions and Communities* (New York: The New Press, 2000).

_____. "The Arts Council." *The Political Quarterly*, 50(2) (1979).

[연구보고서 및 자료집]

Applebaum, Louis & Hébert, Jacques. *Report of the Federal Cultural Policy Review Committee* (Ottawa: Canadian Department of Communication, 1981).

Arts Council England. *Achieving Great Art for Everyone: A Strategic Framework for the Arts* (London: ACE, 2010).

_____. *Annual Report and Accounts 2015/16* (London: ACE, 2016).

_____. *Annual Report and Accounts 2016/17* (London: ACE, 2017).

Battersby, Jean. *The Arts Council Phenomenon: A Report on the First Conference of*

Commonwealth Arts Councils (London: Calouste Gulbenkian Foundation, 1981).

Bunting, Catherine. *The Arts Debate-Arts Council England's First-Ever Public Value Inquiry: Overview and Design* (London: ACE, 2006).

Chartrand, H. H. *Social Sciences and Humanities Research Impact Indicators* (Ottawa: Social Sciences & Humanities Research Council of Canada, 1980).

Cowling, Jamie. "Introduction and Summary." *For Art's Sake? Society and the Arts in the 21st Century* (London: Institute for Public Policy Research, 2004).

Department for Digital, Culture, Media & Sport. *Annual Report and Accounts 2010-2011* (London: DCMS, 2011)

Education, Science and Arts Committee, House of Commons. *Public and Private Funding of the Arts*, Eighth Report (London: Her Majesty's Stationery Office, 1982).

Madden, Christopher. *The Independence of Government Arts Funding: A Review, D'Art Topics in Arts Policy*. No. 9 (Sydney: International Federation of Arts Council and Culture Agencies, 2009).

Massey, V. & Levesque, G. H. *Report of the Royal Commission on National Development in Arts, Letters and Sciences, 1949-1951* (Ottawa: Edmond Cloutier, 1951).

National Endowment for the Arts. *How the United States funds the Arts*, 3rd ed. (Washington, D.C.: NEA, 2012).

_____. *National Endowment for the Arts: A History, 1965-2008*. Bauerlein, Mark. (ed.). (Washington D.C.: NEA, 2009).

_____. *Annual Report 2016/17*. (Washington D.C.: NEA, 2017).

OECD. *Distributed Public Governance: Agencies, Authorities and Other Government Bodies* (Paris: OECD, 2002).

Opinion Leader. *Arts Council England: Public Value Deliberative Research* (London: Opinion Leader and ACE, 2007).

Pratley, David. *Review of Comparative Mechanisms for Funding the Arts: Paper written as a contribution to the Scottish Executive's Quinquennial Review of the Scottish Arts Council* (Scottish Executive, 2002).

Redcliffe-Maud, John. *Support for the Arts in England and Wales* (London: Calouste Gulbenkian Foundation, 1976).

Smithsonian Institution. *1983 Annual Report* (Washington, D.C.: Smithsonian Institution

Archives, 1984).

Sweeting, Elizabeth. *Patron or Paymaster? The Arts Council Dilemma: A Conference Report* (London: Calouste Gulbenkian Foundation, 1982).

The Independent Commission. *A Report to Congress on the National Endowment for the Arts* (Washington, D.C.: The Independent Commission, 1990).

UNESCO. *Cultural Rights as Human Rights* (Unipub, 1970).

_____. "Recommendation concerning the Status of the Artist." *Records of the 21° session of the General Conference*, Vol. 1 (Paris: UNESCO, 1980).

_____. (Intangible Cultural Heritage Section). *Media Kit of Sixth session of the Intergovernmental Committee for the Safeguarding of the Intangible Cultural Heritage* (Bali, Indonesia, November 2011).

_____. (Intangible Cultural Heritage Section). *Guidelines for the Establishment of National "Living Human Treasures" Systems* (Paris: UNESCO, 2002).

_____. (Neil, Garry). *Full Analytic Report on the Implementation of the UNESCO 1980 "Recommendation concerning the Status of the Artist"* (Paris: UNESCO, 2015).

Wilson, Nick., Gross, Jonathan & Bull, Anna. *Towards Cultural Democracy: Promoting Cultural Capabilities for Everyone* (London: King's College London, 2017).

Wyszomirski, Margaret J. "The Reagan Administration and the Arts: 1981-1983." American Political Science Association, Annual Meeting (Chicago, Sep. 1988).

[누리집(웹사이트)]

Arts Council England   https://www.artscouncil.org.uk/

Arts Council of New Zealand   https://www.creativenz.govt.nz/

Australia Council for the Arts   https://www.australiacouncil.gov.au/

Canada Council for the Arts   https://canadacouncil.ca/

Canada Justice Laws Website   https://laws-lois.justice.gc.ca/

Canadian Artists' Representation   https://www.carfac.ca/

Commissioner for Public Appointments
    https://publicappointmentscommissioner.independent.gov.uk/

Complier Press   http://www.compilerpress.ca/

Department for Digital, Culture, Media & Sport
    https://www.gov.uk/government/organisations/department-for-digital-culture-media-sport

Internet Archive   https://archive.org/

LexisNexis   https://www.lexisnexis.com/

National Endowment for the Arts   https://www.arts.gov/

Newspapers.com   https://www.newspapers.com/

UNESCO   https://en.unesco.org/

UNESCO Digital Library   https://unesdoc.unesco.org/

US Library of Congress   https://guides.loc.gov/

U.S. Government information for all   https://www.govinfo.gov/

U.S. Federal Legislative Information   https://www.congress.gov/

Working Artists and the Greater Economy   https://wageforwork.com/

판례색인

사항색인

■ 강은경

학력
서울대학교 법과대학 사법학과 졸업
한국예술종합학교 예술전문사 (M.A., 예술경영)
Benjamin N. Cardozo School of Law 법학석사 (LL.M., 지식재산권법)
서울대학교 법학전문대학원 법학박사 (J.S.D., 법정책학)

주요 경력
금호문화재단 공연팀장
대원문화재단 사무국장
한국예술종합학교 무용원 예술경영 겸임교수
한국예술종합학교 연극원 극장경영 강의전담교수
문화체육관광부 기타공공기관 경영평가단 평가위원
문화체육관광부 규제개혁위원회 문화예술정책위원회 위원
(재)서울시립교향악단 대표이사 역임

현 추계예술대학교 문화예술경영대학원 외래교수

주요 저서
『계약에서 공연장까지: From Contract To Concert Hall』(이클라세, 2007)
『엔터테인먼트법』(진원사, 2008)(공저)
『공연계약의 이해: Black and White are Not all Keys』(오래, 2012)
『공연분야의 국제교류 행정매뉴얼』(예술경영지원센터, 2012)
『공연예술법 마스터클래스 4막 36장: Law, Business and the Performing Arts』(수이제너리스, 2015)
『생활예술: 삶을 바꾸는 예술, 예술을 바꾸는 삶』(살림, 2017)(공저)
『예술대학 교·강사를 위한 계약실무 교육 가이드』(한국예술인복지재단, 2017)

문화예술과 국가의 관계 연구

초판 1쇄 인쇄 ㅣ 2021년 06월 18일
초판 1쇄 발행 ㅣ 2021년 06월 28일

지 은 이   강은경

발 행 인   한정희
발 행 처   경인문화사
편   집   유지혜 김지선 박지현 한주연 이다빈
마 케 팅   전병관 하재일 유인순
출판번호   제406-1973-000003호
주   소   경기도 파주시 회동길 445-1 경인빌딩 B동 4층
전   화   031-955-9300   팩   스   031-955-9310
홈페이지   www.kyunginp.co.kr
이 메 일   kyungin@kyunginp.co.kr

ISBN   978-89-499-4974-1 93360
값   27,000원